이 땅에, 춤이란 무엇인가

이 땅에, 춤이란 무엇인가

몸·마음·숨·삶

초판 1쇄 발행 2023년 5월 10일

지은이 이애주
엮은이 이애주문화재단

펴낸곳 서울대학교출판문화원
주소 08826 서울 관악구 관악로 1
도서주문 02-889-4424, 02-880-7995
홈페이지 www.snupress.com
페이스북 @snupress1947
인스타그램 @snupress
이메일 snubook@snu.ac.kr
출판등록 제15-3호

ISBN 978-89-521-3204-8 93680

이 땅에, 춤이란 무엇인가

몸 · 마음 · 숨 · 삶

이애주 지음
이애주문화재단 엮음

서울대학교출판문화원

이애주(1947~2021)

△ 1984년, 국립극장, 나눔굿
▽ 1985년, 서울놀이마당, 도라지꽃

△ 1987년, 서울대학교 아크로폴리스, 바람맞이
▽ 1987년, 연우무대, 바람맞이

△ 1994년, 하늘땅소극장, 하늘땅 소리굿 중 태평춤
▽ 1990년대 후반, 백령도, 우리땅 터벌림

△ 2000년, 문예회관대극장, 상생의 춤 중 경기도당굿춤

▽ 2000년, 남산 한옥마을, 통과의례 새천년 맞이

△ 2002년, 강화도 참성단, 생명춤
▽ 2005년, 독도 문화 세우기

△ 2014년, 아르코예술극장 대극장, 천명 중 터벌림 태평
▽ 2020년, 경기아트센터, 오방북놀이

이애주의 춤-살풀이춤, 승무, 태평무, 태평춤(왼쪽 위부터 시계방향)

유고遺稿

춤은 무엇이고, 지금 세상의 춤은 어떠한가? 춤이 진정한 춤이 되기 위해서는 춤꾼뿐만 아니라 모든 사람을 위한, 모든 사람이 추는, 모두를 유익하게 하고 살아 있게 하는 춤이라야 한다.

춤의 근원을 생각하며 그 내면을 들여다보면, 춤은 삶의 표현이고 시대의 몸짓이고 역사의 창조적 기氣운동이다. 그 몸짓은 아마도 은근하게 빛을 발하며 움직이는 '흰 그늘'일 수 있고 '검은 흐름'일 수도 있다.

이 시대는 우리 모두 느끼듯이 평온할 수만은 없는 혼돈의 무질서로, 중심이 있을 리 없다. 무릇 어떤 생명체이건 중심 없이는 지탱하기 힘들 터이고, 사람이란 동물이야 말해 무엇하랴. 그러한 사람의 몸뚱아리로 추는 춤은 어떠한 것인가? 삶의 중심 또한 흔들린 형편이면, 삶의 몸짓인 춤은 오죽하랴.

사람의 몸짓이 몸짓다울 때 춤이 춤다울 것이고, 바로 그것이 사람다움을 뜻한다. 이러한 근본의 망가짐은 우리 자신의 망가짐이고, 생명력 즉 살아 있는 것의 죽어 감이다. 그 심각한 상황을 그저 그냥 놓아둘 때 우리 목숨을 내팽개치는 꼴과 같게 된다. 누구 하나 제대로 나서지 못하는 겁쟁이들뿐이고, 수습하는 방법 또한 모르는 바보의 천국일까?

그렇다면 진실로 변질 안 된 순수하게 빛을 뿜어내는 아름다운 몸짓은 어떤 것이고 어디 있을까? 그것은 우리가 이미 가졌던 잃어버린 몸짓이고, 지금 이 순간에도 우리 몸 우리 의식 어느 구석에 움츠러들어 말라 있을지 모른다.

바로 그 티끌만 하게 굳어 버린 알갱이의 껍질을 녹여 내고 기운을 불어넣어 본래대로 되살려 내는 것이 지금 우리의 몫이다.

이애주

발간사

이 땅에서 춤을 춘다는 것

유홍준

이애주문화재단 이사장
전 문화재청장

우리 시대의 춤꾼이자 대한민국 국가무형문화재 제27호 〈승무〉 예능 보유자이시던 이애주 선생은 생전에 저서를 펴낸 일은 없지만, 자신의 춤에 대한 생각을 기회가 있을 때마다 여러 지면에 발표해 왔다. '춤에 대한 생각'이라고 했지만, 이애주 선생은 우아하고 화평하게 보여 주는 춤보다는 노동의 연장으로서 몸놀림에 관심이 더 많았고, 나아가 싸움의 일환으로서 몸부림까지 춤으로 보는 각성覺醒에 다다랐다.

만년晩年에 이르러 그의 춤에 대한 생각은 더욱 깊어지고 넓어져 춤의 본질을 탐구하는 깊은 예술적 사변으로 나아갔는데, 이는 그가 떠맡았던 춤의 사회적 과제를 자신의 몸뚱이 하나로는 감당하기 어렵다는 고뇌와 동행하고 있었다. 그리하여 그가 허위허위 찾아간 종착지가 뜻밖에도 영가무도詠歌舞蹈였고, 고대 제천의례祭天儀禮였으며, 『주역周易』과 홍역학紅易學이었다. 이애주의 춤에 대한 집념은 탐구探求를 넘어 갈구渴求였다. 타는 목마름으로 찾아 헤맨 구도求道의 여정이었다.

이 책의 제목을 "이 땅에, 춤이란 무엇인가"로 잡은 이유가 바로 거기에 있다. "춤이란 무엇인가?"라는 제목의 책은 종종 있었지만, '이 땅'이라는 역사적 시공간을 한정해 제목을 붙인 책은 처음일 것이다. 그러므로 이 책은 이애주가 이 땅에 살면서, 이 땅에서 살기 위해 온몸으로 써 내려간 '한국춤의 미학'이라고 할 것이다.

이애주 선생께서는 서거하시기 직전, 재단법인을 설립해 당신이 못다 한 일을 이어 가 달라고 부탁하셨다. 선생의 유지를 받들어 설립한 이애주문화재단이 가장 먼저 착수한 작업은 선생이 생전에 발표한 글들을 모아 출판하는 것이었다. 이에 이애주 선생이 남긴 글들을 모아 보니 생각 밖으로 상당한 분량이었고, 대체로 네 가지로 분류할 수 있었다.

1. 국가무형문화재로 지정된 〈승무〉와 한성준에 관한 글, 그리고 무보
2. 박사 학위 논문 「고구려 춤의 상징체계」(1999)
3. 한국문화예술위원회의 「한국근현대 예술사 구술 채록」(2008)
4. 이 땅의 춤에 대한 근본적인 사유思惟를 피력한 논문들

이애주문화재단은 이를 모두 출판하기로 하여 지난해 서거 1주기에 맞춰 『승무의 미학』, 『고구려 춤 연구』, 『춤꾼은 자기 장단을 타고 난다』를 출간했다. 그리고 이번에 『이 땅에, 춤이란 무엇인가』는 선생의 모교인 서울대학교출판문화원에서 출간하기에 이른 것이다.

앞서 본 바와 같이 이애주 선생의 책은 각기 체제를 달리하면서 여러 권으로 펴냈는데, 그중 그의 주 저서는 아무래도 이 책 『이 땅에, 춤이란 무엇인가』라고 할 것이다. 앞의 책들이 대체로 각론적인 성격을 갖고 있다면, 이 책에는 춤에 대한 근원적이면서도 총론적인 시각이 자리 잡고 있기 때문이다.

이 책은 크게 4부로 이루어져 있다. 제1부 몸, 제2부 마음, 제3부 숨, 제4부 삶이다. 목차에서 뚜렷이 보이듯이 이애주 선생은 '춤이란 무엇인가'라는 근본적인 물음에 대한 스스로의 답을 아주 체계적으로 제시하고 있다.

이애주 선생은 춤꾼이면서 본래 대단히 학구적이었다. 서울대학교 사범대학 체육교육과(무용 전공)와 대학원을 졸업하고 문리과대학 국문과 3학년에 학사편입해 다시 학부생이 된 것부터 선생의 학문적 열정을 엿볼 수 있는데, 음대 국악과까지 찾아다니며 수강하는가 하면, 무엇보다 문리대 탈춤반 후배들과 긴밀히 교류하면서 춤의 다양한 섭렵과 더불어 이론적 토대를 쌓아 갔다.

이애주 선생이 불현듯 세상에 알려진 것은 1987년 6월 항쟁 한복판에서 펼쳐진 한판 썽풀이춤 때문이었다. 전통 씻김굿에 나오는 베가르기 의식儀式을 원용해 질곡桎梏의 시대를 좌악 가르고 나선 그의 강렬한 춤사위는 6월 민주항쟁의 꽃이었다.

대한민국 춤 문화사에 숱한 논란을 불러일으킨 그 사건 이후 1990년대 후반 이애주는 전통으로 돌아가 〈승무〉의 연마와 완성에 전념했다. 그러던 그가 만년에는 『주역』의 대가 대산 선생의 제자로 들어가 여러 해 공부하고, 그 『주역』의 원리를 춤에 적용해 보다 본질적인 춤을 사유하고 창작하기에 이르렀다. 이 역시 한국의 춤 문화사에서 아무도 걸어가지 않은 길이었다.

이애주 선생에게 춤은 삶과 분리되지 않았고, 전통과 현대가 하나로 어우러졌으며, 예술과 현실이 떨어져 있지도 않았다. 그것을 춤의 본질과 논리로 논한 것이 바로 이 책 『이 땅에, 춤이란 무엇인가』로, 그가 타는 목마름으로 찾아낸 '한국춤의 고유한 미의식'이다.

이 책 서문으로 실은 이애주 선생의 유고遺稿에 다음과 같은 구절이 있다.

> 춤의 근원을 생각하며 그 내면을 들여다보면, 춤은 삶의 표현이고 시대의 몸짓이고 역사의 창조적 기氣운동이다. 그 몸짓은 아마도 은근하게 빛을 발하며 움직이는 '흰 그늘'일 수 있고 '검은 흐름'일 수도 있다.

책을 준비하면서 우리가 왜 이 책을 선생 살아생전에 펴내지 못했는가 하는 아쉬움이 많이 들었다. 다행히 이제라도 선생의 몸짓 하나하나, 춤사위 하나하나에 이처럼 깊은 철학과 고뇌와 미학과 깨달음이 들어 있음을 알게 된 것은 우리에게 큰 기쁨이다.

이 책이 나오는 데는 이애주문화재단 임진택 상임이사의 노고가 물론 가장 컸지만, 후배 무용평론가 김영희의 참신한 기획, 제자 김연정의 치밀한 점검, 그리고 재단의 양정순, 이연실, 권효진, 김종호 등 실무진의 헌신 또한 큰 도움이 되었다.

무엇보다 고인故人의 유고임에도 책의 출판에 선뜻 응해 주신 서울대학교출판문화원 관계자 여러분께도 감사의 마음을 전한다.

부디 이 책이 우리 시대 춤꾼 이애주의 춤과 그 춤에 서려 있는 고뇌苦惱와 갈증渴症, 그 소명召命의 미학을 이해하는 하나의 고전으로 남기를 바라며, 간행의 말에 대신한다.

차례

제3부 숨

제4부 삶

제1부

몸

민속춤의 시대별 역사 요약 및 춤 용어를 제시하며 다양한 민속춤을
체계적으로 분류해 각각의 몸짓으로서 춤에 대한 개괄적 해설을 시도했다.

1장

춤사위 어휘고語彙考*

1. 들어가는 말

춤은 많은 춤사위[1]가 조화, 통일되어 이루어진다. 춤을 하나의 시詩로 본다면 춤사위는 언어言語인 것이다. 따라서 표현의 매개체로서 춤사위는 춤의 언어다. 이 언어가 어떻게 조화, 형성되느냐에 따라 춤의 성패가 판가름난다.

또한 춤사위의 외형적인 율동과 거기에 내재해 있는 내면적인 의미의 조화로 춤이 이루어진다. 다시 말하면 춤사위가 갖는 리듬과 의미의 조화가 춤이 생명력을 갖게 한다. 따라서 춤사위는 자연적으로 일어나는 충동을 근원으로 하고 있는 행동인 것이다.[2]

그 행동 즉 동작이 어떠한 수단으로 전해질 수 있는가 하는 방법에는 여러 가지가 있다.

첫째, 그 동작의 움직임 자체가 그대로 전해질 수 있고, 또한 그러한 방법으로 현재도 전승되고 있다.

둘째, 그림으로 전승되는 경우가 있다. 그러나 이것도 그리 쉬운 일은

---

* 이 글은 1976년 서울대학교 『관악어문연구(冠岳語文硏究)』 제1편 1집에 실린 것이다.

아니다. 다시 말하면 춤사위 형태가 완전히 만들어져 정지된 상태의 것은 그림으로 표시할 수 있으나, 춤가락[3]과 춤가락이 움직이는 과정에 있어서 공간에서 이루어지는 동태動態를 그대로 표시할 수는 없는 것이다.[4]

셋째, 춤사위의 움직임을 함축시켜 그것을 하나의 어휘로 표시한 경우가 있다.

이와 같이 춤사위는 위에서 언급한 세 가지 방법으로 전해질 수 있고 현재도 그렇게 전해지고 있다. 그 세 가지 방법 중에서 가장 많이 사용되고 있는 것이 세 번째 경우다. 현재 대부분의 춤은 그 어휘로서 전해지고 있고, 또한 그 춤을 표현할 수도 있다. 그리고 춤사위 어휘는 대부분 구전口傳 혹은 문헌을 통해 전해지고 있다. 그러나 문헌을 통해 전해지고 있는 춤사위 어휘도 몇몇 특정 문헌에만 국한되어 있으며, 현재 사용되고 있는 국어사전에도 전혀 나와 있지 않아 자료가 매우 빈곤한 형편이다.

따라서 춤을 연구하면서 먼저 해결해야 할 문제는 어휘를 정리 고찰하는 일이라고 생각한다. 그 작업이 제일 근본적인 문제이므로, 그 문제의 해결이 선행되지 않고서는 춤에 관한 모든 연구는 발이 묶이는 셈이다.

춤사위 어휘의 연구를 통해 본 춤의 본질과 춤의 미학을 밝히려는 것이 앞으로의 큰 과제인데, 이 글에서는 그것의 첫 번째 작업으로 현재까지 전승되고 있는 춤사위 어휘를 정리해 그것의 형성 방법과 그것에 따른 한국무의 특질을 밝히는 것으로 그 과제 일부를 대신하겠다.

2. 연구 대상 및 어휘 수집 방법

1) 연구 대상

이 글의 대상은 한국에서 전해지고 있는 전통무용이 중심임은 말할 것도 없다. 그러나 전통무용이라고 하면 그 범위가 너무나 광범해 1차적으로 문화공보부 문화재관리국에 의해 중요무형문화재로 지정된 종목 중에서 그 어휘 수집이 가능했던 다음 14종목을 대상으로 했다.

그리고 다음의 각 종목은 다양한 춤사위로서 구성되었지만, 그 춤가락이 어휘로 정착되지 못한 것이 많기 때문에 이 글에서는 이미 문헌상에 나타난 것이나 그 지방 및 예능 보유자들에 의해 구전되고 있는 용어만 취급했음을 밝혀 둔다.

① 종묘제례악(중요무형문화재 제1호)
② 양주별산대놀이(중요무형문화재 제2호)
③ 통영오광대(중요무형문화재 제6호)
④ 고성오광대(중요무형문화재 제7호)
⑤ 진주검무(중요무형문화재 제12호)
⑥ 봉산탈춤(중요무형문화재 제17호)
⑦ 동래야류(중요무형문화재 제18호)
⑧ 승전무(중요무형문화재 제21호)
⑨ 승무(중요무형문화재 제27호)
⑩ 강령탈춤(중요무형문화재 제34호)
⑪ 처용무(중요무형문화재 제39호)
⑫ 학연화대합설무(중요무형문화재 제40호)
⑬ 수영야류(중요무형문화재 제43호)
⑭ 송파산대놀이(중요무형문화재 제49호)

위 14종목은 필자가 수집 가능하여 1차적으로 대상으로 정했다.

2) 어휘 수집 방법

어휘 수집 활동은 14종목의 전수 단체를 중심으로 하여 전개했다. 그 단체들은 전승되고 있는 각 지방을 중심으로 하여 다음과 같이 분산되어 있었다. 전수소를 중심으로 하여 지방별로 분류해 보면 다음과 같다.

① 서울 지방: 종묘제례악, 처용무, 학무, 승무, 봉산탈춤, 송파산대놀이, 강령탈춤
② 경기 지방: 양주별산대놀이(양주)
③ 경남 지방: 진주검무(진주), 승전무(통영), 통영오광대(통영), 고성오광대(고성), 동래야류(부산), 수영야류(부산)

위에서 분류한 바와 같이 직접 각 지방의 전수 단체를 찾아가 종합적인 방법으로 어휘를 수집했다. 이미 수차례 발표 공연과 여러 문헌으로 나타나 있는 어휘들을 각 단체의 기능 보유자들과의 개인적인 면담을 통해 재조사·확인했다. 즉 기능 보유자가 직접 그 춤사위를 몸짓으로 재현하면서 동시에 구전으로 전승되어 온 춤사위의 이름과 거기에 관한 설명을 자세하게 덧붙여 주었다.

그리고 그 방법만으로는 여러모로 설명이 어렵고 미미했으므로 필자가 직접 전수함으로써 그 조사의 정확성을 더했다. 다음에 도표로서 기능 보유자들과의 면담 및 전수에 의한 조사 경위를 밝혀 둔다('면담자 및 일정' 표 참조).

이러한 정보 제공자들의 제보 외에 문헌에 의한 조사도 아울러 진행했다. 특히 궁중무의 경우 어휘 대부분은 『악학궤범』 및 『시용무보』에 기록된 것을 수집했음을 밝혀 둔다.

3. 어휘의 분석

한국 춤사위 어휘들이 나타내고 있는 뜻은 그 범위가 매우 광범위하며 여

면담자 및 일정

종목	기간	기능 보유자	전수 장소
종묘제례악	1974. 3~1974. 10	김천흥	서울
양주별산대놀이	1972. 4~1973. 10	유경성, 고명단	양주
통영오광대	1974. 10~1974. 11	오정두, 문창섭	충무
고성오광대	1974. 10~1974. 11	조용배, 허종복	고성
진주검무	1974. 10~1974. 11	김자진, 김수악	진주
봉산탈춤	1971. 4~1974. 10	김선봉, 양소운, 윤옥	서울
동래야류	1974. 10~1974. 12	문장항, 양형제	부산
승전무	1974. 11~1974. 12	정순남	통영
승무	1971. 1~1974. 9	한영숙	서울
강령탈춤	1974. 6~1974. 9	양소운	서울
처용무	1970. 3~1974. 9	김천흥	서울
학무	1972. 1~1974. 9	한영숙	서울
수영야류	1974. 10~1974. 12	정대윤	부산
송파산대놀이	1973. 3~1974. 9	허호영	송파

러 가지 성격을 내포하고 있다. 그것을 분류하기에 앞서 서구의 춤사위 어휘는 어떻게 구성되었는가 알아볼 필요가 있겠다.

그 한 가지 예로 세계적으로 추어지고 있는 서구의 전통무용인 발레의 경우를 살펴보겠다. 발레의 춤사위 어휘는 대개의 경우 일관되게 움직이는 형상을 그대로 표현하고 있다. 예를 들면 다음과 같다.

피에아푸앙Pied à point: 발끝으로 서는 동작

어나리에르En arrière: 뒤로

소Saut: 도약

에샤페Échappé: 양발이 겹쳐진 위치에서 재빨리 움직이며 벌리는 동작

위에서 본 바와 같이 그 어휘가 구체적으로 동작의 상태를 나타내고 있음을 알 수 있다.

그러나 한국 춤사위의 어휘는 발레의 어휘와 다르게 산발적으로 붙어

있다. 먼저 그 어휘가 내포하고 있는 성격이 비슷한 것들을 한데 묶어 구분해 보면 다음과 같다.

① 인간의 명칭을 사용해 지칭한 말
② 신체 부위를 사용해 지칭한 말
③ 동작의 움직임을 사용해 지칭한 말
④ 감정을 형용해 지칭한 말
⑤ 동물의 명칭을 사용해 지칭한 말
⑥ 의태, 비유적인 표현으로 지칭한 말
⑦ 소도구와 의상의 명칭을 사용해 지칭한 말
⑧ 춤의 대형隊形을 나타낸 말

다음에 위의 8가지 분류를 각각 고찰해 보기로 하겠다.

① 인간의 명칭을 사용해 지칭한 말

여기 나타나는 것은 다음과 같은 배역의 명칭이 그대로 사용되었다.

[예] 문둥이춤 [통영오광대 · 고성오광대 · 동래야류]
말뚝이춤 [강령탈춤 · 고성오광대]
할미춤 [동래야류]
먹중춤 [봉산탈춤]

즉 문둥이, 말뚝이, 먹중 등 각 인물의 명칭이 그대로 그 춤의 어휘를 구성하고 있으며, 춤 또한 각 인물의 특징적인 움직임을 표현하고 있다. 또한 이 말들은 모두 민속춤 그중에서도 탈춤에 속하며 구전되고 있는 어휘들이다.

② 신체 부위를 사용해 지칭한 말

이 말들은 모두 몸의 일부분을 지칭하며 그 종류는 다음과 같다.

[예] 고개잡이·허리잡이·배꼽춤 [양주별산대놀이]
무릎치기·배치기 [송파산대놀이]
팔뚝잡이 [양주별산대놀이·송파산대놀이]
선사위 [진주검무]
배춤·꼽추춤 [동래야류]
발흔듬사위 [봉산탈춤]
어깨춤 [동래야류·양주별산대놀이·고성오광대·승무]
궁둥이춤 [봉산탈춤·동래야류·고성오광대]
엉덩이춤 [동래야류·양주별산대놀이·송파산대놀이]

위에서 나타난 바와 같이 각 신체의 부위를 사용한 어휘이며, 춤 자체도 그 부위를 크게 움직이며 확대시킨 것이다.

이 춤사위 어휘들은 〈진주검무〉와 〈승무〉만 제외하고 모두 탈춤의 어휘이며, 구전되고 있는 민속춤의 어휘다.

③ 동작의 움직임을 사용해 지칭한 말

이 말들은 앞에서도 말한 바와 같이 동작의 움직임을 그대로 표현하고 있다. 후설하겠지만, 한국의 춤사위 어휘는 반수 이상이 동작의 움직임을 나타내고 있다. 앞에서 언급한 바와 같이 서양의 발레 춤사위 어휘에서도 거의 동작의 움직임을 그대로 지칭하고 있었다. 이 점은 앞으로 자세히 비교 연구되어야 하겠다.

이제 한국무의 춤사위 어휘를 다시 세분해 움직임의 형상에 따라 분류해 보겠다.

ㄱ. 몸을 굽히거나 숙이는 것을 표현한 말

복무伏舞 [양주별산대놀이]

숙은사위 [진주검무]

부俯 · 고무鼓舞 · 면俛 [학무]

엎드름사위 · 구불춤 · 기는춤 · 뒤집사위 [동래야류]

ㄴ. 고개(목)의 움직임을 표현한 말

회고回顧 · 상면相面 [처용무]

끄덕이 [양주별산대놀이]

거수擧首 · 내고內顧 · 견연통見蓮筒 [학무]

ㄷ. 팔의 움직임을 표현한 말

수수무垂手舞 [처용무]

합장재배合掌再拜 [양주별산대놀이]

사직지斜直指 · 점복點腹 · 합흉合胸 · 하수下垂 · 점흉點胸 · 외거外擧 · 거견擧肩 · 수복垂腹 · 환거還擧 · 외휘外揮 · 인흉引胸 · 점유點乳 · 양수거견兩手擧肩 · 양수하수兩手下垂 · 복파腹把 · 절견折肩 · 견파肩把 · 하견荷肩 · 양수인슬兩手引膝 · 편직지片直指 · 추전推前 · 추후推後 · 발검拔劍 · 비비批臂 · 신비伸臂 · 환비還臂 · 번검飜劍 · 번권飜劵 · 점슬點膝 · 할검割劍 · 할권割拳 · 절번折飜 · 외파外把 · 거휘擧揮 · 양수하견兩手荷肩 · 슬상내휘膝上內揮 · 타견打肩 · 자공刺空 · 인슬引膝 · 패검覇劍 · 슬파膝把 · 궤좌슬跪左膝 · 하슬下膝 [종묘제례악]

양팔든어름사위 · 울러멘사위 [동래야류]

곱사위 [송파산대놀이, 양주별산대놀이]

죔춤 [송파산대놀이]

외사위 · 사위돌리기 · 만사위 · 사위팔얹기 · 양사위 [봉산탈춤]

활개펴기 · 활개꺾기 [양주별산대놀이]

메는가락 [고성오광대]

위에 열거한 팔의 움직임을 표현한 어휘는 모두 57개다. 그중 45개가 한자말로 되어 있고 거의 궁중무에서 사용되는 어휘이며 나머지 12개는 주로 구전되고 있는 탈춤의 어휘다.

ㄹ. 발의 움직임과 걸음걸이를 표현한 말

거족擧足 [처용무]

도진蹈進 · 고상翺翔 [학무]

기립起立 [종묘제례악]

제자리걸음 [봉산탈춤]

짐거리걸음 [양주별산대놀이]

잦은발 [승무]

이 말들은 발을 들거나 짚는 형태와 걸음의 형태들을 표현하고 있다.

ㅁ. 몸 전체의 움직임을 표현한 말

요신搖身 [처용무]

진신振身 [학무]

누름새 [통영오광대]

배기는가락 [고성오광대]

덧배기춤 [고성오광대 · 수영야류]

배김사위 · 배김새 [동래야류]

이 말들은 몸의 움직임, 즉 몸통胴體의 형상을 나타내고 있다.

④ 감정을 형용해 지칭한 말

환장무懽場舞 · 족도환무足蹈歡舞 [처용무]

이 말들은 단 2개뿐이며, 기쁨의 감정을 뜻하는 궁중무의 어휘다.

⑤ 동물의 명칭을 사용해 지칭한 말

다음의 말은 동물의 이름을 그대로 가져다가 춤의 이름으로 사용했다. 그 동물을 짐승류, 조류, 기타(영물) 등 3가지로 분류할 수 있다.

ㄱ. 짐승류

범춤 [수영야류]

원숭이춤 · 사자춤 [강령탈춤 · 봉산탈춤]

원숭이걸음 [양주별산대놀이]

ㄴ. 조류

까치걸음 [봉산탈춤 · 송파산대놀이 · 양주별산대놀이]

황새걸음 [봉산탈춤]

ㄷ. 기타

자라춤 · 용트름 [송파산대놀이 · 양주별산대놀이]

모두 8개의 말 중 짐승을 지칭한 말은 4개, 새를 지칭한 말은 2개, 기타 2개로, 그중 〈수영야류〉만 남부 지방 것이고, 나머지는 모두 중부 지방(경기 · 황해)의 것이다. 어휘의 명칭도 모두 토박이말로 되어 있으며 구전되는 민속무의 용어다.

⑥ 의태, 비유적인 표현으로 지칭한 말

ㄱ. 의태적인 표현을 한 말

너울질 · 여닫이 [양주산대놀이 · 송파산대놀이]

멍석말이 · 화장무 · 염풍뎅이 · 건드렁 [송파산대놀이]

의태적인 표현을 한 말은 6개로 모두 경기지방의 탈춤이며 구전되는 어휘들이다.

ㄴ. 비유적으로 표현한 말

낙화유수무落花流水舞 · 산작화무散作花舞 [처용무]

홍두깨춤 · 펑게춤 [동래야류]

⑦ 소도구와 의상의 명칭을 사용해 지칭한 말

ㄱ. 소도구

쌍칼질 [진주검무]

탈놀음 · 북춤 [고성오광대]

검무 · 법고놀이 · 부채놀이 [양주별산대놀이]

이 말들은 춤에서 사용되는 소도구를 그대로 어휘에 적용했다. 칼, 탈, 북, 부채 등의 명칭이 사용되었다. 〈양주별산대놀이〉의 말은 모두 한문(劍, 法鼓)으로 표현되었으며, 남부 지방의 말들은 모두 토박이말로 표현되었다.

ㄴ. 의상

장삼長衫춤 [강령탈춤]

⑧ 춤의 대형을 나타낸 말

사방四方치기 · 삼진삼퇴三進三退 [양주별산대놀이]

향외무向外舞·분립향내무分立向內舞·사방분대무四方分隊舞·상대무相對舞·

입춤·연풍대가락 [진주검무]

연풍대 [승무]

회무回舞 [승전무·처용무]

맞춤 [수영야류·양주별산대놀이]

상환무相換舞·외협무外狹舞·주선周旋·무퇴舞退·회선回旋·내선內旋 [처용무]

대무對舞 [처용무·양주별산대놀이]

이 말들은 춤의 형태, 대형 등 주로 여러 명이 하는 군무의 움직이는 선을 나타낸다. 18개의 어휘 중 한자말로 지칭된 어휘가 14개, 우리말로 지칭된 어휘가 4개다.

여기에서 보면 궁중무 계통과 민속무 계통의 춤사위 어휘가 공통적으로 동일하게 사용된 것을 알 수 있다. 예를 들자면 〈양주별산대놀이〉의 삼진삼퇴, 〈진주검무〉의 사방분대무·상대무 등은 궁중무의 춤사위 어휘와 일치한다. 궁중무에 사용된 어휘는 거의 문헌적으로 전해지는 것으로, 대표적인 예로는 〈처용무〉, 〈학춤〉 등의 춤사위 어휘가 『악학궤범』에 거의 수록되어 있다. 따라서 이 어휘가 민간으로 퍼져 구전되면서 쓰인 것이 아닌가 한다.

앞에서 조사한 14종목의 춤사위 용어 중에서 조사 대상으로 삼은 어휘는 모두 148개다. 그 어휘를 같은 성격을 가진 8개의 항목으로 분류해 본 결과 가장 많은 어휘를 가진 항목부터 열거하면 다음과 같다.

① 동작의 움직임을 사용해 지칭한 어휘: 86개(57.4%)

② 춤의 대형을 나타낸 어휘: 18개(11.5%)

③ 신체 부위를 사용해 지칭한 어휘: 13개(9.5%)

④ 의태, 비유적인 표현으로 지칭한 어휘: 10개(6.8%)

⑤ 동물의 명칭을 사용해 지칭한 어휘: 8개(5.4%)

⑥ 소도구와 의상의 명칭을 사용해 지칭한 어휘: 7개(4.7%)

⑦ 인간의 명칭을 사용해 지칭한 어휘: 4개(3.4%)

⑧ 감정을 형용해 지칭한 어휘: 2개(1.4%)

4. 어휘를 통해 본 한국춤의 특징

앞에서 조사 분석한 통계를 가지고 춤사위 어휘를 통해 본 한국무의 특질을 밝혀 보기로 하겠다.

첫째, 춤사위 어휘의 반수 이상이 동작의 형상을 그대로 표현하고 있다. 그 표현 중에서도 팔의 움직임을 나타낸 것이 제일 많고 대부분이 궁중무의 어휘다. 여기에서 궁중무의 어휘 표현이 주로 외형적 형태를 직접적으로 나타내고 있음을 알 수 있다. 그리고 춤사위 어휘 148개 중 104개가 사람과 관계되는 뜻을 나타내고 있으니, 춤사위 어휘의 대부분은 사람의 움직임을 뜻한 것이다.

둘째, 조사에 따르면 그 어휘가 문헌적으로 전승되고 있는 것은 주로 궁중무이고 구전으로 전승되고 있는 것은 민속무 계통이다.

궁중무에서의 춤사위 어휘는 거의 한자말로 쓰인 것으로 보아 궁중에서 사용되던 언어가 그대로 춤사위에 붙은 것 아닌가 하며, 그 어휘 자체도 관념적이며 추상적으로 나타나고 있다.

민속무에서의 춤사위 어휘는 궁중무의 어휘와 달리 서민의 생활 주변이나 흔히 접하는 물건 등에서 찾은 것을 알 수 있으며, 그 어휘 자체도 대부분 실제적이고 현실적이다. 그리고 궁중무에서의 춤사위 어휘와 민속무에서의 춤사위 어휘가 동일한 경우 이 둘 사이에 상호 연관 관계가 있음을 알 수 있는데, 대체로 궁중무의 어휘에서 민속무의 어휘로 전파되었다고 보는 것이 좋을 것 같다.

이와 같이 춤사위 어휘를 통해 한국무의 특질을 고찰할 수 있는바, 궁중무의 경우 춤사위 어휘가 관념적이고 추상적이며 그 춤 자체도 추상적으로 처리되어 있고, 민속무는 그와 반대로 그 어휘가 실제적으로 표현되어 있고 그 춤사위도 어떤 사물이나 인간, 동물의 움직임을 사실적으로 표현하고 있다.

5. 맺는말

대부분의 경우 춤이 존재하면서부터 후차적으로 그 춤의 용어가 생겨나게 된다. 이상에서 보아 온바, 춤사위 어휘가 어떠한 방법으로 표현되었나 하는 것이 문제다.

앞서 분석한 바에 의하면 원래 그 단어들은 다음 8가지 종류에서 왔다. 즉 〈동작의 움직임〉, 〈춤의 대형〉, 〈신체 부위〉, 〈의태·비유적인 표현〉, 〈동물의 명칭〉, 〈의상·소도구의 명칭〉, 〈인간의 명칭〉, 〈감정 형용〉 등이다.

그중 〈동작의 움직임〉, 〈신체 부위〉, 〈인간의 명칭〉 등 인간으로부터 나온 말이 전체의 70.3%로서 현격히 많은 비중을 차지한다. 또한 인간에 해당하는 말 중에서도 몸의 움직임을 그대로 표현한 것이 다수를 차지한다.

여기에서 보면 춤 자체가 인간에 의해 육체적 움직임으로 추어지는 것이라, 인간에서 온 명칭이 대다수가 되는 것은 당연하다고 하겠다.

한국 춤사위 어휘의 조어造語 방법은 발레 춤사위 어휘가 거의 직접적으로 춤사위를 표현한 데 비해 직접적인 방법과 간접적인 비유 방법을 함께 사용하고 있다. 즉 발레 어휘는 그 동작 자체를 단순히 표현한 것이나, 한국춤 어휘는 그 춤의 전체적인 느낌, 분위기 등도 함께 표현해 외형적인 움직임만이 아닌 내면적인 세계까지도 표현하고 있다.

특히 궁중무의 춤사위 어휘는 동작의 형상을 그대로 표현해 구체적인 방법을 썼고, 민속무의 춤사위 어휘는 그 동작 자체만이 아닌 전체적인 분위기 등에서 오는 민속적 어휘를 그대로 사용했다.

이상에서 한국 춤사위 어휘의 전반적인 특징은 그 표현 방법에서 움직임의 다양성과 넓은 폭을 가지고 있음과 동시에 상당히 세분되어 있다는 것임을 알 수 있다.

그리고 여러 춤사위 어휘는 그것을 쓰는 사람들의 생활과 감정 등이 잘 반영되어 있고 그것과 유기적인 연관성을 지니고 있음을 알 수 있다.

(1) 종묘제례악

- 斜直指(사직지): 바로 서서 한 팔은 위를, 한 팔은 아래를 가리키면서 비스듬히 직선을 만든다.[5]
- 點腹(점복): 두 주먹이 아래를 향하면서 오른손으로 왼손을 덮어 배에 붙인다.
- 合胸(합흉): 상반신을 40도가량 굽히고 양손을 가슴 사이에 붙이되 오른손이 왼손을 덮는다.
- 下垂(하수): 합흉에서 손을 아래로 내리되 몸에서 40도가량 옆으로 뗀다.
- 點胸(점흉): 손을 가슴 사이에 댄다.
- 外擧(외거): 하수에서 몸을 펴며 손을 옆으로 차차 들어 올려 어깨에서 15도가량 내린다.
- 擧肩(거견): 외거에서 팔을 들어 뒤로 뒤집되, 어깨와 수평이 되도록 한다.
- 垂腹(수복): 거견에서 허리를 굽히고 손을 얼굴 앞으로 둘러 배 밑에 댄다.
- 還擧(환거): 수복에서 외거 후 거견에 이르는 동작이다.
- 外揮(외휘): 팔을 들어 얼굴 앞으로 해서 밖으로 두르며 허리를 굽히고 다리를 들었다가 내린다.
- 引胸(인흉): 바로 서서 두 손을 양 가슴 앞 가까이 끌어온다.
- 點乳(점유): 손을 젖가슴에 붙인다.
- 兩手據肩(양수거견): 두 손을 접어 어깨로 올리는 동시에 오른발을 들었다가 허리를 굽히며 손과 발을 일시에 내린다.
- 兩手下垂(양수하수): 두 손을 모아 허리를 비스듬히 굽히며 내린다.
- 腹把(복파): 바로 서서 두 팔을 좌우로 45도가량 벌려 하수한다.

- 折肩(절견): 두 손을 얼굴 앞으로 모아 곡형曲形을 짓되, 팔꿈치가 들리게 한다.
- 肩把(견파): 두 팔을 얼굴 앞으로 점차 모아 들되 반달 모양의 선을 만든다.
- 荷肩(하견): 두 팔을 좌우로 벌려 일직선을 만든다.
- 點腹(점복): 오른손으로 왼손을 덮어 가슴에 묻는다.
- 割脥(할협): 양손을 가슴에 교차하되 주먹이 위를 향한다.
- 兩手引膝(양수인슬): 두 팔을 높이 들어 옆으로 넘겨 한 발은 앞으로 내딛고 허리를 뒤로 젖힌다.
- 片直指(편직지): 사직지에서 아래를 가리키는 동작만 없다.
- 推前(추전): 바로 서서 두 손을 뒤로부터 앞으로 내민다.
- 推後(추후): 허리를 굳히고 양손을 뒤에 붙인다.
- 拔劍(발검): 허리를 굽히고 오른쪽 칼 든 손을 내리되, 몸에서 40도 가량 앞쪽 옆으로 내린다.
- 推臂(추비): 팔을 비껴 위로 꼿꼿이 뻗는다.
- 伸臂(신비): 팔을 비스듬히 뻗되, 시선은 그편을 본다.
- 還臂(환비): 팔을 한 번 머리 위로 둘러 다시 신비 자세에 이른다.
- 飜劍(번검): 칼 든 손을 굽히며 어깨까지 올리되 칼이 뒤로 향한다.
- 飜劵(번권): 칼 들지 않은 손으로 곡형曲形을 만들고 어깨까지 올리되, 주먹이 뒤를 향한다.
- 點膝(점슬): 허리를 굽히고 손을 무릎에 붙이되, 붙인 다리를 조금 든다.
- 割劍(할검): 두 손을 가슴에 교차하되 주먹이 위를 향한다.
- 割拳(할권): 두 손을 가슴에 교차하되 주먹이 위로 향하고 왼손이 위로 온다.
- 折飜(절번): 두 팔을 어깨에서 한 치가량 쳐들고 팔꿈치를 구부려 들고 주먹을 위로 비튼다.

- 外把(외파): 두 팔을 좌우로 벌려 하수해 다시 아랫배 앞으로 손을 가져온다.
- 後拂(후불): 두 손을 뒤로 뿌리며 허리는 들어 구부린다.
- 擧揮(거휘): 두 손을 모아 밖으로 둘러 우측으로 한다.
- 膝上內揮(슬상내휘): 허리를 구부리고 두 손을 위에서 안으로 들어 팔 아래로 모아 놓는다.
- 打肩(타견): 손에 쥔 칼을 들어 어깨 치는 동작을 한다.
- 覆臂(복비): 바로 서서 양손을 복부에 교차한다.
- 刺空(자공): 복비 동작에서 왼손 주먹으로 하늘을 찌르는 시늉을 한다.
- 引膝(인슬): 양손을 아래도 내리되 손을 무릎에서 떼고 다리는 든다.
- 覆劍(복검): 양손을 배에서 들었다 덮는다.
- 膝把(슬파): 허리를 굽히며 무릎을 들되, 양손을 무릎에 붙인다.
- 跪左膝(궤좌슬): 왼발을 세워 오른발을 꿇고 앉되 두 손을 왼편 무릎에 놓는다.
- 起立(기립): 허리를 펴며 양손을 배 위에 두고 일어선다.
- 下膝(하슬): 허리를 굽히며 한쪽 무릎 편으로 두 손을 모아 내린다.
- 點脥(점협): 바로 서서 한 허리로 두 손을 모아 가져간다.

(2) 처용무

- 擧足(거족): 발을 무릎 굽혀 들어 올린다.
- 垂手舞(수수무): 두 손을 앞으로 여미고 무릎을 굽힌다.[6]
- 相面(상면): 서로 본다.
- 回顧(회고): 돌아본다.
- 散作花舞(산작화무): 꽃잎이 사방으로 흩어지듯이 대형이 밖으로 퍼진다.
- 足蹈歡舞(족도환무): 무릎을 많이 굽히며 발걸음을 걷는 동작으로 오락적 색채를 농후하게 띤다.[7] 〈처용무〉는 전도와 후도로 구성되어

있는데 족도환무는 〈후도처용무〉 끝부분에 나온다.

- 落花流水舞(낙화유수무): 잦은도드리 곡에 맞춰 무대를 오른편으로 돌아 퇴장하는 춤인데, 두 손을 오른쪽 어깨에 메었다가 앞으로 뿌리고 다시 거두어 왼쪽 어깨에 메고, 왼쪽 어깨에서 또 앞으로 뿌리고 하는 동작이다.[8]
- 周旋(주선): 제자리에서 도는 동작이다.
- 回舞(회무): 무대를 크게 돌며 춘다.
- 相對舞(상대무): 둘씩 서로 돌아보며 춘다.
- 搖身(요신): 몸을 흔든다.
- 懽場舞(환장무): 다섯 처용이 퇴장하며 기뻐서 추는 춤이다.

(3) 승전무

- 三進三退(삼진삼퇴): 흩어졌다 모여드는 형태로 세 번 전진, 세 번 후퇴하는 진법을 말한다.
- 엇사위: 팔을 어긋지게 놀리는 춤이다.
- 모둠사위: 손을 모으는 사위다.

(4) 진주검무

- 쌍칼질: 칼을 양손에 각각 쥐고 칼을 휘두르며 춘다.
- 선사위: 팔 벌리고 서서 걸으면서 추는 춤이다.[9]
- 숙은사위: 한삼을 손에 끼고 무릎을 굽히는 사위다.[10]
- 연풍대가락: 허리를 엎치고 뒤로 넘기며 돌아서서 무대를 한 바퀴 도는 사위다.[11]
- 分立向內舞(분립향내무): 양쪽으로 나누어 서서 안을 바라보며 추는 춤이다.
- 四方分隊舞(사방분대무): 사방으로 나누어 서서 추는 춤이다.
- 입춤: 양쪽에서 서로 보며 맨손으로 팔을 펴고 서서 추는 춤이다.

- 相對舞(상대무): 1박에 왼발 딛고 오른손 옆으로 내리며 왼손 펴들고 제자리로 다시 서서 족도하는 사위로, 서로 상대편을 마주하고 추는 춤이다.
- 向外舞(향외무): 서로 밖을 향해 추는 춤이다.

(5) 승무

- 연풍대: 굿거리장단 마지막에 둥근 원으로 도는 동작인데, 한 발 옆으로 짚어 앉으며 몸을 들면서 일어나는 동작을 계속 반복한다.
- 어깨춤: 몸의 중심 부분에서 흥을 어깨로 전달해 이것을 '절도 있게 원심적으로 사지四肢에 발전하는 것'으로, 외형적으로는 어깨만 움직이는 것같이 보이나 체내에서부터 출발해 몸 전체를 움직이는 동작이다.
- 잦은발: 발의 나비를 작게 하여 빠른 속도로 재게 나가는 것을 말하며, 잦은걸음이라 할 수도 있다.

(6) 학무

- 擧首(거수): 고개를 든다.
- 鼓嘴(고취): 주둥아리를 친다.
- 俯(부): 머리를 숙인다.
- 驚躍(경약): 놀라며 뛴다.
- 翺翔(고상): 빙빙 돌며 날개를 위아래로 흔드는 사위.
- 蹈進(도진): 앞으로 걷는 동작.
- 振身(진신): 몸을 흔드는 동작.

(7) 양주별산대놀이

- 여닫이: 여닫이문을 여는 동작을 비유한 것이다. 두 손을 가슴에 모았다가 양팔을 위로 치켜올리며, 전면으로 내어 펴고 양쪽으로 올

리며 다리는 오른편으로 갔다 왼편으로 갔다 하면서 전진하는 춤[12]으로 깨끼춤[13]에 속한다. 고故 김성태 옹은 이 춤을 "나비가 꽃을 보고 날아와서 앉을 듯하는 춤"이라고 했다.[14]

- 어깨춤: 깨끼춤에 속하며 어깨에 멋을 풀어내는 춤이다.[15] 어깨를 으쓱거리며 온몸의 멋을 풀어내 맞춤을 추는 경우에 쓰이며, 상대방과 거리를 조절하거나 자기 위치를 점검하는 준비 동작이다.[16]
- 엉덩이춤: 엉덩이에 멋을 풀어내는 것으로, 〈양주별산대놀이〉의 기본 춤이다.[17]
- 짐거리걸음: 뒷짐을 지고 걸어가는 걸음걸이 춤이다.[18]
- 너울질: 상대자를 유인·농락하며 쫓아내는 춤[19]이며, 날아 보려고 요동하는 시늉의 춤이다.[20]
- 까치걸음: 이편 다리, 저편 다리로 안감질하듯 깡충깡충하고 땅을 보면서 팔짓·다릿짓을 하며 까치 걷는 시늉을 하는 춤[21]으로 깨끼춤에 속하며, 취발이와 샌님이 이 춤을 춘다.
- 맞춤: 두 사람이 마주 보고 추는 춤으로, 〈양주별산대놀이〉의 기본 형식이다.[22]
- 팔뚝잡이: 오른편 다리를 길게 내놓고, 오른손을 내뻗어 구부리고 왼손은 오른편 팔꿈치를 쥐고 고개를 끄떡끄떡하다가 주춤주춤 뒤로 3, 4보 간다. 또 반대로 왼편 다리를 내놓고 이와 같이 한다.[23] 이 춤은 그드름춤과 깨끼춤 양쪽에 모두 속한다.
- 사방치기: 도포 자락 또는 장삼 자락을 머리 위로 펴서 두 손으로 잡고 주춤주춤하면서 한 방향으로 돌아가서 재배하고 또 한 방향씩 돌아가서 재배하는 춤[24]으로, 그드름춤에 속하며 상좌, 옴중, 노장 등이 춘다.
- 對等(대등): 왜장녀와 애사당이 작별할 때 추는 춤이다.[25]
- 용트름: 장삼 자락을 펴서 두 손으로 잡고 오른편 다리를 앞으로 내놓고 왼편 다리를 뒤로 빼고 허리를 구부리고 머리와 두 손은 장단

박자에 의해 왼편으로 갔다가 다시 그 태도로 제자리에 와서 오른편을 잠깐 보았다가 자리에서 일어나는데, 이와 같이 하여 사방을 도는 춤이다.[26] 용龍이 밖에 나와서 이편저편 살피면서 세상 실정을 돌아보며 꿈틀거리는 춤[27]으로, 그드름춤에 속한다.

- 三進三退(삼진삼퇴): 세 걸음씩 앞뒤로 왔다 갔다 하는 춤으로, 산대춤의 기본 형식이다.
- 활개꺾기: 날갯짓하면서 날아가는 시늉을 하는 춤으로 활개펴기에 준하며[28] 그드름춤에 속한다.
- 활개펴기: 용이 날개를 펴고 날아가듯이 추는 춤으로, 두 손을 펴서 들고 고개를 끄덕끄덕 좌우로 돌리면서 3보 전진 3보 후퇴하며 추며,[29] 그드름춤에 속한다.
- 허리잡이: 두 손으로 허리를 잡고 여러 가지 궁둥잇짓, 다릿짓을 하는 춤[30]으로, 상대 앞에서 까부는 춤[31]이며 깨끼춤에 속한다.
- 원숭이걸음: 갈지자걸음과 같으나 유난히 발을 올렸다 내렸다 몸을 흔들며 원숭이처럼 깡충깡충 걸어가는 걸음걸이춤이다.[32]
- 合掌再拜(합장재배): 천신께 고하는 의식무다.[33] 상좌중만이 추는 것으로, 오른손을 차츰차츰 들고 왼손도 같이 들어 합장하는데, 전에는 합장 재배에 15분이나 걸렸다고 하며[34] 그드름춤에 속한다.
- 법고놀이: 북놀이를 하는 춤이다.[35]
- 부채놀이: 부채로 얼굴을 가리고 깨끼, 고개잡이와 비슷하게 펄쩍 뛰어 두 손을 들어 위를 쳐다보고 고개를 끄덕이며 자기 자리를 돈다.[36]
- 자라춤: 소무만이 추는 춤으로, 오른손을 머리 앞까지 올려서 손바닥을 젖혔다 뒤집었다 하다가 내려놓고 왼손도 이와 같이 하는 춤이다.[37] 자라가 헤엄치듯 손짓해 유인하는 춤[38]으로 깨끼춤에 속한다.
- 伏舞(복무): 노장老長이 엎드려서 세수도 하고 이도 잡는 동작[39]으로, 기력이 없어서 엎드려 추는 춤[40]으로 그드름춤에 속한다.

• 끄덕이: 고개를 위아래로 흔드는 동작으로, 서로 알았다는 의사를 표현하는 춤이다.

(8) 송파산대놀이

• 화장무: 한 손은 이마 앞으로 또 한 손은 어깨높이로 수평이 되게 펴서 마치 화장하는 시늉을 하는 것처럼 동작을 반복한다.[41]

• 죕춤: 소무가 추는 여자 춤으로 자라춤과 같은 것인데, 주먹만 가볍게 쥐었다 폈다 한다.

• 염풍뎅이: 뛰면서 도는 것으로, 한 발을 들어 놓아 들며 앉았다 일어난다.[42]

• 건드렁: 두 손을 위로 들고 좌, 우, 상하로 흔드는데, 무릎을 굽힐 때는 손도 자연스럽게 내렸다 폈다 한다.[43]

• 멍석말이: 위 손은 위에서 떨어지고 아래 손은 치올리면서 접어 두는데, 마치 멍석을 마는 형태와 같아 이같이 부른다.[44] 염풍뎅이 하고 나서 굽혔다 일어날 때 앞으로 나가면서 하는 사위다.

• 배치기: 여닫이를 하다 한 손은 배 앞에 또 한 손은 등 뒤로 감는다.[45]

• 팔뚝잡이: 한 팔은 쭉 펴고 다른 한 손으로 반대 팔꿈치에 대며 쭉 뻗는데,[46] 쭉 뻗은 팔을 굽혔다 폈다 한다.

• 무릎치기: 한 무릎을 구부려 들고 양손을 번갈아 가며 치고 대고 얼른다.[47]

• 자라춤: 한 팔은 이마 앞에 한 팔은 어깨높이로 수평으로 올려 이마 앞에서 손바닥을 뒤집는 춤이며 주로 소무가 춘다.[48]

• 용트림: 장삼 자락을 위로 젖혀 허리 굽혀 앞, 뒤로 재다가 장삼 자락을 쫙 뿌리고 선다.[49]

• 까치걸음: 뒷발을 잡아당겨 깡충깡충 뛰는 까치 걷는 시늉의 동작이다.[50]

• 곱사위: 화장무와 여닫이를 합쳐 추는 춤이며,[51] 화장무를 한 다음

팔을 내릴 때는 머리 뒤로 스쳐 내린다.[52]

(9) 봉산탈춤

- 외사위: 오른발을 들고 오른팔을 머리 위로 한 번 감아치며 뛰는 사위다.[53]
- 양사위: 외사위와 같으나 두 손을 같이 감았다 푸는 춤이다.[54]
- 곱(겹)사위: 외사위와 같으나 한삼을 뿌릴 때 외사위는 그냥 휘어 뿌리지만 곱(겹)사위는 한 번 돌려 뿌리는 것이 다르다.
- 제자리걸음: 제자리에서 걸음을 걸으며 몸을 놀리는 발사위다.
- 까치걸음: 팔을 머리 위로 올렸다 내렸다 하며 뛰면서 추는 춤으로, 목중들 합동춤 때 퇴장하며 이 춤을 춘다.
- 황새걸음: 발걸음을 '드문드문', '성큼성큼' 크게 떼며 걷는 춤으로, 신 장수가 원숭이를 업고 나가며 추는 춤이다.[55]
- 먹중춤: 먹중 8인이 하나씩 나와서 저마다 개인적인 춤을 추고 들어가고, 다시 나와 8인의 뭇동춤으로 끝난다.
- 궁둥이춤: 한 손에 부채 들고 한 손에 방울 들고, 궁둥이를 좌우로 심하게 흔들어 대면서 추는 춤이다.
- 발흔듬사위: 누워서 발부터 흔들며 추는 춤이다.[56]
- 사위팔얹기: 한삼을 다른 팔 위에 얹고 옆으로 고개를 흔들며 가재걸음처럼 나가는 걸음사위 춤이다.[57]

(10) 강령탈춤

- 장삼춤: 장삼 소매를 고개 너머로 휘두르는 동작이다.[58]
- 원숭이춤: 타령, 굿거리장단에 맞춰 깨끼리춤과 굿거리춤을 한참 추다가 퇴장한다.[59]

(11) 통영오광대

- 누름새: 춤이 바뀔 때 배기는 것을 누름새라고 한다. 즉 잦은 발자국으로 빨리 걸어 나가 몸을 굽히는 사위다.[60]
- 문둥이춤: 굿거리장단에 맞춰 온몸을 떨면서 나와 재담하고 춤을 춘다.[61] 그다음에 법고를 주워 가지고 추는데 그때부터는 떨지 않는다.[62]

(12) 고성오광대

- 북춤: 문둥광대가 북을 가지고 한바탕 북을 놀리며 추는 춤[63]으로, 소고로 얼굴을 가리고 나와 손을 펴서 무릎을 치며 탄식하고 나서 소고를 잡고 흥에 겨워 춤가락으로 들어간다.[64]
- 메는가락: 어깨 위로 한 팔을 메며 추는 춤[65]이다.
- 궁둥이춤: 허리가 굽은 큰어미가 담뱃대를 들고, 굿거리장단에 맞춰 추는 춤이다. 또한 비비가 짐승같이 허리를 굽혀 궁둥이를 흔들며 나갈 때도 춘다.
- 배기는가락: 한 발 뛰어 한 발 뻗고 앉는 동작으로, 춤을 맺고 푼다.[66]
- 어깨춤: 멋가락으로 오광대가 주로 춘다.[67]
- 덧배기춤: 어깨춤에서 오른손과 왼손을 번갈아 올리며 뛰는, 오광대의 기본 춤이다.
- 탈놀음: 탈을 앞, 뒤, 좌, 우로 숙이고 들고 하며 추는 춤이다.[68]
- 말뚝이춤: 〈동래야류〉의 말뚝이역에서 볼 수 있듯이 건무健舞에 가까운 활발한 춤이었으나 지방에 따라 후대로 내려오면서 차차 완만한 춤으로 약화된 것으로 보인다.[69] 오른손에 말채를 들고 굿거리장단에 맞춰 채를 흔들고 뛰면서 배기는 동작을 하며 춘다.[70]

(13) 동래야류

- 배김사위: 펄쩍 뛰어 엉거주춤으로 몸통을 낮춰 말채를 들었다가 팔꿈치를 굽히며 오른쪽 귀 뒤를 훑어 목덜미에 갖다 붙이고 왼손

은 좌측 옆구리에 붙이고 흔들며 얼러 대는 춤이다. 배김새라고도 한다.

- 펑게춤: 물을 푸는 펑게(논에 물을 푸는 농구로, 손잡이가 4개이며 두 사람이 마주 서서 손잡이를 잡고 물을 퍼 올리는 연장)처럼 여러 사람이 모여들어 한 사람의 다리와 손을 잡아 좌우상하로 흔들며 추는 춤이다.[71]
- 배춤: 배를 내놓고 추는 희극무이며, 헬레춤이라고도 한다.[72]
- 어깨춤: 본격적인 덧배기춤으로 들어가기 전에 어깨를 우쭐거리듯 추면서 자세를 잡는다.[73]
- 엉덩이춤: 영감이 제대각시를 데리고 갈 때 할미가 어이없다는 듯이 엉덩이를 흔들며 뒤따르는 춤이다.[74]
- 궁둥이춤: 엉덩이춤과 같다.
- 뒤집사위: 가슴과 배가 하늘을 향하도록 뒤집어 양팔을 받치고 묘한 시늉으로 성행위를 상징하는 열광적인 동작[75]을 하며 추는 춤으로, 요동춤[76]이라고도 한다.
- 꼽추춤: 허리를 낮추며 무릎을 굽혀 몸을 밑으로 갈아앉힌 다음 제자리에서 어르며 추는 춤이다.[77]
- 울러멘사위: 배김사위와 같으며, 말뚝이가 양반들의 부름에 돌연 나타나서 모르는 척하고 채찍으로 위협을 주며 추는 춤이다.[78]
- 엎드름사위: 팔을 짚고 엎드려 추는 춤이다.[79]
- 기는춤: 뿔뿔이 기어 다니면서 추는 춤으로, 길사위라고도 한다.[80]
- 구불춤: 누워서 구르며 추는 춤이다.[81]
- 양팔든어름사위: 말뚝이가 양반들의 부름에 등장해 양팔을 좌우 어깨높이로 올려 거들거리며 어르는 춤이다.[82]
- 홍두깨춤: 뻣뻣이 서서, 손을 홍두깨 놀 듯이 위로 빼올리며 춘다.[83]

(14) 수영야류

- 범춤: 담보춤이라고도 하며, 한참 춤을 추다가 나중에 담보를 잡아

먹음으로써 왜놈들에게 훈시하려는 춤이다.[84]

- 맞춤: 상투춤이라고도 하며 일종의 희귀춤이다. 할미와 영감, 제대각시와 영감 등이 춘다.
- 덧배기춤: 오광대와 들놀음野遊에 공통되는 덧배기춤가락[85]으로, 〈수영야류〉의 빼대춤[86]이라고도 할 수 있다.

참고문헌

김세중, 『한국민속극 춤사위 연구』, 동아민속예술원, 1972.
김윤수, 『예술의 창조』, 태극출판사, 1974.
김천흥, 『승전무(통영북춤)』, 문교부, 1967.
______, 『진주검무』, 문화공보부 문화재관리국, 1966.
______, 『처용무』, 문화공보부 문화재관리국, 1969.
______, 『학무』, 문화공보부 문화재관리국, 1969.
______, 『한국무용의 기본무보』, 문화공보부 문화재관리국, 1969.
『무용용어심의안』, 한국문화예술진흥원, 1974.
박태남, 『시조 어휘의 작가별 고찰』, 서울대학교 석사 학위 논문, 1973.
성경린, 『조선의 아악』, 박문출판사, 1947.
______, 『종묘제례악』, 문화재관리국, 1964.
심우성 채록, 『양주별산대놀이 기초자료』, 한국민속극연구소 1964.
이두현, 김천흥, 『오광대』, 문화공보부 문화재관리국, 1964.
______, 『한국가면극』, 문화공보부 문화재관리국, 1969.
______, 『수영야류』, 문화공보부 문화재관리국, 1970.
이주환, 『시용무보해제』, 한국민속학회, 1956.
이혜구, 『한국음악연구』, 국민음악연구회, 1957.
임석재, 「강령탈춤 대사」, 『서낭당』 제2집, 한국민속극연구소, 1972.
조용배, 『연희대사(고성오광대)』, 고성오광대연수회, 1974.
『중요무형문화재 해설』, 문화공보부 문화재관리국, 1973.
천재동, 「동래야류 연구」, 『서낭당』 제4집, 한국민속극연구소, 1973.
______, 『동래야류 연희본』, 민학사, 1974.
허호영 채록, 「송파산대놀이 대사」, 『서낭당』 제3집, 한국민속극연구소, 1972.
Suzan Langer, *Dinamic Image*, New York, 1964.

2장

한국 민속춤의 역사*

1. 들어가는 말

우리 민족문화의 근간을 이루고 있는 우리의 몸짓, 우리의 춤을 논할 때, 그 연구는 모두가 공동체로서 움직이고 추었던 민간의 '민속춤'에서부터 시작된다. 여기에서 '민속춤'이란 열린 공간에서 민중의 보편적인 삶이 몸짓으로 표현되고 형상화된 광의廣意의 춤이라 하겠다.

한국춤 연구의 출발로서 민족 몸짓의 상징인 민속춤의 기원과 원류에 관해 살펴보고 어떠한 역사적 과정을 거쳐 오늘날 면면히 살아 생동해 현존하는지 검토하고자 한다.

이 분야의 연구는 성경린의 『한국의 무용』(1976)을 필두로 시작되었으나, 이는 궁중정재와 함께 다뤄졌다. 민속춤의 역사는 정병호의 『한국의 민속춤』(1991)에서 처음 다뤄졌고 그 외에 일부 지엽적이고 부분적인 연구 성과가 있지만, 본격적인 연구는 아직 제대로 되어 있지 못한 상태다.

이 글에서는 민중·민족사적 관점에서 통시적 방법론을 통해 한국 민

* 이 글은 1996년 지식산업사에서 발간한 『한국민속사 입문』에 실린 「민속춤의 역사」라는 논문을 재정리한 것이다.

속춤의 역사를 조명해 보고자 한다.

2. 몸짓의 태동

1) 일과 기본 몸짓

춤은 사람이 출현하면서 시작되었다. 고대 우리 민족이 살았던 흔적에서 조금이나마 우리 몸짓의 원류를 잡을 수 있고, 그것을 열쇠로 하여 우리 몸짓의 모습과 기원을 풀어 나갈 수 있다고 본다.

춤의 기원을 원초적으로 따져 올라가면 춤은 노동으로부터 구체적으로 형상화된다. 지구상에 인류가 출현함과 동시에 노동은 시작되었다. 자연의 재해와 예속에서 벗어나지 않으면 살 수 없었던 원시 공동체 사회 초기 단계부터 사람은 스스로 자주적 몸놀림을 하여 자연을 정복하고 생명을 이어 가는 노동 생활을 벌여 왔다. 이러한 노동은 인간 몸짓의 기본이자 생명력의 표현이었다.[1]

구석기 시대 유적인 석영石英제의 석기들은 '내리쳐 깨기'와 '때려 내기' 수법으로 만들어졌는데,[2] 이와 같은 석기 제작 방법의 몸놀림에서 우리 몸짓의 중요한 단서를 잡을 수 있다. 필자는 노동의 연장으로서 춤을 보는 관점에서, 생산과 연결된 몸놀림으로부터 춤이 시작되며 춤의 기본 구조는 노동으로부터 출발한다고 지적한 바 있다.[3]

현존하는 탈춤·풍물굿·춤 등의 기본 춤사위에서 도리깨질이나 타작하듯이 위에서 감아 아래로 내려치는 몸놀림 등은 바로 그 실례로 볼 수 있다. 즉 위에서 맺어 아래로 내려 푸는 사위인데, 그 당시 석기 제작 모습에서 그 몸놀림의 율동이 춤사위와 장단으로 연결된 기본 출발임을 알 수 있다.

2) 예禮의 몸짓

우리의 생활 습속에는 몸을 굽혀 상대방을 공경하는 예의 몸짓이 예나 지금이나 삶 자체에 근본으로 깔려 있는데, 바로 구부린 형태의 그 몸짓이 춤사위의 기본 몸짓이 된다. 전통춤에서는 시작과 끝이 몸을 굽혀 절하는 예의 몸짓으로 이루어지는데, 신석기 시대의 유물인 굽은 옥, 즉 곡옥曲玉에서 상징적인 형상을 발견할 수 있다.

이형구는 곡옥이 용이나 짐승의 태아에서 유래되었다고 보고, 옥玉을 갖게 됨으로써 영생불멸한다는 생각과 함께 당시 고대 사회의 어떤 신분상 등급과 권력에 대한 관념이 생겼으며, 이것이 바로 예의 원형이라고 논급하고 있다.[4]

이는 바로 생명이 태어나기 전의 비가시적非可視的인 근원적 첫 모습을 상징적 형태로 나타낸 원형이라고 볼 수 있는데, 춤에서 몸을 숙여 상대방을 존중하고 공경하는 예의 몸짓과 같은 것임을 알 수 있다.

3) 모신母神 숭배와 여사제女司祭

고대 사회에서 가장 중요한 행사 중 하나가 제사 행위다. 이렇게 제사 대상으로 모시는 신 가운데 가장 중요한 신은 인간의 탄생과 안녕과 풍요를 주재하는 지모신地母神이다. 한반도에서 출토된 선사 시대의 소조小彫 인물상 중에는 여신상女神像이 주류를 이루는데, 이 사실은 모계 사회의 특징적인 '모신 숭배'와 관련된 것으로 보고 있다.

이와 같이 고대 사회에서는 신전神殿이나 제단祭壇 그리고 신상神像 등을 갖추고 제사를 지냈다. 그것은 바로 여사제가 주재하는 의례로, 굿의 초창기 형태다. 현존하는 굿에서도 굿의 내용을 펼치고 맺을 때 춤이 주 역할을 담당하는 것과 같이, 그 당시 여사제도 인간의 본능인 몸놀림으로 의사 표현을 하며 굿을 주재했을 터인데, 바로 그러한 상징적 몸짓이 원초적 춤의 형태로 나타났을 것이 분명하다.

다시 말해, 구체적인 제의 행위에서 춤으로 연결되는 '제의적 행위춤' 성격을 띠었을 것이다.

3. 일에서 춤으로

1) 춤과 3사상三思想

중국『사서史書』에 다음과 같은 글이 전한다.

> 천신의 아들 환웅이 천부인天符印 3개, 곧 거울·방울·칼과 무리 삼천 단부를 거느리고 신단수 아래에 강림하여, 백성의 생명·곡식·병兵·형刑·선善·악惡 등 무릇 360여 종류의 사회사를 대신한 제천祭天·사신司晨·기곡祈穀·도병刀兵과 상벌賞罰들을 관리했다.

이 중에서 제천과 사신은 자연히 집단적인 가무를 동반했을 것인데, 이러한 집단적 가무 형태의 제천의식에는 우리 민족의 사상과 철학이 그대로 담겨 특유의 우주 인생관인 3사상이 나타나고 있다. 천부인의 3은 천·지·인 삼재를 뜻한다. 천·지·인은 부모 자식의 삼위일체로, 절대로 분리될 수 없는 자연의 법칙을 말하는데, 여기에서 3은 첫 세상을 여는 성수聖數이며 신수神數의 의미를 갖고 있다. 우리 민족은 하늘과 땅을 똑같이 존중하고 자연을 있는 그대로 보존하고 가꾸며 천지신명을 똑같이 공경했다. 3의 원리로 통하는 이 사상이 바로 천신과 지신을 모시는 우리 마음이라고 할 수 있다.[5]

우리 춤도 바로 3의 사상 철학이 배어, 일에서부터 시작한 우리 몸짓이 춤의 형태로 구체화되고 형상화되어 나타난다. 이와 같이 한민족의 고대무용도 다른 민족의 고대무용과 마찬가지로 상고 시대 농경 생활을 영위한 부족 국가 시대의 종교적 제천의식에서 비롯되어 발달해 왔다. 이때는 반드시 노래와 장단과 춤이 삼위일체가 되어 큰 구실을 했다.

한편 가장 오래된 악무樂舞의 기록이 있는『후한서後漢書』에 중국 하소강夏少康 때 우리 음악과 춤이 중국에 전해졌다[6]는 내용이 있는 것으로 보아 우리의 악무가 그들보다 훨씬 발달했음을 짐작할 수 있다.

그 외 상고 시대의 무용으로는 그 내용과 형태는 알 수 없으나, 문헌에 나타나 있는 것으로 지모무持矛舞와 영선무迎仙舞가 있다.

2) 천신天神과 제천祭天

부여夫餘는 정월에 하늘을 맞이하는 맞이굿으로 '영고迎鼓'라는 영신제를 지냈다. 일찍부터 농경 생활을 영위해 경제적으로 풍부하고 평화로웠던 부여족은 영고라는 제천의식을 하면서 천신에 대한 예를 갖추었고, 며칠 동안 계속 노래하고 춤추면서 제사를 지내고 또한 노소老少가 모두 나와 밤낮을 가리지 않고 노래하며 즐겼다.

예濊의 '무천舞天'도 하늘에 제사 지내는 국중 대회로, 항상 10월이 되면 하늘에 제사를 지내고 밤낮으로 술을 마시며 가무歌舞했다.『삼국유사』 권5에는 다음과 같은 구절이 있다.

> 그때 하늘에서 외쳤다天唱. 하늘의 음악天樂이 서쪽으로부터 들려오더니 종은 몸을 솟구어 집 들보를 뚫고 나가는 것이었다. 서쪽으로 교회에 가더니 해골을 버리고 부처의 몸으로 변해 연화대에 앉아 큰 광명을 발하면서 천천히 가버렸는데, 음악 소리는 하늘에서 그치지 않았다.[7]

> 구름 밖에서 하늘의 소리天樂聲가 들리고, 광명이 땅까지 뻗쳐 있었다.[8]

원문原文의 천창天唱, 천악天樂 등은 바로 천성天聲으로, 하늘의 소리가 있은 후에는 꼭 어떤 움직임이 나타나고 있는바, 무천의 의미도 천악에 대한 천무天舞로서 하늘의 소리에 답하는 춤, 즉 화답무和答舞인 것을 알 수 있다.

3) 천군天君과 소도蘇塗

『삼국지』「위지」〈동이전〉 마한조馬韓條에는 '천군'이라 불리는 제사장이 있어 5월 모심기를 끝낸 후에 귀신에게 제사 지내는바, 이때 많은 사람이 모여 밤낮없이 술 마시고 노래 부르고 춤을 추었다. 그 춤이란 수십 명이 함께 일어나 서로 따르면서 땅을 밟고 뛰는 것으로, 음악의 절주節奏와 잘 어우러지고 조화되는 손발의 움직임이 꼭 탁무鐸舞와 같았다고 기술되어 있으며, 아울러 10월 농사를 마친 후에도 이렇게 제사를 지내고 즐겼다고 한다.

이때는 '소도'라 하여 제사 지역을 정하고 제사장인 천군이 큰 솟대를 세워 두고 방울을 울리면서 신을 섬겼다. 이러한 천군은 오늘날 우리가 볼 수 있는 무격巫覡의 시조로 보이며, 신가神歌를 부르고 신무神舞를 추며 제의에 참여한 모든 사람을 이끌면서 집단가무했을 것이 분명하다. 당시의 춤은 수십 명이 한 무리로 손을 올렸다 내렸다 하면서 땅을 구르고 뛰어 솟는 흥겹고 경쾌한 군무群舞였을 것으로 생각된다.

오늘날 모심기에서부터 가을 수확에 이르기까지 풍년을 기원하는 행사인 두레굿 혹은 풍물굿, 풍장놀이 등이 이러한 고대 유풍에서 비롯되었음을 짐작할 수 있다. 최근까지 전라남도 해안 지방에서 연희되어 온 강강술래도 이로부터 분화·발전된 윤무輪舞인 것이 확실하다.[9]

4. '춤틀'의 형성

1) 역동적인 북방의 춤

고구려는 동명성왕의 탁월한 영도 아래 대담한 정략으로 영토를 확장하고 고조선의 위세를 찾는 데 발분하고 국위를 떨쳤다. 한漢족의 압제에 짓눌려 적개심을 품고 있던 군중이 일치단결해 북방민족과 대항하면서 고구려의 남성적이고 웅혼한 북방적 기질이 형성되어 춤에도 영향을 미쳤다.

10월 상달에 거행되던 동맹東盟은 천신에 올리는 제천의식으로 전 국민이 추앙해 받드는 조상신인 수신隧神을 함께 모시는 추수 감사제 성격을 지닌 거룩한 행사였다. 이 밖에도 성신星神과 사직신社稷神에 대한 국가의 장대한 제사에는 존엄한 음악과 신비로운 무용이 중추가 되었을 것은 별로 의심이 없다.[10]

고구려 고분 벽화에 나타나는 풍부하고 아름다운 고구려 춤이 그것을 뒷받침한다. 고분 벽화에는 여러 형태의 춤사위와 다양한 춤 형식 속에서 살아 숨 쉬는 고구려 춤의 본질이 그대로 드러나 있다. 통구通溝에 있는 무용총舞踊塚의 내부를 보면 남자 3명 사이에 여자 2명이 있는 5명의 춤꾼이 양팔을 비껴 뒤쪽으로 쳐들고 있으며, 그 왼쪽으로 또 다른 1명의 남자 춤꾼이 마주 보며 걷고 있다. 춤꾼들은 팔을 쳐들어 긴 소매가 늘어진 채로 오른발을 앞으로 내디디며 팔은 왼쪽 어깨높이로 들고 있다. 또한 뒤쪽 무릎을 조금 구부린 채 앞쪽 발뒤꿈치를 땅에 대고 있는 모습은 현행 우리 민속춤에서도 기본이 되는 발놀림 사위다.

팔을 쳐들고 무릎을 적당히 굽혀 한 발을 사뿐히 내딛고 있는 춤새에서는 몸 전체가 자연스럽게 조화되어 생동감이 넘치는 것을 느낄 수 있다. 이는 〈살풀이〉나 〈승무〉 등 민속춤 전반에 쓰이는 발놀림 가운데 '까치발' 사위 같기도 한데, 까치의 걷는 형상을 상징적으로 표현해 '까치걸음'이라고도 한다.

이렇게 일렬로 걸으며 춤추는 획일적인 아름다운 춤의 모습은 질서 정연하게 나는 기러기 떼와 같고 거기에 무용의 율동감이 첨가된 '한 떼의 훈련 잘된 기러기 행렬춤'으로, 그 당시 이미 춤을 직업으로 하는 전문가들이 있었다는 것을 알 수 있다.

고대 중국의 문헌들에 의하면 고구려의 지서무芝栖舞, 호선무胡旋舞 및 고려무高麗舞, 즉 고구려무高句麗舞가 당나라 궁정에서 연희되었음을 알 수 있다. 그 내용은, 1명의 남자 무용수가 느린 음악에 맞춰 넓은 소매를 휘날리면서 천천히 도는 모습이 마치 대붕大鵬이 하늘을 나는 것 같다고 했다. 대붕은 한 번 날았다 하면 몇십 리, 몇백 리를 단숨에 나는 새이므로, 이 춤은 장엄하면서도 역동적인 도덕군자의 위상을 갖추었을 것으로 짐작된다.

고구려악은 고려악이라는 이름으로 백제악·신라악과 더불어 일본에도 전래되었으니, 그 당시 춤과 음악이 얼마나 활발하게 이루어졌는지 잘 보여 준다.

2) 무교巫教적인 남방의 춤

백제는 부여족인 고구려의 유·이민에 의해 진한辰韓·마한馬韓 땅에 건립된 나라로, 진마2체辰馬二體의 융합을 실현했다.

『삼국사기』에는 제8대 고이왕 원년(238)에 "천지를 제사함에 고취鼓吹를 아뢰었다"라는 기록이 있는데, 이때도 마땅히 춤이 따랐을 것이다.

백제의 전신前身인 마한·진한 때부터 중국의 영향을 직접적으로 받았기 때문에, 백제는 고구려와 신라에 비해 정치·경제·문화 면에서 상당히 중국적인 색채를 띠고 있다. 반면에 350년경에는 수로를 이용해 일본에 아직기阿直岐, 왕인王仁 등을 보내 한학漢學을 일깨워 주기도 했다. 침류왕 원년(384)에는 진晋으로부터 호승胡僧 마라난타麻羅難陀가 들어와 처음으로 백제에 불교를 심었다.[11]

『일본후기』에 소개된 백제악을 보면, 고구려악과 같이 횡적橫笛·공후箜篌·막목莫目 외에 따로 춤이 곁들여져 있다. 이 기록에 나타난 고구려 및 백제의 악사樂士 삼근三斤, 기마차己麻次, 진노進奴, 진타進打 등 4명은 각각 횡적·공후·막목·무용의 연주자로서, 이를 일본인에게 지도하던 스승이었을 것으로 짐작된다.

중국의 기록에 의하면 "백제에서는 5월, 10월에 후위後魏 이후의 연악宴樂과 같은 탁무鐸舞를 추었다"고 한다. 요컨대 마한·진한 땅에 건립된 백제인 만큼 그 민중 사이에서는 삼한 시대의 유풍이 가시지 않고 지속되어, 오늘날 풍물굿의 시원이라고 할 수 있는 부락 단위의 군무가 면면히 계승되었음을 알 수 있다.

백제의 춤에서 가장 두드러진 흔적은 7세기 초 미마지味摩之가 남중국의 오나라에서 기악伎樂을 배워 백제와 일본에 가면무극假面舞劇을 심어 놓았다는 사실이다(612년경). 최치원崔致遠의 『향악잡영鄕樂雜詠』 5수와 우륵于勒의 12곡 가운데 공을 공중으로 치켜올렸다가 손으로 받고 다시 던져 올리는 일종의 잡희雜戲에 농주弄珠 등이 들어 있는데, 기伎라고 하는 것은 바로 이런 악무와 희예戲藝를 통칭하는 이름이었다. 즉 투호投壺, 위기圍碁, 저포樗蒲, 악삭握朔, 농주 등의 놀이가 그것이다. 이것들은 기예와 오락적인 면이 강한 춤이었던 것으로 추단할 수 있다.

3) 구나驅儺적 동해의 춤

신라는 중국·고구려·백제의 종합적 토대 위에서 수도 경주를 중심으로 귀족문화가 가장 개화되었고, 예술에서 조화미의 극치를 이루었다.

제3대 유리니사금儒理泥師今 때 민속이 즐겁고 편안해서 불렀다는 「도솔가」와 8월 한가위 중추절을 맞아 여자들만의 길쌈내기 노래인 「회소곡會蘇曲」에 흥겹고 즐거운 춤이 반드시 곁들여졌을 것이다.

가야국이 망하자 우륵이 가야금 한 틀을 들고 신라에 귀화해 그 전통을 이었다. 이 가야금은 신라의 춤과 불가분의 밀접한 관계에 있었던 것으로, 우륵은 진흥왕으로부터 위탁받은 세 제자에게 각각 그 소질과 재능을 헤아려 계고階古에게는 가야금을, 법지法知에게는 노래를, 그리고 만덕萬德에게는 춤을 가르쳤다. 이 밖에도 가야금과 노래와 춤의 종합연출로 『삼국사기』「악지樂誌」에 하신열무下辛熱舞, 사내무思內舞, 소경무小京舞 등의 춤이 있는데, 그 내용이 무엇이었는지는 알 수 없다.

처용설화와 불가분의 관계에 있는 〈처용무〉는 처용의 탈을 쓰고 추는 가면무로서, 초기의 가면은 옛 기와에서 보이는 무서운 귀면형鬼面形이었다. 그러나 신라의 〈처용무〉는 헌강왕 대를 계기로 하여 이전의 원시 구나적 귀면형의 귀면무鬼面舞에서 탈피해 고구려·백제 등과의 연관과 함께 상염무霜髥舞와 상호 영향하에 옹면翁面의 〈처용무〉로 차츰차츰 바뀌었고, 마침내 고려의 안정기에 들어 궁중무宮中舞로서 양옹兩翁의 〈쌍처용무雙處容舞〉로 자리 잡았다고 본다.[12]

원효元曉가 추었다는 무애무無导舞는 포교와 탁발무托鉢舞의 성격을 가진 거리춤의 초기 형태다. 그 당시 광대들의 몸짓이 합쳐진 무애무의 연원은 바가지를 들고 추는 거리의 떠돌이 광대춤에서 비롯되었으나, 원효에게 수용되면서 관념적인 불교사상이 민중의 일상적인 삶의 몸짓과 만나는 성속일여聖俗一如의 경지에 이른 것으로, 그 당시 사회 조건에서 자연스럽게 형성된 진정한 의미의 민중춤이라 할 수 있다.

검무劍舞는 일명 검기무劍器舞 혹은 황창랑무黃昌郎舞라고도 한다. 그 유래에 대해서는 『동경잡기東京雜記』 풍속조에 전하는데, 신라 소년 황창랑이 적국인 백제로 들어가 백제왕 앞에서 칼춤을 춘 것에서 유래해, 그 뒤 그의 탈을 만들어 쓰고 추던 탈춤의 하나였던 것을 능히 알 수 있다.

검무는 그 기원 설화로 보나 무기武器를 들고 가면까지 쓴 살벌한 무태舞態로 보나 매우 강력하고 웅건雄健한 무무武舞의 모습을 지녔을 것으로 짐작되며, 그에 비해 오늘에 전하는 검무는 매우 나약한 춤사위로 변했음을 알 수 있다.

또한 십이지신상十二支神像에 나타난 십이지신무十二支神舞를 주목할 필요가 있다. 이 십이지신상은 모두가 머리 전체를 감추는 탈을 뒤집어쓴 형상으로, 바지 저고리에 장삼을 걸치고 가죽신을 신은 것에서 보이듯이 동물을 의인화한 것이 아니고 인격화해, 사람이 짐승의 가두假頭를 쓴 것임이 똑똑히 드러난다.[13] 이 십이지신무는 칼이나 창, 방패 등을 들고 춤을 추는데, 이는 검무나 전투 행위의 모방에서 나온 것이며, 남성적인 무무의 한 형태를 보여 주는 악귀를 쫓는 벽사 가면무인 구나무驅儺舞다.[14] 구나에 대해서는 이색李穡의 시 「구나행驅儺行」에 "나쁘고 좋지 않은 것을 모두 막고 물리치는 구나의 풍습은 예로부터 있는 예禮였고, 십이지신상은 언제나 밝고 빛나는 신령이다"[15]라는 내용이 보인다.

그 당시 성행하던 중요한 민간 춤으로 금환金丸, 월전月顚, 대면大面, 속독束毒, 산예狻猊, 오기五伎 등이 최치원의 『향악잡영』에 전하는데, 『삼국사기』 「악지」에 다음과 같은 내용이 들어 있다.

금환은 가면 군무로서 일종의 곡예로 신라 사람들의 용감하고 씩씩한 기상을 표현한 춤이며, 월전은 어깨춤의 다양하고 우스꽝스러운 율동을 통해 부패·무능한 통치자들의 생활을 풍자적 수법으로 묘사한 군무였다. 대면은 금빛 탈을 쓰고 구슬 달린 채찍을 휘두르면서 '빠른 걸음, 느린 거동'으로 솜씨 있게 '귀신'을 다루는 모습을 형상화한 것인데, 기백 있는 율동으로 일관되어 있었다.

속독은 "흩은 머리, 푸른 얼굴, 사람 같지 아니한데 떼를 지어 뜰에 나와 난새춤을 추는고나. 북소리는 둥당둥당 바람소리 살랑살랑 이리저리 뛰어놀며 끝없이도 춤을 추네"라는 최치원의 시에서 보는 바와 같이 일종의 대군무다. 기괴하고 다양한 탈을 쓰고 추는 구나적 성격의 춤으로 신라 사람들은 이러한 가무를 통해 자신들의 감정과 지향을 묘사했다. 산예는 민간 춤의 하나로서 발전해 온 사자놀이다.

오기는 신라 가무백희의 내용을 가장 구체적으로 보여 주는 가면춤으로 산대잡극이나 조선조 나례잡희의 선행 예능이었음을 알 수 있다.[16]

4) 국가제전 팔관회八關會와 가무백희歌舞百戲

불교를 국교로 삼았던 고려 때는 불교를 중심으로 한 제전이 성행했다. 연등회燃燈會는 등 공양의 법회로서 등불을 밝히는 광명한 의식이었다. 한때 중단되었다가 다시 복구되면서 팔관회로 변화·발전해 중요한 국가 행사로 행해졌다. 이 제전은 군신 모두가 노래하고 춤추고 술 마시면서 즐기는 동시에 불덕佛德을 기리고 천지신명을 즐겁게 하여 국가와 왕실의 안태를 기원했다.

태조의 〈훈요십조訓要十條〉에는 연등회가 부처를 공양하고 봉사하는 행사인 데 반해 팔관회는 천령天靈·오악五岳·명산名山·대천大川·용신龍神 등 주로 토속신을 모시고 받드는 국가제전이라고 했다. 여기에서 불교 문화가 자연스럽게 서민의 토속신앙과 합치되며 하나의 국가제전으로 자리매김한 것을 알 수 있다.

고려 말기 이색李穡의 『목은집牧隱集』에 산대잡희山臺雜戲란 구절이 나온다.

> 산대를 꾸민 것은 봉래와 같고,
> 열매를 드리는 신선은 해상으로 오네.
> 잡객의 징·북 소리는 지동 치듯 울고,
> 처용의 한삼 자락 바람 따라 도네.
> 긴 장대에 의지한 사내 평지를 가듯 할제,
> 폭죽은 하늘에 터져 우레와 같다.

여기에서 산대山臺는 그 무대를 말하고 열매를 드리는 신선은 정재헌선도의 광경을 말하는데, 잡객의 징과 북은 악대를 일컬으며 처용은 곧 〈처용무〉다. 대나무로 걷는 장간長竿은 죽광대의 모습이요, 폭죽은 바로 화산희火山戲다.

위의 사실적 묘사는 그 규모의 성대함과 내용의 호화스러움을 능히 짐작하게 한다. 신라에서 전해 온 옹면의 〈2인 처용무〉가 고려조에 〈2인 처용무〉로 바뀌고, 그 외 여러 가면춤과 가무백희 등이 어우러져 산대잡희를 구성했다.

5. 조선 봉건 왕조와 춤의 왜곡

1) 굿·놀이와 함께 성행한 집단춤

정월 보름에 행해지는 경북 안동 지방의 놋다리밟기는 고려 시대에 기원한 것으로 중요한 의미를 지닌다. 일명 '기와밟기'라고도 하는 놀이성이 강한 이 춤은 영남 지방의 지신밟기, 경기 일원의 답교놀이, 진도·해남 지방의 강강술래 등과 궤를 같이하며 하나의 큰 틀을 이룬다. 지방마다의 여러 지칭에서 나타나듯이 '밟기'라는 의미는 마한의 '답지저앙'에서와 같이 땅을 밟음으로써 악을 쫓아내는 구나의 성격을 가진 것으로, 땅을 밟으며 높고 낮게 구르고 뛰는 동작은 그대로 모든 춤과 놀이의 기본 틀이 된다.

또한 안동 지방에서 행하는 남자만의 씩씩하고 용맹한 놀이로 차전놀이, 즉 동채싸움이 있다. 이는 고려 시대부터 전해 오는 고유한 민속놀이의 하나다. 고려 태조의 건국 고사와 얽혀 있는 차전놀이는 동서로 편을 나누어 수천 명이 서로 겨루는 용감무쌍한 싸움으로, 싸움에 들기까지의 앞놀이와 본풀이, 뒤풀이 등이 장단과 소리와 춤으로 어우러지며 형상화된 집단적 민속놀이다.

5월 단오에는 각 지방의 토속신을 제사하는 곳이 많은데, 특히 강원도 강릉의 대관령 성황신은 이미 고려 초기부터 전승하는 유서 깊은 굿으로 유명하다. 한편 충청도 은산 별신굿이 백제 장군 복신福神을 제신으로 하여 1천여 년 내려오는 것이라면, 고려 시대에도 자못 성대히 거행되었으리라 짐작된다.

이처럼 굿과 제의놀이 등에서 중추적 역할을 한 그 당시 민속춤은 그 이전에 비해 상당한 발전을 이루었고, 우리나라 문화 역사상으로도 중세기에 이룩한 중요한 성과 가운데 하나다. 종합적 가무백희 형태로 피어난 집단춤의 발달은 고려인들이 이룩한 슬기로운 창조의 역사를 더욱 빛내고 있다. 그러나 중기를 넘으며 기세를 떨치던 불교도 극심한 정치적 혼란과 부패한 사회상과 함께 타락의 길을 걷고, 찬란했던 국가제전과 놀이춤도 내리막길로 접어들었다.

2) 봉건 시대에 꽃핀 민속춤

14세기 후반 고려 봉건 왕조는 통치 체제의 문란과 양반들의 횡포로 인해 서민 생활이 극도로 파탄에 이르러 더 이상 견뎌 내기 어렵게 되었다. 이때 이성계는 고려 왕조를 뒤엎고 새 왕조를 세워 왕위에 올랐다. 불교를 몰아내고 유교를 조선 왕조의 지도 이념으로 삼아 예禮와 악樂을 내세우며 나라를 다스리고, 성리학을 끌어들여 통치한 결과 사대주의 사상이 더욱 조장되었다.

그러나 이 시기 문화에서 특이할 만한 성과로 세종 대왕 때 훈민정음 창제와 더불어 과학적 문화유산과 예술적 예지를 갖춘 창조력의 발현을 이루게 된다. 물론 봉건 왕조 체제가 확고히 자리 잡은 시기이지만, 춤은 음악·문학과 함께 새로운 성과들이 쌓이며 더욱 체계화된 면도 있다. 『악학궤범』에 나타나듯이 각양각종의 궁중정재가 찬란하게 꽃피었던 것을 볼 수 있다. 신라 이래로 추어지던 〈처용무〉는 〈학무〉와 〈연화대춤〉과 합쳐져 〈학연화대처용무합설鶴蓮花臺處容舞合設〉이라는 웅장하고 화려한 악가무의 종합예술 양식을 창조했다.

이러한 궁중정재의 성행과 함께 민속춤도 민간에서 활발하게 꽃피었다. 먼저 춤과 의식에서 빼놓을 수 없는 풍물굿의 정착과 발달을 들 수 있다. 고려를 거쳐 조선조의 농민들은 봉건 지배 계급에 대한 저항의 몸짓으로, 또는 잦은 외세의 침략에 대항하는 투쟁의 몸짓으로, 농기나 무기를 들고 풍물을 치며 일사불란하게 항거의 기세를 높였음을 현존하는 장단과 진풀이에서 알 수 있다. 이것은 일종의 군악 역할을 하며 저항과 투쟁의 춤이라는 일면을 보여 주면서 역동적이고 생동적인 민중에 의한 춤으로 정착되었다.

전全 역사에 걸쳐 내려오던 강강술래 형식도 임진왜란 때 왜적을 물리치기 위해 달밤에 놀았다는 설이 있듯이, 앞서 본 풍물굿을 위시한 모든 굿과 놀이 등과 함께 춤과 소리로 얽히고 귀결된 총체적 가무 양식으로 민중의 생활상이 그대로 반영된 것을 알 수 있다. 특히 궁중정재가 임금에 대한 충성이나 왕조 찬양을 나타내는 권위적이고 틀에 잡힌 형식 미학적 춤이었던 데 반해, 민속춤은 자연과 함께 어우러져 살아온 삶의 과정이 그대로 배어 있는 '소박하고 자연스러운 즉흥적인' 성격을 가진 민중의 춤이었다. 특히 가면극 형식인 탈춤은 풍자와 해학으로 그 당시 민중의 삶과 사회상을 그대로 반영한 총체적 가무극의 전형을 창출했다.

3) 봉건 왕조 시대 춤의 왜곡

중앙 집권적 봉건 왕조가 부패해지며 타락의 길로 치닫자, 서민의 생활은 그들의 횡포와 수탈에 시달려 탄압을 받고, 그나마 꽃피웠던 우리 춤들도 그 영향하에 같은 운명을 맞으며 왜곡되어 갔다. 다양한 양식의 춤들은 봉건 왕조 체제라는 틀 속에서 그만큼의 한계성을 가질 수밖에 없었다.

각 지방에서 성행했던 탈춤도 자신들의 한을 풀고 긍정적으로 승화시켜 새 판을 만들어 나가던 끈끈하고 활기찬 내용의 재담과 몸짓들이 가혹한 탄압 과정에서 부분적으로 양반 등 지배계급의 요구와 취향에 맞게 왜곡되고 변질되었다. 예를 들어, 각 지방에서 백중 때 놀았던 백중놀이는 양반 지주와 머슴 소작인의 관계에서 생산성이라는 함수 관계를 가지고, 힘들고 지친 서민의 생활상에 최소한의 숨통을 틔워 주는 역할을 한 산물이었다. 또한 탈춤과 판소리에서도 삶의 반영인 자연스러운 사설과 노래가 양반 사대부에 의해 뒷받침되면서 그들의 취향에 맞게 한문 어투의 불림과 사설로 변형된 것을 볼 때, 춤동작은 어떠한 영향 관계를 가지고 변형되었을지 생각하게 된다.

6. 현대 사회 춤의 파괴와 회복의 몸짓

1) 외세와 춤의 탄압

임진왜란으로 우수한 조선의 문화유산들이 극심한 파괴를 입었다. 그로 인한 타격은 엄중했다. 일본이라는 외세의 침략으로 극심한 고통을 겪는 민중을 무능한 봉건 왕조는 더욱더 가혹하게 착취·탄압했고, 민중의 몸짓은 한층 심하게 왜곡되었다.

17세기 개항과 포교를 빌미로 서구의 무력 침공이 시작되었고, 18세기 말부터 기독교를 앞세운 서양 문화가 유입되면서 직간접적인 외세의 침략과 함께 춤을 포함한 조선 문화 전반이 파괴되었다. 1894년 갑오경장 때는 '체조'라는 이름의 병식 체조가 행해졌는데, 당시 일본의 군인 훈련용으로 서구에서 받아들인 것이었다. 그 후 일제 식민지 시절에는 식민지 교육정책의 일환으로 신교육이 본격적으로 퍼지면서 당시 일본이 구미 제국에서 도입한 서양식 체조인 신체조가 들어왔다. 또한 조선 문화 말살 정책 시기에 일본 무용가 이시이 바쿠石井漠가 조선에서 무용 발표회를 하며 최승희를 필두로 조택원 등에게 일본식 무용을 전파했다.

그들은 일본식 현대무용을 조선의 민속춤과 접목시키는 과정에서 서구식 무대 형식과 현란한 치장으로 이국적 정서를 자아내며, 당시 우리나라 사람들의 문화적 가치관에 큰 영향과 혼란을 주었다. 또한 그 당시 소수의 조선인이 서구 문화를 무비판적으로 받아들이면서, 문화가 서구화되는 것을 근대화 내지 현대화되는 것이라고 인식하는 크나큰 역사적 오류를 범했다. 서구 문화라면 무조건 맹신해 우리 민족의 역사와 민족문화를 배척, 파괴하는 결과를 낳았으니, 그러한 모든 사항은 춤을 왜곡·변질시키기에 충분했다. 장사훈은 이에 대해 이렇게 논했다.[17]

> 지금 우리나라에는 서양 음악이 너무 팽창하여 전통 음악을 압도하는가 하면, 서양의 발레와 현대무용이 판을 치고 있는 현상이다.
>
> 전통적인 아름답고 우아한 의상을 현대식으로 마구 바꾸고 게다가 창작이 아닌 전통무용에 사이비 기법을 도입하고 있다.
>
> 우리의 고전무용에 맞지 않는 회전하는 동작을 많이 보게 된다. 뱅뱅이를 돌면 바람이 들어가 풍선같이 치맛자락이 붕 하고 일어난다. (…) 한국적인 미와는 너무나 거리가 멀다.
>
> 한국 전통의 아름다움과 품위를 유지하여야 하고 무분별하게 외래 무용의 기법을 도입하는 사례는 바람직하지 못하다.

이 언급은 20년이 흐른 지금도 별로 개선된 점이 없어, 타당하고 뼈아프게 받아들여진다.

2) 현대 사회와 춤의 파괴

제2차 세계 대전이 종결되면서 한반도는 가혹하고 지리했던 일제 식민지 시절을 마감하고 해방을 맞이했다. 그러나 해방의 기쁨도 잠시, 조선 반도는 다시 남과 북으로 나뉘어 이제 한민족은 통한의 반쪽 삶을 살아야 하는 지경에 처했다.

과거 청산이 되지 못함으로써 왜곡된 역사·문화 그리고 민중의 몸짓이 바로잡히지 못한 채, 미국은 해방자·우방의 외형으로 한반도에 들어오며 우리의 문화는 또 다른 왜곡의 길로 접어들었다. 반세기 가까이 실시된 일제 식민지 교육 체제는 미군정으로 인해 미국식 교육 제도와 혼합되며 문화 현상 또한 심각한 상황을 맞았다.

서구 문화에 묻어 들어온 맘보·차차차·트위스트·블루스에서부터 현 시류에 따라 급작하게 퍼졌다 사라지는 고고·디스코·브레이크댄스·람바다·레게·힙합에 이르기까지, 그리고 요즈음 잘못 전해지고 있는 건강을 위한다는 동작 등 대부분의 서양 몸짓은 삶의 총체적 몸짓이란 관점에서 볼 때 우리의 호흡과 사고에 맞지 않고, 너무 추상적 비약을 가져와 건강한 사고와 육체를 끌어가기에 심각한 문제성을 가지고 있었다. 또한 시대의 유행을 타고 순식간에 전파되는 시의성 없는 그 서양춤들은 몸짓 속에 사유가 담겨 있지 않고, 단순히 향락적 관조 속에 흐느적거리는 율동으로 전락하기 쉬웠다. 바로 반짝 유행되었다 사라지는 서구의 대중 춤은 인간을 해체화시키는 무서운 독성 요소를 내포하고 있었다.

그 후 우리 민족의 역사와 몸짓을 바로 할 수 있는 대전기가 있었는데, 바로 청년·학생을 중심으로 일어난 4·19 혁명이다. 그러나 박정희를 중심으로 한 군부 세력이 5·16 군사 쿠데타를 일으킴으로써 역사적 민주화의 열망은 좌절을 겪게 된다.

1970년대 들어 대거 확산된 통기타·청바지·코카콜라로 대변되는 '청년 문화'는 여과 없이 무비판적으로 상륙한 미국 문화였다. 이러한 미국식 문화는 사회·역사의식이 부족한 청소년층에 급속도로 파급되면서 건강한 삶의 의식을 마비시키고 사적·향락적 삶을 탐닉하게 했다.

장사훈이 그 당시 춤에 관해 "각기 다른 역사와 문화 배경 속에서 발전해 온 외국 무용과 우리의 고유한 무용을 혼동해서는 아니 될 것이다.

한국의 전통무용을 깊이 연구하지 못한 데다가 외국 무용을 무사려하게 도입함으로써 우리의 전통적인 무용을 손상시키고 있음은 개탄하지 않을 수 없다"[18]라고 지적했듯이, 서구의 역사에서 탄생한 서구 무용은 서구 사회와 그들의 사상에 맞는 그들의 움직임이다. 그러한 몸짓은 공동체로 살아온 우리의 사회·역사적 삶과 무관하기도 하고, 그 본질을 제대로 파악하지도 못한 채 그들의 몸짓만 쫓아가니 우리의 춤은 극심한 혼란을 겪었다. 외래 무용의 영향과 수용이란 자기중심을 가지고 주체적 관점에서 출발할 때 가능한 것이다.

3) 자본과 상업주의 문화 속의 춤

일본과 서구 열강의 제국주의 문화가 밀려 들어온 근대 이래 우리 의식과 식의주 속에는 상업주의적인 미의식이 깊이 침투했다. 우리 삶 구석구석에 상업주의 문화가 파고들었다. 즉 문화를 자본 운동의 이기적 기능으로 인식함으로써 사람을 그 자본의 운동 논리에 종속시키고, 모든 문화, 모든 문화적 가치를 도락화해 사람과 현대 사회를 피폐하게 만들며, 타락의 길로 치닫게 한 것이다.

예컨대, 춤이란 원래가 노동의 예술적 연장임과 동시에 노동의 결과를 보편적 가치로 관철하려는 일련의 상황 쟁취의 미학이며 그 실천의 예술적 형상화라고 할 수 있다. 그런데 상업주의 문화는 이 점을 파괴·왜곡·폄하하는 기능을 한다. 즉 춤을 인간 정열의 향락적 소모, 인간 분노의 추상적 해소의 몸짓이 되도록 하는 데 결정적 작용을 하고 있다. 이때 춤은 모순과 모순의 대립이 해체된 표현 양식으로 되어, 겉으로 보기에는 안정되고 아름다운 것 같으나 사실은 사회의 모순, 인간과 인간의 모순 갈등을 의식적으로 은폐한 안정이요, 따라서 몰가치한 아름다움이다. 요즈음 흔히 보는 상업주의 양식의 예쁜 춤이란 거의 자본주의 사회에서 춤이 자본의 논리에 의해 상품화될 수밖에 없는 종류의 춤들이다.

이와 같이 상업주의 미의식에서 가장 나쁜 점은 춤을 단순한 표현 예술, 즉 형식 미학적 기능으로만 보는 것이다. 그러나 춤에서 더욱 중요한 것은 사유를 통해 교감되는 사상 미학적 요인이다. 큰 의미에서 사람의 움직임은 역사를 움직이고 살아 생동하게 하는 역할을 하는데, 그것은 사람의 정신 활동, 즉 사상 의식에 의한 삶의 실천 활동일 때 가능하다.

4) 춤 회복의 몸짓

남북 분단이 계속되고 군부 정권이 이어지면서 한국은 민족적, 계급적 모순을 극복해야 하는 과제를 안게 되었다. 1970년대 유신 시대의 탄압 속에서 굳건한 심신과 의지에 의한 민주화와 통일 운동이 당시의 노동자·학생·지식인에 의해 민족 운동으로 지속적으로 펼쳐졌으며, 이와 병행해 춤 운동도 민족의 자주성을 회복하는 민족문화 운동의 일환으로 '오늘 이 땅에서 춤을 춘다는 것이 어떤 의미가 있는가'라는 명제를 내걸고 첫발을 내딛게 되었다. 1980년대 들어 5·18 광주민주화운동과 6월 민주화 대행진은 우리 민족사에 커다란 획을 그었다. 이때를 정점으로 하여 우리의 역사, 몸짓을 바로잡고자 하는 결의가 범국민적으로 확산되면서, 사회 전반에서 우리 것을 찾고자 하는 율동이 가속적으로 진행되었다. 또한 국가 차원의 전통문화예술 복원 작업이 시작되면서 위의 운동과 맞물려 우리 춤의 뿌리찾기와 토대를 일구는 작업이 싹트게 되었다.

이렇게 춤 운동이 전통춤의 계승발전이라는 민족문화 운동으로서 계속 심화되면서 1980년 중반에는 민중판과 함께하는 춤의 현상이 민주화 현장에서 '폭발적 몸짓'으로 일어났다. 그 당시 '시국춤', '사회춤'으로 불리며 사회 전체를 춤으로 들끓게 한 춤의 현장을 두고 "이 현상과 사건 속에 1980년대 한국 사회·문화가 녹아 있다는 전문적인 시각의 분석"[19]이 나오기도 했다.

민속문화가 민족 안에 담긴 구체적 문화 현상의 실체라 할 때, 민족이라는 역사적 존재는 민중에 의해 구현되어 간다. 따라서 민속문화란 민중적인 것의 민족적 완결이 되어야 하고, 민중 지배적·민중 탄압적 형식의 문화가 되어서는 안 된다. 그러한 민속문화 안에 또한 민속춤의 위상이 있는 것이다.

역사는 끊임없이 이어진다. 우리 전통문화 속의 민중적 정통성을 가진 민속춤을 오늘에 회복·발전시킬 때, 다시 말해 민속춤의 민중성이 오늘의 춤에 이어질 때, 우리의 춤은 당당히 미래의 민속춤으로 설 수 있을 것이다.

7. 맺는말

지금까지 논한 바로는, 춤은 아주 옛날 우리 민족이 한반도에 살기 시작한 때부터 살기 위한 몸놀림에서 비롯되었다. 살아남기 위한 일의 몸짓과 사람과 사회 관계 속에서 예의 몸짓이 합쳐지면서 인간의 총체적 표현인 춤 동작으로 구체화되기 시작했다.

무천·영고·탁무·천군·소도 등에서 보이듯이 하늘에 제사하고 하늘을 맞이하는 제천의식의 맞이굿으로 집단가무하며 춤을 추었는데, 그 성격은 원시 종합예술 형태의 집단제의·집단굿으로 볼 수 있다.

그 후 새로운 국가 체제가 형성되며 역동적인 북방의 춤, 무교적인 남방의 춤, 구나적인 동해의 춤 등으로 발전해 춤의 면모를 갖추었고, 팔관회·연등회 등을 거쳐 국가 제전, 도당제 등을 이끌어 가는 화려한 민속의 례의 꽃으로 피어났다.

그러나 봉건 시대가 지속되며 중앙 집권 봉건 왕조 체제라는 구조적 모순의 한계성을 극복하지 못하고, 춤을 위시한 모든 민속문화예술은 탄압을 받으며 내리막길로 접어들었다. 거기에 설상가상으로 외세의 침략이 시작되어 민족문화는 심각하게 왜곡되었다.

일제의 문화 말살 정책은 우리춤을 탄압과 말살로 몰았고 더구나 민족 분단과 함께 또 다른 외세의 등장은 아예 우리춤을 본질에서 점점 멀어지는 파괴 상태에 이르게 했다.

민속춤은 민중 삶의 총체적 형상화로, 우리춤의 기반이며 토대다. 현재 춤의 상황은 그 본질성을 거의 잃어버리고 왜곡되어 원래대로의 본질성 회복이 시급한 실정이다. 오늘에 잘못된 춤의 민중성 회복은 민족의 전통성 위에 기반한 우리춤의 원리와 그 전개 과정에서 이루어져야만 한다. 그러할 때 참다운 의미에서 우리춤의 발전이 이룩되는 것이다.

이러한 역사적 과정에서 민중에 의해 전승된 민속춤은 오늘의 춤을 바로 세우는 가장 중요한 위상의 표본이며, 미래 춤의 구체적 실체로서 지속적인 연구와 실천적 작업만이 그 중차대한 과업을 이룩할 수 있을 것이다.

참고문헌

『삼국사기(三國史記)』.
『삼국유사(三國遺事)』 권5.
『후한서(後漢書)』.

김세중,「한국 민속극 춤사위 연구」, 동아민속예술원, 1972.
박인숙,「80년대 문화주역」,『일간 스포츠』, 1989.
성경린,『한국의 무용』, 세종대왕기념사업회, 1976.
이병옥,「고대 한국무용사 연구」, 경기대학교 박사 학위 논문, 1993.
이애주,「처용무에 관한 연구」,『한국체육학회지』 제20권 2호, 1982.
———,「춤이란 무엇인가」,『서울대학교사대논총』 39, 1989.
———,「삼진삼퇴의 춤사위」,『강의실 밖에서 배우는 민속학』, 태일문화사, 1995.
이형구,『한국 고대 문화의 기원』, 도서출판 까치, 1991.
장사훈,『한국전통무용연구』, 일지사, 1977.
정병호,『한국의 민속춤』, 삼성출판사, 1991.

3장

신명神明 발현發現으로서의 굿춤*

-경기도당굿을 중심으로-

1. 들어가는 말

한국 모든 문화예술의 맥을 거슬러 올라가면 초창기 원초적 굿에 뿌리를 두고 있다. 문화예술의 토대가 되는 전통예술 중 가歌·무舞·악樂은 굿에 그 근원을 두고 있다. 따라서 굿춤의 연구는 춤의 근원적인 연구와 맞닿아 있다. 이 글에서는 경기도당굿을 중심으로 굿 춤사위를 분석해 굿춤의 성격과 역할·특성 등을 알아보겠다.

2. 한국춤의 기본 춤사위

굿의 본래 의미는 모여서 의논하고 회의하는 행동 자체를 일컬었다. 모여서 놀 때도 '굿한다'고 했고 싸우러 갈 때도 '의병굿한다'고 했듯이, 삶의 모

* 이 글은 2002년 한국샤머니즘학회, 『샤머니즘연구』 제4권에 실린 「한국의 굿에 나타난 굿춤-경기도당굿을 중심으로」라는 논문을 재정리한 것이다.

든 행위를 할 때 '굿한다'라고 표현했다.[1] 가령 마을에서 볏짚세우기를 하거나 명절 때 하는 줄다리기도 마을굿·놀이굿이라 했으니, 굿이란 이와 같이 인간의 본질적 삶의 총체 행위를 지칭했다. 고조선 시대의 동맹, 무천, 영고 등도 진정한 의미에서는 굿의 한 형태였으며 굿의 구체적 행위였다. 그렇게 모여 살면서 같이 일하고 토의하고 노는 행위였던 굿이 긴 역사를 거쳐 오며 종교적 형태의 하나인 무당굿으로 자리 잡고 지방마다 여러 형태의 굿 형식을 창출했다.

경기도당굿에서 보이는 칼춤·화살춤·부채방울춤 등은 모두 우리의 생활과 밀접하게 연결돼 있는 생활 도구들을 가지고 추는 춤이다. 즉 우리에게 없어서는 안 될 생활용품으로 주변에 가까이 있고 늘상 사용하는 도구들을 들고 굿을 살려 내는 춤을 추는 것이다.

칼춤은 가장 원초적인 삶의 도구인 칼을 들고 춤을 춘다. 특히 수렵인이 추는 칼춤은 '수렵 또는 도살의 풍요를 비는 유감주술적 춤'이라 할 수 있다. 경기도당굿에서는 모든 소리와 춤이 끝나면 으레 칼점을 치는데, 신칼을 들고 신의 의사를 점치면서 동네 사람들을 위로한다. 따라서 칼은 우리네 마음과 연결 짓는 중요한 정신적 도구 역할을 하고 있음을 알 수 있다.

활춤은 주로 신을 청할 때 추는 청신무인데, 신의 위엄을 나타내며 화살 쏘는 시늉을 한다. 활춤은 역사적으로 볼 때 저 멀리 고구려 춤에도 나타난다. 장천 1호무덤, 씨름무덤, 춤무덤 등의 고구려 무덤 벽 그림에 보면 활을 위풍당당하게 쏘는 활춤이 나타나 있다. 고구려에서 활춤은 고구려의 지형적 조건 및 시대·사회적 조건과 부합되어 생성된 특별한 의미를 지닌다. 웅장한 산 지형과 조화된 넓은 들판에서 말을 타고 달리며 활을 쏘아 짐승을 잡는 일이 일상화되어, 활춤이 주변 국가 간의 영토 확장 싸움에서 중요한 전쟁 무술의 하나로 자리 잡았을 것이다. 여기에서 고구려 활춤이 생활 춤인 동시에 전쟁 춤의 일종임을 확인할 수 있다.[2]

그뿐만 아니라 우리가 하는 일상적 몸짓이 경기도당굿에 그대로 표현되어 있다. 이러한 삶에서 나타나는 행위들이 단락단락의 몸짓으로 엮어지고 그 구체화된 몸짓들이 다시 장단을 타고 소리를 내는 과정에서 동작들이 압축되고 정리되어 함축적으로 빚어졌다. 그 몸짓들이 반복을 거듭하고 예술적으로 승화되면서 재창조되어 하나의 상징적인 춤사위와 춤으로 탄생한다.

3. 굿춤사위의 기본 원리

경기도당굿의 굿춤을 논의하기 전에 춤과 춤사위의 개념을 간략하게나마 짚고 넘어가는 것이 굿춤을 풀어 가는 순서라고 본다. 춤은 많은 춤사위가 조화, 통일되어 이루어진다. 춤을 하나의 시詩로 본다면 춤사위는 언어인 것이다. 따라서 표현의 매개체로서 춤사위는 춤의 언어다. 이 언어가 어떻게 조화, 형성되느냐에 춤의 성패가 달려 있다.

또한 춤사위의 외형적 율동과 거기에 내재해 있는 내면적 의미의 조화로 춤이 이루어진다. 다시 말해, 춤사위가 갖는 운율과 의미의 조화가 춤의 생명력을 갖게 하는 것이다. 따라서 춤사위는 자연적으로 일어나는 몸놀림을 근원으로 하여 행동으로서 존재한다.

1) 춤사위의 개념

(1) 춤

- 춤: 장단에 맞추거나 흥에 겨워 발을 놀리고 갖가지 손짓과 몸짓을 하며 뛰노는 동작.(『우리말 갈래 사전』, 박용수, 한길사, 1989)
- 춤추다: 춤을 동작으로 드러내다.
- 춤: 장단에 맞추거나 흥에 겨워 팔다리를 이리저리 놀리고 전신을 우쭐거리면서 율동적으로 뛰노는 동작. 무용, 댄스.(이상 『국어대사전』,

이희승, 민중서림, 1986)

- 춤: 팔과 다리, 몸을 율동적으로 움직여 예술적 형상을 나타내는 예술의 한가지. 즉 춤이란 팔과 다리, 몸 등 전신을 갖가지 몸짓으로 율동적으로 움직여서 예술적 형상을 나타내는 것이라 할 수 있다. (『현대조선말사전』, 북한 사회과학원 언어학연구소, 도서출판 백의, 1988)

(2) 사위

춤사위의 개념과 연결 가능성이 있는 사전에 풀이된 사위의 개념은 다음과 같다.

- 사위四圍: ㉠ 사방에서 둘러싸는 길 ㉡ 사방의 둘레·사주四周 ㉢ 네 사람이 껴안을 정도의 굵기.
- 사위의四威儀: 불교 수행자의 생활에 있어서 네 가지 몸가짐. 곧 행行·주住·좌座·와臥. (이상 『국어대사전』, 이승희, 민중서림, 1986)
- 사위〔명〕(무용): 춤가락의 한 부분으로서의 팔의 움직임을 이르는 말. (『현대조선말사전』, 북한 사회과학원 언어학연구소, 도서출판 백의, 1988)

위의 뜻풀이에서 공통적인 개념을 종합하면, 사위란 사방에 둘러싸인 사방의 공간에서 이루어지는 움직임을 뜻한다. 북한의 『현대조선말사전』에서는 유독 팔의 움직임만을 지칭했으나 이희승 편저 『국어대사전』에서 보듯이 행·주·좌·와의 개념으로 확장된다면 사방의 공간에서 이루어지는 춤가락으로서 몸놀림을 뜻한다고 할 수 있다. 쉽게 말해, 춤가락의 한 부분으로서 몸의 움직임을 뜻한다.

(3) 춤사위

앞서 풀이한 춤과 사위의 내용을 미뤄 보면 춤사위의 개념이 명확해진다. 즉 춤사위는 '춤'과 '사위'가 어우러진 말인데, '사위'란 '사방의 둘레나 주위'

를 뜻하니 '춤사위'라고 하면 '사방 둘레나 주위'를 말한다. 또한『국어대사전』[3]에는 "춤사위란 민족춤에서 춤의 사위, 곧 춤의 동작의 최소 단위로서의 기본이 되는 낱낱의 일정한 움직임"이라고 비교적 상세히 풀이하고 있다. 이 모든 것을 종합해 보면 춤사위란 사방 공간에 형성되는 갖가지 몸놀림인데, 곧 춤동작의 최소 단위로서 기본이 되는 낱낱의 일정한 움직임이라 할 수 있다.

춤사위 생성 과정은 시대적 상황과 맞물린 몸의 율동이 상징적으로 나타난 것이다. 즉 일상적이고 보편적인 몸짓이 역사의 흐름과 함께 예술적으로 승화되어 나타난 삶의 구체적인 몸짓인 셈이다. 이와 같이 최소 단위의 춤사위가 모여서 춤 틀이 짜이고 춤이 구성된다.[4]

2) 춤사위의 원리

춤사위의 가장 본질적인 부분은 호흡법에서 나타난다. 숨을 충분히 들이마시고 자연스럽게 내쉬어 비우는 방법이다. 비운다는 것은 무無의 상태를 말하는데, 무란 아주 없어지는 것이 아이라 새롭게 채우기 위한 비움으로, 이전의 춤사위를 유도하는 원천이 된다. 곧 가득 찼을 때 비우고 비워졌을 때 가득 채우는 것으로, 결국 '비움'과 '가득 참'은 다르지 않다.

한국춤은 많은 변화와 굴곡으로 이뤄져 있다고 생각되지만, 사실 춤사위 내면에는 변화하지 않는 법칙이 있다. 예를 들면, 전삼후삼前三後三·삼진삼퇴三進三退의 법칙, 위아래로 오르락내리락하는 무릎(오금)의 굽힘과 폄, 죄었다 풀었다 하는 감고 풀기의 원리가 있는 것이다.

이러한 춤사위의 기본 원리는 '맺고 풂'의 원리다. 즉 맺힘은 막힌 것으로 응어리恨이며 극복되고 풀어야 할 것인 반면, 풀림은 막힌 것을 해결해 주며 극복되는 그다음 단계로 나아갈 준비다. 풀림은 풀었다고 해서 그대로 끝나는 것이 아닌, 새로운 성숙을 위한 도약이라고 할 수 있다. 이러한 '맺고 풂'의 반복이 한국춤의 다양한 춤사위를 만들어 내는 기본 원리다. 그리고 이러한 기본 원리는 어떤 형태로든 항상 역동적으로 무한히 변화·반복되어 새로운 춤이 형성된다.

3) 기본 춤사위

구체적인 몸놀림 과정을 통해 춤을 형성하는 기본 춤사위에 대해 설명하겠다.

(1) 숨쉬기

모든 춤사위는 하단전을 중심으로 하여 숨을 내쉬고 들이쉬는 가운데 그 몸짓이 나온다. 뱃심에서 기운이 나온다고 하듯, 춤 또한 아랫배 하단전에서 비롯되는 기氣의 움직임이다.

(2) 발놀림

발동작에서 발의 움직임은 무릎의 움직임에서 비롯된다. 무릎의 움직임은 모든 발놀림의 모태이며 무릎이 굽어지면서 모든 발동작이 시작된다. 『악학궤범』 무보에서 '족도足蹈'라고 했듯이 발을 디딜 때는 항상 무릎이 먼저 굽어진다. 이렇게 시작한 한 걸음이 연속적인 행위로 나타난 것이 각 지역의 지신밟기다. 지신밟기는 땅의 신을 모시듯이 정중하게 디뎌 밟아 나가고 들뜬 땅을 다독거려 편안히 모시며 예의를 갖추는 경배의 몸짓으로, 주로 땅을 딛고 밟아 주는 굽히고 숙이는 몸짓이다.

(3) 팔놀림

팔의 움직임은 마치 하늘을 향해 펴져 있는 나뭇가지가 바람에 너울너울 움직이듯이 나뭇가지의 움직임을 형상화한 너울질이라 할 수 있다. 팔을 하늘을 향해 펼쳐 너울거리며 경배드리는 펼침의 놀림이다. 바로 하늘에 대한 경배놀림이다.

팔동작에서는 팔사위할 때 손을 어떤 식으로 움직이는가가 중요하다. 팔을 들었을 때 손가락의 힘을 빼면 자연스럽게 손가락이 약간 아래로 처진다.

예로부터 손과 발이 어우러져 '수족상응手足相應', '수무족도手舞足蹈'[5]라고 했듯이, 손과 발이 서로 응하며 발로 뛰고 손춤을 추는 것이 사위의 기본으로 파악된다. 이 같은 몸놀림, 발놀림, 팔놀림 등이 여러 형태로 조화되고 통일되어 무수한 춤사위가 만들어졌으며 역사 및 시대와 함께 형성된 한국춤의 기본이 되었다.

4. 경기도당굿의 구성

경기도는 지역적으로 한국의 중심에 위치해 있다. 경기 지방에서 행해지는 경기도당굿은 마을에서 공동으로 모시는 도당신을 위한 의례다. 지역적 유대감을 공고히 하는 동시에 직능별로 분화된 신의 성격을 충분히 이해하고 함께 모심으로써, 전체적인 복리福利를 꾀하는 무속 일반적인 심성이 반영된 이 굿은 굿의 일반적이며 가장 중요한 특성을 지니고 있다.[6]

조선 시대 정조 대왕은 "모든 악과 춤은 경기도 수원에서 정리해 내보내라"[7]라는 어명을 내리기도 했다. 그처럼 경기도의 악과 춤은 역사·지리적으로 한국의 굿과 전통문화예술의 중심을 이루고 있다. 도당굿 장단 역시 한국 장단의 핵심을 고루 갖추었을 뿐만 아니라 음악 기법 면에서도 잘 짜여 있고, 그 장단에 맞춰 추는 춤 또한 기본 춤사위와 함께 고도의 예술성을 지닌다.

1) 터벌림춤

터벌림춤은 '터벌림'의 뜻 그대로 터를 빌리는 의미의 독특한 발놀림춤이다. 사방의 지신을 밟아 주는 '지신밟기'의 전형으로, 동서남북 사방으로 터를 밟으며 춤춘다. 이 발놀림춤은 〈처용무〉의 발춤인 '발바딧무'와도 같다.

터벌림 장단을 반서림 장단이라고도 하는데, 반서림 장단을 치면서 사방으로 재배하고 발뻐드레 동작을 한다. 발뻐드레 동작은 한 발을 짚으며 무릎을 굽히고 반대 발을 안으로 접었다가 밖으로 내뻗는 것이다. 이러한 발놀림으로 삼진삼퇴[8]하며 앞으로 갔다 뒤로 갔다를 반복한다. 그 진으로 사각을 짜며 한판의 터를 만든다. 발을 내뻗으며 땅을 차는데, 그것은 액을 물리치고 버리는 뜻을 지니는 동시에 터를 벌리고 확장해 새 판을 이루는 탄생의 의미를 지니고 있다. 손굿에서는 반서림 장단을 치면서 손님들을 위한 여흥적 발놀림춤을 신명 나게 추기도 한다.

2) 진쇠춤

진쇠춤은 터벌림을 하고 본격적으로 판을 여는 춤이다. 진쇠춤은 진쇠 장단과 함께 위엄 있고 무게 있는 춤사위로 시작한다. 천천히 한 팔을 벌려 마지막 박자에 어깨춤으로 맺는 동작으로 시작하는데, 팔사위를 벌리게 맺으며 마치 지시하기도 하고 호령하기도 하는 듯한 위엄 있는 춤사위로, 당당한 기풍의 춤언어라 할 수 있다. 한성준[9]은 '부정놀이'가락에 엇가락 하나만 더 얹으면 되는 진쇠 장단으로 추기도 했다.

궁궐 안에서 임금이 추기도 했다고 하는데, 신라 시대 「처용가」의 가사 내용 가운데 울산 앞바다에 있는 처용바위에서 헌강왕이 춤추었다고 하는 내용처럼 왕이 가락을 타고 팔을 벌려 움직움직하며 신을 내는 동작이 연상된다. 진쇠춤은 바로 이러한 춤의 근거 및 맥과도 연결된다.

또한 한성준은 태평춤을 이야기하며 "무당의 춤에 '왕꺼리'니 '대감놀이'니 하는 것이 있습니다. (…) 왕꺼리라는 것은 왕을 위해 추는 춤이라지만 사실은 옛날 조선의 임금이 추셨다고 해서 생긴 옛날 춤입니다. 물론 오늘의 무당춤같이 그렇게 뛰면서야 추셨겠습니까. 아마 좋은 음틀에 취하시어 점잖으시게 팔이라도 가만히 쳐드신 것이겠지요. 이 춤이 오늘에 와서 변하고 변해 소위 무당이 전해 내려오는 '왕꺼리'가 된 것입니다"라고 한 것은 왕이 춤을 추었다는 근거를 확실히 제시하고 있다.

3) 군웅춤

나직한 장단의 소리에 맞춰 조용하고 단아하게 춤을 시작한다. 주가 되는 춤사위는 팔을 들어 가슴 앞에서 엎고 머리 뒤로 젖혔다 뿌리는 사위다. 만신 혼자 출 경우에는 홍철릭에 벗갓을 쓰고 부채와 방울을 들고 올림채춤을 춘다.

쇠머리놀림에서는 쇠머리를 쳐들고 상 주위를 돌며 춘다. 산닭놀림에서는 산닭을 들고 징 장단에 맞춰 춤추는데, 대수대명의 의미를 갖는다. 활춤은 활을 쏘는 시늉을 하며 춤추는데, 악한 것을 쫓아 버리는 의미를 담고 있다. 귀신을 몰고 걸어가는 시늉으로 활을 놀리며 사방으로 활을 쏘고 돌며 춤춘다. 활은 땅을 향해 쏘는데, 귀신이 땅에서 놀기 때문이다. 닭을 들고 화살로 대면서 사살하는 시늉을 하기도 한다. 북어를 들고 화살로 대면서 춤추기도 한다.

만신과 화랭이 둘이 함께 출 경우에는 쌍군웅이라고 한다. 화랭이는 꽹과리를 치고 무녀는 장삼춤을 추며 발을 여덟팔자로 짚어 발뻐드레 사위를 하고 올림채장단에 맞춰 사방을 돌며 춘다. 두 사람이 삼진삼퇴하며 팽팽하게 진을 짜면서 추는 구조다. 화랭이들이 쌍으로 서서 칼춤을 대신 추기도 한다.

4) 도살풀이춤

도살풀이춤은 방울부채 들고 사설하며 춤을 춘다. 또는 여흥으로 추는 경우가 있는데, 살풀이춤과 비슷하게 긴 명주 수건을 들고 추며, 굿에서 반드시 추는 것은 아니다.

자진 굿거리에서는 차츰차츰 분위기가 올라가며 '한 손 메고 걸으며 잡귀 잡신을 날려 보내기도 하고 모둠발 뛰기처럼 들썩들썩 흥을 내며 추는데, 이 몸놀림은 바로 오금을 죽여 그 기운이 어깨로 전달되며 어깨춤으로 발전해 신명을 내는 춤이다. 팔 사위는 양팔을 옆으로 벌리거나 위로 벌리고 어긋나게 벌리기도 하며 빠른 시위로 춤을 춘다.

5) 당악춤

왼손에는 칼을 들고 오른손에는 삼지창을 들고 양손을 놀리며 춤춘다. 흥을 내며 춤을 추는데, 장단도 아주 빠르게 볶아치고 신명이 최고조에 이른다.

중요무형문화재 제27호 〈승무〉[10]에서도 춤의 구조가 염불, 타령, 굿거리 순으로 되며 그다음에 자진모리로 법고를 치고 마지막에 당악으로 최고조의 신명을 낸다. 경기도의 굿춤은 보편적으로 처음엔 느린 장단에 느린 춤으로 시작해 차츰 빠른 장단에 빠른 춤으로 이어지다가 절정에 이른다.[11]

5. 굿춤의 성격

굿춤의 성격을 파악하기 위해 춤은 어떠한 속성을 지니는지 먼저 알아보자. '춤'은 동사 '추다'의 어간 '추-'에 명사형 어미 '(으)ㅁ'이 붙어서 명사화된 말이다.[12] 이 뜻에서 굿과 연결 지어 볼 때 '추다'라는 의미에 주목할 필요가 있다.

'추다'는 '추어서 위로 올리다'라는 의미를 지닌다. 이것은 '추임새'와 같이 '흥을 돋우기 위해 삽입하는 탄성으로 "으이", "좋지", "얼씨구", "흥~" 따위[13]처럼 춤의 본성에 이미 흥을 돋워 주어 신을 내는 속성을 갖고 있다.

또한 춤의 본질은 "흥에 겨워 갖가지 몸짓을 하고 뛰노는 동작"[14]이라고 풀이했듯이, 춤은 흥·신명 등 신바람의 본성을 갖고 있으며 신을 내는 움직임이다. 이러한 관점에서 보면 춤은 이미 그 본질에서 굿의 본질과 상통하는 것을 알 수 있다. 그러므로 굿과 춤이 합쳐진 '굿춤'의 속성은 흥과 신이 합쳐진 것으로, 최대한 흥을 풀어내 신명에 이르는 속성을 갖고 있는 셈이다.

또한 춤은 예의 정신을 갖고 있다. 앞서 보았듯이 손놀림은 하늘을 향해 너울거리며 하늘을 경배하고 발놀림은 땅을 밟으며 땅을 경배한다. 부정한 것을 안 보고 자기 몸에 신을 모신 듯 내면으로 집중해 정성을 다해 추기 때문에 시선도 내면을 향하게 된다. 따라서 굿춤이란 춤의 본질과 속성에서 나타나듯 신을 맞이하고 신을 내고 신을 푸는 신풀이춤이라고 할 수 있다.

6. 굿춤의 역할

우리가 무당굿이나 대동굿을 보며 객관적으로 느끼는 것은 모든 것이 춤이라고 할 정도로 거의 율동으로 이루어졌다는 점이다. 『삼국지』「위지」〈동이전〉에서도 '수족상응手足相應'에 '구기상응俱起相應'이라는 표현과 함께 밤새워 춤추고 노래했다고 했듯이 춤으로 시작해 춤으로 맺으며 종결 짓는다. 따라서 축제의식의 처음과 마지막은 춤으로 되어 있다. 지금 남아 있는 굿을 보면 위와 마찬가지 형태로 구성되어 있는 것을 알 수 있다. 예컨대 경기도당굿의 군웅굿이나 손굿을 보면 먼저 장단과 함께 춤이 시작되어 어느 정도 진행되다가 해설과 소리로 변한다. 한참 동안 무가를 부르며 장단이 빨라지고 분위기가 고조되면서 다시 춤으로 바뀌어 전체를 맺어 주는 춤을 추면 한 거리가 끝난다.

이와 같이 한국의 굿에서 춤이 빠지면 신을 맞이할 수도 없고 신을 낼 수도 없다. 따라서 한국의 굿에서 춤은 굿 전반을 이끌어 주고 맺어 주는 없어서는 안 될 기본적인 요소다.

굿을 뜻하는 무巫라는 글자의 형상은 하늘과 땅 사이에서 춤추는 사람의 모습을 나타낸다. 예로부터 우리 민족은 가무를 즐기고 누려 왔다. 〈동이전〉에 나타난 기록을 보면 '동맹'이나 '무천', '영고'의 고대 제천의식에서도 수많은 무리가 먹고 마시며 노래하고 춤추기를 쉬지 않았다고 했다.

굿에서 춤은 보여 주기 위해서라기보다 흥에 겨워 자기만족을 위한 춤이고 목표를 성취하기 위한 목적 의식적 춤이다. 행동이나 말을 나타내는 표현력이 춤의 본질이다. 그래서 굿춤은 '놀린다' 또는 '논다'라고 하지 '춘다'라고 하지 않는다. 결국 이러한 형식의 굿춤은 보여 주는 춤이 아니라 신에게 의례를 하기 위한 춤이고 신의 존재를 기쁘게 만들기 위한 의미를 갖는 표현의 춤이다. 그렇기 때문에 굿춤은 제의를 수행하는 데 필수적으로 수행되는 한 절차다.[15]

굿에서 춤은 없어서는 안 될 가장 기본이 되는 중심 요소일 뿐만 아니라, 굿을 시작하고 끝낼 때도 중요한 요소다. 굿의 거리 중 어느 거리 어느 마당이든 대부분 이와 같은 구조로 되어 있다. 따라서 굿의식은 춤과 해설과 무가가 되풀이되며 항상 춤이 기조로 깔려 있고, 굿춤은 굿의 중앙에 위치해 우주의 중심에 놓인다.

7. 굿춤의 특성

굿춤은 굿 한 거리에서 사설과 노래의 앞부분, 중간 부분, 뒷부분에서 행해지며, 그 거리를 시작해 주고 발전시키고 맺어 준다. 크게는 굿의 각 거리를 연결해 주고 맺어 주는 역할을 한다. 굿춤은 대개 거리마다 느린 춤사위로 시작해 점점 자진가락으로 빠르게 변하며 마지막쯤에 아주 자진가락으로 몰아가면서 휘몰이조로 바뀌며 춤이 최고조로 신명에 이를 때 판이 끝난다.

이와 같이 굿춤은 굿을 시작해 주고 맺어 주고 또다시 그다음 판을 펼쳐서 벌여 준다. 즉 굿에서 춤은 그 굿을 시작해 주고 이끌고 맺어 주는 중심 틀의 특성을 지닌다.

굿춤의 처음에는 잔잔한 힘이 모아져 쌓이는데, 마지막에는 그 힘이 넘쳐 판을 뒤엎어 버리고 새 판을 시작하는 본성을 함축하고 있다. 그것은 바로 굿춤의 진보성을 뜻한다.

1) 살풀이성

살풀이란 말뜻 그대로 '살을 푼다'는 의미인데, 자세히 새기면 '살을 맞는다'는 수동적 의미와 그 맞은 살을 적극적으로 풀고 나가는 능동적 의미의 양면성을 갖고 있다. 그 속성 또한 '한'과 '흥'의 두 가지 측면을 동시적으로 나타낸다. 이 춤은 앞서 언급했듯이 굿의 거리와 장단, 선율의 지칭을 그대로 받아들이고 포용해 독자적 춤의 형식으로 빚어낸 것이라고 할 수 있다.

예로부터 "맺힌 건 풀고 감긴 건 제친다"라는 말이 있다. 우리춤은 수많은 변화와 굴곡으로 매우 복잡하게 얼크러져 있는 것처럼 보이지만 그 내면에는 변할 수 없는 불변의 법칙이 있으며 지극한 조화와 완벽한 질서 속에서 모든 몸짓이 움직이고 있다. 예를 들면, 앞으로 갔다 뒤로 물러나는 전삼후삼과 삼진삼퇴, 위아래로 오르락내리락하며 오금을 쓰는 '굽힘과 폄', '돋움과 죽임', 또는 죄었다 풀었다 하는 '감고 풀기' 등에 모든 원리가 간단히 들어 있다. 즉 '맺고 풀고', '맺음과 풀림'이라는 한마디로 표현할 수 있다. 달리 풀이한다면 맺힘은 어떤 무엇이 이루어지는 것, 만들어지는 것으로, 춤가락에서는 절정으로 몰아간 상태, 이루어진 상태라 할 수 있다. 풀어 버리는 것은 비우는 것으로, 그대로 끝나 버리는 것이 아닌 새로운 성숙을 위한 일대 도약이며, 춤에서는 그다음 가락을 위한 준비 과정으로 볼 수 있다.[16]

'살풀이'라는 용어 그대로 이름이 붙은 살풀이춤은 우리춤의 특징인 즉흥성을 가장 많이 살려 내며 춤추는 사람에 따라 흥과 멋을 뜻대로 빚어내 다양한 움직임을 자유자재로 구사할 수 있다. 따라서 우리춤 가운데 〈승무〉와 더불어 춤의 기본이 되고 있다. 이와 같이 살풀이춤이야말로 살풀이성을 대표하는 춤이라고 할 수 있다.

위에서 거론된 살풀이춤의 살풀이성은 굿에서 추는 모든 춤이 지닌 굿춤의 본질이다. 특히 굿춤에서는 마지막에 살을 풀어 신을 즐겁게 보내는 가우오신의 춤을 추는데, 이 춤이야말로 살풀이성의 본질을 갖고 있다.

2) 신기-신명성神明性

굿춤만이 아니라 모든 춤에서 신을 내지 않고 신이 없으면 춤을 출 수 없고 춤이 이루어질 수 없다. 이러한 속성은 춤뿐만이 아니라 우리가 살아가는 모든 행동과 삶에서도 마찬가지다.

경기도 굿춤에서 몸을 많이 굴리거나 뛰면서 추는 춤은 신의 행동이나 언어를 표현하고 신을 기쁘게 만들며 무당 자신의 흥을 돋우는 기능을 한다. 그것은 예술적 감각을 조건화하지 않는 인간 내면의 미적 표현 양식이 우선시된다. 즉 예술적 미의 감각을 삽입시켜 남에게 보여 주려는 춤이 아니라 무당이 신과 자연스럽게 공감대를 형성하면서 만들어 내는 표현들로서, 이른바 무당 자신의 어떤 목적을 달성하기 위한 자기의 춤이고 신격의 춤이다.[17]

굿에서 굿춤은 춤으로 시작해 춤으로 끝난다. 시작할 때는 신맞이춤을 추고 신을 내어 신을 푸는 신풀이춤을 추며 신을 올린다. 묘법으로 풀어낸 춤의 함축에는 분명 인간의 기운으로는 다할 수 없는 그 무엇이 있다. 그것은 다름 아닌 신의 기운인 '신기神氣'라고 할 수 있다.

인간이 신과 접해 해낼 수 있는 신접 상태, 바로 온몸을 자연스럽게 놔주고 내던질 때 몰입의 경지인 무아지경無我之境에 이르게 된다. 누구나 춤을 추며 몰입하다 보면 자기도 모르게 몸을 내던졌음을 인식하곤 한다. 어느 정도 추다 보면 신바람이 나고 자기 몸이 아니라 공간과 자연에 내맡겨져 움직이는 상태를 맛볼 수 있는데, 이것이 바로 무아지경의 신기가 오른 상태라 할 수 있다. 이와 같이 인간은 어느 누구나 정도의 차이는 있겠지만 신기를 가지고 살아가는 신명의 동물이다.

신의 영험력을 부릴 수 있고 그 능력을 가진 사람을 무당이라고 할 때, 무당은 신의 성스러운 영역에서 자유로이 왕래가 가능하고 시공을 초월해 적절한 분위기와 준비에 의해 수시로 신과 접할 수 있는 능력을 가질 수 있다는 뜻이다. 접신할 수 있는 기술을 가짐으로써 영혼의 존재는 물론 신의 형상을 볼 수 있는 능력까지 갖게 될 뿐 아니라, 신이 보내는 메시지를 해독할 수 있는 능력도 소유하게 된다.[18]

굿춤을 마무리할 때는 굿거리에 따라 다르지만, 대체로 아주 빠른 장단에 아주 빠른 춤으로 절정기에 오른 상태에서 끝맺음한다.[19] 이 의미는 굿이 맺힌 것을 풀어 주는 살풀이의 속성을 지녔다고 했듯이, 모든 굿춤은 사실상 신기가 오르고 신명이 최고조에 달했을 때 살풀이가 되므로 살풀이성과 신명성은 크게 보아 연결된 것이라고 할 수 있다.

3) 공동체적 통일성

앞서 언급했듯이 경기도당굿은 준비 과정부터 마을 전체가 참여하는 집단 제의굿이라고 할 수 있다. 동맹·무천·영고·천군·소도 등에서처럼 경기도당굿은 하늘에 제축하고 하늘을 맞이하는 제천의식의 맞이굿으로 집단가무하며 춤을 춘 성격으로 보아 원시 종합예술 형태의 집단제의·집단굿이라고 할 수 있다. 그 당시 고구려나 부여·예와 같은 나라 사람들은 한데 모여 굿을 하면서 남녀가 무리를 지어 밤낮없이 노래하고 춤추며 신명을 내었으니, 춤·소리·가악 등으로 구성된 총체적 축제 예술이라고 할 수 있다. 이러한 제천의식에서 춤의 역할은 하늘에 제드리고 마을의 안녕과 풍농을 기원하는 것이었다.

앞서 보았듯이 제천의식은 공동체 협동의 성격을 지녀 힘을 하나로 모으고 흥을 돋워 일의 능률을 높인다. 서로 도와주는 협동 과정에서 넉넉한 인심과 함께 일치단결해 대동화합의 힘을 갖고 내일을 기대하는 희망의 춤이 된다. 공동체 놀이로서 축제 성격을 띠는 이 의식들은 공동체 마을굿으로서의 무당굿과 대동놀이의 대동굿 등 모든 것이 포함된다.

경기도당굿의 거리마다 살을 풀고 신명을 내어 신을 올리는 과정에서 굿판에 모인 모든 사람이 한 마음으로 통하며 한 덩어리가 되어 간다. 신명을 다해 손을 올렸다 내렸다 하고 좌우로 너울너울 흔드는 너울춤이 기본인데, 이 너울춤은 즉흥무의 성격을 갖고 있다. 이러한 즉흥 춤은 각자 개성에 따라 즉흥적으로 자유롭게 추는 자유무라고 할 수 있다. 제각각 움직이지만 그러한 각각의 움직임이 조화와 통일을 이루며 공동체적 통일 춤으로 형상화되어 통일 춤판을 이룬다.

8. 맺는말

춤의 본질이 일상적 삶의 몸짓이 총체적으로 축적되어 형상화된 것처럼 한국 굿에 나타난 굿춤 역시 한국인의 삶의 모습, 즉 역사적으로 축적되어 내려온 몸동작이 그대로 예술적으로 형상화된 것이다. 그 형식과 구조를 살펴보면 원시 공동체 시대의 초기 상태에 가·악·무가 합쳐진 총체적 종합예술 형식에서 출발한 것을 분명히 파악할 수 있다. 따라서 굿춤의 기본 춤사위는 한국춤의 기본을 그대로 지니고 있다.

굿춤의 특성에서 보았듯이, 굿춤은 그 판을 시작해 주고 연결해 주고 종결 지어 다시 새 판을 열어 주는 역할을 한다. 즉 굿춤은 굿 과정에서 없어서는 안 될 기본 토대이면서, 이전에 있던 판을 갈무리해 새 판을 여는 거듭남의 본성을 지니고 있다.

이와 같이 역사적으로 거슬러 올라가 아주 초기에 행해지던 굿판의 굿춤은 바로 한국춤의 원류가 되는 셈이고, 그 굿의 완성과 함께 총체적 굿판은 곧 한국 문화의 원천이 되는 셈이다.

참고문헌

『삼국지(三國志)』「위지(魏志)」〈동이전(東夷傳)〉.

경기도박물관, 「세시풍속 · 놀이 · 예술편」, 『경기민속지 Ⅲ』, 경기도박물관, 2000.
박용수, 『우리말갈래사전』, 서울대학교출판부, 2002.
양종승, 「무당의 신병과 신들림」, 『한국 무속학』 제2집, 한국무속학회, 2000.
이애주, 「움직이는 도」, 『전통문화』, 1985.
______, 『브리태니커 세계대백과사전』 20권, 동아일보사, 1993.
______, 「승무의 원류에 관한 연구」, 『체육사학회지』, 1996.
______, 「한성준을 통해 본 한국춤정신」, 『동양음악학 국제학술회의』, 국립국악원, 1998.
______, 「고구려 춤의 상징체계」, 서울대학교 박사 학위 논문, 1999.
이희승, 『국어대사전』, 민중서림, 1986.
한국문화상징사전 편찬위원회, 『한국문화상징사전』, 동아출판사, 1992.
황루시 · 이보형, 『경기도 도당굿』, 열화당, 1983.

4장

평창 둔전평 농악의 춤사위*

1. 들어가는 말

둔전평 농악은 강원도 평창군 용평면 마을에서 마을 주민들이 하는 풍물굿이다.

사람이나 사물에 각각 고유의 이름이 있듯이 풍물굿을 구성하는 각 마당의 명칭도 바로 그 마당을 채우고 있는 내용을 상징적으로 나타낸다. 둔전평에서 행해지는 둔전평 농악의 내용을 살피기 전에, 그 풍물굿 전체를 상징하는 어휘에 문제점은 없는지 살펴보아야 하겠다.

여기서 농악이란 일제 식민지 시절 일제에 의해 바뀐 식민지 잔재 용어다. 그전에는 '농악'을 풍물·풍물굿·풍물놀이·두레굿·걸궁굿 등 지역과 형태에 따라 우리 고유의 토속어로 다양하게 불렀다. 그러나 일제 식민지 시절 우리 민족의 대표적 장단인 풍물 가락을 농사지을 때 사용하는 무지몽매한 농꾼들의 '악'이라 하여 농민들 자체도 비하하고 그 굿놀이도 비하해 '농악'이라고 불렀다. 둔전평 농악이란 명칭도 이와 같이 일제

---

* 이 글은 둔전평농악보존회에서 주최한 2002년 둔전평농악 발전 학술세미나와, 2005년 용평면 서낭굿농악의 활성화 방안과 과제 세미나에서 발표한 글을 재정리한 것이다. 부분부분 빠진 곳이 있으나 주요 내용이 아니기에 원문 그대로 비워 두었다.

식민지 시절 일본인들에 의해 우리 풍물굿을 축소 비하해서 붙인 것이다. 그렇다면 앞으로 '둔전평 농악'의 명칭도 다시 생각해 봐야 할 것이다.

이 글에서는 먼저 각 마당의 춤 구성과 춤사위, 또 그에 따른 기능과 특징을 논의하겠다. 그리고 그것을 토대로 하여 둔전평 풍물굿에 나타난 기본적인 춤의 원리는 무엇이고, 그 안에 들어 있는 본질적 정신은 무엇인가에 대해 풀어 갈 것이다.[1]

2. 각 마당의 춤풀이

1) 등장

신목을 앞세우고 네 줄로 일사불란하게 판에 들어온다. 매우 짜임새 있고 질서 정연하게 대형을 맞춰 걸어 판에 도열한다.

(1) 기능

놀이판으로 들어와 판 만들 준비를 한다.

(2) 장단

- 굿거리 – 굿거리장단에 맞춰 네 줄로 들어온다.
- 자진 길군악(진 꼬내기) – 빠른 2채 가락의 행진채를 치면서 네 줄이 풀어져 큰 원을 이룬다.
- 인사굿 – 원으로 서서 인사굿 장단을 치며 절을 한다.
- 빠른 2채 – 한 마당을 끝내며 다른 마당을 연결할 때 항상 연결채로서 치는 장단이다
- 태평소(날나리) 가락 – 자진모리로서 경쾌하고 진취적 기상을 표현하기 위해 빠르게 변하는 잔가락의 선율이다.

(3) 춤길

- 네 줄형 – 원에서 네 줄의 대열로 등장한다.
- 원진 – 원형진으로 풀어진다.
- 원진 – 원으로 풀어져 인사굿을 치며 절하고 다시 원으로 돈다.

(4) 춤사위

- 보통걷기(발놀림) – 약간 빠른 굿거리장단에 맞춰 걸어 나온다.
- 달려뛰기(발놀림) – 힘 있고 진취적인 동작으로 일상에서 보통 때 달리듯이 판으로 뛰어나간다.
- 소고치기(팔놀림) – 소고를 첫 박에 힘 있게 치고 2박에 내리는 단순 동작을 반복적으로 하며 뛰어나온다.

(5) 특징

등장하는 춤사위는 바로 일상적인 동작으로 달리듯 뛰어나오는 동작이다. 장단, 날나리, 선율, 춤사위 등이 모두 조화를 이루어 경쾌하고 힘 있으며 진취적이어서 저돌적인 느낌마저 갖게 한다.

이렇게 뿜어져 나오는 기운은 간단한 동작이 연속적으로 반복될 때 분출되어 나오는 상승의 힘임을 알 수 있다. 더구나 공동체적으로 몇십 명의 힘이 합쳐질 때 어느 누구도 막을 수 없는 강력한 힘이 생긴다는 것을 알 수 있다.

2) 첫째 마당 지신밟기

(1) 기능

농사의 풍년을 기원하고 가내의 평안을 빌며 토지 신을 위무하는 과정이다.

농사를 시작하기 전에 지신을 밟아 액을 물리치는 기능을 한다. 그러한 기능은 자연스럽게 나쁜 액을 쫓아 버리고 한 해의 풍년을 기원하는 것으로 이어진다.

(2) 장단

- 5채 – 5채로 시작해 3채, 2채 등 점점 빠른 장단으로 변해 간다.

(3) 춤길

- 원진 – 처음 진풀이를 시작할 때와 마지막에 다음 마당으로 넘어갈 때 보통 원형진을 이룬다.
- 멍석말이진 – 도르래가 감기듯 감았다 풀었다를 몇 번 반복한다. 또한 그 진풀이의 춤길(동선)이 달팽이가 말렸다 풀렸다 하는 형상을 닮았다 하여 다른 지역에서는 달팽이진이라고도 한다. 서낭목을 세워 놓은 중심을 향해 몇 겹 원으로 돈다.
- 원진

(4) 춤사위

- 보통걸음(발놀림) – 1박에 한 걸음씩 걷는 걸음으로 땅의 신인 지신을 모시듯이 정성스럽게 꼭꼭 밟아 나간다.
- 달려뛰기 – 일상에서 달리기하듯이 힘 있게 뛰어나간다.
- 너울사위(팔놀림) – 장단에 맞춰 연속적으로 팔을 좌우로 너울거린다.
- 소고치기 – 등장할 때 소고 치는 동작과 같은 사위이고 소고잽이들이 항상 그 사위로 춤춘다.

(5) 특징

본판을 벌이기 전에 마당의 근원인 땅의 신에게 예를 드리고 판을 깨끗이 정화하는 판이다. 지신밟기에서 특징적으로 나타나는 발걸음은 삼진삼퇴다. 세 번 앞으로 나가고 세 번 뒤로 들어오는 발걸음이다.

3) 둘째 마당 서낭굿놀이

(1) 기능

단풍나무로 만든 신목을 들고 나오면서 서낭신을 모시고 축원고사를 드리는데, 마을의 안녕과 풍년을 기원하며 축원하는 기능을 한다.

(2) 장단

- 자진모리 – 자진모리에 맞춰 대형 변화를 이룬다.
- 고사소리 – 사설가사를 엮어 고사반을 노래한다.

(3) 춤길

- 원진 – 이 마당에서도 앞서 말한 바와 같이 원을 풀어 다시 원형의 춤길로 되돌아간다.
- 몇 겹 원 – 서낭목을 중심으로 몇 겹의 원으로 선다.

(4) 춤사위

- 배례(고사절) – 절을 하며 예를 드리는 동작이다.
- 모둠뛰기(발놀림) – 한 발로 두 번씩 겹으로 뛰는데 연속적으로 이어진다. 깡충깡충 모둠발로 뛰는 동작이다.
- 쾌자 자락 흔들기(팔놀림) – 양손으로 한 쪽 쾌자 자락을 흔들며 다닌다. 보통 왼손은 허리 밑에 대고 오른손은 가슴과 어깨 사이쯤에서 흔들며 걷기도 하고 뛰기도 하는데, 묘한 내면적 아름다움을 풍긴다.
- 외상치기 – 머리에 쓴 상모를 한쪽으로만 돌리는 사위다.
- 양장치기 – 상모를 좌우로 두 번씩 겹으로 돌리는 상모 사위다.

(5) 특징

고사 지낼 때 실제로 신목이 흔들리는 등 모두의 염원이 모아지며 걸판지게 굿판이 벌어진다.

4) 셋째 마당 농사놀이

농사놀이 마당은 논갈이, 모찌기, 모심기, 김매기, 벼 베기, 탈곡, 볏가마 나르기 등으로 구성되어 있다. 전체 판은 농사짓는 모습을 그대로 모의동작과 춤으로 표현한다. 그야말로 일과 놀이가 한데 어우러져 흥이 절로 나오니 일의 능률이 높아지고 생산력도 향상된다.

(1) 논갈이

① 장단

- 자진모리(2채)
- 단호리 소리

② 춤길

③ 춤사위

- 논갈이춤 – 법고춤으로 한다. 소고잽이 두 명이 한 조가 되어 한 명은 엎드려 소의 시늉을 하고 한 명은 뒤에 서서 소 고삐를 잡고 소를 모는 시늉을 하며 논갈이를 한다. 이와 같이 한 줄로 서서 앞으로 나가며 논갈이춤을 춘다. 한편에서 소고잽이는 모둠발을 뛰며 다리 밑에서 소고치기를 한다.
- 쟁기질 – 위와 같이 소고춤과 함께 논갈이하며 쟁기질하는 동작을 한다.
- 씨뿌리기 – 무동들이 소고를 그릇 삼아 들고서 씨 뿌리는 동작을 한다.

(2) 모찌기

① 장단

• 3채, 2채 등을 기본적으로 한다.

② 춤길

• 두 줄로 마주 보기 – 두 줄로 마주 보고 앉아 모찌기를 한다.

③ 춤사위

• 모내기 – 논에 씨를 뿌린 지 40여 일이 지나 모를 내는 동작이다.
• 모찌기 – 법고와 소고가 모를 쪄서 뒤로 던져 놓는 동작이다.
• 모 나르기 – 무동이 논으로 모를 날라 골고루 던져 놓는 동작이다.

(3) 모심기

① 장단

• 항상 기본적인 장단을 울린다.

② 춤길

• 두 줄로 마주 보기

③ 춤사위

• 모심기 – 두 줄로 마주 서서 법고와 소고가 모를 심는 모의 동작을 한다.
• 모 나르기 – 무동은 계속 모를 나른다.

(4) 김매기

① 장단

• 굿거리 – 능청능청 굿거리장단을 한다.

• 둔전평 단호리(농요) 소리 – 앞소리와 뒷소리가 있어 '선입 후 제창' 방식으로 앞소리가 메기면 뒷소리가 받는다.

② 춤길

• 원으로 모여들기 – 단호리 소리에 맞춰 원으로 모여든다.

③ 춤사위

• 김매기 – 원으로 모여들며 김매는 시늉을 모의적으로 한다. 단호리 소리에 맞춰 능청능청 춤을 추기도 한다.

(5) 벼 베기

① 장단

• 기본 장단

② 춤길

③ 춤사위

• 낫갈기 – 소고가 낫을 가는 동작을 한다.

• 벼 베기 – 법고가 볏단을 몰아잡고 낫으로 여러 번 베어 묶은 다음 저쪽 귀퉁이에다 발로 차버리는 동작을 한다.

• 볏단 가리기 – 무동이 베어 놓은 볏단을 가리는 시늉을 한다.

(6) 탈곡

① 장단

• 자진모리

• 풍년가 – 풍년의 기쁨으로 힘차게 풍년가를 부른다.

② 춤길

• 군데군데 모여 탈곡하기

③ 춤사위

• 낟알 털기 – 장고를 이용해 낟알 터는 시늉을 한다.
• 볏짚 묶기 – 볏짚을 묶는 동작이다.
• 도리깨질 – 두 손을 맞잡고 위에서 아래로 내려치는 동작을 한다.
• 비질 – 비질을 하며 낟알을 모은다.
• 키질 – 키질을 한다.

(7) 볏가마 나르기

① 장단

• 자진모리 – 태평소로 신나게 풍년가 자진가락을 분다.

② 춤길

• 원형 – 원으로 돌며 볏가마를 나른다.

③ 춤사위

• 볏가마 나르기 – 벼를 탈곡해 쌓아 놓은 볏가마를 창고로 나르는 사위다. 볏가마가 무거워 등이 한껏 구부러져 숙어진 모습이다. 노동은 힘들지만 생산과 풍년의 기쁨에 신나고 발걸음이 가볍다. 지금까지 나온 몸짓 중 제일 등이 굽은 동작인데, 우리춤의 본질인 '숙이기'의 사위가 이 동작에서 정형화된 것을 알 수 있다.

④ 특징 – 농사일을 흥겹게 농사 모의模擬 동작으로 한다. 실제 농사일의 몸짓이 장단을 타면서 춤사위로 정형화되는 것을 쉽고 간단하게 무언극 식으로 표현하는데, 그러한 과정이 훌륭하게 춤으로 나

타나는 것을 볼 수 있다.

악기를 소도구화하여 그대로 악기를 들고 일춤을 재현한다. 예를 들어, 소고小鼓가 탈곡기가 된다든지 하는 것이 바로 그것이다.

5) 넷째 마당 십자놀이

(1) 기능

(2) 장단

- 굿거리 – 장단은 굿거리장단이고 태평소는 메나리 곡조의 선율을 띠는데, 바로 니나노 곡조를 말한다. 우리의 전래 가락으로 조금은 애조를 띠고, 느린 두 박자의 굿거리 곡조다.
- 12채 – 상쇠가 12채를 치며 모든 대원을 이끈다.

(3) 춤길

- 원형
- 십자형 진 – 십자형으로 진을 만든다.
- 사방원 – 십자형이 흩어지며 사방으로 4개의 작은 원을 그린다.

(4) 춤사위

- 소고놀이
- 소고 위아래 치기

(5) 특징

농사를 지으면서 생긴 앙금을 해소하고 인간관계에서 서로 맺혔던 것을 풀어 화합하는 '화합의 마당'이다.

6) 다섯째 마당 풍년놀이

풍년놀이 마당은 4개의 작은 마당으로 이루어지는데 멍석말이, 열두 발 상모, 동고리와 삼동고리, 황덕굿판 등이 있다. 풍년놀이 마당은 풍년 든 것에 대해 서낭신께 감사드리고 마을의 안녕과 무사태평을 비는 기능을 한다.

(1) 멍석말이

① 기능

- 참여자들이 개인 장기 자랑으로 들어갈 수 있도록 판을 만들어 준다.

② 장단

- 빠른 2채 – 흥을 돋워 신명을 낼 수 있도록 빠르게 연주한다. 이때 태평소는 휘모리 곡조를 분다.

③ 춤길

- 멍석말이 – 농기를 중심으로 멍석말이를 한다.

④ 춤사위

- 걷기와 뛰기 – 멍석말이로 걷고 뛰며 소고를 치면서 신나게 춤을 춘다.

⑤ 특징

(2) 열두 발 상모

① 기능

② 장단

- 3채 – 서서 상모돌리기를 할 때 주로 3채 장단을 친다.
- 5채 – 3채와 마찬가지로 서서 상모 사위를 할 때 주로 친다.
- 2채 – 마지막에 개구리 걸음으로 개구리 사위를 할 때 주로 치는 장단이다.

③ 춤길

- 삼각형 – 3명의 12발 상모가 삼각형의 각 꼭짓점에 해당하는 위치에 서서 자기 주위를 맴돌며 상모를 돌린다.
- 큰 원 안에서 긴 상모 돌리기

④ 춤사위 (상모 사위)

〈상모 돌리는 법〉

- 외상(외사) – 머리에 쓴 상모를 한쪽으로 돌리는 사위다.
- 양상(양사) – 상모를 양쪽으로 번갈아 돌린다.

〈상모 돌리는 자세〉

- 서서 돌리기 – 선 자세로 상모를 돌린다.
- 팔짱 끼고 돌리기 – 팔짱을 낀 채로 돌린다.
- 책상다리 앉기 – 책상다리로 앉아서 팔짱 끼고 돌린다.
- 옆 누워 돌리기 – 옆으로 누운 채로 돌린다.
- 구르는 사위 – 데굴데굴 구르는 시늉을 하며 상모를 돌린다.
- 거북 사위 – 거북처럼 엉금엉금 기어가는 듯한 걸음걸이로 상모를 돌린다.
- 개구리 사위 – 순간적으로 개구리처럼 펄쩍펄쩍 튀어 가며 돌리는데, 주로 마무리를 지으며 한다.

⑤ 특징 – 전체 판굿 중 가장 화려한 개인기의 춤사위다. 등장할 때부터 상모잡이가 한 사람 어깨 위에 올라서서 상모를 돌리며 등장한다. 갖은 흉내를 내며 묘기를 부리는 고도의 기법이다. 열두 발 상모의 상모채가 청색·홍색·황색으로 되어 청·홍·황의 천·지·인 삼三사상을 이루고 원·방·각의 개념으로 이어진다.

(3) 동고리와 삼동고리

① 기능

대원과 참여자 모두를 최고의 신바람 판으로 이끈다.

② 장단

- 5채 – 5채로 시작해 3채, 2채 등 점점 빠른 장단으로 변해 간다.

③ 춤길

- 원
- 삼三원 – 한 원이 나누어지며 3개의 원을 만든다. 이 세 원은 삼각형의 꼭짓점에 해당하는 위치로 퍼져 자리 잡는다.
- 사四원 – 삼동고리 마당에서는 세 원 가운데에 원이 하나 더 생긴다.

④ 춤사위

- 옆 걸음 – 삼 원을 만들어 가운데를 향해 옆 걸음을 걸으며 춤춘다.
- 동고리 – 사람 위에 한 사람이 올라가 2층을 만든 형태다.
- 삼동고리 – 동고리 위에 또 한 명의 사람(보통 어린이)이 올라가 3층을 만들어 맨 위에 선 어린 무동이 상모를 돌린다.

⑤ 특징 – 3개의 원이 만들어져 삼각형을 이루는 것에서 원·방·각의 '각角' 개념을 생각할 수 있다. 하늘이 둥근 '원圓'이라면 땅은 네

모난 '방方'이고, 사람 즉 생명은 삼각의 '각'에 속한다. 이러한 춤틀의 구조는 원·방·각의 개념을 역동적으로 내보이는 좋은 예다. 삼동고리 마당에서는 3개의 원 안에서 동고리 형태로 상모를 돌리고, 3개의 원 가운데 중심 원에서는 어린 무동이 상모를 돌리는데, 하늘 위 천생天生의 춤으로 모두를 숨죽이게 하며 신명의 절정으로 이끈다.

(4) 황덕굿

① 기능 – 풍년놀이를 마무리하는 기능을 갖는다.

② 장단

- 12채 – 상쇠가 12채를 치며 모든 대원을 이끈다.
- 3채 – 앞서 말한 바와 같이 3채로 시작해 2채로 넘어간다.
- 5채 – 5채로 시작해 3채, 2채 등 점점 빠른 장단으로 변해 간다.
- 굿거리 – 장단은 굿거리장단이고 태평소는 메나리 곡조의 선율을 부는데 보통 니나노 곡조를 말한다. 우리의 전래 가락으로 조금은 애조를 띤 느린 두 박자의 굿거리 곡조다.
- 자진모리
- 휘모리

③ 춤길

- 멍석말이 – 멍석말이를 하며 원 중심으로 모여든다.
- 몇 개의 겹 원 – 원 중심으로 모여들며 몇 줄의 겹 원을 이룬다.
- 삼진삼퇴 – 몇 줄의 겹 원이 동시에 가운데 중심인 황덕을 향해 삼진하고 삼퇴한다.
- 부정형의 진

④ 춤사위

- 삼진삼퇴(한다) – 가운데 중심을 향해 질서 정연하게 세 걸음 앞으로 세 걸음 뒤로 '삼진삼퇴' 사위를 8차례쯤 한다.
- 수족상응(한다) – 가운데 중심을 향해 마지막으로 손과 발이 조화해 이루어지는 '수족상응' 사위를 하며 개인 춤을 춘다. 지금까지 각자 개인이 했던 춤사위를 하면서 마지막으로 신명 나게 춤을 춘다.

⑤ 특징 – 일 년 농사의 풍년에 기쁨이 가득하고, 농사일의 수고로움을 모두 벗어던지면서 황덕불을 지펴 놓고 신명 나는 춤을 추며 신바람을 내어 절정으로 오르는 판이다. 한 해의 농사 마무리에 감사하고 다가오는 해를 기약하는 뒤풀이 형식에 해당한다.

마지막의 황덕굿 마당은 모두 신을 내고 절정에 올라 몸을 내던져 고정된 틀과 질서를 깨는 자유와 해방의 흐트러진 판이어야 마땅하다. 그래야 여태껏 쌓았던 것을 시원하게 풀어 버릴 수 있고 다시 본래 모습으로 되돌아갈 수 있을 터이다.

기존 틀만 고수하면서 움직인다면 답답한 느낌이 들 수 있다. 그러한 점을 보완해 풀어 버리고 신명 나는 신바람 판으로 간다면 명실공히 남녀노소가 참여하는 진정한 화합의 공동체 마당이 될 것이다. 바로 우주 자연과 일치한 건강하고 역동적인 삶이 살아 있는 예술적 승화의 판을 이루는 것이다.

지금까지 본 바에 의하면 풍년놀이 전반에 나타난 성격은 "풍년을 감사드리고 자유롭게 놀며 정해진 판을 흐트러뜨려 무정형의 해방된 공간을 만들어 내는 것"을 특징으로 한다.

3. 둔전평 농악의 기본 원리

각 마당의 춤 안에는 공통적으로 기본 춤사위와 기본적 춤길이 들어 있다. 그러한 공통점이 춤으로 엮여 둔전평 풍물굿을 이뤄 낸다.

마당을 시작할 때와 끝맺으며 다음 마당으로 넘어갈 때는 항상 원형으로 돌아가며 태극형 진陣의 과정을 거쳐 다시 원형의 진을 만든다. 즉 원에서 시작해 태극진을 거쳐 다시 원으로 끝맺는다고 볼 수 있다.

풍물굿 전체에서 공통되는 춤사위는 다음과 같다.

① 발놀림으로는 걷기·달려뛰기·모둠뛰기 등이 있는데, 그 발놀림의 형식은 크게 보면 '삼진삼퇴' 형식으로 나타난다.

② 팔놀림은 엎고 제치기, 감고 풀기 등이 나오는데, 그 형식은 너울 사위로 간결하게 정리된다.

③ 소고놀이에서는 팔놀림으로 소고치기가 있고, 머리에 쓴 상모를 돌리는 사위인 외상치기·양상치기 등이 있다. 소고를 치며 위의 보편적인 발놀림과 조화를 이루면 소고춤이 되는데, 모둠뛰기를 하며 다른 쪽 다리를 번쩍 뻗어 들고 몸을 굽신하며 그 다리 밑에서 소고를 치는 사위가 특징이다.

④ 이러한 춤사위들은 근원적으로 보면 '일상의 몸짓'이 그대로 춤사위화된 것이고, 더 구체적으로 들어가면 노동하는 '일의 몸짓'이 춤사위화된 것이다. 탈곡하는 마당에서 낟알 털기, 볏짚 묶기, 도리깨질, 비질, 키질 등이 바로 그러한 예다.

전체 판의 장단은 주로 빠른 2채로 몰아가 1채로 넘기면서 끝나는데, 그것은 다음 가락이나 다음 마당으로 넘어가는 연결고리 역할을 한다.

이러한 공통의 기본 사위에 나타난 원리는 크게 보면 '맺고 풀기'의 한 개념으로 설명된다. 다시 말하면, 판의 각 마당에서 논의한 장단·춤길·

춤사위 등의 미학적 원리가 '맺고 풀기'의 무수한 반복으로 이어지고 있는 것이다.

4. 풍물굿에 나타난 '진풀이'의 본질

1) 원·방·각의 개념

둔전평 풍물굿에 나타나는 대형隊形과 진법陣法은 원형, 네모 대열, 삼원으로 이루어진 삼각형 등이 있다. 이는 우주 전체를 상징적으로 표현하는 원圓·방方·각角의 개념과 통한다.

풍물굿의 진법, 춤길은 움직이는 원·방·각의 세계를 이루어 살아 있는 판을 만든다. 원·방·각 개념의 다른 표현이 바로 춤의 본질인 천·지·인 삼사상三思想이다.

2) 태극太極의 개념

이러한 원방각의 개념과 연결되어 자연스럽게 음양 태극의 개념이 이루어진다. 풍물굿 각 마당의 '춤길'에 거의 태극진이 들어가고 각 마당이 끝나면서 다음 마당으로 이어질 때도 반드시 태극진으로 풀어져 원을 이룬다. 이와 같이 춤의 전체적 구조와 춤사위, 춤길에 나타나는 태극 구조는 한 걸음 더 발전해 삼태극을 이뤄 낸다.

여기에서 '태극'은 바로 존재하던 어떤 것을 풀어내고 없애고 다시 새로운 판을 생성시키는 '없앰'과 '이룸'의 연결체 역할을 하는 본질을 갖고 있음을 알 수 있다.

5. 맺는말

지금까지 살펴본 바로, 둔전평 풍물굿의 춤사위와 춤 구조 안에는 중요한 삶의 본질적 의미가 담겨 있음을 알 수 있다.

풍물춤 안에 들어 있는 원방각의 개념은 천·지·인의 삼사상으로, 무극에서 태극 음양으로 갈라져 삼태극으로 변하고 다시 원으로 되어 무극으로 돌아가는 생生과 사死의 역동적 변화 과정을 내포한다. 이와 같이 생성·소멸하는 우주 자연의 원리가 살아 숨 쉬며 항상 역동적으로 변하고 있다.

둔전평 풍물굿에 나타나는 전반적인 춤의 구조는 농사짓는 일상적 몸짓을 그대로 재현하는 농사 모의模依 동작으로 이어져 있다. 이러한 특징은 다른 지역의 풍물굿에도 공통적으로 나타난다. 그러한 일의 몸놀림이 장단을 타고 원형, 태극형, 네모 대열 등 여러 형태의 춤길과 진풀이를 형성하면서 흥이 나고 신명을 올려, 일의 능률이 높아지고 생산력 또한 향상된다.

이러한 일과 놀이의 조화로운 통일성이 생산적인 일 몸짓의 전형적 형상을 만들어 내는데, 앞에서 본 바와 같이 아주 쉬운 일상 동작의 반복 형태로 이루어진다. 이러한 원리는 바로 쉽고 간결한 몸짓 안에서 불변의 진리가 나온다는 것을 다시 한번 확인해 준다.

또한 지금까지 거론된 춤사위와 본질은 크게 보아 우리춤의 기본적 춤사위와 맥을 같이하며, 그 본질적인 면도 춤의 본질과 맥이 연결되는 것을 알 수 있다.

이로써, 둔전평 풍물굿은 우주 자연의 조화와 함께, 삶과 일과 놀이가 함께 어우러져 우주 생태적 춤으로 형상화된 큰 풍물굿춤이라 할 수 있다.

5장

불교의식 작법作法의 미적 특성*

-영산재 작법을 중심으로-

1. 들어가는 말

불교의식에서 행하는 불교춤을 보통 작법作法이라고 한다. 작법이란 법을 짓는다는 의미이니, 법무法舞라 할 수 있다. 다시 말하면, 작법은 춤을 바탕으로 법도 있게 이루어진 불교의식춤이라 할 수 있다.

불교의식에는 여러 종류가 있지만, 작법이 행해지는 규모가 갖춰진 의식에는 그 특성과 역할에 따라 영산재靈山齋, 수륙재水陸齋, 예수재豫修齋 등이 있으며, 주로 대규모 특별 법회가 베풀어질 때 거행된다. 그중에서 가히 대표될 만한 상징적인 의식은 영산재라 할 수 있다. 영산재가 중요무형문화재로 지정된 이유가 바로 여기에 있다.

영산재 중에서 불교의식춤인 작법은 영산재의 꽃이라 할 수 있다. 작법은 범패 소리와 함께 부처님께 올리는 춤 공양이며, 영산재 전체의 구조와 그 틀거리를 중심 잡는다.

---

* 이 글은 2006년 12월 봉원사 범음대학 세미나실에서 개최된 중요무형문화재 제50호 영산재 보존회 제4회 학술세미나에서 발표한 것이다.

이 글에서는 영산재에서 행하는 작법의 의미와 함께 작법의 종류와 춤사위 그리고 그 미적 특성을 짚어 보고자 한다.

2. 불교의식 영산재

영산재의 의례 절차는 악가무樂歌舞가 총체적으로 집합되어 행해지는 가장 규모가 큰 의식으로, 부처님께서 영취산에서 『법화경』을 설하실 당시의 광경을 춤과 노래로 상징화한 의례의식 절차다.

1) 영산재의 원류

영산재에서 영산은 영산회상靈山會相의 줄인 말이며, 재는 범어 우포사타 uposadha에서 유래된 말로 스님들의 공양의식을 뜻한다. 바로 영산재는 석가모니 부처님께서 설하신 『법화경』을 듣고 그곳에 모인 수많은 보살을 비롯해 천룡팔부중 그리고 사바세계의 사부대중이 환희심을 일으키며 시작되었다. 그 당시 하늘에서 만다라꽃이 내리고 천동 천녀가 내려와 꽃과 향과 기악과 가무로 부처님께 공양을 올렸는데, 바로 이 모습을 형상화한 것이다.

'1일 권공勸供 3일 영산靈山'이라고 하듯, 불교 의례의식 중에서 규모가 가장 큰 법요의식이다.

영산재는 예전부터 나라의 기쁜 일이나 어려운 재난을 극복해야 할 때 봉행했던 국가적 행사이기도 했다. 그러나 조선 시대로 접어들어 불교를 탄압하던 억불정책과 1911년 일본 총독의 사찰령이 공포되면서 불교 작법 금지와 규제로 인해 원래 모습이 많이 사라졌다. 바로 이 양상은 그 당시 여타 우리 전통문화가 파괴되고 왜곡된 점과 궤를 같이한다.

그러나 시대가 바뀌고 1973년 영산재를 구성하고 있는 범패와 작법의 중요성이 인정되어 '중요무형문화재 제50호'로 지정되었다. 이 영산재는 운파, 송암, 운공 스님에 의해 법맥이 이어졌으며, 특히 당대 어장이었던 박송암 스님을 중심으로 현재는 김구해, 마일운 스님 등 100여 명의 스님이 그 맥을 이어 오고 있다. 그 외에 특색을 달리해 전해진 영산재 중 일부는 몇몇 지방에서 지방 문화재로 지정되어 그 맥을 이어 오고 있다.

2) 영산재의 절차

현재 거행되고 있는 〈영산재〉의 진행 절차는 다음과 같다.[1]

(1) 타종打鐘과 시련侍輦

타종은 사찰 내 대종大鐘을 치는 의식으로, 불교의식을 봉행할 때 시작을 알리는 신호다.

시련이란 영산재 도장에 불보살, 옹호신중, 영가를 봉청해 모시는 의식으로, 대중이 연을 모시고 해탈문 밖의 시련 터로 나가 대성인로왕보살의 인도로 모든 성중을 재 도장으로 모셔 오는 절차다.

시련에서 연이란 임금이 타던 덩 비슷한 가마를 가리키며, 연을 모신다 함은 곧 그 연에 탈 왕급에 해당하는 분을 맞이해 모신다는 뜻이다.

(2) 재대령齋對靈

상단권공을 거행하기 전 시식 절차로서 영가를 청해 모시고 공양을 베푸는 의식이다.

(3) 관욕灌浴

영가가 불단에 나가 불법을 듣기 전 사바세계에서 지은 삼독(탐진치)으로 더러워진 몸과 마음을 부처님의 감로법으로 씻어 주는 의식이다.

(4) 신중작법神衆作法

불법을 옹호하는 신중을 청해 모시는 의식이다.

(5) 괘불이운掛佛移運

야외에 단을 설치하고 괘불 석주나 괘불대를 내거는 의식이다.

(6) 상단권공上壇勸供/영산작법靈山作法

불보살과 옹호신중 등 일체 유주무주 고혼들을 청정한 영산 도량에 모셔와, 일체 대중이 지극한 정성으로 마련한 육법과 음성 공양으로 불법을 들려주고 불보살님이 가피력을 발원하는 절차다.

(7) 식당작법食堂作法

영산재의 의례 절차 중 절정은 작법이 집중적으로 추어지는 식당작법이라 할 수 있는데, 그 완결된 구조로 보아 식당작법 자체만으로도 독립적으로 행해지는 의식이라 할 만하다.

영산재에 동참한 모든 대중 스님이 식당에 모여 공양하는 의식으로, 공양이 오기까지의 공덕을 생각하고 공양을 받아 삼보를 생각하며 수행을 닦아 도업을 성취함은 물론 배고픈 고통을 받는 아귀에게까지 공양을 베풀어 부처님의 참된 가르침과 자비를 깨닫게 하는 절차다.

식당작법은 우리에게 제일 중요한 먹고사는 문제를 주제로 총체적 삶을 생각하게 하고 참삶의 길에 대해 답해 준다.

(8) 관음시식觀音施食

간단히 말하면, 고혼단에 공양을 베푸는 의식이다. 상단 불보살 전에 육법공양을 올리고 신중에서 내려온 공양과 더불어 축언을 마친 후 밖에 마련된 화단(감로단, 영단)을 향해 일체 유주무주 영가들의 고혼을 위해 법식을 주면서 법문을 설해 주는 의식이다. 영가에게 부처님의 법을 설하고 편안한 영식으로 배불리 듣고 돌아가라는 절차로 되어 있다.

(9) 봉송奉送/소대의식燒臺儀式

영산재 도량에 봉청해 모셨던 불보살님, 제신중諸神衆, 영가 등을 보내는 의식으로, 불보살님을 봉송하고 그다음에 옹호신, 열명영가, 유주무주 고혼 등을 인로왕보살의 인도 아래 소대로 내려 모시는 절차다.[2]

3. 작법의 의미와 춤사위

먼저 불교의식춤을 일컫는 '작법'이란 의미부터 생각해 봐야겠다. 왜 불교의식에서 추는 춤은 '춤'이나 '무舞'라 하지 않고 작법이라고 할까? 작법은 '지을 작作'에 '법 법法' 자를 써서 '법을 짓는다'는 의미로 해석할 수 있다. 앞서 말한 바와 같이 작법은 바로 법무法舞라 할 수 있다.

이와 같이 어휘에서 춤 자체의 속성이 드러나는데, 작법은 법도 있게 추는 내면의 법도성에 중점을 둔 춤임을 알 수 있다.

'작법'이란 소기의 목적을 달성하기 위해 그 과정상 필요에 따라 제정한 법칙 내지는 법칙에 따른 행위를 말한다. 특히 성불을 목표로 불법의 실천을 생활화하는 승가에서는 일상의 행주좌와行住坐臥는 물론 의식儀式 거행 등이 모두 법도에 맞아야 한다. 따라서 여기에 합당하도록 정해진 법도로서 지켜야만 하는 예법과 행위를 '작법'이라고 한다.[3]

이와 같이 불교의식에는 역사적으로 추던 정해진 작법이 있고, 그것에 따라 의식이 진행되고 있다. 그만큼 작법이 행해지는 판은 다른 재齋와 달리 규모가 크고 엄정한 법도를 갖추고 있다.

작법은 범패와 함께 부처님과 사부대중께 공양을 드리는 불교의식춤으로, 그 의식을 이끌어 가는 법도가 있는 법무다. 즉 요즈음 만연한, 보이기 위한 공연 형식의 춤과는 다른 차원으로, 불교의식으로서 공양의 의미와 예를 갖춘 성격을 갖는다. 이러한 측면에서 더더욱 작법의 가치가 현실적으로 중요한 의미를 지닌다.

다음으로 작법의 장단, 소리라 할 수 있는 범패에 대해 간략하게 설명하겠다.

악가무란 말이 뜻하듯, 춤은 악과 가 즉 장단, 선율, 노래 등과 함께 조화를 이루며 춘다. 춤은 악과 함께 이루어지는데, 작법에서 악은 바로 범패를 말한다. 예로부터 우리 전통 연행 예술은 악가무 종합예술 형태로 그 맥이 이어져 왔다. 이와 같이 우리춤이 장단과 소리와 함께 일체가 되어 추어지듯 작법 또한 범패와 사물 반주, 태평소 연주까지 곁들여 모든 것이 하나로 조화를 이룬다.

그러면 범패란 무엇일까? 범패는 범어梵語 바사Bhasa의 한자어이며, 패닉唄匿이라고도 한다. 찬송, 찬탄이라는 뜻이며, 부처님을 찬탄하는 게송偈頌(詩)을 길게 소리를 뽑아 읊는 것을 말한다. 지금은 주로 재를 올릴 때 그 내용을 소리로 지어 부르는 음성 공양이다. 범패는 장단과 화성이 없는 단성선율單聲旋律의 의식 음악으로 불교의식을 주도한다고 할 정도로 불교의식 전반에 걸쳐 소리를 하는 음성 공양 음악이다.

범패의 기원은 신라 때 진감 선사가 애장왕 5년(804) 당나라에 사신으로 갔다가 흥덕왕 5년(830) 귀국해 옥천사(쌍계사)에서 많은 제자를 가르친 것으로 시작되었다. 그러나 『삼국유사』 월명사의 〈도솔가 조〉에도 범패 이야기가 나오는 것으로 보아 그전에도 범패가 있었음을 알 수 있다.

일본 승려 원인圓仁이 쓴 『입당구법순례행기入唐求法巡禮行記』에 범패는 당풍과 신라풍 그리고 당나라 이전에 일본으로 건너간 고풍의 세 가지 유형이 있었다는 기록이 있다. 진감 국사가 당나라에서 배워 온 범패는 신라풍이 아닌 당풍이었을 것으로 추정되며, 이와 같은 추정은 현재 범패의 홋소리 선법이 옛날 신라 영토였던 동부 지방의 민요와 비슷하다는 점에서도 확인할 수 있다.

범패는 크게 네 가지로 나눌 수 있다. 안채비가 부르는 안채비소리,

바깥채비가 부르는 홋소리, 짓소리, 그리고 축원하는 화청 · 회심곡이 있다.

① 안채비소리

간단히 말해 염불이다. 홋소리나 짓소리는 굴곡이 심한 데 비해 안채비소리는 대부분 한문으로 된 산문을 촘촘히 읽어 가는 형식이다.

② 홋소리

대개 7언 4구 또는 5언 4구의 정형시로 된 한문 게송이다. 짓소리보다는 가벼운 느낌이 난다.

③ 짓소리

짓소리는 한문으로 된 산문과 범어를 발음 그대로 부르는 진언이나 다라니를 말한다. 홋소리에 비해 부르는 시간이 매우 길며 소리가 깊은 것이 특징이다. 짓소리는 홋소리를 모두 배워 소화한 다음에 배우는 소리로, 원래 72가지였으나 의식의 간소화로 지금은 13가지 정도가 불리고 있다.

④ 화청 · 회심곡

일반 사람 누구나 알아들을 수 있도록 우리말로 부르는 게 특징이다.

화청은 범패가 끝나는 마지막에 태징 반주에 서도소리 산염불처럼 엇모리장단으로 부른다. 다만, 축원 화청은 경기도 소리처럼 평조로 6박을 한 장단으로 해서 부른다.

다음으로는 작법에 대해 본격적으로 알아보도록 하겠다.

작법은 크게 나비춤, 바라춤, 법고로 나눌 수 있다.

1) 나비춤

나비춤은 착복무着服舞라고도 하는데, 그 의미는 육수가사六銖袈裟를 수하고 고깔을 쓰고 행하는 데서 연유한 것으로, 의상을 법도 있고 완벽하게 갖춘 것을 상징적으로 나타낸 말이다. 세간에서는 보통 나비춤이라고 일컫는다.

(1) 도량게道揚偈작법

① 의미

도량게작법은 그 이름에서 나타나듯, 영산재가 이루어지는 '도량'산에서 추는 춤이다. 작법 이름이 아예 '도량'으로 되어 있는 것으로 보아 모든 작법 가운데 기본이 되고 중심을 이루는 춤인 것을 알 수 있다.

도량게는 엄쟁게嚴淨偈라고도 하는데, 재를 거행하기 위해서는 삼세제불三世諸佛을 위시해 육도중생六道衆生과 대중이 운집할 수 있는 넓고 청정한 공간, 즉 도량度量이 필요[4]하기 때문에, 그 도량이 청정해야 함은 재를 거행하는 선행 조건이다.

도량게작법은 이러한 도량에서 활짝 핀 모란꽃을 쥐고 하얀 장삼과 색색의 가사를 걸치고 청정한 도량에 삼보천룡을 청하고 자비로서 가호해 주길 청하는 나비춤이다. 다음과 같은 가사 내용의 도량게 범패에 맞춰 춤을 춘다.

> 道揚淸淨無瑕穢 三寶天龍降此地
> 我今持誦妙眞言 願賜慈悲密加護.
> 온 도량이 청정하오니 삼보천룡 강림하소서
> 묘한 진언 외우오니 자비로서 보호하소서.

경건한 마음과 온 정성으로 삼보천룡이 강림해 화엄의 바다를 이루어 주기를 갈구하는 내용이다.

불보살님께서도 강림하시고 전 대중의 마음이 환희함에 비로소 온전한 법도량이 이루어졌음을 찬탄하며 부처님 당시의 풍습대로(※右繞: 환희한 마음으로 부처님께 귀의한다는 뜻이다. 부처님의 오른편으로부터 북쪽을 지나 부처님의 왼손편으로 도는 것) 대중이 도량 가운데서 원을 그리며 도는 것은 불교 철학의 개념 가운데 무시무종無始無終한(한량없는) 윤회의 업業바퀴를 뜻하기도 하며 돌기를 마침을 부처님의 법력으로 업고業苦가 쉬게 됨을 뜻한다.[5]

② 춤사위

ㄱ. 염수

– 모란꽃을 든 양손을 배꼽 밑 하단전 아래 아랫배 앞에서 포개어 모은다.

ㄴ. 합장

– 두 손을 가슴 앞에 하나로 모아 예를 올린다.

ㄷ. 한일一자 사위

– 모은 양손을 어깨높이로 양옆으로 벌린다.

ㄹ. 꽃봉오리 사위

– 한 팔은 어깨높이 정도로 가슴 앞으로 들고, 한 팔은 머리 바깥쪽 비껴 앞으로 들어 꽃봉오리 형상이 되도록 한다.

ㅁ. 양손 꽃찍기

– 무릎을 살짝 굽힌 상태에서 아랫배 앞에 꽃을 들고 포갠 양손을 한 손씩 번갈아 가며 세 번 가볍게 찍는다.

ㅂ. 양손 꽃치기

– 양손에 든 꽃을 한 번은 오른쪽 머리 옆에서, 한 번은 왼쪽 머리 옆에서 서로 부딪친다.

(2) 다계茶偈작법

① 의미

불보살님께 차를 올리는 게송을 하며 다기와 함께 차 공양을 올릴 때 추는 작법이다. 이와 같이 다계작법은 차를 올리는 예의 정신과 지극 정성의 마음을 가지고 추게 된다. 게송의 내용은 다음과 같다.

今將妙藥及茗茶　　奉獻靈山大法會
俯鑑檀那虔懇心　　願垂慈悲哀納受.
나 이제 묘한 약 향기로운 차를 가져다
영산의 대법회에 모이신 여러분께 올리오니
단나들의 간절한 맘 깊이깊이 살피시고
자비로서 거두시어 받아 드시옵소서.

② 춤사위

다계작법의 춤사위는 도량게 작법의 춤사위와 비슷하나 다계작법만의 예를 올리는 집중적이고 정적인 독특한 춤사위를 지니고 있다. 즉 처음에 중단을 향해 무릎을 굽혀 모으고 꽃찍기를 한다든지, 양손을 모아 염수하고 그대로 제자리에 집중하고 있는 정적인 사위 등이다.

(3) 향화게香花偈작법

① 의미

시방법계 삼보전에 꽃과 향과 음악을 올리는 게송을 하며 추는 공양의 나비춤이다. 무량한 부처님과 보살, 중생의 불세계를 향해 향과 꽃을 올리며 대승적 차원의 시방세계로 그 향기가 퍼져 나가기를 발원하는 의미의 춤이다.

범패의 가사 내용과 춤의 성격은 다음과 같다.

願此香花遍法界 以爲微妙光明臺
天寶香 諸天寶善天寶衣 不可思議妙法塵
一一塵出一切佛 一一塵出一切法
旋轉無碍互莊嚴
遍至一切佛土中 十方法界三寶前
皆有我身修供養 一一皆悉邊法界
彼彼無雜無障得 盡未來際作佛事
普熏一切諸衆生 蒙熏皆發普堤心
同入無生證佛智 供養已 歸命禮三寶
원하옵건대 이 꽃향기가 법계에 두루하여
미묘한 광명대가 되게 하옵소서
모든 하늘의 보물 향香, 선善, 의衣의 불가사의한 법진 되니
하나하나의 티끌에서 일체 부처님 나시고
하나하나의 티끌에서 일체 법 나시어
두루 돌아 장애 없이 장엄되어
일체불국토와 시방법계 삼보전에 두루 이르사
모두 나의 몸 닦아 공양함이며
하나하나가 모두 법계 되어
각각 순결하고 걸림이 없으며
미래세가 다하도록 불사를 이루리니
그 향기 일체 중생에 미치고
그 향기에 힘입어 모두 보리심 내고
모두 함께 불보살의 지혜를 이루어
삼보에 공양하고 귀명정례하여지이다.

② 춤사위

도량게작법과 거의 같으나, 향화게작법만의 독특한 춤사위가 있다.

ㄱ. 무릎 앉기

－무릎을 굽혀 꺾어 양 무릎으로 앉는다.

ㄴ. 앉아 윗몸 젖히기

－엉덩이를 바닥에 댄 상태에서 양팔 벌리고 윗몸을 뒤로 약간 젖힌다.

ㄷ. 앉아 윗몸 엎드리기

－양팔 벌린 채 뒤로 젖혔던 몸을 엎드리며 바닥에 댄다.

ㄹ. 날개 쳐 벌리기

－엎드렸던 상체를 일으키면서 꽃 든 양손을 쳐서 날개 펴듯이 벌린다.

ㅁ. 사방 돌아앉기

－날개 쳐 벌리기를 한 후 방향을 사방으로 180도, 90도, 270도 바꾸어 가며 앉는다.

(4) 사방요신四方搖身작법

① 의미

'사방요신'이란 말뜻 그대로 몸을 보일 듯 안 보일 듯 고요히 흔들며 가라앉았다 일어나는데, 앞뒤좌우 네 방향으로 돌아가며 하는 것을 뜻한다. 이 춤은 범패 소리 없이 태징 소리에만 맞춰 추는 것이 특징이다.

② 춤사위

사방요신작법의 움직임은 팔을 한일자로 펼친 후 안 보일 정도로 가라앉았다가 무릎을 굽히며 다시 천천히 올라오는 사위다.

(5) 기경起經작법

① 의미

의식을 알리는 작법이다. 그야말로 태징 장단으로만 사방요신하고 경經을 일으키는 의미다.

② 춤사위

'사방요신'을 하고, 향화게의 엎드려 꽃 치며 일어나기를 하며 요잡바라를 한다. 다시 꽃치기부터 시작해 세 번 반복인 삼공이를 한다.

(6) 타주打柱

① 의미

정견正見, 정사유正思惟, 정어正語, 정업正業, 정명正命, 정정진正精進, 정념正念, 정정正定의 내용을 담은 팔정도八正道의 팔각기둥인 백추를 세워 놓고, 타주통을 치면서 추고 마지막에 타주통을 쓰러트리는 춤이다.

여기에서 백추를 쓰러트리는 의미는 모든 틀에서 벗어나 자유의 세계, 본래의 자리인 무無의 세계로 돌아감을 의미한다.

② 춤사위

타주채를 휘두르고 백추를 두드리며 춤추는데,[6] 마지막에 백추를 발로 차서 쓰러트리면서 춤이 끝난다.

앞에서 본 바와 같이 현재 행해지고 있는 작법은 도량게작법, 다게작법, 향화게작법, 사방요신작법, 기경작법, 타주 등이다.

그 외에 정례頂禮작법, 운심게運心偈작법,[7] 지옥고地獄苦작법, 자귀의불自歸依佛작법, 만다라慢多羅작법, 삼귀의三歸依작법, 모란찬牧丹讚작법, 구원겁중久遠劫中작법, 오공양五供養작법 등이 있으나 요즈음은 제대로 행해지지 않고 있다.

2) 바라춤

바라는 bala라는 범어에서 온 말로 힘力이란 뜻을 지닌다. 바라춤은 바라를 놀리며 추는 춤이다. 머리를 중심으로 바라를 위아래로 올렸다 내렸다

하고, 좌우로 돌리며 춤을 춘다.

바라의 맞부딪치는 소리는 사부대중의 신명을 돋우며 그 신명으로 부처님을 찬양한다. 또한 도량에 잡귀가 들지 않도록 액막이 역할을 하며 도량을 수호해 주고 모든 시방세계를 지고지순으로 이끈다.

(1) 바라춤의 종류

① 천수바라

신묘장구대다라니 천수경에 맞춰 도량을 찬탄하는 바라춤이다. 경 이름 자체에서 '신묘'는 신비하고 묘함을 뜻해 신묘장구대다라니라 했다. 이 경을 외우면 지극한 신심이 일어나며, 그것으로 인해 모든 어려움을 극복하고 불세계에 대한 기쁨과 환희심이 일어나 원만형통의 행복을 누린다는 의미를 갖고 있다.

② 명바라

줄여서 명발鳴鈸이라고도 한다. 불보살님께 공양을 올리고 감응하기를 청하는 바라춤이다. 명바라에 대해 "실달다悉達多, siddartha태자께서 탄생하셨다는 전갈을 받은 신하 마하나마摩訶那摩가 이 사실을 정반왕淨飯王과 세상에 알리기 위해 울린 환희고歡喜鼓와 같다 하겠다"[8]와 같은 이야기가 전한다.

③ 사다라니四陀羅尼바라

일체 중생에게 공양을 베풀기 위한 바라춤이다. 대중의 원願은 여기서 그치는 것이 아니라 이 음식이 유주有主·무주無主의 귀류鬼類, 즉 지옥이나 아귀도餓鬼道에서 고통받는 중생에게도 고루 베풀어져 갈증과 배고픔이 면케 되길 불보살님의 위신력에 호소하는 것이다. 여기에서도 바라춤을 추는데, 부처님이 위신력에 의해 악도에서 고통받는 중생들이 만滿과 해결이 성취됨을 찬탄하는 의미가 담겨 있는 것이다.[9]

바라춤 이름을 사다라니라고 한 것과 같이 네 가지 진언을 외운다.

• 변식진언變食眞言

무량한 위덕과 자재한 광명, 빼어나고 묘한 힘으로
일체의 소례所禮께서 부족함 없이 공양하실 수 있도록
음식의 양量을 변케 하는 진언.
–'나막 살바다타 아다 바로기제 옴 삼바라 삼바라 훔.'

• 시감로수진언施甘露水眞言

소례께 감로수를 올리는 진언.
–'나무 소로바야 다타 아다야 다냐타옴 소로소로 바라소로
바라소로 사바하.'

• 일자수륜관진언一字水輪觀眞言

'밤' 일 자一字로부터 대지大地를 받치고 있는 물만큼 많은
감로제호甘露醍醐가 유출流出됨을 관하는 진언.
–'옴 밤 밤 밤 밤.'

• 유해진언乳海眞言

소례께 감로제호를 올리는 진언.
–'나무 사만다 못다남 옴 밤.'

④ 관욕게灌浴偈바라

'관욕'의 의미는 '대령對靈'에 의해 청해 모신 영가의 신·구·의 삼업三業을 삼보님의 가지력에 의지해 청정케 하거나 해탈의 길로 나아가게 하는 법문法問을 개설하는 것이다. 관욕게바라는 이들 일련의 의식을 몸의 부정不淨을 씻어 내는 목욕에 견주어 행하는 의식으로 관욕게를 하며 관욕쇠에

맞춰 춤을 춘다.

부연컨대, 청정한 마음자리에서 본다면 '자신을 규정하는 것은 모두 번뇌'다. 삼보의 가지력에 의지해 법등法燈을 밝히고法燈明, 다시 이를 각자의 자성청정심自性清淨心에 옮겨 받아自燈明, 다겁多怯 동안 쌓고 지녀 온 일체의 번뇌를 소멸하고 청정한 본래 마음을 회복해 해탈의 길로 나가게 하고 이를 찬탄하는 바라작법이다.[10]

⑤ 화의재진언化衣財眞言바라

화의재진언은 삼보의 가지력으로 가의를 해탈복으로 변케 하는 진언이다. 화의재진언에서는 연꽃합장을 하는데, 연꽃합장은 두 손의 손가락을 모두 펴서 합침으로써 마음이 한결같음을 나타내는 인도의 경례법이다.

법주가 요령을 흔들어 놓고 화의재진언을 선창하면 이때 탕 안에서는 지의紙衣를 사른다. 이는 옛날에 입던 옷을 다 버리고 해탈복을 입게 하는 의미인데, 종이옷을 사를 때는 반드시 촛불이 대야 안 향탕수 안에 비쳐야 한다. 그래야 모든 고통을 뛰어넘어 해탈할 수 있다고 한다.[11]

⑥ 요잡繞匝바라(평바라)

요잡바라는 평바라 혹은 번개바라라고도 하며, 주로 의식 절차 중간에 하여 이음새 역할을 한다. 이 춤은 춤사위 자체가 그대로 바라춤의 기본이 된다. 즉 올리고 내리는 사위라든가, 한 손씩 휘돌리는 사위 등이다.

⑦ 내림게來臨偈바라

내림게바라는 불보살님 강림의 의미를 갖는다. 관음찬觀音贊 · 관음청觀音請에 이어 향화청香花請에서 행하는 것으로, 세 번째 향화청을 하기 전 태징에 맞춰 추는 춤이다.[12]

(2) 바라 춤사위

바라춤의 사위는 여러 바라춤의 동작이 같은 형식이므로 바라의 기본 사위를 정리하면 다음과 같다.

① 팔놀림

ㄱ. 올리고 내리는 사위

- 바라를 가슴과 배 사이에서 겹쳐 든다. 오른쪽 바라가 위로, 왼쪽 바라가 아래로 가게 한다.
- 바라 든 팔을 머리 위로 올리고 내린다. 무릎을 굽혔다 폈다 하며 올리고 내린다.

ㄴ. 돌리는 사위

- 좌측, 우측으로 한 손씩 번갈아 가며 바라를 돌린다. 이때도 바라 위치는 돌릴 때는 머리 위이고, 내릴 때는 가슴과 배 사이 정도다.
- 한 손이 올라갈 때 다른 한 손은 내려온다.

② 발놀림

ㄱ. 제자리걸음

- 발을 고무래 정丁 자로 놓고 제자리에서 무릎을 굽혔다 폈다 한다.

ㄴ. 도는 걸음

- 고무래 정 자로 발을 짚으며 좌측 또는 우측으로 돈다.

3) 법고

(1) 의미

법고는 큰북을 울리며 추는 북춤을 말하는데, 홍구·법구 또는 법고라고 한다. 법구는 북 울림을 통해 고통받는 중생을 제도하는 작법이다.

또한 부처님을 예경하고 찬탄하는 의례·의식 봉행에 사용되는 도구를 법구法具라 한다. 법구에는 대표적인 사물四物과 그 밖에 여러 악기가 있다.

(2) 춤사위

① 북 다스름

ㄱ. 합장

－양팔을 모아 합장하며 예를 올린다.

ㄴ. 변죽 긁기

－북의 변죽을 위에서 아래로 세 번 긁으면서 합장단으로 맺으며 다스름을 한다.

ㄷ. 양팔 안으로 돌리기

－무릎을 굽신굽신하며 한 쪽 발을 들기도 하면서 양팔을 윗몸 앞에서 안쪽으로 휘돌린다. 휘돌린 두 팔이 가슴 앞에서 만난다.

ㄹ. 북치며 한 팔 휘젓기

－북 옆으로 서서 앞뒤로 왔다 갔다 하며 북 안쪽 팔은 북을 두드리고, 바깥쪽의 팔은 좌우로 휘저으며 춤춘다. 반대편으로 돌면서 반복한다.

ㅁ. 양팔 위아래 휘젓기

－아래에서 양팔을 펼쳐 위로 돌리며 머리 위에서 모았다가 휘저어 내리면서 무릎 아래에서 만난다. 계속 반복한다.

ㅂ. 뒤로 휘젓기

－아래에서 위로 팔을 뒤로 뿌리듯이 한 팔씩 휘젓는다.

② 뒷북

법고를 출 때, '둥둥 둥둥 둥둥 둥둥' 하며 뒷북을 치며 장단을 맞춘다.

4. 작법의 미적美的 구조와 특성

1) 기법技法의 미적 구조

(1) 팔놀림

① 합장의 미

합장은 왼손과 오른손을 마주 모아 하나로 합치는 것으로, 음양천지의 합일을 의미한다. 하나가 됨은 정精 · 기氣 · 신神이 합쳐져 집중되면서 무無의 세계로 나아간다는 뜻이다.

② 한일一자의 미

나비춤 첫 사위에서는 합장하고 예를 올린 후, 양팔을 옆으로 벌려 한일一자가 되게 한다. 이 사위에서 양팔을 벌리는 것은 모아지고 집중되었던 것이 새로운 세계가 열리며 다시 시작되는 것을 의미한다.

한일자로 펼쳐진 팔의 선은 일자로 반듯해 보이지만, 자세히 보면 마치 배흘림 기둥의 선과 같은 부드러운 곡선이 된다. 우리춤의 팔벌림 사위는 모두 이와 같은 미적 구조를 갖는다.

펼치는 동작은 마치 아침 햇살을 받고 피어나는 꽃봉오리와도 같고, 그 펼침과 벌어짐은 마치 온누리를 환하게 비춰 열어 주는 속성을 갖는다.

③ 둥근 곡선의 미

모든 춤사위는 팔을 펼친 다음 다시 모아지기 마련인데, 모으는 동작은 마치 벌어진 꽃잎이 다시 오그라들며 꽃봉오리의 본래 자리로 되돌아가는 정리의 의미를 갖는다.

이러한 춤사위는 바로 꽃이 피고 지는 자연 현상을 본뜨고 우주만물의 이치를 형상화하고 있다.

(2) 발놀림

① 무릎 굽히고 펴기

어떤 춤사위든 무릎을 굽히고 펴면서 춤이 이루어진다. 작법 또한 무릎을 굽히고 펴는 무릎 놀림이 없으면 춤이 될 수 없다. 무릎을 굽히고 펴는 움직임이야말로 작법에서 가장 중요한 근본이다.

② 곧게 짚어 나가기

춤에서 제일 중요한 몸놀림은 몸을 이동시키는 발걸음이라 할 수 있다. 처음 팔을 펼치며 이동할 때 발을 앞으로 곧게 짚어 나가는데, 이때 짚어 나간 발걸음을 연결시키면 반듯한 선이 생긴다.

③ 고무래 정丁 자 짚기

발걸음은 보통 앞으로 곧게 나간 다음 돌게 되는데, 이때 두 발의 형상이 고무래 정 자와 같다. 즉 왼쪽으로 돌 때 왼발을 먼저 짚었다면 오른발을 짚을 때는 왼발을 감싸듯이 왼발 앞부리 쪽으로 짚는다. 양발로 고무래 정 자처럼 돌아가면서 계속 짚어 가면 원으로 굽어진다.

(3) 짜임새의 미

① 단순 반복의 미

우리춤은 어느 춤이든 반복 구조로 되어 있다. 특히 불교의식춤인 작법의 움직임 구조는 가장 단순한 반복 구조다. 가장 단순한 동작으로 가장 영원무변한 세계를 만든다고 할 수 있다.

나비춤에서는 팔놀림에서 '두 손 모아 예 드리는 동작'과 '펼쳐서 꽃이 되는 형상' 그리고 '팔을 접으면서 모으는 형상' 등이 간결하게 반복되고, 발놀림에서도 무릎을 굽혔다 펴면서 걷고 도는 동작이 반복된다.

바라춤도 무릎을 굽혔다 펴며 '고무래 정 자로 발 짚기'는 물론이고 바라를 '위아래로 올리고 내리기', '좌우 돌리기' 등 반복 구조를 이룬다.

이와 같이 간결한 단순 반복 구조를 가지면서 엄청난 힘이 쌓이고, 항상 새로운 신명의 세계를 펼쳐 낸다. 바로 이러한 세계가 작법의 미적 세계다. 그러면서 작법 춤사위의 정형성이 창출된다.

② 법도의 미

작법은 다른 어느 춤보다 '법도'라는 본성이 내재되어 있다. 춤사위가 부드럽지만 법과 도의 본성을 지니고 있다.

이 본성은 반복의 미와 연결되는데, 어느 동작을 계속 반복하다 보면 그 안에서 정형성이 창출되며 움직일 수 없는 법도가 생긴다. 더구나 부드럽지만 반듯한 동작의 무궁한 연결이 그러한 법과 도의 미를 만들어 낸다고 할 수 있다.

③ 윤회輪廻·회귀回歸의 미

ㄱ. 작법은 합장으로 시작해 마지막에 다시 합장으로 끝난다. 처음과 끝이 같다는 것은 처음 시작한 몸짓에서 다시 그 몸짓으로 되돌아옴을 뜻하고, 말 그대로 제자리로 귀의하는 윤회·회귀의 원리를 갖는다.

ㄴ. 도량게를 하면서도 사부 대중이 윤회의 바다를 돈다.

ㄷ. 춤 본성도 불보살님께 귀의하는 회귀·윤회의 본성을 갖고 있다.

2) 내면의 미

(1) 마음의 모아짐

춤은 마음에서 나오고 마음으로 추듯, 작법이야말로 마음을 쓰지 않고는 출 수 없는 춤이다. 특히 불보살님과 일반 대중을 향한 경건하고 거룩한 공양의 마음이 없으면 춤 자체가 나올 수 없다. 작법은 준비 자세에서부터 겸허하고 경건한 마음이 저절로 우러나온다.

(2) 천 · 지 · 인天地人 합일合一

이러한 마음의 모아짐은 간절히 염원하고 바라면서 몸과 마음과 정신 등 모든 것이 합일의 세계를 이뤄 내는 것이다. 하나로 모아짐은 몸·맘·숨의 일체로서 선의 경지로 가는 것이며, 그 경지가 바로 작법의 경지이고 춤의 경지다. 즉 앞서 말한 그러한 마음에서 신심이 우러나오고 무한한 법열의 경지로 통하게 된다.

(3) 법열法悅의 환희심歡喜心

영산재는 그 의식의 근원적 뿌리에서부터 본성이 드러난다. 영산재의 기원 자체도 부처님께서 하신 법화경 설법을 법열의 경지로 풀어낸 것으로, 간절히 바라면서 몸과 마음이 하나 되고 춤사위가 반복되면 저절로 마음이 모아지고 환희심이 우러나오기 마련이다. 그러한 상태에서 추는 춤은 모든 대상과 환희심을 주고받으면서 또 다른 차원의 세계를 이뤄 내는데, 바로 환희의 세계가 절정으로 올라가면서 신을 다해 법열의 세계를 이뤄 낸다.

작법을 예로 들더라도 법과 도를 기본으로 하여 법이 희열로 화해 법열의 세계를 창조해 낸다. 그것이 바로 작법을 추다 보면 법열의 환희를 느끼는 이유일 것이다. 특히 바라춤에서 단순 반복하면서 계속 쌓아 가고 새로운 세계를 이뤄 내는 천수 바라춤이야말로 모두를 신명으로 끌어올려 법열의 환희심을 느끼게 하는 신춤의 상징이다.

(4) 의례성儀禮性의 미

춤의 본성이 예의 몸짓을 통해 예의 정신으로 대변되듯 작법 또한 예법을 기본으로 상징화한 의례의식의 꽃이다.

춤사위의 미학적 구조와 본성 면에서 볼 때 작법의 미적 정신은 의례의식성과 예의성을 토대로 한다.

5. 맺는말

불교의식춤인 작법은 인간의 보편적 본성인 간절한 염원의 바람을 불법 세계로 승화해 자연의 이치대로 풀어낸다. 자연성은 생명성과 함께 불교 정신 사상이 합쳐져 무한한 공空의 세계를 이뤄 낸다. 즉 싹이 나서 꽃이 피고 열매 맺는 생명의 자연 현상을 그대로 드러낸다.

'승무'에서 승僧의 의미가 소승小乘·대승大乘을 감싸 안고 종교 차원까지 뛰어넘어 온 중생의 바다로 승화承化함을 의미하듯이, 작법이야말로 우주 자연의 총체적 차원을 감싸 안고 있다.

이는 바로 생명의 본성인 자연성을 바탕으로 하여 역동성, 즉흥성으로 풀어내는 것이다. 작법에서 천수 바라춤을 예로 들면 바라를 돌리는데도 추는 이가 자유자재로 사위를 즉흥해 낼 수 있고, 발을 디디며 돌아갈 때도 발사위를 얼마든지 추는 이의 세계로 가져갈 수 있다. 이와 같이 역동적으로 즉흥이 제대로 될 수 있는 것은 그만큼 그 안에 자유로움의 의지를 담고 있다는 의미다. 그 자유는 모든 틀을 넘어서는 법열의 우주적 차원으로 나아가는 것이다.

역사적으로도 불교사상 철학 자체가 우리 민족의 보편적 근원성을 지니기 때문에, 크게 보면 이 작법은 우리춤의 본성과 다를 바 없이 민족의 숨결을 그대로 간직한 한춤의 근원과 맥이 통한다.

불교의식 작법을 통해 잃어버린 영산회상 당시의 환희심과 법열성을 되찾아 오늘의 발전으로 일구는 일은 우리 몸짓, 우리 소리 등의 근원을 되찾는 일과 통한다. 그 일은 바로 우리 문화예술을 중심 잡게 하고 진정한 의미의 세계와 민족의 정신문화를 바로 세우는 길이 될 것이다.

본 작업은 향후 한국의 춤, 음악 분야는 물론 그림, 연극, 문학, 영상, 영화 등 다양한 매체의 문화예술이 제대로 자리 잡고 정통성을 되살리는데 토대가 될 뿐만 아니라 민족문화예술 발전에 원동력이 될 것이다.

참고문헌

국립문화재연구소, 『영산재(중요무형문화재 제50호)』, 예맥출판사, 2003.
삼각산 봉원사, 『삼각산 봉원사와 불교 문화예술』.
심상현, 『불교의식 각론 1』, 한국불교출판부, 2000.
이애경, 『영산재 작법의 무용미학적 고찰』, 국민대학교 박사 학위 논문, 1999.
한동희, 『영산재 작법』, 1995.

6장

처용 다시 보기*

-탈과 춤새의 변천에 따른 접근-

1. 들어가는 말

우리춤의 역사에서 처용의 몸짓은 시대사상과 철학이 뭉뚱그려지며 예술적으로 형상화된 상징적인 춤의 산물로, 우리 문화사에서 중요한 위치를 차지하고 있다.

처용춤은 다름 아닌 그 시대를 살아간 사람들의 자연스러운 실천의 몸짓 행위였다. 그러한 의미에서 처용춤은 각 시대와 이어지며 현대도 당당히 살아 있는 춤으로 자리매김되고 있다.

이 글에서는 처용춤의 시대적 변화 과정을 살펴봄으로써 각 시대에 따른 처용과 처용춤의 본질적 의미를 되짚어 보고자 한다.

---

* 이 글은 1999년 배달말학회에서 펴낸 『배달말』 24권 1호에 실린 것이다. 1971년 「처용무의 사적고찰과 그 전승문제에 관한 연구」(서울대학교 석사 학위 논문)와 1981년 「처용무에 관한 연구」(『한국체육학회지』) 이후 처용무에 관한 저자의 해석을 정리한 논문이다.

2. 처용춤의 생성

그동안 처용을 처용설화와 함께 가무歌舞나 제의의 관점에서 춤과 연결시켜 언급한 연구 성과는 매우 크다. 그중 연구 초기에 거론된 중심적인 몇 가지 설을 추려 보면 다음과 같다.

1) 구나驅儺 가면무 변천설

처용설화나 처용가가 형성되기 전부터 이미 악신惡神의 구나에 쓰여 온 가면무로 보고, 이 원시 가무가 신라 대에 들어와 당대인의 특권신特權神으로 추앙받았던 용신龍神과 결합되어 변천한 것으로 본다.[1]

2) 토착 벽사辟邪 가면무설

신라 이전부터 전승되어 온 한국 토착의 벽사 가면과 산신제무·용신제무 등의 복합에서 출발한 것으로 본다.[2]

3) 무당굿 원류설

처용암處容巖을 중심으로 용신에게 제사 지내던 한 제의로서의 가무, 즉 용신에 대한 무당굿을 그 원류로 본다.[3]

4) 의무주술醫巫呪術 기원설

처용 전승에 관해 종교적 행사 및 주술 행위와 관련된 신성전설神聖傳說로 전제하고 열병대신熱病大神을 구축驅逐하는 의무주술의 기원 전설로 파악하면서, 처용은 처용가와 도무蹈舞가 가진 주력呪力으로 고난과 갈등을 이겨

내는 의무주술사醫巫呪術師를 뜻한다고 본다.[4]

위 내용을 종합해 보면, 김용국과 이두현은 처용무의 유래를 처용설화 이전으로 거슬러 올라가 고대 제의에서 출발한 것으로 보았고, 김동욱은 처용설화를 근거로 하여 용신에 대한 제의로서 가무, 즉 무당굿의 원류로 보았다. 거기에 비해 김열규는 의무주술에 기원한 도무의 관점에서 처용무를 파악하고 있다.

『삼국유사』 제2권 〈처용랑處容郎 망해사望海寺〉조에 "창가작무이퇴唱歌作舞而退"란 구절이 있다. 이를 통해 설화 이전 처용무의 원초적 형태라 할 수 있는 어떤 벽사의 춤이 있었고, 그 형식은 춤과 노래가 함께 있는 종합적 가무형식이었음을 알 수 있다.

3. 처용춤의 변천 과정

1) 귀면형鬼面形의 원시적 처용춤

『동경잡기東京雜記』에 가면을 쓴 처용이 매월 밤 가무를 했다는 기록이 있듯이, 처용무는 처용 가면을 쓰고 추는 가면무다.

가면무에서 탈과 춤은 불가분의 관계다. 탈과 춤이라는 이중의 주술에 의해 초인간적 존재로 변모해 더욱 효과적으로 주력을 증진시킨다. 원시적 춤과 가면이 발전 및 진화해 온 근원이 바로 여기에 있다. 즉 춤의 주술적 힘을 효과적으로 증진시키기 위해 가면을 사용한 것이다.

한반도의 여러 부족이 행하던 고대 제의 때 가무에서 이미 '원시적 연극'인 가면희假面戱가 이루어졌다.[5]

우리나라의 가면무도 초기에는 귀면형의 무서운 가면이 사용되었다. 1964년에 발굴된 신라 호우총壺杅塚의 목심칠면木心漆面은 황금빛 테가 둘리고 부릅뜬 두 눈을 가진 귀두면의 형상을 한 가면이다.[6] 그러한 귀면형은 현재까지 전해 내려오는 고귀와古鬼瓦에서도 볼 수 있다. 이와 같이 어느 나라나 초기 가면은 귀면형으로 벽사의 기능을 가지고 있다. 우리 처용탈의 원초형 역시 귀면형이었을 것임이 분명하다.

신라 시대의 가면무는 처용무뿐만 아니라 『동경잡기』와 『문헌비고』에 전하는 검무(황창무)와 『삼국사기』 권2, 32에 전하는 최치원의 시 「향악잡영오수鄕藥雜詠汚水」에 보이는 오기五伎, 즉 '금환金丸', '월전月顚', '대면大面', '속독束毒', '산예狻猊' 등이 있다.

특히 오기 중 '대면'을 두고, 이두현은 그 가면이 원시 처용면에 가깝고 구나적 성격을 가졌다는 점에서 후대의 처용가무를 형성하는 데 이 대면희가 영향을 미친 것 아닌가 보고 있다.

2) 옹면翁面형의 쌍雙처용춤

구나와 벽사의 기능을 가지며 무서운 형상의 귀면이던 처용탈은 후대로 내려오면서 차츰 옹면으로 바뀌기 시작한다.

> 新羅昔日處用翁 見說來從碧海中
> 貝齒頳唇歌夜月 紫袖舞春風.
>
> —소악부 『익재난고益齊亂藁』, 이제현李齊賢의 시

> 新羅時有人出其上狀貌奇怪好歌舞時人謂之
> 處用翁令鄕樂兩鹽村淡?
>
> —『세종실록』 권 150 「지리지」 경상도 조

> 地勝仙遊密 雲開世踊通
> 依偏羅代兩仙翁 曾見畵圖中

舞月婆娑白 簪花爛熳紅

欲尋遺迹沓 無窮須喚半帆風.

—『가정집稼亭集』「개운포시開運浦時」

이와 같은 기록이 처용면이 귀면에서 옹면으로 변천한 사실을 뒷받침해 주고 있다.

이제 이러한 원시 귀면형의 처용 가면은 언제 또 어떻게 옹면으로 바뀌었는지 그 내면적인 문제를 살펴보기로 한다.

첫째, 시대를 살펴보면 헌강왕 때의 처용랑 전설에 나온 처용은 옹이 아닌 젊은 처용으로서 그 당시에는 옹면이 아니었음을 알 수 있다. 옹면에 대해 문헌상 처음 언급된 것은『고려사』권23〈고종병신高宗丙申〉조다. 또『삼국유사』처용랑〈망해사〉조 후반부에 왕 자신이 남산신무를 추며 제무새신한 사실과 그것이 '어무상심', '어무산신', '상발무'라고 불린 것으로 보아 이것이 옹면무임을 알 수 있다. 즉 처용탈은 헌강왕 이후 전란을 겪고 고려가 안정기로 접어들며 상발무霜髮舞와 같이 이미 있던 옹면의 영향으로 그렇게 변천된 것 아닌가 한다. 어쩌면 처용무와 상발무가 합해져 고려의 궁중무인 옹면 처용무로 정착했는지도 모른다.

둘째, 원인을 살펴보면 처음에는 무서운 형상을 한 괴이한 처용면이 그 후 신라인의 정신생활 수준이 높아지고 문화 생활이 발달함에 따라 인간적인 옹면의 처용탈로 변천한 것으로 보인다. 바로 이러한 점에서 상발무의 간접적인 영향이 따르지 않았나 생각된다.

처용무의 복색이나 동작 등으로 미뤄 볼 때 고구려의 남성적인 춤의 영향을 받은 것으로 추측된다. 왕건의 후삼국 통일 이후 안정기에 들어선 고려 왕조가 평화스러운 궁중무로서 옹면 처용을 원했다고도 볼 수 있다. 이와 함께 춤 또한 처음에는 귀면형의 탈을 쓴 주술적인 힘을 가진 원초적 처용무이던 것이 가면의 영향과 더불어 제무로서 행해진 것으로 보인다.

결론적으로 말해 신라 시대의 처용무는 헌강왕 때를 계기로 이전의 원시 구나적 귀면형의 귀면무에서 탈피해 고구려, 백제 등의 상발무와 상호 영향을 주고받아 옹면의 처용무로 차츰 바뀌었고, 마침내 고려가 안정기에 들며 궁중무로서 옹면의 쌍처용무로 자리 잡았다고 본다.

이와 같이 쌍처용으로 바뀐 처용무는 고려의 연등회와 팔관회, 나례 등 여러 국가행사 때 백희가무와 함께 추었을 뿐만 아니라 산대잡극에서도 췄다. 산대잡극이란 고려 때 행해지던 여러 국가 행사 중 무대를 가설해 놓고 연희하는 여러 가지 놀음을 일괄해 지칭한 것이다. 따라서 처용무가 산대잡극에서도 중요한 위치를 차지했음을 알 수 있다.[7]

그다음 『목은집』 권21 〈구나행〉조에 나타난 바와 같이 나례 행사인 구나 의식에서도 처용무가 연악무로서 추어진 것을 볼 수 있다.

이와 같이 하여 처용무는 고려 대에 궁중의 구나 의례와 여러 향연에 연결되어 일대 성황을 누렸다.

3) 다섯이 추는 오방五方처용무

조선조로 내려오며 처용무에 나타난 일대 변화를 다음 기록들에서 알 수 있다.

> 處容之戱 肇自新羅 憲康王時 (…) 初使一人黑布紗帽而舞 其黑 有五方處容 世宗以其曲折 改撰歌詞 名曰鳳凰吟 遂爲朝庭正樂 世祖遂增其制 大合樂而奏之.
>
> —『용재총화慵齋叢話』 권1

> 鳳凰吟 新羅時有 處容出初使一人 黑袍紗帽而舞 其後有五處容 我英朝以其曲節 (…) 歌詞名 曰鳳凰吟 遂朝廷之樂.
>
> —『대동운부군옥大東韻府群玉』 권8

이와 같이 신라나 고려 대에 1인 혹은 2인무였던 처용무가 조선 시대에 들어와서 오방처용인 5인무로 바뀌었다. 특히 세종·세조에 의해 대수정을 가했다.

앞서 언급된 목은 선생의 구나행을 『악학궤범』 소재 구나와 관련지어 비교하면 다음과 같다.

목은 선생 구나행	『악학궤범』 나례
驅儺	同上
舞五方鬼踊白潭	前度處容舞
呑刀吐火	無
西胡戲	無
華僑踏橋	無
新羅處容舞	後度處容舞
龍爭珠及百獸戲	鶴舞
無	彌陀讚及觀音讚

목은 선생 구나행에서는 구나 후에 무오방귀용백담舞五方鬼踊白潭하고 나서 처용무를 추는데, 『악학궤범』 나례에서는 구나 후 처용무를 전후 두 차례 춘다.

이혜구는 무오방귀용백담의 풀이에서 무오방귀舞五方鬼는 동(청)·남(적)·서(백)·북(흑)·중앙(황)의 신에 제하는 춤이 분명하고, 용백담踊白潭은 그 백담이 신수神獸의 뜻이므로 역시 제무祭舞일 거라고 밝히고 있다. 그리고 『악학궤범』 소재 전도처용무前度處容舞는 학 연화대 같은 오락성을 띤 것을 갖지 않고 청홍황흑백 오방처용의 발바디 작대무作隊舞, 수양수오방무垂揚手五方舞' 같은 의식무로 되었음에 비해 후도처용무는 학 연화대를 가졌고, 회무回舞와 족도환무足蹈歡舞로 되어 오락적 색채가 농후하기 때문에 무오방귀는 『악학궤범』 소재 전도처용무에 해당한다고 밝히고 있다.[8]

즉 『악학궤범』 소재 전도처용무인 오방처용무는 고려 대 무오방귀의 영향을 받은 것이 분명하다.

그러면 제무인 오방귀무는 어디에서 영향을 받았는지 살펴보기로 하자.

김학주는 이에 대해 중국에서 행해졌던 나례에 종구鐘馗와 함께 오방귀사五方鬼使가 등장하던 일, 또 『증보문헌비고』 권64의 구나에 소매수인小梅數人과 함께 판관判官 5인이 등장하는데 그 분장이 오방귀와 근사하고 이 판관은 처용과도 유사했을 것이므로 이 5명의 판관이 뒤에 오방처용으로 변했을 것이라고 했다. 여기에 창사倉師와 방상씨方相氏 및 십이수十二獸는 당대 이전의 나례에도 보이나 장군將軍, 판관 구왕, 소매 등은 송대 나례에 중국 민속이 융합되어 비로소 나타나는 것으로 보아 중국의 나례가 일단 고려 초에 수입된 이후 끊임없이 영향을 끼쳐 우리의 나례를 다양하게 변모시켰다고 여겼다.

이와 같이 김학주는 오방처용이 오행무, 오방귀무, 판관무 등의 영향을 받은 것이 틀림없으므로 처용은 중국의 종구가 들어와 변형된 것이 아닌가 추측했다.[9]

또 차주환은 처용무의 가사 중 태평성세를 입증하는 요건으로 우순풍조雨順風調해 오곡五穀이 풍등豐登하고 국태민안하고 간과看過는 언식偃息하고 서물이 속출하는 등 여러 가지 중에서 사이솔복四夷率服이란 구절에 주목하고 중국 석지무柘枝舞의 죽간자竹竿子 입대入隊 치어致語에 "금주두이 하사이지솔복禁侏兜離 賀四夷之率伏"이라 한 것을 들어 이들 5인이 사이솔복을 상징한다고 했다.

그리고 죽간자의 입대 치어가 끝나면 석지령의 주악에 맞춰 분작오방무分作五方舞를 하는 점, 또 연화대춤이 송에서 수입한 석지무였으니 고려에서는 수입 당시라든지 다른 기회에 중국에서 이러한 무곡舞曲에 오방무를 결합 상연하는 것을 알고 있었으리라는 점 등으로 미뤄, 학연화대에 오방처용무를 합설한 것은 역시 중국의 오방무가 본래 오방처용무 그대로였다고는 말할 수 없고, 처용의 고사 자체에 외이래왕外夷來王의 명의命意가 들어 있어 그것을 다시 오방무로 윤색·구성한 것이라고 보고 있다.

또 『악학궤범』의 오방처용무 방법이 송대 오방무를 그대로 답습한 것

이 아니라 여러 가지 가감조절加減調節이 있었을 것이라고 했다.[10]

위 학설에서 오방처용무는 중국의 오방사상에서 영향을 받은 것으로 보았지만, 오방사상이란 중국만이 가지고 있는 사상이 아니라 모든 인간에게 객관적으로 맞닿아 있는 보편적 사상이라고 본다. 우주 자연의 동서남북 사방 가운데에서 중심을 이루는 인간, 그러한 우주 자연을 본받으며 그 구조와 함께 태어나지 않은 생명체는 없기 때문이다. 바로 자연과의 합일에서 생명 있는 모든 것이 존재하는 것이다.

따라서 학연화대처용무의 합설무에서도 그 형식은 중국식을 받아들였다지만 그 핵심에서는 우리 고유의 독자적 방식으로 새로운 판을 창조하며 행해졌음을 알 수 있다.

4) 합무合舞 형태의 '학·연화대·처용무 합설'

조선조 세종, 세조 때 오방처용무로 추어진 이후 처용무는 학춤과 연화대춤이 합쳐져 복합적 구조의 합설무가 된다. 성종 때 완성된 『악학궤범』의 기록에는 오방처용무에 연화대춤와 학무가 합설되어 학연화대처용무합설鶴蓮化臺處容舞合說로 나타나 있다.

이 춤은 이름 그대로 학춤, 연화대춤, 처용춤이 합쳐진 것인데, 춤추는 순서는 먼저 처용무를 추고 학춤과 연화대춤이 이어진 뒤 다시 처용무를 추고 마지막으로 모두 합해 춤을 춘다.

위의 구성에서 보듯이 학연화대처용무합설은 처용무가 처음과 뒤에 추어지고 그 가운데 학춤과 연화대춤이 끼어들어 간 구조다. 그 구조에서는 어디까지나 처용무가 중심으로 자리 잡고 학춤과 연화대춤이 들어가며 극적 구조를 이루는 극춤 형식의 처용무 합설로 변화한 것을 알 수 있다.

처용무는 앞서 논급했듯이 처음에 혼자 추는 춤에서 2인 춤으로 바뀌었고, 그것이 다시 5인 춤으로 춤추는 사람의 숫자가 바뀌었다. 그러나 학연화대처용무합설에서는 다른 두 춤이 새롭게 합설되며 극적 구조를 이루며 변모했다. 처용무를 중심으로 다른 두 춤이 수렴된 바로 이러한 변화 과정에서 질적 구조의 혁명을 볼 수 있다.

그러한 춤틀의 해방과 확장, 춤 내용의 구조적 변혁 등 총체적인 차원에서 춤 혁명의 본질적 원리를 파악할 수 있다.

4. 처용춤의 구조와 본질

1) 처용춤의 구조

처용춤의 변화 구조는 전체 틀 차원에서 볼 때 1에서 2로, 2에서 5로, 5에서 총체적 차원의 합설 형태로 변모했다. 이 원리는 마치 『천부경』에서 밝히는 하나가 둘을 낳고, 둘이 셋을 낳으며, 영원히 이어지는 하나의 영원무변한 생성 원리와 합치되고 있다. 그것은 바로 만물 생성의 원리인 무극에서 양극으로, 양극에서 태극으로 변모하는 우주 자연의 생성 원리이기도 하다. 여기에서 보이듯이 처용춤 구조의 변모 과정은 우주 자연의 순리적 변화 원리가 자연스럽게 춤으로 상징화·체계화된 것이다.

처용무의 마지막 변모 형태인 학연화대처용무합설에서는 처음에 의식무인 처용춤으로 시작해 판을 짜고 그다음에 학춤과 연화대춤으로 맺어 간 다음 다시 처용춤으로 되돌아와 풀어 준다. 결국 이 춤의 전체 구조는 윤회의 본성을 가진 회귀 원리로 되어 있다.

2) 처용춤의 본질

처용춤 생성 초기에는 원시적 귀면형의 무서운 탈을 쓰고 춤을 추어 춤사위의 성격 또한 구나 성격을 가진 벽사의 본성을 띠었다. 그 후 탈이 옹면형으로 바뀌며 춤도 상발무와 같이 인자한 노인의 성격을 가진 신선형으로 바뀌었다.

그리고 처용가 가사 내용 중 처용의 모습을 넉넉하고 덕스러운 인간상으로 표현한 것처럼 처용의 행동에서도 너그러움과 관용의 본질이 그대로 드러난다. 그러한 본질은 땅과 하늘 사이에 존재한 인간 처용의 본래 모습으로, 그것이 정확히 춤으로 구체화되어 나타났다. 처용이 판 안에서 처음으로 하는 동작은 예禮를 드리는 '절' 형태의 춤사위다. 이는 하늘을 숭배하고 자기 자신과 상대방을 공경하는 예의 의식적 춤사위다.

처용무의 마지막 변모 형태인 학연화대처용무합설은 처음에는 의식춤으로 처용춤의 본질을 추고, 학춤과 연화대춤으로 신을 즐겁게 하는 오신·오락적 춤을 추고 나서, 모두 기뻐서 추는 공동체적 해방의 신명 춤판으로 끌어올렸다가 마지막에 다시 의식의 예를 드리며 마감한다.

처용춤은 춤틀의 구조적 변모에서 나타난 바와 같이 기존 틀 안에서 자유롭게 우주적 확장 차원으로 어우러지며 춤의 세계를 변혁하고 있다.

이러한 모든 변혁 현상은 땅과 하늘 사이에서 중심을 잡고 운동하는 처용의 생명성인데, 그 살풀이성의 생명성은 중용의 본질을 갖고 있다.

5. 맺는말

처용춤은 시대사상과 철학이 몸짓으로 표현되며 온몸으로 구체화되어 함축적으로 드러낸 상징적 결과물이다. 처용춤의 변화 과정은 탈의 변천 및 춤사위의 변화와 함께 우주 자연의 운동 원리를 그대로 담아내고 있다.

춤을 통해 본 처용이야말로 부단히 자신의 틀을 깨고 자유로운 해방의 세계로 나아가며 실천하는 행동형의 본보기다. 처용은 외래의 영향을 받되 자기 자신에 맞게 부단히 자기화해 수렴할 줄 알고 자기중심을 잃지 않으며 줏대를 바로 세우는 열린 인간형이다.

처용의 행동이야말로 중심을 지키며 정도로 나아가는 중용의 본질을 갖고 있다. 이것은 인간의 내면에 자리 잡고 있는 혁명성의 본질이기도 하다.

처용춤의 구성과 춤사위에서 보듯이 자연스럽게 풀고 맺는 운동 원리는 몸으로 실천하는 행동규범의 법도라 할 수 있다. 그러한 도道로써 춤을 추는 처용의 본질이야말로 이 시대에 가장 바람직한, 온몸으로 사유하는 혁명적 인간성이라고 할 수 있다.

참고문헌

김동욱, 『한국가요의 연구』, 을유문화사, 1966.
김영국, 「처용전승 – 처용설화의 종합적 고찰」, 『대동문화연구』 별집, 성균관대학교, 1972.
김용구, 「처용연구」, 『충남대 졸업논문집』 제1편, 대전민제사, 1956.
김학주, 「종규(鍾馗)의 연변(演變)과 처용」, 『아세아연구』 제8권 4호, 1965.
이두현, 『한국가면극』, 문화재관리국, 1969.
이애주, 「처용무에 관한 연구」, 『한국체육학회지』 제20권 2호, 1982.
이혜구, 『한국음악연구』, 국민음악연구회, 1996.
차주환, 「고려사학지 당악(唐樂)考」, 『진단학보』 제123호, 1967.
『호우총과 은령총 – 국립박물관 고적답사 보고』 제1책, 을유문화사, 1948.

제2부

마음

1985년 「움직이는 도(道)」에서 문득 깨달은 이후, 춤에 대한 본질적 탐구와 물음을 제기하며 마음으로 사유(思惟)한 춤의 본질과 춤철학론을 제시한다.

1장

움직이는 도道*

1. 춤의 비밀

춤 그것은 바로 몸으로 말하는 예술이다. 보잘것없는 작은 몸, 거기서 나오는 작고 작은 몸짓 하나가 어떻게 해서 우리에게 소름 끼치도록 찡한 감동을 일으키나? 과연 그 비밀은 뭘까?

손마디 하나 움직였을 때 거기서 나온 힘은 출렁이며, 모든 여백을 울린다. 그것은 몰아쳐 오는 파도와 같으며 살아 움직이는 우주의 율동이다. 물론 춤에서 우리에게 보이는 것은 서로 작동하며 오고 가는 여러 가지 힘의 움직임이지만, 그렇다고 어떤 물리적인 것만이 아니고 가시적으로 보이는 것 이상의 어떤 것, 즉 내재적인 리듬에 찬 생명력이다. 다시 말해, 보이지 않는 생명력이 움직이는데 우리 눈에는 육체의 움직임만 보이는 것이다.

그렇다면 그러한 움직임은 어떻게 해서 일어나는 것일까? 무엇이 사람의 팔다리를 움직이게 하는 것일까? 즉 무엇이 춤을 추게 만드는 것일까? 하는 물음을 가질 수 있다. 모든 움직임은 사람의 마음에서부터 생긴

* 이 글은 1985년 월간지 『전통문화』 5월호에 실린 것이다.

다. 사람의 마음이 움직인다는 것은 외물에 접촉해 마음으로 하여금 그렇게 움직이게 만드는 것이다. 그것이 몸짓이 되어 가시적인 것으로 나타난다. 즉 마음으로 인해 천지간의 형태를 깨달아 모든 체험과 경험이 합쳐지면서 팔다리가 움직이는 것이다.

예로부터 그 마음이 차분하고 총명한 자가 있으면 '신'이 거기 내린다고 했다. 여기에서 '신'은 바로 '신명', '신바람'을 의미한다. 사람의 마음 안에서 춤의 내재적인 생명력인 신명, 신바람이 생기는 것이다. 즉 신명은 마음의 움직임으로부터 생긴다. 우리는 신바람 날 때 춤이 저절로 나온다고 하는데, 춤을 추는 것은 몸이고 그 몸을 움직이는 것은 신바람, 신명이다. 신명, 신바람이야말로 춤 자체가 가지고 있는 근원적인 생명성이다.

우리의 옛춤에서 보이는 유연성과 강인함은 어딘지 모르게 구멍이 숭숭 뚫린 듯한 것으로부터 나오는 여유와 포근함, 그리고 익살과 풍자, 비틀리고 어딘가 균형이 안 잡힌 듯한 데서 나오는 기우뚱한 균형성 등에서 신명 오른 몸짓, 신바람 나는 춤가락 등을 볼 수 있다. 이와 같이 마음의 움직임이 신바람을 불러일으켜 하늘의 자연 생성과 땅의 자연 발생이 조성되는 이치와 함께 온몸이 움직여지며 춤이 시작된다.

2. 보이지 않는 법칙

춤을 잘 추고 못 추는 것은 손마디 하나의 차이에 불과하다. 그 작은 움직임 하나에서 수많은 춤사위가 일어나고 동시에 모든 춤의 근원이 되는 것이다. 즉 손마디 하나의 움직임이 무한하게 열려 있는 여백을 생동성 있게 울리는 하나의 최초의 선線이 되는 것이다.

이 하나의 작은 움직임은 아득한 천지자연의 원기元氣 밖까지 모두 거두어들일 수 있는 가장 최초의 기본적인 것이다. 즉 팔 하나 들어 올리는 것, 발 하나 들어 올리는 그 작은 움직임은 만 가지 형상의 근본이 되는 동시에 우주 전체를 집약시키는 하나의 표적이 된다. 다시 말해, 하나를 올바로 꿰뚫으면 모든 것을 꿰뚫을 수 있듯이, 하나의 움직임은 만 가지 움직임에 통하고 또한 만 가지 움직임은 하나의 움직임으로 통한다. 그것이 바로 움직임의 도道이며 춤의 도다.

우리가 어떤 사람을 보고 도통했다고 할 때, 그 사람은 바로 가장 인간적일 수 있는 것이다. 그 이유는 거짓이 없이 순수한 그대로 내보이기 때문이다. 춤도 바로 그런 거라고 생각된다. 그저 팔다리를 아름답게 움직이는 것이 아닌 '도'의 몸짓, 몸짓의 '도' 바로 '도' 그 자체다. 즉 끊임없이 움직이며 변화하는 가운데 '도'가 있고 그것은 또한 움직이는 '도'이다.

앞에서도 말했듯이 춤은 자기의 육체를 소재로 하여 표현하는 것이기 때문에 모든 것이 있는 그대로 적나라하게 보이기 마련이다. 조금이라도 정도正道가 아닌 것은 어느 것과도 통할 수가 없다. 다시 말해, 춤에서 '도'란 춤이 가는 법칙적인 길이며, 그 법칙적인 길이란 춤이 추어질 때 그 안에 들어 있는 어떤 변할 수 없는 원리이며 법도法道인 것이다. 그렇다고 '법도'가 있은 다음에 춤이 생겨난 것은 아니고, 춤 안에 들어 있는 변할 수 없는 진리가 바로 '법도'로 표현될 수 있다.

3. '맺힘'과 '풀림'

우리 눈에 춤은 수많은 변화와 굴곡으로 매우 복잡하게 얼크러져 있는 것처럼 보인다. 그러나 그 내면에는 변할 수 없는 불변의 간단한 법칙이 있으며, 지극한 조화와 완벽한 질서 속에서 모든 몸짓이 움직이고 있다.

예를 들면, 앞으로 갔다 뒤로 물러나는 '전삼후삼前三後三'과 '삼진삼퇴三進三退', 위아래로 오르락내리락하는 '굽힘과 폄', '돋음과 죽임' 또는 죄었다 풀었다 하는 '감고 풀기' 등에 모든 원리가 간단히 들어 있다. 즉 '맺음(맺힘)과 풀림'이라는 말로 축약할 수 있다.

우리는 흔히 춤추는 형상을 바람의 움직임, 얼크러지고 설크러져 흘러내리는 물의 움직임 등 풍우의 변화와 함께 움직인다고 표현하는데, 이것은 다른 말로 천지자연의 변화, 즉 천지자연의 도를 따르는 것이라고 설명될 수 있다. 만일 인위적으로 조작된 춤이 있다면 그것은 진정한 춤의 맛과 멋을 낼 수 없을뿐더러 죽은 춤이나 마찬가지다. 춤이 가장 자연스러울 때 그리고 가장 인간적일 때 춤의 본맛을 제대로 내고 또한 자유롭게 살아 생동감을 느낄 수 있다.

앞서 말한 천지자연의 변화란 우주의 변화이며 거기에는 신비한 변화의 법칙이 있다. 하루를 생각해 보면 해가 뜨는 아침에서 시작해 한낮을 지나 해가 지는 저녁을 보낸 뒤 해가 자취를 보이지 않는 밤을 맞는다. 1년을 본다면 봄·여름·가을·겨울의 변화가 그것이고, 나무가 싹을 내어 잎이 무성하면 꽃이 피고 이후 낙엽이 지는 것이 바로 그것이고, 사람이 태어나서 청춘을 맞고 노년기에 접어들어 죽는 것이 또한 그것이다.

이것은 태어나고 성장하고 결실을 맺고 죽어 가는 천지 변통의 대법大法이며, 이 일정한 법도를 따르지 않는 것은 하나도 없다. 이것이 앞서 말한 '맺음과 풀림'이다. 맺음과 풀림은 여러 가지로 풀이될 수 있다. 맺음 즉 맺힘은 평소 개개인의 가슴에 맺혔던 것, 억눌려 응어리진 것, 가난과 핍박의 억눌림에서 맺힌 원한 등이다. 크게 보면 전체 민중 속에 맺혀 있는 정서와 좌절된 희망·불만·복수심·증오심 등이다. 이것은 터뜨리지 않으면 안 된다. 자연스럽게 터뜨리고 풀리며 자유 상황으로 전환되는 것이 바로 풀림이다.

다시 말해 맺힘은 막힌 것으로, 응어리이며 극복되고 풀어져야 할 어떤 것이다. 반면에 풀림은 막힌 것을 해결해 주며 극복하는 것이다. 예를 들면 천지자연은 천지자연대로, 우주는 우주대로, 우리가 사는 세상은 우리가 사는 세상대로 잘 돌아가는 것을 말한다.

다른 관점에서 본다면 맺힘은 어떤 무엇이 이루어지는 것, 만들어지는 것으로, 춤가락에서는 절정으로 몰아간 상태, 이루어진 상태라고 할 수 있다. 풀림은 그대로 끝나 버리는 것이 아닌 새로운 성숙을 위한 일대 도약으로, 춤에서는 그다음 가락을 하기 위한 준비 과정으로 볼 수 있다. 즉 어떤 동작에서 더 이상 갈 수 없는 데까지 이르면 그다음에 그 힘든 역逆으로 밖을 향해 터져 나가게 된다.

4. '비움'과 '가득 참'

이것은 춤의 첫 출발이며 첫 단계인 호흡법에서도 잘 나타난다. 하단전을 중심으로 숨을 충분히 들이쉬면 그다음에는 자연적으로 숨을 내쉬게 되며 비워지게 된다. 여기에서 '비움'이란 무無의 상태인데, 아주 없어지는 것이 아닌 그다음 동작이 생기는 원천이 되며, 다음의 도약을 위한 축적의 상태다. '비움'이란 또한 축적과 준비의 '가득 참'이다. 즉 가득 찼을 때 비워지고, 비워졌을 때 가득 찬다. '비움'이 '가득 참'이고 '가득 참'이 '비움'이니, 결국 '비움'과 '가득 참'은 같은 것이다.

우리 춤에서 발을 들어 올린다는 것은 숨을 내쉬어 비워 준 상태에서 오금을 죽인 다음, 천천히 숨을 다시 들이쉬며 굽혔던 무릎이 펴지고 다리가 들리는 것을 뜻한다. 이같이 충만이 가득 찬 상태에서 들린 다리는 서서히 굽혀지면서 땅을 딛게 되는데, 이렇게 해서 춤에서의 한 걸음이 시작된다. 팔 하나 들어 올리는 것도 같은 원리이며, 굽히고 휘고, 왔다 갔다 하고, 죄고 풀고, 감고 풀고, 어르고 맺고, 맺고 풀고 하는 것이 다 이와 같은 이치다.

춤은 맺고 풂의 수없는 반복으로 이어져 있다. 이것은 사람이 나서부터 끝없이 숨 쉬는 것과 마찬가지이며 돌고 도는 순환의 반복 과정이다. 즉 춤이 나온 길을 통해 다시 그 근원으로 돌아갈 수밖에 없는 것이 춤의 이치다.

우리 춤은 기본적인 토대의 움직임을 계속 반복하면서 각양각색의 춤사위를 만들어 내고 무한히 변화시켜 나간다. 그 과정에서 같아 보이는 동작의 수없는 반복으로 지루해 보이기도 하고 무의미해 보이기도 하지만, 그것이 우리춤에서 없어서는 안 될 기본적인 틀이다. 그러면서 그 틀은 어떤 형태로든 항상 역동적으로 무한히 변하면서 일정하게 반복된다.

그 기본적인 틀은 변할 수 없다. 그것은 '전통'이란 중요한 의미를 갖고 있다. 우리의 옛춤, 전통춤은 민족이 걸어온 삶과 의식을 한꺼번에 표현할 뿐만 아니라, 자기의식을 개괄시키고 그것을 확장시키는 총체적인 민중, 대중의 춤이라고 말할 수 있다. 춤의 명인들이 다리 하나 팔 하나 들어 올리는 동작에는 그 이유가 분명하다. 그렇지만 그 춤들은 전통적 법도의 틀에 속박되어 있는 것이 아니라, 그 틀을 초월해 자신을 자유자재로 변신시키며 넘나들고 있다.

만일 춤이 일정한 법도 속에 잡혀 있고 그 자체에 집착한다면 이미 춤의 생명력을 놓쳐 버린 것이다. 또한 그네들 자신이 알든 모르든 간에 그 움직임은 삶으로서의 몸짓이고, 그들 나름대로 몸에 밴 체질적이고 숙명적인 춤의 철학이다.

춤은 우리가 살아 나가는 삶 자체다. 삶이 얼마나 진실된가에 따라 춤은 진실된 춤, 진짜 춤이 될 수 있다. 진짜 춤이란 온몸을 내던져 해방되려고 하는 '삶으로서의 몸짓'이다. 춤은 '온몸으로 공간과 자기를 일치시켜 수없는 맺고 풂의 반복적이며 확장적인 몸짓으로 자신의 삶을 표현한 것'인 동시에, '육체 자체가 가지고 있는 제약은 물론 육체를 둘러싸고 있는 모든 제약으로부터 온몸을 해방시키는 것'이다.

2장

한국춤에 대한 근원적 접근*

1. 춤이란

1) 자연의 춤

생명이 존재하는 모든 것은 자연에 근원한다. 사람도 자연에서 태어난 한 생명의 종이다. 춤을 인간 삶의 몸짓이라고 할 때, 특히 자연에 바탕을 둔 한국춤이란 모든 존재의 근원인 자연의 몸짓 그 자체라고 할 수 있다.

이와 같이 한국춤은 우주 공간에서 움직여지는데, 바로 하늘과 땅 사이에서 움직여지는 인간의 몸놀림이다. 천·지·인 삼재天地人 三才 관점에서 보면 하늘사위, 땅사위, 삼태극사위라고 할 수 있다.

몸이 움직이는 것은 자연에 내맡겨진 몸이 자연과 함께 움직여지는 것이다. 예컨대 나뭇가지가 바람에 흔들리는 모습, 물이 흐르는 모습 등 자연 만물의 움직임이 춤의 몸동작이 되는 것이다.

---

* 이 글은 2009년 11월 12일 서울대학교 규장각한국학연구원에서 개최된 동북아시아 춤 국제학술대회 '동북아 춤의 공통성과 다양성'에서 발표한 것이다.

2) 내면의 정신이 드러나는 몸 사유思惟의 춤

팔다리를 움직여 춤출 때 우리가 보는 것은 몸의 형상이 아니라 그 안에 내재된 사유의 정신이다. 춤이란 움직임 안에 내면의 정신이 함축된 몸사유·몸사상思想의 발현이라 할 수 있다.

구체적인 춤사위로 설명하면, 춤의 처음과 마지막에 절드림을 하는데 몸을 굽혀서 웅크린다. 이 몸놀림은 천·지·인의 하늘·땅·인간이 하나 되는 춤사위로서, 하늘의 기운과 땅의 기운이 만나 또 하나의 기운이 생성되는 의미를 갖는다.

또한 그 춤사위에서 나오는 정신적 측면을 보면 몸을 굽힘이란 자신을 낮추는 것이고, 그 굽힘이 연결되어 모든 것을 비우게 된다.[1]

바로 춤에서 기본 몸짓이 되는 절드림의 몸짓만 보더라도 한국춤이란 나 자신을 숙이고 낮춰 모든 것을 비움으로써 무無의 세계로 가는 정신적 사유의 몸짓으로, 몸놀림 과정 자체가 사유 체계와 연결되어 하나가 된다.

2. 인류 문명사 속에서 보는 한국춤

1) 춤은 역사와 함께

우리가 태어나서 살아가고 스러지는 것의 끝없는 반복과 순환이 역사라고 한다면, 시공간의 흐름 속에 나타난 한 작은 움직임이 춤이다. '일념즉시무량겁一念卽是無量劫'[2]이라는 어구에 잘 나타나 있는 것처럼, 한 찰나의 생각이 영원한 무량겁으로 이어지듯 그 작은 몸짓은 과거와 현재와 미래를 통해 삼세를 일관하는 영원의 몸짓이 되는 것이다. 이와 같이 몸짓은 천지인이라는 우주 생성의 삼재 차원에서 무한히 펼쳐지고 확산되어 끝이 없는 무한한 차원의 구조를 만들어 내며 무량겁으로 이어짐을 알 수 있다. 곧 춤은 역사의 흐름과 함께하고 그 역사의 구조는 춤의 구조가 된다. 따라서 춤은 역사라고 할 수 있다.

2) 한국춤과 인류 문명사

한국춤은 앞서 언급했듯이 한국의 역사와 함께하는데, 바로 한국 민족의 시원에서 출발한다. 춤은 태곳적부터의 몸짓이 함축되어 역사의 축적과 함께 현재에 이른다.

또한 한국춤은 동북아시아(요하, 몽골, 바이칼 등을 포함), 동남아시아를 중심으로 한 아시아권과 비단길(실크로드)을 통한 유럽 문명의 연계성, 미주 대륙과의 연계성 등과 함께 인류 문명권의 큰 틀에서 조망할 수 있다. 한국춤을 제대로 알기 위해서는 인류 문명권이라는 큰 틀에서 바라봐야 하며, 구체적인 춤과 함께 논해야만 된다. 앞으로 이 부분에 대한 연구의 폭이 넓어져야 할 것이다.

1만 년 이상의 역사를 지닌 문화 종주국으로서의 한국문화 그리고 그 문화의 근원에 뿌리내리고 있는 한국춤은 문화적으로 중심을 제대로 잡고 있는지, 또한 학문적으로 그 역할을 제대로 수행하고 있는지 자문하지 않을 수 없다.

3. 생명의 몸짓과 바탕

1) 춤은 생명의 몸짓

춤은 삶의 몸짓이라고 언급한 바와 마찬가지로, 춤을 추는 것은 생명 가진 존재가 삶을 살아가는 생명의 움직임이다.

생명生命의 의미는 명(命, 일·역할)이 생겨나는生 것으로, 곧 춤의 움직임은 일의 나타남이 된다. 생명력이란 일命을 하기 위한 기운이 퍼지는 것이므로 춤은 생명력의 드러남으로 인식할 수 있다. 따라서 춤은 생명의 몸짓이다.

2) 춤의 바탕

'천명지위성 솔성지위도 수도지위교天命之謂性 率性之謂道 修道之謂教'[3]라는 말에서 춤의 바탕이 정확하게 표현되고 있음을 알 수 있다.

'천명지위성'이란 하늘의 명(命, 역할)을 성性이라 말함인데, 춤이 생명의 몸짓이라면 성은 춤의 바탕이 된다.

'솔성지위도'는 성을 따르는 것을 도道라 말함인데, 성이 하늘의 명이고 춤이 생명의 움직임이라면 그 모든 것이 자연이라 할 때, 그 자연의 움직임을 따르는 것이 도이다.

'수도지위교'는 배움이란 도를 닦는 것을 말함인데, 자연의 움직임을 따르는 것이 도라면 자연의 움직임을 따라 하는 것은 춤의 배움이 된다.

거꾸로 본다면, 춤은 자연性을 따르는 것이고, 춤을 익힌다는 것은 몸을 통한 수행修道이 되어 자연에 대한 깨달음을 얻는 것이다.

4. 한국춤의 갈래와 의미

1) 한국춤의 갈래

한국춤을 큰 특성에 따라 대략 굿춤·풍물춤·탈춤·무예춤·곡예춤·소리춤·놀이춤 등으로 나눌 수 있다.

각 갈래의 춤은 역사와 지역 환경에 따라 그 특성을 달리하며 형성되어 왔다. 근래에 발굴되는 고조선 광역과 한반도의 출토품 등에서 추정되는 한국의 역사는 어림잡아 1만 년 이상의 연대를 추정할 수 있다. 역사와 함께 틀 지워진 한국춤의 영역은 워낙 방대하므로 이 부분에 대해서도 순차적인 연구가 진행되어야 할 것이다.

2) 춤과 무舞의 의미

위의 모든 춤을 뜻글자로 쓰면 무舞라 한다.

무舞 자의 근원을 살피면 첫 번째로 무巫의 의미를 들 수 있다. 무巫 자는 천지 즉 ￣(하늘)과 _(땅)을 ㅣ(잇는) 人人(사람)이 춤을 추는 형상의 글자다. 바로 춤이란 하늘·땅의 우주 공간에서 사람이 움직이는 것으로, 그 춤은 특히 무당춤이나 굿춤에 잘 나타나 있고 다른 모든 춤도 같은 이치理致다. 무舞 자의 또 다른 의미는 발음이 같은 '무武'를 들 수 있다. 무武는 무예武藝, 무도武道에서 나타나는 성격과 같이 일순간에 닫히고 열리는 강건하고 역동적인 춤의 본성을 갖고 있다.

그리고 무舞의 총체적이고 융합적인 관점에서 볼 때 무無를 들 수 있다. 앞서 절드림에서 설명한 바와 같이 몸을 숙여 낮추는 것은 자기 자신을 비우는 것으로 무아無我·무심無心의 경지인 '無'라 표현할 수 있다. 이 '無'는 외형적 춤의 움직임을 통해 내면의 정신으로 들어가는 형이상形而上적인 춤의 정신세계를 이른다.

이와 같이 뜻글자인 舞·巫·武·無의 4무는 서로 조화하고 융합해 춤의 본질을 확연히 드러내며 대동大同의 춤 세계를 빚어낸다.

5. 춤추는 몸

1) 불립문자不立文字

사람은 말과 글로 표현이 불가능하거나 어려울 때 몸을 움직여 자기 의지(의사)를 나타냈다. 내면의 깊은 깨달음을 말이나 글로 대신할 수 없을 때는 춤의 몸짓으로 나타낼 수밖에 없다. 즉 춤은 불립문자의 속성을 지닌 것으로, 내면의 깨달음을 몸짓으로 표현한 것이다.

2) 심心 · 기氣 · 신身

앞서 설명한 바와 같이 불립문자의 속성을 가지고 춤을 추는 몸짓은 몸에 의해 가시화되어 나타난다. 이와 같이 사람의 모든 몸짓, 즉 '일거수일투족一擧手一投足'은 큰 의미의 춤이라 할 수 있는데, 몸짓을 하는 바로 그 몸은 무엇인가 살펴보도록 하겠다.

몸의 의미는 『삼일신고三一神誥』의 '심 · 기 · 신'이라는 대목에 잘 나타나 있다. 즉 몸身은 심과 기가 조화된 것으로, 마음에서 우러나온 기운이 몸을 움직이게 하는 것으로 이해할 수 있다.

『삼일신고』에 의하면 심 · 기 · 신의 본성은 '성性 · 명命 · 정精'이다. 심 곧 마음은 성을 바탕으로 하고, 기운으로 설명할 수 있는 기는 명에 의한 것이며, 몸인 신은 정에 의한 것이다. 다시 말하면, 성 · 명 · 정이라는 본성이 심 · 기 · 신의 몸을 통해 나타나 움직여질 때 몸짓이 되고, 그 몸짓은 춤이 된다.

6. 춤의 탄생과 '숨 쉼'

1) 몸짓의 탄생

몸짓의 탄생은 생명의 탄생에 의한 것이라고 할 때 춤은 생명과 함께 시작된다. 즉 춤은 세상 밖으로 나오기 전 태동의 움직임에서 시작된다. 춤의 수많은 몸짓은 태아의 웅크린 형상[4]에서 근원하고 또한 그 모습을 본뜨고 있다. 다시 설명하면, 그 웅크림을 펴며 들이쉬고 다시 웅크리며 내쉬는 숨이 생명력으로 이어진다.

2) 숨쉬기의 중요성

생명체의 대사는 숨을 들이쉴 때 들어온 산소로 밖에서 받아들이는 영양소를 연소시켜 기운(에너지)을 얻는다. 그 작용이 기본이 되어 숨쉬기는 생명을 관장한다. 따라서 춤을 출 때의 숨쉬기는 몸사위를 빚어내는 기본이 된다.

태아가 숨 쉬는 것을 관찰하면 알 수 있듯이 복식호흡이 기본이다. 그러나 나이가 들어가면서 점점 위로 올라가 가슴으로 쉬고, 드디어 생명이 다해 갈 무렵에는 목으로 간신히 얕은 숨을 쉬다가 생을 마감한다. 따라서 생명력을 키우고 건강한 몸과 마음을 갖기 위한 춤은 몸을 웅크리고 펼 때 제대로 된 복식호흡의 숨쉬기를 바탕으로 해야 한다.

한편 숨쉬기는 단순한 공기의 출입出入만이 아니라 사람을 둘러싼 우주의 기운을 함께 주고받는다. 그 기운은 특히 회음과 백회가 중요한 출입처다. 하늘·땅의 관점에서 숨쉬기를 설명할 때 하늘의 기운은 백회를 통해 받고, 땅의 기운은 회음을 통해 들어와 몸 전체로 퍼지므로, 그러한 사실을 아는 것이 춤의 본질적 인식이 된다. 바로 그 기운의 출입이 생명의 근원인 숨쉬기의 본질이다.

7. 우주 자연과 춤의 법도

1) 춤이 가는 길

춤을 추며 움직이는 길을 '춤길'이라 할 때, 그 길은 시공간에서 펼쳐지는 길뿐만이 아니라 사람이 살아가는 삶의 길이 된다. 삼재의 관점으로 보면 천도天道 · 지도地道 · 인도人道의 길이며, 우주에 존재하는 자연의 춤길이 된다.

2) 춤과 역易의 원리

역은 변화를 뜻한다. 춤사위도 변화가 바탕이므로 춤은 곧 역易이다. 앞서 살핀 바와 같이 춤의 변화는 자연히 도를 따른다. 그것은 한마디로 '역종도야易從道也'라고 할 수 있다.

춤의 변화 원리는 우주의 변화 원리인 변역變易 · 간이簡易 · 불역不易으로 말할 수 있다. '변역'의 의미는 만물이 변화하듯 모든 움직임이 변함이고, '간이'는 그 변화의 진리가 쉽게 변함을 뜻한다. 이와 같이 쉬운 원리로 만물이 변하면서, 그 안에 '불역'이라는 불변하는 진리를 내포하고 있다.

예컨대 모든 몸짓은 시종일관 변한다. 그 변화는 굽히고 펴듯 쉬운 원리를 따르는데, 그 내면에는 아침이 지나면 밤이 오듯이 가면 오고 오면 가는 불변의 원리가 숨어 있다.

8. 춤과 신성神性

앞서 춤은 몸으로 춘다고 했는데 몸을 가진 사람은 어떻게 하여 몸을 놀리게 되는지 알아보지 않을 수 없다. 그렇다면 춤을 추는 사람은 무엇으로 춤을 추는가.

'우아일체 범아일여宇我一體 梵我一如'라고 했듯이 우주와 내가 하나이고, 모든 만물과 내가 하나라는 의미는 곧 모든 생명과 나와 우주가 하나라는 뜻이다. 그것은 하늘과 인간이 하나라는 '인내천人乃天' 사상에서 보이듯, 신과 인간이 하나인 '신인합일神人合一', '천인합일天人合一'을 의미한다.

이것은 곧 '신즉인 인즉신神卽人 人卽神'으로 풀어진다. '일미진중함시방一微塵中含十方'이라는 구절에서 알 수 있듯이, 내 작은 몸은 우주와 또 그 우주 안에 계시는 하늘님의 성품을 포함하고, 그 우주와 신성의 하늘님은 작은 미물을 포함하는 '인즉신 신즉인人卽神 神卽人'이라 할 수 있다.

따라서 춤은 신즉인 인즉신인 내가 신성을 가지고 자연스럽게 신기神氣와 신명神命으로 춘다고 할 수 있다. 다시 말하면, 춤은 신의 명命을 받은 몸이 신기로 추는 신춤이다.

9. 맺는말

지금까지 본 바에 의하면 춤은 '격물치지格物致知' 한마디로 설명할 수 있다. 춤은 형상적 움직임物을 통해格 춤 내면의 이치를 인식해 가는 것致知으로, 자연스러운 춤은 격물치지에 이르는 길이다. 즉 춤이 자연의 움직임이고, 나아가 자연 그 자체임을 바로 알아 감은 수행 그 자체로서의 춤을 뜻한다.

격물치지는 자연스럽게 '지행합일知行合一'로 연결되는데, 바로 그것이 춤임을 인식한다. 따라서 춤은 눈에 보이는 형상뿐만 아니라 보이지 않는 정신세계까지 관통해 '행行'으로 나타낸다. 그러할 때 몸사상·몸철학으로서 근원적 실체를 드러낼 수 있다.

참고문헌

『법성게(法性偈)』.
『중용(中庸)』.

이애주, 「민속춤의 역사」, 『한국민속사입문』, 지식산업사, 1996.
______, 「우리 몸짓과 소리를 통하여 본 민족의 정체성」, 『한국정신과학학회지』 제8권 제2호, 2004.

3장

우리춤의 미의식 체계*

1. 들어가는 말

우리춤은 여러 형태로 그 모습을 드러내며 정형화되어 있다. 큰 틀거리로 나누어 보면 독자적인 춤만으로 구성된 춤이 있고, 그 외에 종합적인 형태로 나타나는 굿춤, 풍물춤, 탈춤, 놀이춤 등이 있다.

위의 모든 춤은 무수한 동작, 즉 수많은 춤사위를 가지고 하나의 틀거리를 이루고 있으며 각각의 고유한 멋을 자아낸다. 멋이란 의미 자체가 불교의 화두話頭인 '시심마是甚麼', 즉 '이뭣고'의 준말이라고 한다. 즉 '이뭣'의 '무엇'이 '멋'으로 된 것이니, 그러한 '멋'이란 춤에서 무엇을 말하는 것일까? 또한 멋에서 나오는 춤의 아름다움은 무엇이고 그 안에 내재된 미의식美意識은 무엇일까?

멋이란 '무엇' 즉 '이게 무엇인가'의 준말이니, 그것은 '끝없는 의심'의 이름이고 끝까지 파고 들어가는 내면적 정신세계의 미의식이다. 그러한 정신세계란 몸을 통해 이루어지는 정신세계이니 보통 일컫는 몸과 분리된 정신이 아닌 몸과 합치된 '몸정신'이라 하겠다.

* 이 글은 1999년 7월 2일 개최된 제10회 무용교육학회에서 발표한 것이다.

따라서 춤의 멋에서 나오는 아름다움은 춤의 미적 가치이니 곧 몸정신의 미의식 체계라 할 수 있다.

이 글에서는 춤을 통한 내면적 미의식 세계를 들여다보며 춤멋의 아름다움에 나타난 몸정신이 어떠한 체계를 가지고 있는지 알아볼 것이다. 이것은 다름 아닌 춤의 본질인 정신적 원천에 대한 추구이니, 춤의 몸정신 체계에 대한 의심이 화두인 셈이다.

2. 몸정신의 근원

춤은 마음에서 비롯된다.

사람은 몸과 마음이 하나 되어 몸짓·운동을 한다. 마음의 작용은 육체를 통해 반영되며 육체의 표현은 마음의 작용을 규정한다.

사람은 숨을 쉬며 몸과 마음이 합해져 몸짓·운동을 한다. 마음이 가시적 육체를 움직이지만 춤을 출 때, 즉 몸을 움직일 때는 어떤 마음을 가지고 하느냐가 중요하다. 『예기禮記』에 이르듯이 사람의 마음이 움직인다는 것은 외물에 접촉해 마음이 그렇게 움직이도록 만드는 것이다. 즉 마음이 일어남은 육체 움직임의 근원이 된다. 바로 춤은 마음에서 일어난다.

마음으로 천지간의 형태를 깨달아 모든 체험과 경험이 합쳐져 팔다리가 움직여지는 것이다. 즉 마음의 움직임은 보이지 않는 법칙인 음도陰道이며 몸짓을 일으켜 춤이 되는 무형無形의 도道이다. 즉 춤을 추게 만드는 것은 마음의 움직임이다.

마음은 사회역사적 상황을 인식하는 근본이 되며 능동적 자기발전을 모색하는 주체가 된다. 이렇게 볼 때 춤은 사회역사 속에서 주체성을 가지고 살아가는 인간의 마음으로부터 생기는 것이다. 바로 춤의 근원은 사회역사 속에 바른 줏대를 가진 사람의 마음 자리에 있다. 그것이 춤의 근본적인 중심이 된다.

마음에서 비롯된 춤은 마음이 뜻하는 대로 마음의 움직임과 함께 가며 수많은 춤을 창조한다.

1) 예禮

사람들 간의 관계 행위에는, 그 행위를 행위답게 하는 최소한의 절제된 법도가 있다. 그 법도는 마음에서 나온다. 춤에 내재되어 있는 마음의 표현은 우선 마음이 모아지면서 '예禮의 행위'로 나타난다. 춤에서 그 동작은 양손을 아랫배 조금 위인 하단전 위에 겹쳐 염수斂手한 다음 절 드리며 숙이는 형상으로 나타난다. 그 사위는 마음에서 우러나오는 당연한 몸짓의 움직임이다.

한국춤은 대개 처음에 몸을 숙여 절을 드리며 시작하고 마지막에도 절로 마무리 짓는다. 절로 시작해 절로 끝나는 셈이다. 민속춤인 〈승무〉[1]에서도 그렇고, 제례춤인 일무,[2] 작법[3]에서도 마찬가지다.

한국 사람은 사람 앞에 설 때 먼저 절하며 예를 갖춘다. 생활 속에서, 삶 속에서 자연스럽게 이루어지는 이런 일상적인 몸짓이 바로 춤으로 형상화된 것이다.

2) '낮춤'의 미美

한국 전통춤은 자신의 낮춤이 없으면 성립될 수 없다. 진정으로 마음속 깊이 자기 자신을 낮추는 것이 춤추기 전 기본 자세다. 그것이 우리 민족의 본성이라고 본다.

겸양의 마음으로 웅크리고 숙인 모습이 춤의 처음과 끝이 된다. 그 숙임은 자기 자신의 낮춤이고 상대방에 대한 공경이며 예다.

춤사위가 생성되는 기본 바탕도 그 숙임에서 나오고 계속 움직이는 과정을 거쳐 맺는 과정도 그 숙임의 형상이 주를 이룬다. 그것이 모두가 자신을 낮추는 '하심행下心行'의 몸짓이고 춤사위의 근원이 된다. '답지저앙踏地低仰'의 춤사위도 바로 하심행의 구체적인 예이고, 그것의 물결이 바로 '지신밟기'로 이어지는 것이다. 땅의 신을 모시듯이 자기 자신을 낮추고 정성스럽게 땅을 다지며 밟아 나가는 걸음이다. 여기에서 '밟기'는 밟아 버린다는 뜻이 아니라 들뜬 것을 눌러 주며 다독여 원래 상태로 되돌려 주는 본질적 의미를 지닌다.

3) '비움'의 미美

'비움'의 미에 관해서는 필자가 「움직이는 도道」라는 글에서 그 핵심을 피력한 바 있거니와, 춤에서 '비움'은 정신적이며 근본적인 것이다. 마음도 감정도 비워진 상태에서 춤이 시작된다.

이것은 춤의 첫 출발이며 첫 단계인 호흡법에서 잘 나타난다. 하단전을 중심으로 숨을 충분히 들이쉬면 그다음엔 자연적으로 숨을 내쉬게 되어 비워진다. 여기에서 '비움'이란 무無의 상태인데, 아주 없어지는 것이 아닌 그다음 동작이 생기는 원천이 되며 다음 도약을 위한 축적 상태다.

'비움'이란 또한 축적과 준비의 '가득 참'이다. 즉 가득 찼을 때 비워지고, 비워졌을 때 가득 찬다. '비움'이 곧 '가득 참'이고 '가득 참'이 곧 '비움'이니, 결국 '비움'과 '가득 참'은 같은 것이다.

우리춤에서 발을 들어 올린다는 것은 숨을 내쉬어 비워 준 상태로 오금을 죽인 다음, 천천히 숨을 다시 들이쉬며 굽혔던 무릎을 펴고 다리를 드는 것이다. 이같이 충만이 가득 찬 상태에서 들었던 다리는 서서히 굽히면서 땅을 딛는데, 이렇게 해서 춤에서의 한 걸음이 시작된다. 팔 하나 들어 올리는 것도 같은 원리이며, 굽히고 펴고, 왔다 갔다 하고, 죄고 풀고, 감고 풀고, 어르고 맺고, 맺고 풀고 하는 것이 다 이 이치다.

3. 춤의 미의식 체계

필자는 다음과 같이 세 가지 원리 속에서 미의식의 생성 체계를 보고자 한다.

1) 생성 체계

아무것도 없는 무의식 세계에서 아주 작은 몸짓이 생겨나고 거기에서 또한 춤사위가 생긴다. 무에서 생겨나는 유有의 세계는 우리를 둘러싼 우주 자연과의 조화의 산물이다. 춤의 원리 체계는 바로 우주 질서의 원리와 함께할 수밖에 없다.

(1) 음양陰陽

춤에서 모든 춤사위는 음양의 조화로 되어 있다. 팔사위의 '엎고 제치고', '감고 풀고', '좌우치기'라든가, 무릎놀림에서 '돋음과 죽임' , '굽히고 펴고' 등에서 춤사위 구성 자체가 음양으로 구성된 것을 알 수 있다.

이 세상에 음양이 없이 무엇이 존재할까? 음과 양은 생명 구성의 가장 기초적 단계이며 필수적 요소로서 음양의 운동에 의해 생명성이 존재하게 된다. 모든 우주만물이 그러한 원리로 움직이기 때문에 우주 운행의 원리는 바로 이러한 음양의 원리와 같다.

특히 우리 민족은 모든 사물을 항상 음양의 원리로 이해하며 살아왔다. 그러한 이해의 틀은 행동양식으로 나타나며 움직임의 원리를 만들어 낸다. 춤에서 움직임의 원리란 음양의 음陰 작용과 양陽 작용의 원리다. 음 작용은 정적인 움직임, 양 작용은 동적인 움직임에 해당한다. 이러한 음양의 움직임 원리는 사람들의 몸짓에 그대로 나타난다. 그것이 바로 춤의 생리이자 원리이고 춤의 구조다.

한국 고대 사람들의 몸짓에 그 구조가 잘 나타나 있다. 3세기에서 6세기에 펼쳐진 고구려 춤에 집약되어 전해진다. 고구려 춤은 땅의 춤과 하늘의 춤으로 구별되는데, 땅의 춤은 음의 춤이고 하늘의 춤은 양의 춤이다. 그것은 곧 지상에서 현실의 춤이고 천상에서 영혼의 춤이기도 하다.

이러한 땅춤과 하늘춤의 조화는 춤의 폭을 우주 공간까지 확장해 삶과 죽음의 틀을 해방시키면서 현세와 내세를 이어 준다. 이러한 삶의 몸짓의 우주적 확장이야말로 춤틀의 우주적 확장이며 해방이다.

(2) 삼사상三思想

고대 축제에 나타난 고구려의 '동맹', 예의 '무천', 부여의 '영고' 등은 천신에 대한 제례로부터 시작한다. 천지신에 대한 제례는 우리나라에서 널리 행해진 보편적인 의식이며 바로 천·지·인 삼사상을 바탕으로 한다.

천신인 하늘님에 대한 예는 지신인 땅의 신을 잘 모시는 '지신밟기'로부터 시작된다. 그 행위는 하늘과 땅 사이에 존재하는 인간의 기본적 행위다. 그 구조는 바로 천·지·인의 삼사상을 토대로 한다.

삼사상은 우리 민족 특유의 우주 인생관을 형성한 것으로, 단군신화에는 천신의 아들 환웅이 천부인 3개, 곧 거울·방울·칼과 무리 삼천을 데리고 인간 세상에 내려가 천하를 교화했다고 했다. 또한 세 명의 풍백·우사·운사로 하여금 인간의 360여 가지 일을 맡아 다스리게 했는데, 바로 여기에서 '삼'은 첫 세상을 여는 성수이며 신수의 의미를 지닌다.

천부인 3은 천·지·인 삼재를 뜻하고, 천·지·인은 모든 생명체의 삼위일체 조화와 같이, 절대로 분리할 수 없는 자연의 법칙을 상징하는 수의 개념이다. 우리 민족은 하늘과 땅을 똑같이 존중하고 자연을 있는 그대로 보존하고 가꾸며 천지신명을 똑같이 공경했다. 삼의 원리로 통하는 이 사상은 바로 천신과 지신을 모시는 우리 마음이다.

천·지·인의 삼, 곧 하늘과 땅이 만나 사람이 나고, 그렇게 태어난 사람의 의식과 형상이 모두 삼의 구조로 되어 있으며, 그 하는 행동이 어르고 맺고 푸는 삼박자로 되어 있고, 시공을 초월해 과거·현재·미래의 삼세로 이어진다.

(3) 오행五行

우리 춤에서 오五라는 숫자는 상징적 의미를 지니고 있다. 〈처용무〉도 후대에 조선조로 내려오며 다섯 처용이 춤을 추는 것으로 변해 지금까지 행해지고 있다.

영남 지방 탈춤은 거의 '오광대'라는 명칭으로 불린다. 곧 〈통영오광대〉, 〈고성오광대〉, 〈가산오광대〉, 〈진주오광대〉 등이 그것이다.

위의 춤에서 다섯 처용이나 다섯 광대의 '다섯'은 무엇을 뜻하는가? 다섯의 의미는 동·서·남·북 사방과 중앙을 뜻하고, 우주 운행 요소인 금·목·수·화·토의 오행을 의미한다. 그러한 다섯이라는 관념의 숫자가 현실적이고 구체적인 움직임으로 드러난 것이 〈처용무〉이고 오광대춤이다.

고대로 올라가면 단군 시대 이전부터 오행에 의한 소리, 춤이 있었는데 그것을 '영가무도詠歌舞蹈'라고 한다.

영가무도는 '음·아·어·이·우'라는 다섯 소리를 내며 기氣로서 오장을 움직여 주는 오행의 기춤이다. 오장을 움직인다는 의미는 상생의 역동적 운행이 일어나는 질서로, 바로 오장에서 비롯되는 숨에 의한 조화로운 기의 운행 질서를 뜻한다. 이 오행, 춤은 가히 춤의 본으로 모든 춤을 파생시킨다. 〈승무〉, 〈살풀이〉가 그렇고, 앞서 본 〈처용무〉나 오광대춤의 경우도 같으며 풍물춤·탈춤·굿춤이 모두 이 '영가무도'에서 비롯되고 파생된다. 후대로 내려와 악樂으로 정리되며, '궁·상·각·치·우'의 5음音이 생겨난다.

춤은 다시 말해 상생의 오행 원리에 의한 가장 근원적 자연의 몸짓이다.

2) 사회 · 역사 체계

춤은 사회 · 역사성의 함축이고 표현이다.

춤은 사회적 존재로서 사람이 인간적인 것을 계속 발전시키기 위해 일하는 생산적인 몸부림이다. 또한 역사 속의 인간이 인간적인 것을 재생산 · 획득하기 위한 생산적 몸짓이다.

춤이란 완벽한 역사의 반영으로서, 그 춤사위는 맺어지고 풀어지고 새겨지는 역사적 몸짓으로 표출된다.

따라서 춤의 몸짓은 현재 자기의 진솔한 사회 · 역사적 표현이며 사회 · 역사적 자기실현인 셈이다.

(1) 역동미力動美

춤에서 춤사위의 맺고 풀어짐은 역동적이다.

춤의 원리가 우주 자연의 운행 원리이듯이 음과 양, 밤과 낮 등의 밀고 당기고 맺고 푸는 과정이 춘하추동 사계절의 역동성을 뜻하며, 바로 그 역동성의 몸짓 표현이 춤인 셈이다.

발의 움직임, 팔의 움직임, 몸의 움직임 등의 전체 구조에서 팔놀림과 발놀림이 합쳐져 수족상응手足相應의 원리로 나타나고 모든 움직임이 '음양원리', '삼일사상', '오행체계' 등으로 구성되며, 그것이 다시 '대삼소삼의 원리'로 이루어지는 것을 알 수 있다. 이 모든 몸놀림의 구성은 역동적으로 이루어질 수밖에 없다. 온몸의 놀림이 역동적 균형을 이룰 때 그 역동미는 춤의 생명을 창출한다.

(2) 함축미含蓄美

춤은 사회 · 역사성의 함축적 반영이다.

한국춤에서 춤사위의 구체화 방법은 직접적이기보다 함축적이다.

경기도 양주 지방의 탈춤인 〈양주별산대놀이〉에는 노장 과정에서 노장이 소무와 좋아 지내며 입을 맞추는 춤이 있는데, 그 장면을 다음과 같이 빚어낸다.

> 노장이 소무의 입을 양손으로 떼어 내어 손안에 품은 소무의 입을 소중하고 사랑스럽게 어르며 춤춘 다음 드디어는 자기 입에다 갖다 대고 다시 어른다.

이와 같은 표현에서 보이듯이 직접적으로 묘사해 입을 맞춰야(서로 갖다 대야) 맞추는 것이 아니라 전체적 상황을 함축성 있는 암유적 행위로 상징화하고 있다.

나는 의미, 뛰는 의미, 공중에 뜨는 의미도 그와 같은 궤에서 설명된다. 우리춤은 뛰지 않아도 뛰고 있고 또한 뛴 줄 안다. 서양춤은 공중에 뜨거나 날 때 실제로 높이 도약한다. 그러나 한국춤에서는 두 발을 땅에 내린 채로 오금질만 하면서 둥둥 떠다니는 형상을 빚어낸다. 〈살풀이〉를 포함한 여러 춤에서 그 예를 볼 수 있다.

3) 구조 체계

지금까지 언급한 춤의 생성 단계와 그 사회·역사 체계에 의해 춤의 형성 구조가 나타나며, 그것은 또한 구조 체계를 지닌다.

예컨대 춤이 시작되어 한 번 얼러 가지고 맺어서 푸는 데까지의 한덩이 단락을 '마루'라고 하는데, 그러한 단락이 여러 개 모여 춤의 한판을 이룬다. 〈승무〉에서도 어르면서 앞으로 가서 맺었다가 뒤로 뿌리면서 푸는 데까지의 단락을 한 마루라고 할 수 있다.

이런 식으로 춤의 구조는 '마루'의 '맺고 풂', 반복反復·변형變形의 고유 기본 체계를 가지고 미적 구조를 이룬다.

(1) '맺고 풀기'

예로부터 "맺힌 건 풀고 감긴 건 제친다"라는 말이 있다. 우리춤이 수많은 변화와 굴곡으로 매우 복잡하게 얼크러져 있는 것처럼 보이지만, 그 내면에는 변하지 않는 불변의 법칙이 있으며 지극한 조화와 완벽한 질서 속에서 모든 몸짓이 이루어지고 있다.

예를 들면, 앞으로 갔다 뒤로 물러나는 전삼후삼와 삼진삼퇴, 위아래로 오르락내리락하며 오금을 쓰는 '굽힘과 폄', '돋움과 죽임', 또는 죄었다 풀었다 하는 '감고 풀기' 등에 모든 원리가 들어 있다. 한마디로 '맺고 풀기', '맺음과 풂'이라고 표현할 수 있다.

달리 풀이한다면, 맺힘은 어떤 무엇이 이루어지거나 만들어지는 것으로, 춤가락에서는 절정으로 몰아간 상태, 이루어진 상태라 할 수 있다. 풀어 버리는 것은 비우는 것으로, 그대로 끝나 버리는 것이 아닌 새로운 성숙을 위한 일대 도약跳躍이며, 춤에서는 그다음 가락을 하기 위한 준비 과정으로 볼 수 있다.

(2) 반복反復

우리 춤은 '맺고 풀기'의 수없는 반복으로 이어져 있다. 이것은 사람이 나서부터 끊임없이 숨 쉬는 이치와 마찬가지이며, 돌고 도는 순환의 반복 과정이다. 〈승무〉, 〈살풀이〉 등 모든 춤의 구조는 춤 한 사위, 춤 한 마루의 반복 원리로 순환되고 있다.

이 순환의 사고는 우리의 생활 속에 깊이 뿌리 박힌 것으로, 처음이 있어야 끝을 맺는 즉 시종始終을 양극으로 생각했던 서양인의 사고방식과 달리 처음이 곧 끝이고 끝이 곧 처음이라는 돌고 도는 반복 과정을 말한다. 반복을 계속한다는 것은 계속 되씹고 되새기며 자기발전 및 사회발전을 거듭 실현해 보다 나은 삶을 누리고자 하는 사람의 본성적 요구를 충족시키기 위한 필연적 과정이다.

(3) 변형變形

그와 같이 춤의 틀은 일정하게 반복되면서 어떤 형태로든 항상 역동적으로 무한히 변화한다. 우리 호흡의 기본이며 춤의 기본인 영가무도를 보더라도 '영'을 계속 반복해 부르면 자연적으로 '가歌'로 넘어가고 '가'를 계속하다 보면 '무舞'로 넘어가고, '무'를 되풀이하다 보면 자연적으로 '도蹈'로 넘어간다.

여기서 보더라도 그 반복의 의미는 계속 쌓아 감으로써 새 단계로의 이행을 예고하며 그 안에서 역동적인 창조가 자연스럽게 일어난다.

이러한 '맺고 풀기'의 반복과 변형은 춤의 속성인 자연성에서 즉흥성·창조성으로 자연스럽게 연결되는 이치와도 같다.

4. 우리춤의 미의식

1) 은근한 속멋

한국춤을 처음 대할 때 느껴지는 것은 우선 은근함이다. 다르게 표현한다면 다 드러내지 않고 속으로부터 나오는 속멋이라고 할 수 있다. 한국춤의 독특하고 특징적인 기법이라 할 수 있는 '어깨춤'을 출 때도 속으로부터 은근하게 풀어내는 것을 볼 수 있다. 그것은 속으로 감춰져 보이지 않는 내면의 미다.

어깨춤 자체도 하단전下丹田으로 시작된 기氣의 움직임이 온몸으로 퍼지며 어깨까지 전달되어 은근한 속멋으로 나올 수밖에 없다. 또한 길게 드리워 온몸을 풍성하게 감싼 치마와 저고리 등 춤옷 자체도 몸매를 다 감춰 버리니 거기에서 전달되는 움직임은 직접적일 수 없고 보이지 않는 내면의 기운氣運을 교감하게 만든다.

예컨대 춤출 때의 얼굴가짐도 부분적으로 얼굴로만 웃거나 인상을 쓰지 않는다. 몸 전체가 얼굴이 되어 은근한 인상으로 배어 나온다.

그 은근한 멋은 부드러우면서도 감미로운 화사한 꽃잎으로, 때로는 추상같은 서릿발의 곧은 절개로 우리에게 다가오며 마음을 열어 주고 같이 춤추게 한다.

2) 단아한 담백성淡白性

그러면 한국춤에서 번져 나오는 은은한 멋은 무엇일까? 한국의 대표적 춤인 〈승무〉와 〈춘앵전春鶯囀〉의 유장悠長함에서 풍기는 최소한의 향기는 무엇일까?

본질적으로 그것은 무색무취無色無臭에 가깝다. 그러나 어떤 때는 유색유취有色有臭로 나타나기도 한다. 둘은 서로 맞닿아 있어 '색즉시공色卽是空·공즉시색空卽是色'의 춤사위를 빚어낸다.

마치 화폭 위의 아주 작은 한 점처럼 너무 단아해 빈약해 보이기까지 하지만, 점에서 시작되어 펼쳐지는 무한한 세계는 담백의 미를 본질로 한다. 어쨌든 그것은 단아한 모습을 하고 담백한 맛으로 나타난다.

3) 수그러진 겸양謙讓의 미

형상 면에서 우리에게 상징적으로 보이는 것은 웅크린 모습, 수그러진 모습이다. 〈살풀이〉나 〈승무〉등 어떤 춤을 보든 간에 그러한 모습으로 상징화되어 있는 것을 알 수 있다. 마치 벼 이삭이 익어 고개를 숙인 듯하다. 한국의 전통적인 예의범절로서 웃어른을 대할 때 공손히 수그리며 절하는데, 그와 같은 일상적인 몸짓의 형상과 같다.

어머니 배 속에 웅크리고 있는 태아의 모습과도 같아 보인다. 또한 박물관에 진열된 곡옥曲玉의 형상에서 제대로 상징화된 그 본체를 볼 수 있다. 바로 그 형태는 생명의 근원적인 원형이기도 하다. 자기를 낮추고 상대방을 공경하는 겸양과 존중尊重의 예인 한국인의 본성으로 대대로 이어져 내려온 민족성의 상징적 표현이라 할 수도 있다.

온몸을 웅크리고 내면을 향해 있다가 점차 웅비雄飛의 모습으로 쭉 늘어나 순간적으로 활짝 펴진 다음 다시 수그러든다. 마치 꽃잎이 활짝 벌어졌다가 다시 모이는 듯하다.

진실로 자기 내부로 향하는 움직임을 하며 안으로 들어가다 보면 어느새 깊은 곳으로 들어가 마음과 만나고 춤과 마음이 일체가 된다. 한마디로 춤이란 '마음의 춤'이라 할 수 있다. 그래서 춤은 마음으로부터 나온다고 한다.

4) 진중한 늘림의 장엄미莊嚴美

마음으로부터 나오는 춤은 진중鎭重하다. 그 모습은 쭉 늘리는 무한히 느린 동작으로 나타난다. 진정으로 속 깊은 곳으로부터 뽑아져 나오는 편안한 동작이다. 현대를 살아가는 모든 이의 오그라들고 꼬여 복잡하게 얽힌 삶을 풀어 주고 펴주는 편안한 늘림이다. 서로 부딪치고 치솟아 오르려 들뜬 삶을 차분히 가라앉히고 눌러 주는 진중한 늘림이다. 마치 누에고치에서 비단실이 뽑아져 나오듯 끊길 듯 말 듯 끊기지 않고 섬세하게 계속적으로 뿜어 나오는 원천적인 순수와 부드러움이다.

〈승무〉의 염불 초반을 보면 최소한으로 웅크린 아주 작은 형상이 서서히 펴지며 드디어 중심을 잡아 서고, 다시 웅크렸다가 아주 느리게 늘리듯이 온몸이 펼쳐지는데, 마침내 웅비의 모습으로 하늘과 만나고 다시 웅크린다.

가라앉았으면서도 끈끈하게 펼쳐지는 그 진중함은 생명이 시작되어 끊임없이 운동하는 탄생의 경외로운 몸짓인 동시에 생명 본질인 기氣의 운동이라 할 수 있다. 그래서 진중한 늘림은 기운동의 본질로서 유장한 장엄미를 발현한다.

5) 지나치지 않는 절제미節制美

본질적인 것은 지나치지 않다. 다 드러내지 않고 보일 것만 보이고 할 만큼만 하는 지나치지 않음이다.

팔을 들어도 들 만큼만 편안하게 든다. 어깨높이로 든다 해도 어깨높이보다 조금 처지게 들고, 높이 들어 올릴 때도 머리 위쪽으로 올라가지 않는다. 다리를 들어도 너무 많이 들지 않고 적당하게 들어 올린다. 몸도 너무 꼬지 않고 그냥 자연적으로 굽어지는 대로 펴지는 대로 그대로 한다. 오히려 모자라는 듯하다.

입체적으로 본다면 그것은 오히려 4차원적 열린 표현이고 태극太極으로 흐르게 되며 모두를 감싸안는 우주적 몸짓이 된다. 어쨌든 이러한 속성은 최소한의 것으로 최대한의 효과를 자아낸다.

6) 원초적 자연미自然美

우주적 몸짓은 자연의 모습 그대로이고 꾸밈이 없다. 원초적이다. 바로 그것은 인위적이지 않은 자연스러움이다.

필자는 〈승무〉를 출 때 처음 동작에서 상체를 엎드린 채로 땅과 몸이 일체가 되어 하늘과 만나며 거기에서 생명의 몸짓이 시작됨을 인식하곤 한다.

그것은 마치 어머니 배 속 태아의 숨 운동이기도 하고 땅에 묻힌 씨앗이 발아하는 몸짓이기도 하다. 바로 태초에 있었던 원초적 자연 운동이라 할 수 있다. 그러고 보면 모든 춤사위는 자연을 본받고 그것과 조화되어 자연미를 본성으로 지닐 수밖에 없다.

그것은 때로는 바람에 흔들리는 나뭇가지의 춤이 되고 꽃잎이 흐드러지게 흩날리는 꽃비춤이 되기도 한다. 어느 때는 태풍·폭풍이 몰아닥쳐 '천둥채' 가락과 함께 '사방치기'춤으로 쳐내고, 씻김을 하여 한바탕 회오리로 용솟음치기도 하며, 마침내 하늘에 올리는 '올림채'춤으로 예를 드린다. 이 모든 몸짓이야말로 끝없이 춤추는 저 바다의 광대무변廣大無邊한 춤이라 할 수 있다.

7) '맺고 풂'의 역동성力動性

춤을 잘 보고 있노라면 춤사위가 계속 이어지고 흐르며 자연스럽게 맺어지고 풀어지는 하나의 '춤틀'을 빚어내는데, 그것을 춤의 '맺고 풂'이라 한다.

춤의 생명은 바로 춤사위를 어떻게 맺고 풀어 나가느냐에 달려 있으며 그 과정에서 갖가지 춤의 멋이 나타난다. 맺어지고 풀어짐은 바로 춤의 생명 원리라고 할 수 있다.

예컨대, 〈승무〉의 첫 대목인 '염불'에서는 아주 느린 속도로 춤사위를 끈끈하게 늘려 주다가 일순간에 조이고 맺어 준 다음 다시 풀어서 원래 무의 상태로 돌아간다. 그 안에서 우리는 매우 역동적으로 맺어지고 풀어지는 춤의 끈끈한 멋을 발견하게 된다. 그러한 맺고 풂의 원리가 계속 변형되고 쌓이며 새로운 단계로 넘어간다.

〈승무〉를 큰 틀로 보면 염불, 타령, 굿거리, 법고 등 네 단계로 이어지는데, 그 안에서도 맺고 푸는 생명의 역동적 원리가 나타난다. 그것은 나무로 치면 씨앗이 발아되어 싹이 나고 잎이 무성한 다음 꽃이 만발하고 열매를 맺어 거름이 되는 생의 역동적 과정이기도 하고, 사람으로 치면 태어나서 성장하고 죽음에 이르는 생로병사의 일생에 관한 내용이기도 하다. 그러한 한 생을 펼쳐 내는 '맺고 풂'의 역동성이야말로 한국춤의 부드러우면서도 강인한 생명력의 역동성을 그대로 분출하고 있다고 본다.

8) 역사의 함축미含蓄美

한국춤의 역동성이란 바로 한국 민족 역사의 구조이기도 하다. 반만년 이상 이어져 온 굴곡의 장구長久한 역사를 춤으로 응축시켜 상징화하고 있다. 그러한 춤의 상징 구조는 직접적 표현일 수가 없다.

〈승무〉의 첫 사위는 땅에 엎드려 절하는 몸짓으로 시작되지만, 그것은 하늘과 땅이 만나는 태초의 천지화합의 함축적 표현이고, 다시 천·지·인의 삼일三一사상이며, 구체적인 몸짓 철학이다. 어떻게 땅과 하늘이, 즉 음양이 그런 식으로 만나며 생명이 시작됨을 생생하게 표현했는지, 그 상징적인 함축미가 신기하기만 하다.

9) 신기神氣

묘법으로 풀어낸 춤의 함축에는 분명 인간의 기운으로 다할 수 없는 그 무엇이 있다. 그것은 다름 아닌 신의 기운인 '신기'라 할 수 있다.

인간이 신과 접해 해낼 수 있는 신접 상태, 바로 온몸을 자연스럽게 놔주고 내던질 때 몰입의 경지, 무아지경無我之境에 이르게 된다. 춤을 추며 몰입하다 보면 자기도 모르게 몸을 내던졌음을 인식하곤 한다. 어느 정도 추다 보면 신바람이 나서 자기 몸이 자기 몸이 아니고 공간과 자연에 내맡긴 채로 움직이게 된다.

앞서 언급되었던 모든 멋은 어느 정도 경지에 이를 때 신기와 접하며 최상의 멋을 발현하게 된다. 정말 한국춤의 특징은 그 역동성이 신기에 오르며 자연과 춤이 일체가 되고 너와 내가 둘이 아닌 '자타불이自他不二'의 상태가 된다는 것이다.

5. 맺는말

지금까지 몸정신의 근원에서 비롯된 춤의 생성과 사회·역사 속 춤의 구조 등에서 나타나는 미의식 체계와 그 안에 들어 있는 미의식을 살펴보았다. 그 모든 속성을 종합해 볼 때, 거기에 나타나는 총체적 원리는 한마디로 '돌고 돎循環'이다.

무에서 유의 창조가, 그리고 다시 무로 돌아감이 그렇고, 마음자리의 있음과 없음이 그렇고, 춤사위의 '맺고 풂', 삼진삼퇴 등이 모두 그러한 '돌고 돎' 체계다. 그것은 바로 본능적으로 회귀하는 되돌아옴의 원리, 즉 윤회輪廻의 원리다.

속멋, 담백성, 겸양의 미, 장엄미, 절제미, 자연미, 역동성, 함축미, 신기 등 이러한 모든 멋을 총체적으로 담고 있는 한국춤 안에는 흔들리지 않는 중심이 있는데, 그것을 일컬어 중도中道라고 한다. 그것은 정도正道로 통하는 우주 자연의 도道라 할 수 있다.

한국춤의 미의식 즉 '멋'은 정신적인 것으로 뭉쳐져 가시화可視化된 정신성의 함축적 상징으로 나타난다. 다시 말해, 한국춤은 겉으로 보이는 것만이 아닌, 자기 자신을 닦아 나가는 자기 수행의 길이다. 끝없이 바르게 정진精進해 체득體得함으로써 무한한 깨달음과 함께 득도得道의 경지에 이르는 길이다.

4장

춤에서 예禮의 정신은 어떻게 나타나는가*

-'예禮의 춤'을 중심으로-

1. 들어가는 말

한국의 춤은 온몸을 숙여 상대방을 높이며 하늘에 경배하는 '예의 정신'을 기본으로 하고 있다. 한국춤 중에서 근본적인 기본을 갖추면서 그러한 정신이 쉽게 드러난 춤을 구성해 본 하나의 예로 '예禮의 춤'을 들 수 있다. '예의 춤'은 국가무형문화재인 〈경기도당굿〉에 나오는 염불바라춤(장삼놀음)을 기본 틀로 삼고 있다.

이 글에서는 우선 춤의 본질에 대해 살펴보고, 인간의 덕목 중에서 가장 근본을 이루는 '예의 정신'과 그 정신을 그대로 몸으로 드러내는 '예의 춤'을 중심으로 풀어 나가고자 한다. 즉 '예의 춤'에는 어떠한 형식과 춤사위로 예의 정신이 나타나고 있으며, 역으로 그 정신은 어떻게 몸으로 형상화되어 빚어지고 있는지 알아보고자 한다.

---

* 이 글은 2021년 2월 성균관대학교 유학대학원 동양철학과 박사 과정 중에 작성한 미발표 원고를 재정리한 것이다.

2. 춤의 본질

사람은 자연自然에서 태어나 자연 속에서 살아가고 있다. 여기에서 자연의 의미를 생각해 보면, 자연은 스스로 그러하게 사시四時가 운행해 춘하추동의 변화가 일어난다. 그러한 춘하추동 사계절의 변화에 의해 동식물도 자라나고 생명의 희로애락을 춤춘다.

인간의 몸짓이야말로 춘하추동의 변화처럼 수시변역隨時變易해 살아 있는 춤으로 나타난다. 그것은 곧 사시의 운행과 같이 인간의 몸짓인 춤도 함께하는 것으로, 춘하추동의 변화와 함께 춤이 하나가 되는 이치다. 바로 춤은 자연의 변화처럼 스스로 그러하게 몸이 움직여진 것이다.

한성준은 조선 춤을 이야기하면서 "사람이 생겨나면서부터 춤은 잇섯다"[1]라고 했는데, 이 한마디는 생명의 관점에서 매우 중요한 의미를 지닌다. 사람이 생겨났다는 것은 사람의 생명이 시작始作되는 것을 뜻하는데, 한성준은 태어날 때부터 움직거리는 인간의 몸동작 자체를 춤으로 보면서 그 본질을 생명으로 본다. 한성준이 조선조 말에 정립한 〈승무〉도 그 구성 자체가 생명의 웅크림부터 시작되고 있다. 필자도 「춤이란 무엇인가」라는 글에서 "사람의 본질이 생명성, 생명력에 있다면 춤의 본질도 바로 생명성, 생명력에 있다"[2]고 논한 바 있는데, 궁극적으로 사람이 춤을 춘다는 것은 생명 본성의 표현으로서 춤의 본질론에 해당한다.[3]

앞서 한성준이 "사람이 생겨나면서부터 춤은 잇섯다"라고 언급한 의미는 사람은 태어날 때부터 자연스럽게 저절로 춤을 추었다는 뜻이다. 예컨대 유아들은 신나는 음악이 나올 때 저절로 오금질을 하며 몸을 들썩인다. 어른도 마찬가지로 흥겨운 음악이 나오면 신명이 나서 막춤을 추고 몸을 흔들어 댄다. 이것을 춤 아니라고 할 사람은 없다. 분명 춤이다. 순수한 발로에서 자연적으로 움직여진 것이다.

춤의 본질은 바로 자연에서 자연적으로 움직여진 순수한 것이라고 생각한다. 사실 역으로 보면 춤을 추는 이유도 삶의 본질을 찾아가는 여정에 다름 아니다. 그것은 바로 인간 위주의 이기성을 버릴 때 자연과 친해질 수 있고 자연과 하나가 되어 자연성을 되찾을 수 있다는 뜻이다. 이와 같이 자연성을 되찾을 때 본래 모습이었던 자연으로의 회귀가 가능해진다.

1) 춤의 자연성自然性

춤은 자연이 생긴 근원인 천·지·인天地人의 만남이다. 자연의 근원인 천지가 내포하고 있는 핵심을 원형이정元亨利貞으로 볼 수 있는데, 원형이정은 앞서 살핀 사시가 운행해 사계로 나타난 봄·여름·가을·겨울을 말한다. 곧 원형이정 안에 춘하추동이 있는 것이다.

이러한 천지만물에서 중요한 것은 사시, 춘하추동 사계의 변화, 그것의 네 가지 본성인 원형이정 등이 가지고 있는 넷의 의미다. 공간적으로 볼 때 네 기둥이 자리 잡으면 동서남북의 사방이 정해진다. 『주역周易』 건乾괘 첫 문장에 보면 '건원형리정乾元亨利貞'이라고 했는데, 이 문구는 그대로 춤의 속성이라 할 수 있고 그 모든 것을 설명해 준다. 사계·사방 등에서 사四의 의미는 전통춤에서 굿거리춤·굿거리장단을 얘기하고, 기승전결起承轉結을 의미한다. 굿거리장단은 4박이지만 한 박을 3분박해 12박도 된다. 한 박을 3분박하는 이유는 한 박을 최대한으로 늘리려는 민족의 마음이다. 그 마음이 태극이고 태극선으로 나타난다. 넷의 의미가 〈승무〉에서는 사계로 나누어지면서 염불, 타령, 굿거리, 법고의 네 과장을 뜻한다.

악樂도 네 박이 기본이고 무舞도 네 박을 기본으로 한다. 춤의 기본인 굿거리춤과 굿거리장단이 바로 그러하다. 천지에 원형이정이 있는 것처럼 춤도 그와 같이 변해 원형이정, 춘하추동 넷의 구조로 굿거리춤·굿거리장단이 생기는 것이다.

자연만물 중에서 천지의 핵심이 원형이정이라면 춤을 추는 주체인 인간의 인생사도 넷의 구조인 희로애락으로 그 핵심을 설명할 수 있다.

2) 삼세三世를 잇는 삶의 몸짓

원시 고대 시대로 거슬러 올라가면 그 당시의 몸놀림을 지금처럼 예술이라 한 적도 없고 춤이라 한 적도 없다. 예술이나 춤이라는 개념조차 존재하지 않았다. 후대로 내려오면서 비로소 그 행위들을 고대 예술 또는 예술이라고 했다. 엄밀하게 보면 원시 고대인들은 하늘로부터 받은 목숨을 지탱하기 위해 몸을 놀리지 않으면 안 되었다. 원초原初 사회에서는 생명을 이어 가기 위해 행할 수밖에 없었던 행위, 곧 살기 위한 몸놀림과 하늘에 의지해 바라고 비는 비나리가 주종을 이루었을 것이다. 원시 고대 모든 삶의 몸짓 자체가 오늘날의 개념으로 보면 예술 행위이며 춤이다.

이러한 점에서 우리가 보통 일컫는 예술 행위를 근원적으로 따져 들어가면 원초 시대에 살아남기 위해 움직일 수밖에 없었던 일상적이고도 필수적인 삶의 몸짓이었음을 알 수 있다. 바로 삶에서 자연스럽게 나오는 살아 있는 몸짓이었으며 근원적인 행위였던 것이다.

다시 정리해 보면, 진정한 춤이란 역사를 거슬러 각 시대를 거치며 중심을 잡고 이어져 온 묵묵히 살아가는 사람들의 몸놀림이었으며, 지금도 살아 있는 몸짓으로 영원히 존재한다고 볼 수 있다. 구체적으로는 역사에 걸쳐 대대로 내려온 순간순간의 움직임이 하나로 형상화된 직관적이며 상징적인 몸짓이라고 할 수 있다.

따라서 역사의 관점에서 보면 춤은 과거의 살아온 몸짓인 동시에 현재의 몸짓이며, 다가올 미래를 열어 가는 미래의 몸짓이기도 하다.

3) '본립이도생本立而道生'의 춤

춤에서 정통성 있는 전통춤은 어떠한 상황인가, 또한 정통성의 맥이 제대로 이어진 나라의 몸짓, 나라의 춤은 있는가, '공생공락共生共樂'할 수 있는 춤은 있는가 하는 물음을 갖게 된다.

전통예술 안에는 춤·그림·문학·서화·음식·건축 등 여러 부문의 예술이 있지만 그중에서도 전통춤은 단연 전통예술의 핵심이자 꽃이라 할 수 있다. 한 생명체가 생기면서 제일 먼저 일어나는 현상이 움직임 즉 몸놀림이기 때문이다. 어느 부문의 예술도 몸놀림 없이는 존재할 수 없다. 여러 예술 중에서 춤이야말로 제일 먼저 존재하는 근원적 예술인 셈이다.

춤은 몸을 놀리지 않고는 불가능한 일이다. 춤은 말이 없는 묵언의 불립문자不立文字다. 온몸을 놀려 몸으로 사유思惟하고, 몸으로 말하며, 몸으로 자기를 실현하고 세상을 실현하는 몸 철학哲學이다. 춤은 온몸으로 하는 몸 말이고, 몸 사유思惟이다.

얼마나 온몸을 놀려 춤을 춰야 몸 사유와 몸 철학에까지 이를까? 그러나 그 방법과 길은 의외로 단순하고 쉽다. '본립이도생'[4]으로 근본을 잘 세워 놓으면 길이 스스로 생기기 때문이다. 정통 춤을 지속적으로 익히면서 기본을 제대로 닦고 반복 수행하다 보면 나아갈 길이 보인다는 의미다.

하지만 처음에는 어느 것이 정통 춤인지 분별하기가 쉽지 않다. 춤을 오랜 기간 연마해 스스로 춤을 통해 가치관·세계관이 달라질 정도가 되면서 문리文理가 트일 때쯤이면 '정正'의 의미가 춤 안으로 들어오면서 바른 춤이 어떤 것인지 알아보는 안목을 갖게 될 것이다.

이 모든 것이 쉽지는 않겠지만, 앞선 사람의 도움을 받아 여러 경로로 알아보고 심사숙고해 정확한 판단을 내린 후 성실하게 다가서야 한다. 첫걸음 떼기부터 시작하는 것이다. 말이 첫걸음이지 첫걸음을 떼기 위한 과정에 모든 것이 들어 있다고 해도 과언이 아니다. 그러기 위해서는 숨을 천천히 내쉬고 들이쉬며 자신을 비우고 내려놓는 것부터 훈련해야 한다. 바로 그것에 의해 춤에서 첫 번째 하체운동인 무릎 굽히기와 펴기가 시작된다. 느린 숨으로 무게중심을 낮추고 반복하다 보면 한 발이 들리고 마침내 한 걸음씩 내딛게 된다.

4) 예禮를 통한 춤의 전수

춤에서 수련은 어떻게 하는 것일까? 춤을 처음 시작하려는 사람은 마음가짐이 중요하다. 춤을 추고 싶은 의지가 제대로 있는지, 왜 춤을 추려고 하는지 스스로 세심하게 점검할 필요가 있다. 깊은 생각과 성찰을 거친 후, 춤을 추지 않고는 못 배길 정도라는 판단이 설 때, 순수한 초심자의 마음으로 다가서야 한다. 춤추는 주체가 바른 삶을 살아갈 때 그 삶이 바탕이 되어 바른 춤을 추게 된다. 바르게 살면 세상이 바로 보이고 자기중심이 생긴다. 중심이 생기면 비로소 자기를 일으켜 세우는 주체적인 기둥을 세울 수 있다.

첫 단계로, 무엇을 가지고 어떤 식으로 춤 수련을 할 것인가 깊이 생각해야 한다. 어떤 춤을 추기 전에 먼저 기초를 잘 닦아야 한다. 우선 배워야 기초를 닦을 수 있다. '배운다'는 말은 '본받는다'는 뜻이다. 춤을 배운다는 것은 몸에서 몸으로 본本을 받는 일이다.

그렇다면 '본'을 받기 위해서는 어떻게 해야 할까? 춤은 몸으로 하는 것이므로 춤을 배운다는 것은 가르치는 사람의 몸놀림을 그대로 따라 하는 것이다. 따라서 처음 춤을 시작하는 사람에게는 보고 배울 누군가가 필요하다. 믿고 따라 할 수 있는 누군가를 만나 바른 춤을 전수傳受받아야 한다. 『논어집주論語集註』[5]에 보면 전수에 대해 다음과 같이 설명한다.

> 傳謂受之於師 習謂熟之於己.
> 전傳은 스승에게 전수받은 것이요, 습習은 자기 몸에 익숙히 함을 말한다.

> 省其身 有則改之 無則加勉 基自治誠切 如此 可謂得爲學之本矣.
> 날마다 자신을 반성해 이런 잘못이 있으면 고치고,
> 없으면 더욱 힘써서 자신을 다스림에 정성과 간절함이 이 같으니
> 가히 학문하는 근본을 얻었다.

이것은 무척 어려운 일 가운데 하나다. 삼대三代가 덕을 쌓아야 『역경』·『주역』 공부를 할 수 있다는 말이 생각난다. 춤을 학습하는 것도 같은 경우라고 본다. '본립이도생'이란 문구처럼 근본이 확립되어 초석이 잘 깔려야 바른 춤을 출 수 있다.

3. 예禮의 정신이란

예란 인간이 갖춰야 하는 가장 높은 덕목 중 하나다. 따지고 보면 예는 인위적으로 되는 것이 아니라 사람이 세상에 태어나면서 자연적으로 갖추는 인간의 본성을 근본으로 한다. 사람은 나서부터 움직거리고 행동하면서 인간으로서 지켜야 하는 기본적인 예의 법도와 규범을 습득한다.

그러한 의미에서 한국의 전통사상과 전통문화의 한 주축이 되었던 한국인의 정신은 오늘의 관점에서 본다면 한국 문화 전반에 깊숙이 스며들어 문화의 체계를 구성하고 있다. 이러한 문화의 체계와 내용을 담아 실생활에서 당연하게 중요시되었던 규범 혹은 형식이 바로 '예'다.[6]

공자는 "예가 아니면 보지 말고, 예가 아니면 듣지 말고, 예가 아니면 말하지 말고, 예가 아니면 답변하지 말라"고 했다. 그 말에서 미뤄 모든 행동 규범에 예가 기본이 되고 있음을 알 수 있다. 또한 공자는 다른 식의 표현으로 "공손하되 예가 없으면 수고스러울 뿐이고, 신중하되 예가 없으면 두려워하게 되고, 용맹하되 예가 없으면 어지럽게 되고, 강직하되 예가 없으면 상처를 입히게 된다"[7]며 행동과 정신사상적인 면을 언급했다. 이와 같이 예는 정신과 형식 등에 내적·외적으로 연결되어 있음을 알 수 있다.

그렇다면 예는 어디서 어떻게 생겨났는지 의문을 갖게 된다. 순자荀子는 다음과 같이 말했다.

예禮는 어디서 기원하는가? 사람은 태어날 때부터 욕망이 있다. 욕망이 충족되지 않는다고 해서 구하지 않을 수 없다. 그런데 욕망을 구하는 기준과 구분이 없으면 서로 다투게 된다. 옛 임금들은 혼란을 싫어해 예의禮義를 제정해 한계를 분명히 하였다. 그렇게 함으로써 사람들의 욕망을 길러주고 사람들이 구하는 것을 채워 주어, 욕망으로 하여금 반드시 물건에 궁하지 않게 하고 물건도 반드시 욕망에 모자라지 않게 하였다. 욕망과 물건이 서로 의지해 자라나게 된다. 이것이 예가 기원하는 곳이다.[8]

특히 공자에 와서 음악 예술에 대한 새로운 자각이 생겨, 음악을 인仁과 연결시킴으로써 종래의 음악에 새로운 생명력을 불어넣었다. 진정한 음악은 인간의 순수한 심정의 발로여야 한다고 보았으며, 그러한 음악을 통해 인격 완성이 이루어진다[9]고 했다. 이러한 기본적 사고는 『악기樂記』의 음악론에 그대로 계승되고 있다. 즉 음악은 외면적 형식이 아니라 내면적 인격의 표현德之華이며, 그러한 음악을 통해 수양함으로써致樂以治心 훌륭한 인격을 이루고章德 나아가 천天이나 신神의 경지에까지 도달하는 것이다.

여기서는 인심이 외물外物에 감동되는 작용心之動, 즉 감정이야말로 음악의 근원임을 지적하고 있다. 『악기』에는 이 밖에도 음악과 감정의 관계를 논한 곳이 많은데, 음악은 인간 심정의 발로이며 외적인 형식이 어떻든 간에 근본적으로 인간의 감정에서 기인하는 것으로 파악한다. 이러한 상호 관계 속에서 음악이 감정을 순화할 수 있는 근거가 마련된다고 하겠다.[10]

지금까지 본 바와 같이 예의 정신이 나타난 의례는 곧 "생명의 근본에 보답하고 생명의 시원을 돌이켜 본다"는 '보본반시報本反始'의 의미를 담고 있다. 다시 말해, '예'의 근본 정신은 자신과 자신이 속한 종족, 국가 등 집단의 생명의 근본이 되는 존재에 대해 존경하고 감사하는 마음과 태도를 지니고, 그것을 일상생활 여러 영역의 각종 인간관계에 경건하게 표출하는 것이다.[11]

4. '예禮의 춤'의 구성

춤에서 형식은 밖으로부터 오는 것이지만 실질은 내면의 것을 토대로 삼는다. 즉 예절이라는 형식은 후천적으로 익히는 것이지만, 그 바탕이 되는 인仁과 같은 덕은 인간의 보편적 정감의 반복되는 발출拔出이 누적되어 쌓이고 체득되는 것이라 할 수 있다. 따라서 그러한 정감의 발출이 끊임없이 가능하도록 하는 내면적 근원을 키워 그것을 '예'라는 형식으로 가다듬는 것이 효과적이고 좋은 결과를 가져오는 방법이 될 것이다.[12]

『악기』에서는 음악이 성립되는 근원을 인간의 마음에 두고, 외물에 느껴져 일어나는 마음의 움직임, 즉 정情으로부터 성聲이 발해지고, 성이 서로 상응해 변화를 낳게 되는데, 이러한 변화 속의 일정한 법칙성을 음音이라 하고, 이 음이 조화를 이루고 여기에 춤이 더해져서 악樂이 성립된다고 했다.

여기에서 악이란 예로부터 악가무樂歌舞 삼위일체의 원리로서, '악'에는 가무가 따르기 마련이고 '무'에는 '악'과 '가'가 따르게 되어 있어, 이 글에서는 '악'을 큰 의미의 '악가무'로 상정해 사용하고자 한다.

예는 정신적 질서로서만 존재하는 것이 아니고 반드시 어떤 의례·의식들이 필요하다. 다음에 예의 정신이 어떻게 춤으로 드러나는지, '예의 춤'에 들어 있는 기본 원리에 대해 살펴보기로 하겠다.

1) 기본 춤사위

(1) 호흡법

춤사위의 가장 본질적인 부분은 호흡법에서 나타난다. 숨을 충분히 들이마시고 자연스럽게 내쉬어 비우는 방법이다. 비운다는 것은 무의 상태를 말하는데, 무란 아주 없어지는 것이 아닌 새롭게 채우기 위한 비움으로, 춤사위를 유도하는 원천이 된다. 곧 가득 찼을 때 비우게 되고 비워졌을 때 가득 채우는 것으로, 결국 비움과 가득 참은 다르지 않고 서로 하나의 맥으로 통하고 있음을 알 수 있다.

모든 춤사위는 숨 쉬는 호흡법에 의해 빚어진다. 하단전을 중심으로 하여 숨을 내쉬고 들이쉬는 가운데 몸놀림이 자연스럽게 나온다. 기운이 뱃심에서 나온다고 하듯 춤 또한 하단전에서 비롯되는 기氣의 움직임이 몸을 통해 가시적으로 드러나는 것이다.

(2) 발놀림

발동작으로서 발의 움직임은 무릎을 굽히고 펴는 굴신 운동에 의해 비롯된다. 따라서 무릎의 움직임은 모든 발놀림의 모태이며 무릎을 굽히면서 모든 발동작이 시작된다고 할 수 있다.

『악학궤범』과 궁중정재 무보에서 '무도足蹈'라고 했듯이, 발을 디딜 때는 항상 무릎을 먼저 굽힌다. 이렇게 시작한 한 걸음이 연속적인 행위로 나타난 것이 춤걸음이다.

각 지역의 지신밟기, 놋다리밟기, 강강술래, 월월이청청은 땅의 신을 모시듯이 정중하게 디뎌 밟아 나가며 들뜬 땅을 편안히 모시며 예의를 갖추는 경배의 몸짓으로, 주로 땅을 딛고 밟아 주는 굽히고 숙이는 몸짓이다. 즉 땅에 대한 경배의 몸짓이다.

(3) 팔놀림

팔의 움직임은 마치 하늘을 향해 펴져 있는 나뭇가지가 바람에 너울너울 움직이는 것을 형상화한 너울질이라 할 수 있다. 팔을 들어 하늘을 향해 펼쳐 너울거리고 경배 드리는 하늘을 향한 펼침의 팔놀림이다.

팔놀림으로서 팔사위를 할 때는 손을 어떤 식으로 움직이는가가 중요하다. 팔을 들었을 때 손가락의 힘을 빼면 자연스럽게 손가락이 약간 아래로 처진다.

예로부터 손과 발이 어우러져 '수족상응手足相應', '수무족도手舞足蹈'라 했듯이, 손과 발이 서로 응하며 발로 뛰고 손춤을 추는 것이 춤사위의 기본으로 파악된다. 이 같은 몸놀림, 발놀림, 팔놀림 등이 여러 형태로 조화되고 통일되어 무수한 춤사위가 만들어졌으며, 역사·시대와 함께 형성된 한국춤의 기본이 되었다.[13]

(4) 몸놀림

몸놀림에서 제일 먼저 꼽을 수 있는 몸짓은 절드리기다. 절드리기는 몸을 숙이고 자신을 낮추면서 상대방에게 공경의 예를 갖추는 몸짓이다. 마치 애벌레가 움츠러들었다가 펼치듯이 최대한으로 몸을 움츠려 숙였던 몸을 다시 펴는 몸놀림이다.

2) 춤 구성

(1) 염불도드리 과장

절드리기
양팔 옆으로 들기
저정거리기
앉기
절드리기(엎드려)
너울거리기(팔 앞으로 엎었다 위로 들어 뿌리기-좌우 반복)
절드리기(앉은 상태에서)
너울거리기(좌우 반복)
절드리기(일어서며)
팔 앞으로 엎었다 위로 들어 뿌리기(좌우로)
좌우돌기(팔 엎고 제치기)

(2) 자진모리 과장

허리감기

너울거리기(팔 앞으로 들고 머리 위로 들고)

엎고 제치기(비껴 앞으로 느리게)

너울거리기

엎고 제치기(비껴 앞으로 빠르게)

좌우돌기(팔 엎고 제치기)

(3) 당악 과장

허리감기

너울거리기

저정거리기(팔 앞으로 들고)

엎고 제치기(느리게 반복, 빠르게 반복)

좌우돌기(팔 엎고 제치기)

팔 위로 뿌리기

하, 절씨구!(소리 외치며)

3) 춤 구성의 의미

예의 춤을 제대로 파악하기 위해서는 총체적인 관점에서 춤 구성을 이루는 각 춤사위들을 세밀히 관찰할 필요가 있다.

(1) 염불도드리 과장

처음 시작할 때 절드림을 하는데, 이 몸짓은 우리 삶에서 늘상 하게 되는 가장 기본적인 몸짓이라고 할 수 있다. 앞서 설명한 바와 같이 두 손 모은 채로 자신을 가다듬고 몸을 숙이며 상대방에게 공경의 예를 갖추는 몸짓이다.

그다음에 양팔을 옆으로 펼치는데 두 손을 모은 염수 상태에서 처음 두 팔을 펼치며 든다. 바로 염수로 닫혔던 세계가 열리는 것이다. 양팔이 수평 상태를 이루며 하늘과 땅이 자연스럽게 나누어지는 의미를 갖는다.

그러고 나서 무릎을 굽혔다 펴며 오금놀림을 계속 반복하면서 저정거린다. 그다음으로 자연스럽게 오금놀림의 기운을 타면서 팔을 너울거린다. 좌우로 너울너울거리는데 바람을 타고 움직이는 나뭇가지와 같다.

다음은 큰 변화를 맞는데, 앉으면서 무릎을 꿇고 양팔을 너울거린다. 그리고 두 팔을 앞으로 뻗으며 큰절드림을 한다. 바로 오체투지다. 우리식의 무릎 굽힌 상태에서 하는 오체투지다. 이와 같이 큰절을 세 번 한다. 온몸을 그대로 땅에 엎드리며 자신을 비우는 큰 변화를 맞는 셈이다.

일어나서 팔을 엎고 제치며 좌측, 우측으로 좌우 회전하며 염불도드리 과장을 마무리한다. 춤 구성에서 회전은 작은 단위의 한 마루(단락)를 마무리 지을 때 주로 한다. 이번 경우는 염불도드리 과장이라는 큰 단락, 즉 한 장을 마무리 짓고 다음 새로운 장을 여는 의미를 지닌다.

(2) 자진모리 과장

악이 자진모리로 빨라지며 두 팔로 허리감기를 한다. 그다음으로 두 팔을 자연스럽게 어깨높이로 올리며 너울거린다. 사실은 두 팔의 높이만 달라진 것이지 너울거림의 일종이다. 염불도드리 과장에서도 나왔듯이 이 팔놀림을 앞으로는 너울사위라 하겠다. 즉 '허리 너울사위', '앞 너울사위'를 한 것이다.

다음으로는 두 팔을 머리 위로 들어 좌우로 흔드는데, 바로 너울거리는 팔놀림이다. 머리 위 너울사위인 셈이다. 몸도 좌우로 무겁게 움직이는데 마치 큰 산이 일렁일렁거리는 듯하다.

그다음으로 염불도드리 과장과 마찬가지로 한 팔씩 엎고 제치기를 반복하고 좌우 회전을 하고 마무리한다.

(3) 당악 과장

처음 시작은 허리감기 너울사위로 한다. 허리 너울사위다. 앞의 과장과 마찬가지로 엎고 제치기를 하는데 점점 속도가 빨라진다.

그 기세를 몰아 좌우 회전을 휘몰아치듯이 하여 마무리 짓는데, 마지막 순간에 두 팔을 하늘 향해 힘 있게 펼치며 "하, 절씨구!"를 소리 높여 단호하게 외치면서 최종 마무리한다. 그 마지막 순간은 악·가·무 삼위가 하나 되는 통일의 순간이다.

5. '예의 춤'의 미적 원리

'예의 춤'을 제대로 파악하기 위해서는 춤의 전체적인 틀거리와 함께 그 속에 들어 있는 보이지 않는 속성·원리 등의 관점에서 봐야 한다.

다음에 '예의 춤'을 구성하고 있는 춤사위와 춤거리 등에 내재되어 있는 속성과 원리에 관해 정리해 보겠다.

1) 비움無의 원리

첫째, 춤의 첫 시작인 절드림에서 자신을 숙이면서 비워 내는 데 초점을 맞춘다.

몸을 숙이며 모두 비워 내니 아무것도 남지 않는 무의 세계가 된다. 무야말로 우주만물이 시작되는 근원이라고 할 수 있다. 무에서 유有가 창조된다는 것은 누구나 공감하는 불변의 진리이기 때문이다.

〈승무〉의 첫 대목을 예로 들면, 땅에 엎드린 상태에서 시작하는데 엎드린 그 자체가 다 비워져 있는 공空의 상태로, 그대로 무라 할 수 있다. 마치 수묵을 치기 전 빈 화선지와도 같다. 마음도 몸도 비워진 상태, 그냥 아무것도 없는 태허太虛의 세계에서 장단이 움트고 춤이 비롯된다.[14]

2) 겸손과 공경의 원리

둘째, 앞서 본 무의 원리 안에는 보이지 않는 정신이 들어 있는데, 바로 겸손과 공경의 정신이다.

무는 비어 있음이니 말 그대로 아무것도 없고 거리낄 것도 없는 가장 단순함의 극치라고 할 수 있다. 『악기』에 보면 "위대한 음악은 반드시 단순하고, 위대한 예禮는 간소하다. '악樂'이 지극하면 원망함이 없고, 예가 지극하면 다투지 않게 된다. 겸양의 미덕으로 천하를 다스린다고 하는 것은 바로 예악禮樂에 의한 통치를 말하는 것이다"[15]라는 내용이 있다.

바로 절드림에서 나타난, 자신을 낮춤으로써 상대방을 높이는 몸놀림이야말로 겸손과 공경의 정신이라 할 수 있다.

3) 무극無極의 응축미

셋째, '예의 춤' 구성을 볼 때 제자리를 벗어나지 않고 한 지점에서만 이루어지는 춤이다.

좌우 회전이 있기는 하지만 그 춤사위도 그냥 그 자리에서 중심을 벗어나지 않는다. 춤에서 이동할 때 가장 중요한 보법步法인 삼진삼퇴가 들어 있지 않은 것이다. 한 점에서 추는 '제자리춤'인 셈이다.

그러나 춤의 팔놀림과 전체 흐름에서는 삼진삼퇴의 이동 보법보다 더 큰 기운이 감지된다. 여기에서 내면의 보이지 않는 율동인 비가시적非可視的인 응축된 힘의 역동성을 보는 셈이다. 정靜과 동動의 역동적인 응축미가 발현되는 한 점의 '붙박이춤'이니 이 얼마나 무극의 경지인가? '예의 춤'은 우주 가운데 가장 독자적인 춤 형식을 가진 단 하나의 춤이라고 생각한다.

4) 종즉유시終則有始의 원리

넷째, 춤의 처음 시작과 마지막 끝맺음의 형식을 보자.

'예의 춤'은 닫힌 '두 손 모음'에서 시작해 활짝 펼친 '열어젖힘'으로 끝난다. 여기에서 시작은 닫힘이고 끝남은 열림으로 이루어진 형식임을 알 수 있다. 닫히고 열리는 정반正反의 과정이다. 다른 관점에서 보면 닫힘은 종終이고 펼침은 시始로서, 종과 시, 즉 종즉유시의 철학을 내포하고 있다.

5) 무시무종無始無終의 반복성

다섯째, 같은 춤사위를 계속 반복 끊임없이 이어진다.

의례儀禮란 '정형성'과 '반복성' 혹은 '주기성'을 그 특징으로 하는 정형화된 행동 체계다. 의례의 정형성과 반복성은 곧 의례 행위의 전범 혹은 표준화된 틀을 유도하며, 일정한 시간이 흐름에 따라 역사적이고 집단적인 특징을 갖추게 된다. 정형성과 반복성을 지니는 의례의 '정형화된 행동'은 시간과 공간의 축에 의해 의례규범의 가시화된 틀로 형성된다.[16]

그러나 의례로서의 '예의 춤'은 지속적인 반복성 속에서 새로운 변화가 끊임없이 이루어지는 영속성을 지닌다. 마치 앞서 거론한 종즉유시의 철학처럼, 끝났는가 하면 다시 시작하는 끊임없는 되풀이의 영속성이다. 다른 말로 하면 무시무종의 영속성이다.

6) 한밝미美

여섯째, 아주 고요한 정적인 춤사위에서 시작해 극도로 폭발적인 춤사위로 이행된다. 극과 극으로 변역變易이 이루어진다. 이미 거론된 종즉유시의 철학과 같이, 끝난 줄 알았더니 다시 속 불씨가 역동적으로 살아나서 찬란한 불꽃 판을 이뤄 낸다. 그 불꽃은 바로 온 세상을 밝히는 '한밝'의

미학을 내포하고 있어 한밝미라 할 수 있다.

우리 민족의 최초 경전이라 할 수 있는 『천부경天符經』의 첫 구절 '일시무시일一始無始一'은 '하나로 시작하는데 비롯됨이 없는 하나이다'라는 뜻이다. 마지막 구절은 '일종무종일一終無終一'이다. '한一'에서 마침이니 마침終이 없는 무無, '한一'이다. 곧 '일시무시일'로 시작하고 '일종무종일'로 마친다. 처음도 일一이고 끝도 일一이다. 하나로 시작해 하나로 마친다는 뜻이다.

여기에서 하나의 의미와 하나의 작용이 무한無限한 것을 알 수 있다. 시작도 없고 끝도 없는 '한一'이다. 바로 한 걸음의 의미가 시작도 없고 끝도 없이 영원하다는 뜻이다. 한 걸음의 시작은 끝도 없이 이어지고 끝나면 다시 시작한다는 것이다.

6. 맺는말

이상과 같이 '예의 춤'을 통해 그 안에 내포되어 있는 예의 정신과 미학적 원리를 살펴보았다.

'예의 춤'은 앞서 본 바와 같이 어느 춤에나 나타나는 몸짓들로 구성된 기본 춤사위를 바탕으로 하고 있다. 호흡법·발놀림·팔놀림·몸놀림 등으로 답지저앙踏地低昻, 수무족도手舞足蹈 등 수족상응手足相應하는 기본 춤사위다. 그 기본 놀림을 바탕으로 절드림에서 시작해 너울사위, 엎고 제치기, 좌우 회전 등의 춤사위가 중심이 된다.

춤 과정은 염불도드리 과장, 자진모리 과장, 당악 과장 등으로 이행된다. 염불도드리 과장에서는 육중하고 느리게 시작해 앞서 거론된 춤사위를 행한다. 춤사위가 반복될수록 흥이 나며 자진모리로 변하고, 그 기세를 몰아가며 당악과장으로 변화한다. 마지막 춤의 신명을 펼치는 과장이다.

이와 같이 구성된 '예의 춤' 전반에 내포된 속성과 함께 다음과 같은 미적 원리가 추출되었다. 무의 원리, 겸손과 공경의 원리, 무극의 응축미,

종즉유시의 원리, 무시무종의 반복성, 한밝미 등이다.

다시 정리하면, 하나에서 시작된 무시무종의 영원성이라 할 수 있다. '한밝'의 영원성이다.

참고문헌

『논어(論語)』「태백(泰伯)」.
『순자집해(荀子集解)』 권13, 예론편(禮論篇)
『악기(樂記)』.
『조선일보』, 1939.11.8, 4면.

국사편찬위원회, 『음악, 삶의 역사와 만나다』, 경인문화사, 2011.
이상은, 『'예악의 논리' 자료집』, 2018.
이애주, 「춤이란 무엇인가」, 『서울대학교사대논총』 제39권, 1989.
______, 「한성준론－한성준의 춤인식과 춤정립」, 『한국민속학』 제28집, 민속학회, 1996.
______, 「한국의 굿에 나타난 굿춤－경기도당굿을 중심으로」, 『샤머니즘 연구』 제4집, 2002.
______, 「우리 몸짓과 소리를 통하여 본 민족의 정체성」, 『한국정신과학학회지』 제8권 제2호, 2004.
______, 「전통춤에 나타난 음양오행적 원리」, 『2011년 서울대학교 규장각한국학연구원 학술회의논문집』, 2011.
한국사상연구회, 『조선유학의 개념들』, 예문서원, 2002.

제3부

숨

한민족 대대로 이어 온 고전(古典)의 맥과 원류를 찾아 정(精)·기(氣)·신(神)이 하나 된 생활철학과 사상, 그 실천 수련 체계를 실체적으로 밝힌다.

1장

주역周易을 통해 본 춤, 그 '비움'에 대하여*

1. 들어가는 말

사람은 잠시도 쉬지 않고 숨 쉬며 움직인다. 그러한 삶의 움직임이 세월의 축적과 함께 직관적이며 예술적으로 형상화된 몸짓을 춤이라고 한다. 인간의 몸짓인 춤뿐만 아니라 모든 우주만물은 시시각각 변한다. 그 찰나에 일어나는 변화를 역易이라고 하는데, '易'이라는 글자 자체가 바로 日(해)와 月(달)의 합성어다. 우주 자연에서 쉬지 않고 움직여 모든 생명을 존재하게 하는 핵심적인 상징체가 해와 달이기 때문이다.

'역'을 글로 정리한 책을 『역경易經』이라고 하며, '두루 변한다' 하여 두루 주周 자를 붙여 『주역周易』이라고 한다. 공자는 『주역』 〈계사전繫辭傳〉 5장에서 '생생지위역生生之謂易'이라 하여 '생生하고 생生하는 것이 역易'이라고 언급했다.

『주역』은 한마디로 '변하는 학문'인 음양학陰陽學이다. 그 음양이 체体가 되어 자연스럽게 오행五行으로 펼쳐지는데, 오행은 『서경書經』「홍범弘範」에

---

* 이 글은 2016년 성균관대학교 유학문화연구소에서 열린 국제학술대회 '虛·無·精에 대한 동양과 서양 사상의 비교고찰'에서 발표한 것이다.

서 나온 학설이다. 음양과 오행은 하나로 연결되어 있어 따로 떨어질 수 없으며, 그것을 합쳐 음양오행이라고 한다. 음양이 만나면 동시에 오행은 생성되기 마련이다. 『주역』은 음양의 이치이지만 동시에 오행의 원리도 갖고 있기 때문이다.

음양오행을 통해 세상만사가 이루어지고 움직이므로, 음양오행은 우주 자연의 기본 질서이며 삶의 핵심 체계다. 인간을 포함한 우주만물은 음양오행 아니고서는 존재할 수 없다. 따라서 인간의 삶에서 행해지는 모든 몸짓이 넓은 의미의 춤이라면, 그 춤 또한 음양오행의 질서 체계로 이루어질 것이다.

『주역』은 우주 자연의 이치와 질서 체계를 담고 있어 사서삼경四書三經 중 마지막 관문으로 통하는 동양 최대 경전이고 최고의 철학서다. 필자가 그동안 춤추며 자연적으로 정리된 이론들이 이미 수천 년 전 『주역』 안에 그대로 체계화되어 있는 것을 보고, 결국 진리는 한 맥으로 통하고 있음을 다시금 실감하지 않을 수 없었다.

이 글에서는 우리춤에 『주역』의 원리와 음양오행의 사상이 어떻게 담겨 있으며, 우리 몸이 어떻게 구성되고 움직이는지 고구考究해 보고자 한다.

2. 춤의 근원적 물음과 주역

1) 근원적 물음

춤의 근원적 물음은 '움직임이 어떻게 일어나는가'에 초점을 맞춘다. 사람이 살면서 움직이는 삶의 몸짓을 큰 의미의 춤이라고 할 때, 그 춤이 어떻게 시작되었는지 근원을 파악해 보는 것이 필요하다.

춤은 사람이 춘다. 19세기 후반 민족의 정통성 관점에서 우리춤을 정립한 한성준[1]은 "사람이 나면서부터 춤은 잇섯다"라고 했는데, 바로 춤의 근원적 시작은 사람이 생기면서부터라는 의미다. 그렇다면 사람은 어떻게 생겨났을까? 두말할 것도 없이 사람은 부모의 정기精氣를 받아 정자와 난자의 음양이 만나 시작된다. 생명은 음과 양의 만남에서 비롯된다. 어느 것 하나 음양에서 비롯되지 않은 것이 없다는 사실, 이로부터 논의를 시작해 보자.

2) 춤과 주역의 관련성

음陰과 양陽은 우리가 사는 우주 자연에서 해와 달로서 상징된다. 해는 한자로 日이고, 달은 月이다. 이 '日'과 '月'이 합쳐져 변화하는 뜻을 가진 '易'이 되었다. 『주역』 〈계사상전繫辭上傳〉 5장에서 '해가 가면 달이 오고, 달이 가면 해가 온다日往則月來 月往則日來'라고 했듯이, 역은 잠시도 쉬지 않고 변화하는 의미를 담고 있다.

『주역』의 첫 번째 괘인 '중천건重天乾'에 공자가 지은 〈대상전大象傳〉이 있다.

> 象曰 天行이 健하니 君子 以하야 自彊不息하나니라.
> 상전에 이르길 하늘의 운행이 굳건하니,
> 군자가 이로써 스스로 굳세어 쉬지 않느니라.

공자는 자연 그대로 움직이는 하늘의 상象을 보고 스스로 쉬지 않고 움직이는 천행天行을 언급했다. 한 치의 어긋남이 없이 강건하게 움직이는 하늘의 해와 달의 운행인 것이다.

이처럼 생명 자체가 음양의 만남에서 시작되었듯이, 춤과 『주역』은 두루 변화해 움직인다는 공통의 속성을 가지고 있다. 역은 해와 달의 움직임처럼 자연 그대로 움직이는 것이고, 생명의 움직임인 춤도 자연에서 자연스럽게 일어나고 움직이는 것이다.

이와 같이 춤과 『주역』은 같은 이치를 갖고 있는 체용体用의 관계로, 한 몸이라 할 수 있다.

3. 춤에서 '비움'이란

춤의 시작은 숨에서 근거한다. 몸짓은 숨을 쉬는 데서 나오기 때문이다. 우리가 살아 있는 한 끝없이 쉬는 숨과 같이, 숨에서 비롯된 춤은 시작도 없고 끝도 없이 계속해서 반복된다.

우리 민족의 첫 경전이라 할 수 있는 『천부경天符經』은 '일시무시일一始無始一'로 시작해 '일종무종일一終無終一'로 끝난다. '하나로 시작하나 시작한 하나가 없고, 하나로 마치나 마친 하나가 없다'는 의미인데, 이는 무시무종無始無終으로 시작도 없고 끝도 없이 계속되는 것을 의미한다.[2]

앞서 공자가 『주역』 〈대상전〉에서 언급한 자강불식自彊不息의 원리와도 일치한다.

이러한 '숨 쉼'에 의해 몸이 움직이기 시작한다. 그러나 그 숨은 '비움' 없이는 쉴 수가 없다.

우리는 명절 때나 제사를 지낼 때 절을 한다. 그 절드림은 자기를 숙이면서 예를 갖추는 것이다. 춤도 어느 춤이든 처음 시작할 때와 마지막 끝날 때 절을 한다. 한국의 대표적 춤인 〈승무僧舞〉도 그러하고 〈춘앵전春鶯囀〉도 그러하다.

이 절드림의 의미는 자기 자신을 숙이면서 낮추고 상대방을 올려 주는 것으로, 실제로 몸을 숙이면 숨이 내쉬어지면서 몸이 비워진다.

춤의 움직임이 시작되는 것도 같은 이치다. 들이쉰 숨이 비워짐 없이는 다시 쉴 수 없듯이, 춤이 일어남도 숨을 내쉬어 비움의 상태가 될 때 비로소 움직임이 시작되는 것이다. 마치 달이 스러졌다가 차오르듯이, 비워 냄으로써 들이쉬게 되고 채워짐으로써 다시 내쉬며 비우게 된다. 이러한 종즉유시終則有始의 이치는, 시작도 없고 끝도 없이 이어지는 무시무종의 원리로 계속 돌아간다. 이 같은 종시終始·시종始終 과정에서, 춤의 본바탕은 항상 아무것도 남지 않은 공空의 상태가 되는 무시무종의 '무'이다.

4. 주역과 춤의 체계

1) 형상形象을 통한 수數와 이치理致

움직임의 관점에서 인류 역사를 논할 때 인간의 이동과 정착에서 역사가 시작되었듯이, 춤 또한 본래의 자리를 이동하는 데에서부터 시작한다. 춤에서 이동이라 함은 발걸음을 짚으며 나아가고 다시 제자리로 돌아오는 것이다. 그러한 '나아감과 돌아옴'인 진퇴進退는 바로 음양의 원리다.

『삼국지三國志』「위지魏志」〈동이전東夷傳〉에는 '삼진삼퇴三進三退'라는 글귀가 있는데, 진進과 퇴退 앞에 삼三이라는 수가 붙었다. '삼'의 의미는 꼭 세 번을 뜻한다기보다 운동의 상징적 의미를 지닌다고 볼 수 있다.[3] 여기서 중요한 점은 발걸음의 이동을 수의 개념으로 나타낸 것이다.

『주역』에서 그 실마리를 찾아보면 5천여 년 전 복희씨伏羲氏라는 성인이 세상을 다스린 내용이 있다. 황하 유역에 용의 머리와 말의 몸을 한 신비로운 용마龍馬가 하늘의 계시啓示로 나타났는데, 그 등에 선모旋毛 형태로 된 1부터 10에 이르는 10가지 모양이 있었다고 전한다. 용마가 짊어지고 나온 이 그림을 하도河圖라고 하며, 그때 복희씨는 '우주만물이 오직 1에서 10수 안에 존재하고 있음'을 깨달았다고 한다.[4]

『주역』〈계사상전〉에 공자께서 하도를 개념으로 풀어 놓은 글이 있다.

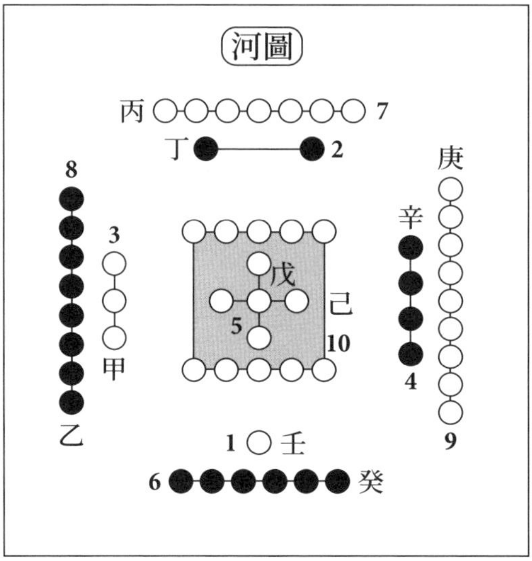

하도(河圖)

天一 地二 天三 地四 天五 地六 天七 地八 天九 地十이니

天數ㅣ五ㅣ요 地數ㅣ五ㅣ인데.

五位相得하며 而各有合하니

天數ㅣ二十有五ㅣ요 地數ㅣ三十이라.

凡天地之數ㅣ五十有五ㅣ니

此ㅣ所以成變化하며 而行鬼神也ㅣ라.

하늘 하나, 땅 둘, 하늘 셋, 땅 넷, 하늘 다섯, 땅 여섯,

하늘 일곱, 땅 여덟, 하늘 아홉, 땅 열이니,

하늘 수가 다섯이요 땅의 수가 다섯인데.

다섯 자리가 서로 얻으며 각각 합함이 있으니,

하늘의 수는 이십오요 땅의 수는 삼십이라.

무릇 천지의 수가 오십오 수이니,

이것으로써 변화하며 귀신을 행하느니라.

—『주역』〈계사상전〉 제9장

공자가 풀이한 하도의 내용을 다시 한번 살펴보면, 1에서 10에 이르는 10가지 십수 안에 모든 천지자연의 이치가 들어 있다고 한다. 그 내용은 하늘의 수(양의 수)인 1, 3, 5, 7, 9와 땅의 수(음의 수)인 2, 4, 6, 8, 10 속에서 천지음양이 변화하면서 귀신의 조화가 행해지고 있다는 것이다. 천지대자연의 모든 음과 양이 서로 얻으면서 각각 합해 변화를 이루며 만물이 생성되는 것이다.

음·양이 합해 오행인 수水·화火·목木·금金·토土를 생성하면서 변화가 이루어지는바, 인간사회 관점에서는 남녀가 합쳐 자녀를 생성하고 이 모든 것이 신묘한 신의 경지로 행해진다 하여 이 글을 '행신문行神文'이라고 한다.

춤과 행신문을 전체적으로 정리해 보겠다.

먼저 춤이라는 상象이 있고 그 춤의 구성 원리가 수數로 풀어지며 그것이 이치理致로 나오는 것이다. 바로 '상'과 '수'와 '리'로 정리된다. 『주역』에서 공자가 이미 하도를 '수'로 풀어 나간 것을 보면 분명히 『주역』은 상象·수數·리理학이라고 할 수 있다.

상·수·리는 무엇인가. '상'은 물상物象·형상形象을 말하며 무엇보다 먼저 존재하는 것이고, '수'는 상에 의해 나타난 숫자 개념이다. '리'는 상·수 개념에서 나오는 정리된 이치다. 그 관계를 따져 보면 '상'이 있고 나서 '수'의 개념이 나오고, 그것을 수리數理로 풀어내 정리한 것이 '리'이다.

2) 상·수·리로 본 춤의 체계

앞서 비워진 '무'에서 음양이 생겨나고 그것이 오행으로 전이되기 때문에 그것을 음양오행이라 말한 바 있다. 여기에서는 비워진 '무'에서 어떻게 음양오행으로 변화되는지 그 과정을 풀어 나가 보기로 하겠다.

먼저 비워진 '무'에서 음양으로 가기 위해서는 태극太極이라는 과정이 있다. 그리고 음양에서 오행으로 이행되기 전 단계로 삼재三才와 사상四象

일월오봉도

이 있다. 전체적으로 보면 처음 무극이태극無極而太極의 우주에서 음과 양으로 나뉘는데, 음과 양 자체가 각각 천지인삼재의 기운을 담고 있다. 그다음에 사상의 사방 위位가 생기고 비로소 오행이 된다. 바로 음양오행이다. 이 음양오행이 잘 나타난 그림이 조선 시대의 〈일월오봉도日月五峰圖〉이다.

지금부터 '무'의 바탕에서 이행되는 각 단계의 변화 과정을 차례대로 열거하며 논하겠다.

(1) 비워진 무無에서 태극太極으로

'무'의 의미는 최초의 우주 생성 과정에서도 그대로 나타난다. 처음에 우주가 형성된 바탕이 '끝이 없는 무', 즉 무극無極이다. 그 '무'는 끝이 없이 커서 태극이라고 한다. 태극이라는 단어는 '처음 태太, 끝 극極'으로 풀이하면 '아득한 태초太初로부터 궁극窮極에 이르기까지 시간 세계를 펼치는 주재자'라는 뜻이고, '클 태太, 덩어리 극極'으로 풀이하면 '삼라만상을 두루 담는 무한한 공간 세계를 펼치는 주재자'라는 뜻이다.[5]

송대宋代의 주렴계(周濂溪, 1017~1073)는 무극이태극이라는 표현을 처음 사용했다. 무극과 태극을 연결해 처음 언급한 이 이론에 대해 김석진은 "태극 이전에 무극이 있음을 강조했다기보다는 태극의 무한한 측면을 무극으로 표현했다"고 보면서, "굳이 이를 나누어 설명하면 무극은 태극의 모체로서 글자 뜻 그대로 끝이 없고 중심이 없으므로 무시무종無始無終한 둥근 한 획을 그려 공허한 형상을 나타낸다"고 했다.[6]

무극이 곧 태극으로서 처음에는 비어 있지만 그 비움은 공간적으로는 삼라만상을 감싸는 가장 큰 덩어리와 같고, 시간적으로는 처음에서 끝까지, 즉 태초에서 궁극까지를 뜻한다.[7]

그림으로 설명하면 다음과 같다.

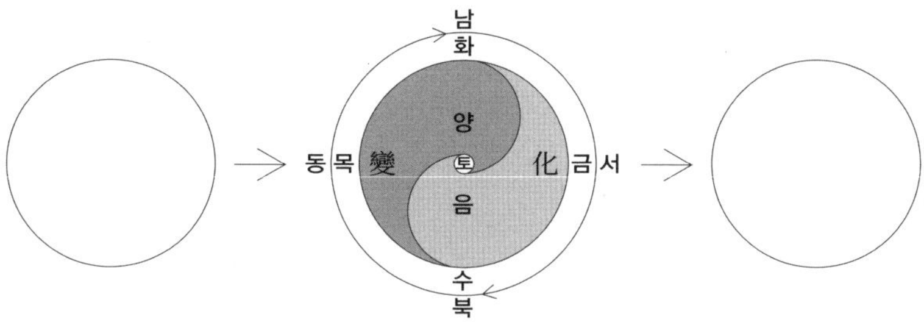

무극 → 태극(중심 씨눈은 유극)

위 그림은 우리가 일반적으로 사용하는 서구 방식의 방위도方位圖와 다르다. 서구 방식의 방위는 좌우상하를 서동북남으로 두는 데 반해, 위 그림은 좌우상하를 동서남북으로 두는 전통적인 고대 동양의 방위 설정으로, 태극의 음양을 설명하는 데 핵심 근간이 됨[8]을 인식할 필요가 있다.

공간적으로나 시간적으로 끝이 없기 때문에 무극이라고도 하는 이 태극을 근본으로 우주만물이 나왔다.[9] 이처럼 모든 삼라만상이 '무'에서 시작되었듯이 몸짓 또한 모든 것이 비워진 '무'에서 시작된다. 몸짓이 일어나는 본바탕의 세계가 바로 '무'의 세계다. 생生과 멸滅이 없고 허허虛虛하고 그대로 공空인 자리다.

우리춤의 대표격인 〈승무〉의 첫 대목을 예로 들면, 춤은 땅에 엎드린 상태에서 시작하는데, 엎드린 그 자체가 다 비워져 있는 '공空'의 상태로 '무無'라 할 수 있다. 땅과 하늘이 따로 없는 그런 자리다. 마음도 몸도 비워진 상태, 그냥 아무것도 없는 태허太虛의 세계에서 장단이 움트고 춤이 비롯된다.

(2) 음양의 양의兩儀

태극에서 나오는 양陽과 음陰이라는 두 모습을 양의陽儀와 음의陰儀라고 하는데, 맑고 가벼운 즉 경청輕淸한 '양'은 올라가 하늘이 되고, 무겁고 탁한 즉 중탁重濁한 '음'은 아래로 내려와 땅이 된다. 양의 기운은 해가 되고 음의 기운은 달이 되며, 사람으로는 남자와 여자를 이루는 것이다. 그래서 음양은 상대성이 있으며 대립 관계에 있음을 알 수 있다.[10]

음과 양은 만물이 형성되는 바탕이 되고 그것을 토대로 하여 질質의 변화를 일으킨다. 즉 음과 양이 상생 작용을 하여 생명이 시작됨으로써 우리가 보고 느끼고 만지는 물질 작용과 정신 작용이 시작되는바, 바로 그러한 작용이 소리와 몸짓, 악樂·가歌·무舞로 나타나는 것이다.[11]

춤은 음양 변화에 의해 추어진다. 춤에서 위로 오름은 '양'이고, 아래로 내려감은 '음'이다. 춤사위의 굽히고 펴고, 가고 오고, 엎고 제치고, 감고 도는 등의 몸짓이 모두 음양의 이치에서 나온다. 팔놀림도 좌우로 너울너울 움직인다 하여 너울사위라고 하는데, 이 역시 음양의 이치다. 이와 같이 춤사위가 시작되는 공간 영역은 모두 음양이 입체적으로 조화되고 만나면서 태극의 선으로 움직인다.

순서는 먼저 '양'이 동動해 나오고, 그다음에 '음'이 정靜해져서 나온다. 몸짓과 만물이 생生하는 법도는 그와 같이 상대성이 있으니, 춤에서 팔을 하늘을 향해 올린 다음에는 반드시 땅 쪽으로 내리게 되는 것이 바로 그 이치다.

(3) 천·지·인天地人 삼재三才

삼재는 '석 삼三', '재주 재才', 즉 세 가지 바탕인 천재天才·지재地才·인재人才를 말한다. 위로는 하늘이 바탕이 되고 아래로는 땅이 바탕이 되며, 중간에는 사람이 그 바탕이 된다.

모든 생명 가진 존재는 천·지·인 '삼三'의 원리를 갖는다. 태극을 보더라도 천태극天太極·지태극地太極·인태극人太極으로 이루어져 있어, 그 안에서 삼태극의 운동이 일어나고 있음을 알 수 있다.

음양에서 하나가 나와 '삼'을 이루므로 음양이 있는 곳에는 반드시 삼재가 있다.[12] '삼'의 사상은 우리 민족 특유의 우주 인생관을 형성한 것으로, 단군 내력에는 천신의 아들 환웅이 천부인天符印 3개, 곧 거울·방울·칼과 무리 삼천을 데리고 인간 세상에 내려와 천하를 교화敎化했다고 했다.

또한 세 명의 풍백·우사·운사로 하여금 인간의 360여 가지 일을 맡아 다스리게 했는데, 바로 여기에서 3은 첫 세상을 여는 성수聖數이며 신수神數의 의미를 지니고 있다. 천부인의 '삼'은 천·지·인 삼재를 뜻하는 것이고, 천·지·인은 모든 생명체의 삼위일체 조화와 같이 절대로 분리할 수 없는 자연의 법칙을 상징한 수數의 개념이다.

천·지·인 3의 기틀은 하늘과 땅이 만나 사람이 생겨나는 것과 같은 이치다. 천·지·인으로 태어난 사람의 의식과 형상이 모두 '3'의 구조로 되어 있으며, 춤사위가 움직이는 법도法道도 어르고 맺고 푸는 3의 체계를 가지고 있다. 그 바탕으로 나아가고 돌아오는 보법步法에서도 그 기본이 삼진삼퇴다. 3을 앞세워 앞으로 나아가고 뒤로 물러남을 수로 상징화했다.

'삼진삼퇴'는 여러 방법의 다른 형식으로 나타난다. 그 예로 춤의 보법에서 '까치발'이라는 발걸음이 있는데, 까치가 종종걸음하며 걸음을 떼듯이 겹으로 세 걸음을 밟아 이동하는 것이다. 또 다른 예로 택견춤의 '품밟기' 보법을 들 수 있는데, 그 형태는 삼각형으로 발을 세 번 짚으며 삼각구도를 이룬다.

우리 민족은 하늘과 땅을 똑같이 존중하고 자연을 있는 그대로 보존하고 가꾸며 천지신명을 똑같이 공경했다. '삼'의 원리로 통하는 이 사상은 바로 천신과 지신을 상징으로 하여 우주만물을 신으로 모시는 우리의 마음이다.

(4) 사상四象

사상은 네 가지 형상을 말하는데, 태양太陽·소음少陰·소양少陽·태음太陰을 일컫는다.

'태양'이라는 것은 양이 커져 생겨난 것이다. 양이 양으로 진화한 것은 태양太陽[⚌]이고, 양이 음으로 분화된 것은 소음少陰[⚍]이고, 음陰이 음으로 진화한 것은 태음太陰[⚏]이고, 음이 양으로 분화된 것은 소양少陽[⚎]이다. 이렇게 태양, 소음, 소양, 태음을 네 가지 형상이라 해서 사상이라고 한다. 이러한 사상은 하늘에는 일월성신, 땅에는 산천초목, 동서남북, 춘하추동, 사람에게는 이목구비, 사지(四肢, 두 팔과 두 다리) 등의 형상을 이루며, 이 형상이 펼쳐지면서 삼라만상으로 끝없이 확산되는 것이다.

춤에서 그 춤을 구성하는 낱개 동작을 '춤사위'라고 한다. 춤에서 '사위四圍'의 의미도 사방의 둘레를 뜻하는 것으로, '춤사위'라고 하면 사방으로 움직여지는 공간 형성의 몸짓을 말한다. 낱개의 춤사위도 사방의 공간을 포함하지만, 춤사위가 여러 개 모여 구성된 춤가락에도 '사방치기'라는 한 마루의 춤 단위를 예로 들 수 있다.

(5) 다섯의 오행五行

오행은 다섯 오五, 갈 행行, 즉 다섯 가지가 어디든 가며 또한 다섯 가지가 쉴 새 없이 움직이고 있다는 것이다. 하늘에는 수기水氣·화기火氣·목기木氣·금기金氣·토기土氣라는 오기五氣가 있고, 땅에는 수水·화火·목木·금金·토土의 물체가 있어, 하늘의 기운과 땅의 물체로 만물이 움직이는 것이다.[13]

오행이란 본래 음양의 분합分合에 의해 생성되는 것으로 물·불·나무·쇠·흙, 즉 수水·화火·목木·금金·토土의 다섯 가지가 다섯 번의 절차를 행하는 것이다. 구체적으로는 음양이 분화한 사상四象의 위수位數가 배합하는 가운데 오행이 생성되는데, 만물의 생성과 변화가 이 오행에 따른다.

오행의 성질을 『서경書經』의 「홍범구주洪範九疇」에서는 다음과 같이 정의 내린다. 물水은 아래로 적셔져 흘러내리므로 '윤하潤下', 불火은 위로 타올라가므로 '염상炎上', 나무木는 굽어지되 곧게 뻗으므로 '곡직曲直', 쇠金는 단단하지만 외부의 충격이나 힘에 의해 모습을 바꾸므로 '종혁從革', 흙土은 중심에 해당하므로 심고 거두는 작용인 '가색稼穡'이라고 한다.

오행은 '가지 않는 곳이 없다'고 하니, 곧 사람 배 속에 가서는 물은 아래로 흘러내려 양쪽 콩팥腎臟이 되고, 불은 위로 올라가기 때문에 심장心臟이 되고, 나무는 간장肝臟이 되고, 쇠는 폐장肺臟이 되고, 흙은 비장脾臟이 되는 것이다.[14] 이와 같이 오행은 사람 배 속에서 오장五臟이 되어 움직이고 있다.

우리춤에서 5五라는 숫자는 방위의 상징적 의미를 지니고 있다. 오방五方에서 비로소 확실한 중심이 생기며 우주의 중심을 이룬다. 〈처용무處容舞〉[15]를 보면 오방五方처용이 있는데, 황黃처용이 중앙에 있고 청靑처용이 동방에, 적赤처용이 남방에, 백白처용이 서방에, 흑黑처용이 북방에 있어 대작대무對作對舞를 한다. 이와 같이 모든 춤사위는 다섯 방향을 가지고 있으며, 오행으로 풀어지고 맺어진다.

숫자 1·2·3·4·5는 안에서 생生하는 수라 하여 생수生數라 하고, 6·7·8·9·10은 밖에서 이루는 수라 하여 성수成數라 한다. 생수는 체体가 되고 성수는 용用이 되어 안에서 밖으로 펼쳐진다. 춤의 이동도 이와 같이 본래 있던 중심에서 사방으로 펼쳐지며 움직이는 것이다.

행신문의 마지막 구절에서 '此ㅣ所以成變化하며 而行鬼神也ㅣ라'라고 했듯이, 자기가 위치한 중심에서 사방팔방으로 움직여 천변만화의 춤사위가 나오게 된다. 그 과정에서 저절로 신이 나니 귀신의 조화가 행해져 신명의 춤이 되는 것이다. 신이 난 상태에서 자연스럽게 몰입해 추다 보면 신바람이 나고 온몸은 공간과 자연에 내맡겨져 움직여지는 대로 너울거리며 무아지경에 이르는 것을 '신춤'이라 할 수 있다.

5. 하도의 행신문을 통해 본 춤

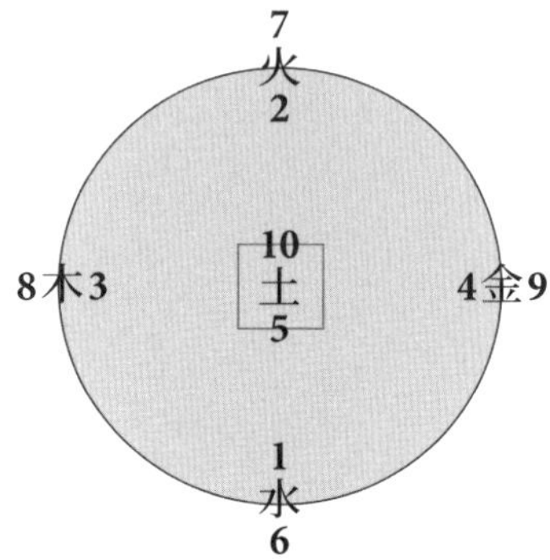

수로 본 음양오행

하도의 그림을 보면 북방의 1과 6이 합해 수水를, 남방의 2와 7이 합해 화火를, 동방의 3과 8이 합해 목木을, 서방의 4와 9가 합해 금金을, 그리고 중앙에서는 5와 10이 합해 토土를 만들어 낸다. 바로 수·화·목·금·토의 생성 이치다.

지금까지 본 바와 같이 행신문은 1부터 10수까지 음양오행의 조화를 수로 펼쳐 놓은 것이다. 이 행신문을 춤으로 보면 나아감과 돌아옴이 무수히 이어지는 진퇴의 걷기춤이 된다. 이러한 계속적인 반복의 원리는 '돌고 돌아 마침내 본래 자리로 되돌아오는' 회귀回歸·윤회輪廻의 법도[16]라 할 수 있다.

이와 같이 무수한 반복으로 나아갔다 제자리로 돌아오면 결국 본래 자리로 돌아와 아무것도 일어나지 않았던 '무'의 상태가 된다. 아무리 걸어 나가도 다시 제자리로 돌아오게 되니 결국은 '무'다. 비움空의 이치이자 비움의 춤이다.

하도의 행신문은 그대로 춤의 구조다. 천일天一·지이地二……하며 십수까지 나아가는 것을 보법으로 옮기는데, 왼발 천일天一 오른발 지이地二 하며 계속 발을 바꾸어 짚는다. 발걸음 자체가 그대로 몸이 이동하면서 시공간의 몸짓을 만들어 내는 것이다. 이러한 이치로 좌측 발, 우측 발을 밟아 나가는 것이 음양의 '발걸음'이고, 거기에서 사방으로 펼쳐지며 태극으로 움직이는 것이 오행의 '밟이춤'이다.

한국의 모든 춤이 그런 이치로 이루어진다. 즉 행신문은 음양오행의 체계로 자연스럽게 추는 걷기춤이요 밟이춤이다. 하도를 몸으로 그리면 이렇게 그대로 춤이 되는 것이다.

6. 맺는말

지금까지 『주역』의 음양오행 원리를 통해 춤의 이치를 살펴보았다. 살펴본즉, 세상만사가 음양오행에서 비롯되지 않은 것이 없듯 춤 또한 음양오행의 이치가 아닌 것이 없었다.

그리고 무엇이든 일어나기 이전의 본바탕은 비워진 '무無'였다. 무의 상태에서 태극으로 움직이면서 음양의 운동이 일어나고, 음양이 만나면서 삼태극을 이루고 한 개체의 생명이 태어난다. 그리고 그 생명은 중심을 잡고 사방으로 움직이니 저절로 오행이 형성되는 것이다.

음양오행이 처음 드러난 것은 5천여 년 전 복희씨가 용마의 등에 나타난 하도의 그림을 발견하면서부터다. 1에서 10에 이르는 10가지 숫자로 음양과 생수·성수의 개념이 생겼고, 그 수에서 1과 6, 2와 7, 3과 8, 4와 9, 5와 10이 만나 수·화·목·금·토 오행이 생성되는 것을 알 수 있었다.

하도의 행신문은 그대로 춤의 구조로 구성되어 있으며, 좌우 차례대로 음양의 몸짓이 나오고 그 음양이 만 가지 형상을 이루면서 오행으로 펼쳐져 나감을 알 수 있었다. 바로 '걷기춤'이요 '밟이춤'이다.

지금까지 살펴본 바와 같이 『주역』의 음양오행 체계와 삶의 몸짓인 춤이 서로 분리될 수 없는 내외·체용의 한 몸인 것을 알 수 있다. 바로 우주 속에 중심 잡고 있는 한 존재가 우주의 음양오행 변화와 함께 쉬지 않고 움직이고 돌아가는 현상으로서의 춤이다. 그 모두가 무에서 시작되고 다시 무로 돌아가는 종즉유시終則有始의 무無의 철학이다. 『천부경』의 첫 구절과 끝 구절인 '일시무시일', '일종무종일'과 같이 결국은 무시무종으로서의 무다.

참고문헌

『삼국지(三國志)』「위지(魏志)」〈동이전(東夷傳)〉.
『서경(書經)』「홍범(弘範)」.
『주역정문(周易正文)』.
『천부경(天符經)』.

김석진, 『대산 주역강의 1』, 한길사, 1999.
이애주, 「승무의 구조와 춤사위 연구」, 『한국민속학』 26집, 민속학회, 1994.
______, 「역으로 본 영가무도」, 『민족사상연구소 제23회 학술회의 2010 춘계 학술회의 자료집: 역학과 민족의 평화통일』, 2010.
______, 「전통춤에 나타난 음양오행적 원리」, 『2011년 서울대학교 규장각한국학연구원 학술회의 논문집』, 2011.
이응문, 『태극사상과 한국문화』, 동방문화, 2015.

2장

영가무도詠歌舞蹈의 생성 원리와 미학적 구조*

1. 들어가는 말

우리 한민족은 예로부터 몸과 마음을 다스리는 방법으로 영가무도詠歌舞蹈를 했다. 영가무도는 명칭 그대로 '영詠'하고 '가歌'하고 '무舞'하고 '도蹈'하는 민족 전래의 전통춤으로, 순우리말로는 '소리춤 길닦음'이라 할 수 있다.

구체적으로 보면 생명의 기본 소리인 '음·아·어·이·우' 다섯 소리를 길게 늘여 소리 내고 노래하며 마침내 춤추고 뛰면서 신명을 다하는 가무의 총체적 형식이자 심신수행의 관법觀法이라 할 수 있다.

『시경詩經』의 〈모시서毛詩序〉에 이를 잘 설명해 주는 내용이 있다.

> 情動於中而形於言, 言之不足故嗟嘆之,
>
> 嗟嘆之不足故永歌之,
>
> 永歌之不足, 不知手之舞之, 足之蹈之也.

---

* 이 글은 2011년 서울대학교 규장각한국학연구원에서 개최된 한국홍역학회 학술대회 '한국전통문화 이론 정립을 위한 음양오행적 해석 – 홍범과 주역, 홍역학을 중심으로'에서 발표한 「전통춤에 나타난 음양오행적 원리 – 소리춤 길닦음, 영가무도를 중심으로」를 재정리한 것이다.

감정이 마음에서 움직여 말로써 나타나는데,
말로써 부족하여 감탄하게 되고,
감탄하는 것으로 부족하여 길게 노래하게 되고,
길게 노래하는 것으로 부족하여
저도 모르게 손으로 춤추고 발로 춤추고 하는 것이다.

영가무도의 소리와 춤은 극히 자연스러운 생명의 소리이자 율동이고 기의 순환 운동이다. 그 행위가 담고 있는 의미는 크게는 '자연의 이치를 담은 우주 자연의 변화 과정'이고, 작게는 '한 생명체가 나고 자라고 성장해 스러지는 생장의 이치'라 할 수 있다. 영가무도는 우리 민족의 정신사상이 소리와 춤 형식으로 빚어진 것이며, 몸과 마음을 다스리는 핵심적인 심신수행법이라고 할 수 있다.

급변하고 혼란스러운 현대 시점에 상고 시대부터 자연스럽게 내려오던 영가무도를 접한다는 것은 그 자체로서도 중요한 의미를 지닌다.

이 글에서는 먼저 영가무도는 무엇이고 어떻게 생겨났는지 유래에 대해 알아본다. 다음으로 음양오행의 관점에서 영가무도의 틀과 변화 원리, 그리고 그 토대에서 이루어진 사상적 측면에 대해 논하고자 한다.

2. 영가무도의 뜻과 유래

1) 영가무도란

사람이 존재하는 것은 생명이 쉬지 않고 움직이기 때문이다. 생명은 살아 있음으로 해서 끝없이 움직이면서 변화하고 있다. 바람처럼 흔들리며 펼쳐지는 그 끝없는 움직임이 '생명의 몸짓'으로서 춤의 근원이 된다.

일하면서 시작된 사람의 '몸놀림'은 가장 기본적인 삶을 지탱하기 위해 움직일 수밖에 없는 '삶의 몸짓'이었다. 사람이 살아가면서 '몸놀림'을 한다는 것은 춤의 관점으로 볼 때 '큰 의미의 춤'으로, 결국 '삶의 춤판'을 벌이는 행위에 다름 아니다.

그렇다면 최초의 춤이 생겨난 초창기의 몸짓은 어떠했을까? 그 화두야말로 춤의 뿌리, 인간 몸짓의 뿌리를 찾는 일인 동시에 우리 자신의 근원을 찾는 일이다. 그 뿌리를 찾아 역사를 거슬러 올라가다 보면 역사 초창기의 태곳적 몸짓은 소리 내고 지르며 몸을 움직인 '소리춤'이자 '춤소리'였을 것이다.

사람은 태어나기 전 어머니 배 속 태아일 적부터 숨 쉬며 움직거린다. 태어나면서부터 '응아~' 하고 목청을 돋우며 소리 내어 운다. 이처럼 생명이 이 세상에 나올 때부터 몸짓과 소리의 근원이 함께한다. 그렇게 찾아 올라가 궁극으로 만나는 것이 고대로부터 우리 민족이 행해 오던 '소리춤 길닦음'인 영가무도다.

우리 민족이 예로부터 가무를 즐기면서 그 자체가 삶이자 민족 고유의 심신수행心身修行으로 이어진 것이 바로 영가무도다.

위의 설명에서 영가무도는 소리와 춤이 자연스럽게 함께했음을 알 수 있다. 본래 고대 예술의 기원은 악樂·가歌·무舞가 분화되지 않은 삼위일체의 원시 종합 형태를 띠고 있는바, 고대의 춤 또한 소리와 함께 행해진 악·가·무 일체 형태였음을 알 수 있다.

2) 영가무도의 유래

민족의 역사가 형성된 1만 년 전으로 거슬러 올라가 '우리 민족은 어떤 몸짓, 어떤 소리를 했을까?'라는 의문으로부터 이제 우리 민족의 소리와 춤의 뿌리를 유추해 본다. 모든 움직임이 일어나는 것은 마음에 의해서이고, 그 마음이 몸과 합치되면서 비로소 '몸놀림'이 시작된다. 따라서 우리의 소리와 춤도 민족의 마음에 의해, 하늘과 땅이 생성되는 이치와 함께 자연

적으로 생겨난 것이다.[1]

그렇다면 영가무도의 유래는 상고 시대로 거슬러 올라가면서 그 기원을 찾아볼 수 있다. 우리 민족은 예로부터 가무를 즐겨하는 민족이었다. 『삼국지三國志』「위지魏志」〈동이전東夷傳〉에 "부여夫餘 · 고구려高句麗 · 예濊 · 마한馬韓에서는 농사를 지을 때 하늘에 제사 지내고 연일 밤을 새워 음주가무飮酒歌舞했다"는 기록이 있다.

• 부여의 영고迎鼓

以殷正月祭天 國中大會 連日飮食歌舞 名曰迎鼓.

行道晝夜無老幼皆歌 通日聲不絶.

은나라는 정월에 하늘에 제사 지내는데 나라 안에 많은 사람이 모여 며칠 동안 먹고 마시고 노래 부르고 춤추는바 이를 '영고'라 부른다. 길을 갈 때는 밤이든 낮이든, 노인 아이 할 것 없이 모두 노래를 부르기 때문에 하루 종일 노랫소리가 끊이지 않는다.

• 고구려의 동맹東盟

其民喜歌舞, 國中邑落, 暮夜男女羣聚, 相就歌戲.

無大倉庫, 家家自有小倉, 名之爲桴京. 其人絜淸自喜. 善藏釀.

跪拜申脚, 與〈夫餘〉異, 行步皆走.

以十月祭天, 國中大會, 名曰東盟.

백성들은 노래와 춤을 좋아해 밤낮으로 남녀가 무리 지어 서로 따라 노래하고 춤춘다. 집집마다 작은 창고를 가지고 있고, 사람들은 맑고 청결한 것을 기뻐하며, 좋은 술을 저장하기 좋아한다. 절할 때 다리를 펴는 것은 부여와 다르고, 걸음걸이는 모두 달리는 듯하다. 시월에 하늘에 제사 지내는데 국중대회로 이를 '동맹'이라 한다.

• 예의 무천舞天

常用十月節祭天, 晝夜飮酒歌舞, 名之爲舞天, 又祭虎以爲神.

매년 10월이면 하늘에 제를 올리며, 밤낮으로 술을 마시고 노래하고 춤추니, 이를 '무천'이라 부르고, 호랑이를 신으로 삼아 제사를 지낸다.

• 마한의 탁무鐸舞

常以五月下種訖, 祭鬼神, 羣聚歌舞, 飮酒晝夜無休.

其舞, 數十人俱起相隨, 踏地低昻, 手足相應, 節奏有似鐸舞.

十月農功畢, 亦復如之.

해마다 5월에 씨뿌리기를 마치면, 귀신에게 제사 지내고 무리 지어 노래하고 춤추는데 밤낮을 쉬지 않고 먹고 마신다. 그 춤은 수십 명이 함께 일어나 따라가면서 땅을 밟는데, 손과 발이 서로 응하고 조화하는 것이 '탁무'와 비슷하다. 10월 농사가 끝났을 때도 역시 이와 같이 한다.

• 변진弁辰의 가무歌舞

俗喜歌舞飮酒. 有瑟, 其形似筑, 彈之亦有音曲.

풍속에 노래하고 춤추며 술 마시기를 좋아한다. 거문고가 있는데, 축과 비슷하고, 연주에 쓰는 음곡이 역시 있다.

위 내용에서 공통적으로 나타나는 것은 '가무'다. 즉 가歌와 무舞로, 소리와 춤이 주된 형식과 내용임이 확인된다.

또한 『단기고사檀奇古史』에 "노인은 영가詠歌하고 어린이는 무도舞蹈하였느니라"라는 구절이 있다. 이 모든 것으로 미뤄 볼 때 영가무도는 단군 시대 이전부터 유래되었음을 유추할 수 있다. 자연에 가장 가까운 소리와 몸짓으로 이루어진 이 제의적 영가무도는 단군 이후 맹자 시대 때 중국에 들어갔다가 그 후 맥이 끊겼던 것이, 조선조 말기 일부一夫 김항(金恒

1826~1898)이 창도唱導로 되살려 그 맥이 이어진 것이다.

> 그는 사색思索 중에 영감靈感을 얻어 무의식적으로 입에서 나는 소리를 그대로 불렀을 뿐이며, 또한 아니 부르고는 못 견딜 만큼 마음의 충동을 받은 것이다. 그리하여 그 독창적인 창법唱法으로 무아無我의 경지에 이르도록 이에 열중했던 것이다.[2]

영가무도는 자연에서 자연의 이치에 의해 이루어진다. 그렇다면 말과 소리와 춤의 차이가 무엇이고 그것이 어떠한 변화 과정을 거쳐 자연스럽게 연결되느냐 하는 것이 문제다. 『악기樂記』의 다음 구절이 그 의문을 잘 풀어 준다.

> 노래의 말이 되는 것은 그것을 길게 부름이다. 이야기함으로 말이요, 말로는 부족하므로 길게 소리하고, 길게 부름이 부족함을 차탄嗟歎하고, 차탄이 부족하므로 춤추고 뛰는 것을 알지 못한다.[3]

그 과정은 "말로는 안 되니까 길게 부르고 그것도 안 되니 차탄하고 또 그것만으로도 안 되니 춤추고 뛰게 된다"는 것을 설명해 주고 있다.

여기에서 영가무도의 이치와 같은 것을 알 수 있으니, 말로써 그 표현이 부족할 때 길게 소리가 나 '영詠'이 되고, 그 소리로서 부족할 때 차탄이 나오니 그것이 '가歌'이고, 그 차탄이 부족해 나오는 것이 춤이니 '무舞'이고, 그것으로도 부족할 때 뛰게 되니 '도蹈'인 것이다.

바로 이렇듯 '영'에서 '가'로, '가'에서 '무'로, '무'에서 '도'로 넘어가지 않을 수 없을 때, 자연스럽게 다음 단계로 넘어감을 알 수 있다. 즉 '영'이 되면 저절로 '가'가 나오고, '가'가 되면 저절로 '무'가 나오고, '무'가 나오면 저절로 '도'가 나오지 않을 수 없게 된다.

온몸으로 영가무도의 삶을 산 김일부는 그 모든 것을 『정역正易』이란 사상 이론의 저술로서 결실을 맺으며 성학聖學의 진의眞義를 세상에 드러냈다. 『정역』은 지혜로 쓴 것이 아니고 영가의 삶을 살며 온몸으로 체득한 것을 구체적으로 써 내려간 것이다. 즉 영가무도의 깊은 법열法悅의 세계로 들어간 후에 『정역』이라는 대서大書를 쓴 것이다.

그다음에는 김창부金昌夫가 김일부의 맥을 이었고, 마지막으로 생존해 계셨던 박상화朴相和 옹이 다시 이어받았다.

필자는 박상화 옹이 타계(1995)하기 전까지 선생의 청주 자택과 서울대학교 한맥연구실에서 영가무도의 맥을 전수받았고, 1980년 초 선생이 구성한 '영가정호회'에서 활동했다.

3. 영가무도의 법도

먼저 영가무도는 어떻게 오장五臟으로부터 비롯되어 소리가 나고 움직여지는지, 실제 실행을 통해 알아보기로 하겠다.

1) 소리 내는 법

영가무도의 소리는 우리 일상을 둘러싸고 있는 자연의 소리다. 예컨대 바람소리, 개울물 흐르는 소리, 새벽에 지저귀는 새소리, 먼 밭의 황소 울음소리, 어머니의 자장 노랫소리, 할아버지의 흥얼거림 등 우리가 익히 들어온 자연과 사람 삶의 소리다. 그러나 그 안에도 엄연한 질서가 있고 법도가 있기 마련이다.

『악기』에서는 그 소리 내는 법을 다음과 같이 설명하고 있다.

> 소리가 지라에서 나와 입을 다물고 통하는 소리를 '궁宮'이라 이르고, 허파에서 나와 입을 토吐하는 소리를 '상商'이라 이르고, 간에서 나와 잇몸을

벌려 입술을 솟아오르게 하는 소리를 '각角'이라 이르고, 염통에서 나와 이는 붙이고 입술을 열어 내는 소리를 '치徵'라 이르고, 콩팥에서 나와 잇몸을 약간 벌리고 입술을 모으며 내는 소리를 '우羽'라 이른다.

여기에서 '궁'은 '음~'에서, '상'은 '아~'에서, '각'은 '어~'에서, '치'는 '이~'에서, '우'는 그대로 '우~'에서 나온 것임을 유추해 알 수 있다.

『악기』에서는 "노래란 올리기를 드는 것같이 하고, 내리기를 떨어뜨리는 것같이 하며, 곡절曲節 넘기기를 꺾는 것같이 하고, 그치기를 고목古木과 같이 하라. 그리하여 가는 곡조 속에도 규범이 있게 하고, 굵은 곡조 속에도 규범이 있게 하며, 연달아 부르기를 구슬 꿰는 것같이 단정히 하라"고 했다.

이와 같이 영가에서 소리를 내는 데는 '올리고 내리고', '꺾고 넘기고', '그치고 연달아 부르고' 등의 규범이 뒷받침됨을 상세히 알 수 있다.

여기에서 규범이란 절도가 있는 것을 말한다. 따라서 '무도'의 춤에도 엄연한 법도가 있다. 예를 들어, 춤에서 가장 근본인 예의 몸짓으로 절을 할 때도 등이 굽어지며 마디마디 절도가 있는데, 그러한 절도가 있음으로써 규범이 생기는 것이다.

2) 부르는 법

그러면 영가무도는 어떠한 과정을 거쳐 이루어지는지 살펴보기로 하겠다.

앞서 보았듯이 〈영가詠歌〉는 마치 '구슬을 꿴'과 같이 '오음五音'을 하나로 꿰어 가며 규범 있게 단정히 부르는 것이니, 이러한 형식을 가리켜 '영詠'이라 했다. '詠'의 글자 구조가 '言'과 '永'인 것은 바로 '말을 길게 소리 내어 부른다'는 뜻이다. 따라서 처음 과정인 '영'이 영가무도 전 과정의 기본 모태母胎가 된다.

'영'은 소리를 길게 내야 하며, 반복해서 오래 불러야 한다. 음·아·

어·이·우 소리 중에서도 첫 번째 말인 '음~'이 중심을 이루는 소리다.

이 다섯 가지 소리를 모두 묵직한 음량音量으로 아랫배에 힘을 주고 천천히 늘리면서 느리고 힘차게 부른다. 그러면서도 다른 소리가 끼이지 않도록 각각 똑똑한 소리로 연달아 부른다.

곡조의 형태는『악기』에 다음과 같이 서술되어 있다.

> 먼저 무슨 무거운 물건을 힘들여 들어 올리는 것처럼
> 소리를 점점 강하게 끌어 올리며,
> 마치 하늘로 한없이 떠오르는 것 같은 기분으로 소리를 내고,
> 다음은 하늘에서 툭 떨어져 깊은 바닥으로 내려오는 것 같은
> 기분으로 소리를 내고,
> 그다음은 곡절을 뚝뚝 꺾어 넘기고,
> 끝으로 마른 나무의 큰 기둥치가 땅 위에 우뚝 서 있는 것같이
> 소리를 뚝 그치게 한다.

이것으로써 한 차례의 곡절이 되는 것이니, 이와 같이 하여 '오음'을 각각 한 차례씩 부르는 것이다. 즉 '음·아·어·이·우' 각각 일음一音씩을 위와 같이 하며, 오음을 몇 번이고 연거푸 부르는 것이다.

3) 춤추는 법

소리에는 춤이 따르기 마련이고 춤에는 소리가 따르기 마련이다. 영가무도에서 춤이라 함은 일단 모든 것을 비운 상태에서 그저 소리에 맡겨 버리는 것을 말한다. 마치 무의식적으로 몸을 움직이고 일하는 것처럼 그렇게 맡겨 놓으면 거기서 몸짓과 춤이 저절로 나와 자연스럽게 이어진다. 그것은 우리가 살면서 하는 일상의 몸짓이며 자연의 몸짓이 된다.

'영'이나 '가'의 대목에서 '영가'는 그 자체로 춤장단이 되는 셈이다. '영'

에서는 긴 소리와 함께 몸을 놓아두면 되고, '가'에서는 장단의 마디가 생기면서 몸짓의 마디가 저절로 나오게 한다.

이제 '무'로 넘어가면서 박자에 맞춰 땅을 두드리며 몸을 치기 시작한다. 그러다가 앉았던 자리에서 서서히 일어나며 본격적으로 걸음을 걷는다. 우리가 늘상 하는 일상적 걸음인데, 박자에 맞춰 좀 더 깊이 걷는 것뿐이다. 그렇게 하니 자연스럽게 동작이 커지고 무릎도 많이 움직이게 된다.

그다음 '도'에서는 본격적인 '몸치기'가 이루어진다. 신명神明이 고조됨에 따라 손이 가는 곳이면 몸의 어느 부위든지 정신없이 두드리고 치며 무아지경無我之境으로 들어간다.

그러고는 마지막으로 최고조의 경지에 이르는 순간 자연스럽게 쓰러진다. 가장 절정絶頂의 순간이다.

그다음부터는 제자리로 돌아가는 회귀回歸의 장이다. 본래의 춤으로 다스리며 평온한 상태로 되돌아간다.

'한'사상이 토대가 되는 우리춤을 '한춤'이라 할 때 '한춤'의 근원적 출발은 바로 영가무도에 둘 수 있다. 따라서 영가무도는 '한'의 의미가 뜻하듯 깊고, 넓고, 크고, 밝고, 광대무변하게 춰야 한다.

4. 주역周易으로 본 영가무도의 '틀'

이처럼 정신을 집중하고 소리하면서 춤추는 영가무도는 그것을 이끌어나가고 드러내는 형식으로서 '틀'이 있다. 그 틀을 '달을 가리키는 손가락'에 비유할 수 있다. 달을 가리키는 손가락과 달은 어떤 관계일까? '틀'이란 정신이 드러나는 형식 또는 구조다. 그럼 영가무도는 어떤 틀로 이루어졌는지 살펴보기로 한다.

1) 비워진 무無로서의 영가무도

삼라만상은 아무것도 없는 무無에서 시작된다. 영가무도의 소리와 몸짓 또한 모든 것이 비워진 무에서 시작된다. 소리와 몸짓이 일어나기 이전 바탕의 세계가 바로 무의 세계다. 생生과 멸滅이 없고 너와 나의 분별이 없는 자리다.

'무'의 의미는 우주 생성의 과정에서도 그대로 나타난다. 처음에 우주가 형성된 바탕도 '무'이지만, 그 '무'는 태허太虛와 같다. 무극이태극無極而太極으로서 처음에는 비어 있지만, 그 '비움'은 공간적으로는 삼라만상을 감싸는 가장 큰 덩어리와 같고 시간적으로는 처음에서 끝까지 즉 태초太初에서 궁극窮極까지를 뜻한다.

민족의 경전인 『천부경天符經』에는 무의 원리가 처음과 끝에 잘 설명되어 있다. 즉 '일시무시일一始無始一'로 시작해 '일종무종일一終無終一'로 끝맺는데, 그 의미는 곧 '무시무종無始無終'의 원리로서 결국은 시작도 없고 끝도 없는 무의 세계를 보여 준다. '무극이태극'과 '무시무종'을 종합해 보면, 빈 공간 무에서 시작했으므로 시작도 없고 끝도 없다는 것이다.

영가무도도 앞서 살핀 바와 같이 무에서 시작했지만 영·가·무·도의 단계를 거쳐 다시 무의 세계로 돌아감을 의미한다.

2) 음양의 양의兩儀에 바탕을 둔 영가무도

음陰과 양陽은 만물이 형성되는 바탕이 되고 그것을 토대로 하여 질質의 변화를 일으킨다. 즉 음과 양이 상생 작용을 함으로써 생명이 시작되어 우리가 보고 느끼고 만지는 물질 작용과 정신 작용이 시작되는 것이다. 그러한 작용이 소리와 몸짓으로 나타난 것이 곧 악·가·무다.

『단기고사檀奇古史』에 "노인은 영가詠歌하고 아이는 무도舞蹈한다"고 했듯이, 영가와 무도의 구조를 양과 음으로 볼 때 영가는 하늘의 소리이고 무도는 땅의 춤에 해당한다. 하늘과 땅, 음양이 만나고 조화해 새로운 경지를 만들어 낸다.[4] 달리 말하면 '영가에서 무도로 혁革한 것'이라 할 수 있다. "혁은 고치는 것이지만 아무 때나 고치는 것이 아니라 개혁하지 않으면 안 될 시기, 즉 고쳐야 될 바로 그날이 되어야 모든 사람이 개혁하는 것을 받아 주고 찬성하는 것"[5]이듯이, '영가'에서 무르익으면 때가 되어 '무도'로 넘어가는 것을 '혁'이라 할 수 있다.

크게 보면 영가에서 무도로 넘어가는 과정은 선천先天에서 후천後天으로 바뀌는 '혁'의 과정으로 볼 수 있다.

3) 영가무도에서 3박 소리와 몸짓

영·가·무·도에서 노래하는 '가' 대목은 3박의 구조를 이루고 있다. 무박의 느린 '영'을 지나 '가'로 바뀌면서 3박이 형성되고 그 장단을 타면서 처음으로 몸을 들썩이고 흥이 나기 시작한다. '가'는 '영'과 '무·도' 사이에서 자연스럽게 변화하며 앞뒤를 완충해 주는 고리 역할을 하며 자기 자리를 정립한다.

태극에서 양의가 갈라져 만물이 비롯되었듯이, 태극에서 음양이 갈라지며 첫 번째 일어나는 움직임은 '숨 쉼'이다. '숨 쉼'은 들숨과 날숨으로 구성되어 있어 음양의 구조를 이룬다. 『주역』〈계사전〉에 "한 번은 음이 되고 한 번은 양이 되는 것을 도라고 한다一陰一陽之謂道"고 했는데, 이는 삼라만상을 생성·변화시키는 근원, 즉 태극이 음양의 동정動靜 변화를 일으킴으로써[6] 숨 쉬는 생명체가 생겨났다고 하겠다.

'숨 쉼'은 존재의 살아 있음이다. 숨 한 번에 살고 죽는 것이 달려 있고, 숨 한 번에 춤의 생사일로가 있다. 이와 같이 한 숨에 의해 생과 사를 넘나들고 또한 한 숨에 의해 몸짓이 시작되고 소리가 일어난다.[7] 이와 같이 음과 양이, 천天과 지地가 만나면서 소리와 몸짓이 생겨남에 그 모두를 일컬어 '춤'이라고 한다.

음과 양의 숨은 들숨과 날숨의 운동으로 맺고 풀어지는 되돌림循環 구조를 만들어 낸다. 영가무도의 소리와 춤이 바로 그 맺고 풀어짐으로 구성되어 있다. '무舞'에서 춤추며 걸음걸이를 떼고 오금을 굽혔다 폈다 하고, 팔을 엎고 제치고 하는 것이 모두 음양의 조화로 이루어진다.[8] 들숨과 날숨의 음양 관계를 선천팔괘先天八卦 과정으로 보면, 태극에서 양과 음으로 갈라지는 첫 번째 단계의 역易 변화로서 때맞춰 변화해 '혁'이 된다.

4) 영가무도의 사상四象 구조

영가무도를 영가와 무도의 음양의 틀로 나누어 보았는데, 그러한 영가와 무도의 틀은 다시 각각 분화해 사상의 단계로 변화한다. 즉 영가는 '영'과 '가'로, 무도는 '무'와 '도'로 나누어지며 변화해 나간다. '영'에서 길러져 '가'로 넘어가 영가가 된다면, '무'에서 길러져 성숙해 '도'가 된다. 정리해 보면 '영'에서 '가'로, '무'에서 '도'로 넘어가는 과정은 몽蒙의 과정을 거쳐 변화가 일어난다.

이와 같이 태극에서 음양으로, 음양에서 사상으로 나누어지는 '역'의 분화는 자연스럽게 우주만물을 작용케 하여 움직이고 소리 내고 춤추게 한다. '영'과 '가'로 분화된 하늘의 소리인 영가는 다음에 나올 '무'와 '도', 즉 땅의 소리와 조화해 악·가·무의 어우러짐을 만든다.

영가무도를 실제로 행할 때도 중앙에 앉아 동서남북 사방에 기운이 퍼지면서 소리가 나고 큰 파장을 일으키며 큰 울림의 사위四圍 춤이 나온다.

앞서 언급한 삼재, 삼사상의 3박 구조로 보면, 3박 구조의 박과 춤이 네 단위로 모인 것이 굿거리장단이고 굿거리춤이 되며, 영가무도 또한 그러한 구조를 가지고 사방으로 움직이는 것이다.

5) 영가무도에서 다섯 소리 오행五行

오행이란 본래 음양의 분합分合에 의해 생성되는 것으로 수·화·목·금·토 다섯 가지를 일컫는다. 구체적으로는 음양이 분화한 사상四象의 위수位數가 배합하는 가운데 오행이 생성되는데, 만물의 생성과 변화가 이 오행에 따른다.[9]

오행은 가지 않는 곳이 없다고 하니 사람 배 속에서 물은 아래로 흘러내려 양쪽 콩팥腎臟이 되고, 불은 위로 올라가기 때문에 염통心臟이 되고, 나무는 간장肝臟이 되고, 금은 폐장肺臟이 되고, 토는 비장脾臟이[10] 된다.

그리하여 오장(脾·肺·肝·心·腎)을 통해 나오는 오음五音으로 하여금 자연의 대기에 충화沖和하고 무아삼매경無我三昧境에[11] 들어가 춤추고 뛰면서 극極의 경지에 도달해 '무상無常의 희열喜悅'로 하나 되는 것이 영가무도다.

영가의 오성(음·아·어·이·우)은 하나의 도상圖像이 되니 다음과 같다.

모든 소리는 입을 벌리고 내지만, 〈음－〉소리는 입을 다물지 않으면 안 된다. 이 소리는 〈오음〉의 중심中心 소리이므로 〈·〉(원심)으로 표시함이 타당할까 한다. 이것에서 성립된 것이 〈 ○ 〉(원주)이며, 〈음〉소리 밖의 네 가지 소리는 이에 속하는 것이니 이것을 〈 ⦶· :아〉 〈 ·⦶ :어〉 〈 ⦶ :이〉 〈 ⊖ :우〉로 표시하게 된다. 이 다섯 가지 소리를 합한 모양인 〈 ⊕ 〉은 무극無極·태극太極·황극皇極을 표상한다.[12]

영가무도는 '음·아·어·이·우'라는 다섯 소리를 내며 기氣로써 오장을 움직여 주는 오행의 춤이자 소리다. 오장을 움직인다는 의미는 상생의 역동적 운행이 일어나는 질서로서, 오장에서 비롯되는 조화로운 기氣의 운행 질서를 뜻한다.

영가무도는 역사를 거쳐 후대로 내려오면서 악樂으로 정리되어 '궁상각치우'의 오음五音 체계가 생겨난다.[13] 그리고 〈음〉(宮·土·五·十), 〈아〉(商·金·四·九), 〈어〉(角·木·三·八) 〈이〉(徵·火·二·七) 〈우〉(羽·水·一·六)의 순서가 '十·九·八·七·六·五·四·三·二·一'로 자연적인 것이니 또한 의의 있는 일이라 하겠다.

다시 말하면 궁성宮聲의 발음은 〈음－〉으로 하여 이것을 중심 소리로 하고, 상성商聲은 〈아－〉, 각성角聲은 〈어－〉, 치성徵聲은 〈이－〉, 우성羽聲은 〈우－〉로 소리를 내는 것이다. 입 모양으로 이것을 표시[14]하면 '하도의 방위로 살핀 오음 배치' 그림과 같다. 즉 입이 다물어진 상태에서 '음' 소리가 나고, 입이 순간적으로 크게 벌어지면서 '아' 소리가 난다. 그리고 입 모양이 점점 작아지며 '어', '이', '우' 소리가 나옴을 알 수 있다.

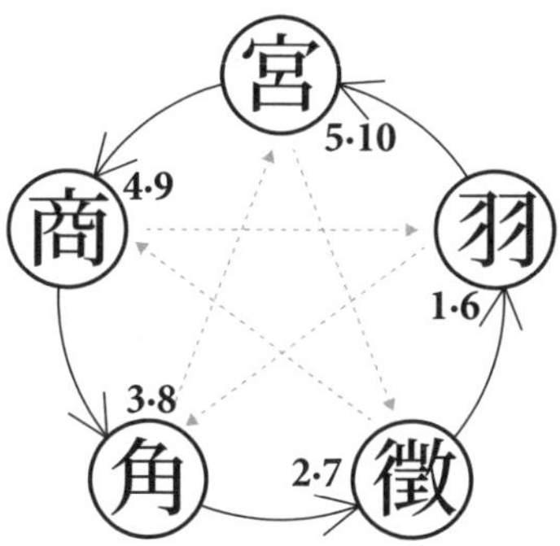

오음 체계

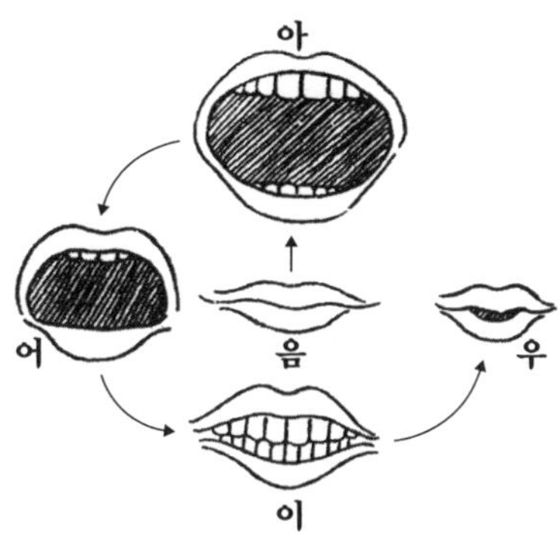

오음의 입 모양

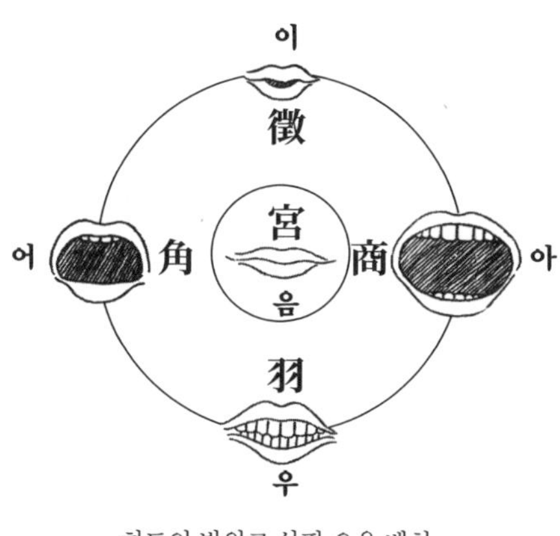

하도의 방위로 살핀 오음 배치

5. 음양오행의 생성 · 변화 원리

1) 단계의 변화 '교역交易–변역變易–불역不易'

영가무도는 태극에서 양의兩儀, 양의에서 사상四象으로 단계를 거쳐 변화한다. 즉 무無의 태극에서 음양의 양의로 갈라져 숨 쉬며 처음으로 생명이 생기면서 영가무도의 한판이 시작된다.

또한 영가무도는 단계적 변화로 교역 · 변역 · 불역이 이루어지고 있다. 교역은 서로 조화하고 사귀는 것이고, 변역은 항상 어떤 식으로든 변화하는 것이고, 불역은 그 안에 반드시 변하지 않는 진리가 있다는 것이다.

영가무도의 소리와 춤은 음과 음이 만나, 몸짓과 몸짓이 만나 교역 · 변역한다. 또한 소리와 몸짓이 만나 춤이 되고 악이 되면서 '영'에서 '가'로, '가'에서 '무'로, '무'에서 '도'로 큰 틀의 교역 변화가 이루어진다. 그럼에도 이처럼 끊임없이 숨 쉬고 움직이는 교역과 변역의 원리 안에서 끝내 변하지 않는 불역의 원리가 바탕을 이루고 있다.

2) 선천先天에서 후천後天으로 '생이극 극이생生而克 克而生'

지금까지 본 바와 같이 천지만물은 음양이 바탕이 되어 오행으로 변화한다. 이분법적인 음양사상이 천지인삼재 사상을 낳았으며, 음양의 분합分合에 의해 오행이 생성된다. 천지음양 배합에 의해 생성되는 것이 오행이며, 그 오행이 인도人道에 짝하고 있는 것을 하도河圖의 선천 변화라고 할 수 있다.[15]

하도는 생수(1 · 2 · 3 · 4 · 5)와 성수(6 · 7 · 8 · 9 · 10)가 안팎으로 배합해 오행(수 · 화 · 목 · 금 · 토)을 생성하는 이치를 보여 주지만, 실제 사상의 위수가 왕래 · 교합하는 가운데 오행 생성을 하는 것은 낙서洛書의 구궁수九宮數에 구체적으로 나타난다.

사상의 위수가 나란히 짝하면 오행이 생성되는데, 하도가 순행하면서 오행이 상생하는 것과 달리 낙서에서는 생성된 오행이 역행하면서 수극화水剋火, 화극금火剋金, 금극목金剋木, 목극토木剋土, 토극수土剋水로 상극相剋하는 이치를 보인다. 만물의 신묘한 조화는 오히려 오행의 '극이생'하는 이치에서 거두어지는 것이다.

음양이 상승 보완하는 작용을 하듯이, 생生하는 것과 극克하는 것은 서로 공존하기 마련이다.[16] 이와 같이 생과 극이 조화되어 묘연한 원리가 나타나는 악가무가 영가무도다.

영가무도의 만왕만래萬往萬來한 조화 이치는 선천에서 후천으로 넘어가는 교역의 상생·상극의 원리다.

3) 무시무종無始無終의 원리

영가무도에서 음양과 오행의 원리는 전반全般을 자리 잡고 흐르는 악가무의 바탕이며 기본으로 영·가·무·도의 생성과 변화에 미치지 않은 바가 없다.

영가무도는 하늘의 원형이정元亨利貞, 땅의 생장수장生長收藏, 일 년의 춘하추동春夏秋冬, 사람의 인의예지仁義禮智 등 모든 만물의 변화가 이에 상응한다.

이러한 우주 자연과 모든 만물의 생성·변화는 시작도 없고 끝도 없이 이어지고 또 이어진다. 생명의 시작과 끝이, 시작된 처음도 없고 끝난 마지막도 없이 영원불멸하듯 영가무도 또한 그러하다.[17] 『천부경』의 첫 구절인 '일시무시일'과 끝맺는 구절인 '일종무종일'과 같이 영가무도는 '무시무종'의 원리를 내포하며 끝없이 이어진다.

6. 영가무도의 사상思想

앞서 영가무도의 '틀'을 말하며 '달을 가리키는 손가락'이라고 했는데, 그렇다면 손가락이 아닌 달은 무엇을 의미하는지 생각해 본다. 바로 '달을 가리키는 손가락'과 '달'은 본질과 현상의 문제로서, 외형적인 움직임과 내면의 정신사상으로 비유할 수 있다. 그렇다면 영가무도는 어떠한 내면의 사상을 갖고 있는지 알아보자.

1) 오행사상

영가무도는 몸 안에 있는 오장의 기氣 순환에 의해 음·아·어·이·우의 오행소리가 나고 그와 연결된 몸짓이 자연스럽게 움직여 오행춤을 추게 된다. 그것이 다름 아닌 오장에 의해 비롯되는 '오행춤'이고 '오행소리'다.

음·아·어·이·우의 다섯 소리는 후대에 '궁상각치우'란 다섯 음 체계의 악론樂論으로 정리된다. 오행소리인 오음은 천지와 조화를 이룬 오행에서 발생된 것이다. 오음뿐 아니라, 오방(동·서·남·북·중앙), 오색(청·황·적·백·흑), 오장(간장·심장·비장·폐장·신장), 오관(눈·귀·코·혀·피부), 오미(신맛·쓴맛·짠맛·매운맛·단맛), 오정(기쁨·노여움·슬픔·즐거움·욕심) 등이 있다. 이 밖에도 '오五'로 구성되는 것이 많으니, 이것은 모두 인류 공통의 것이다. 그러므로 오음(궁상각치우)을 기조로 하는 '영가詠歌'는 인류 공통 음악이 될 것이라 하겠다. 이처럼 오음(음·아·어·이·우)은 오장에서 비롯되는 것을 알 수 있으니, 오행춤은 오장으로부터 비롯되는 오장춤이 되는 셈이다.

여기에서 다섯이란 상징은 우리의 오행사상을 이른다. 예컨대 '오방처용무'나 '오광대탈춤' 등에서의 의미도 중앙과 동·서·남·북 사방을 의미하니 곧 다섯 방위 오방을 뜻하는 것이다. 가산 지방의 탈춤인 〈가산오광대〉에는 제1과장으로 '오방신장무五方神將舞'가 있어 황제 장군을 중심으로 사방 신장神將이 제자리에서 고사告祀에 해당하는 의식무를 춘다. 이러한 오방무는 다름 아닌 오방사상에서 영향을 받은 것이다.

이러한 오장五臟으로부터 비롯되는 오행소리와 오행춤은 바로 우주 생태 변화와 그 원리의 상징이라 할 수 있다.

2) 음양사상

영가무도에서 오행의 구조는 음양의 조화로 이루어진다. 오장으로부터 비롯되어 숨을 내쉬고 들이쉬며 만들어 내는 움직임의 조화가 바로 '음양'의 구조다. 음과 양의 숨은 들숨과 날숨의 운동으로 맺고 풀어지는 순환의 되돌림 구조를 만들어 낸다. 영가무도의 소리와 춤이 바로 그 맺고 풀어짐으로 구성되어 있다. '무舞'에서 춤추며 걸을 때 오금을 굽혔다 폈다 하고 팔을 엎고 제치고 하는 것이 모두 음양의 조화로 이루어진다.

우리 민족은 영가무도의 춤과 소리에서 나타나듯이 항상 음양의 원리로 모든 사물을 이해했다. 비단 우리 민족뿐 아니라 사람이 사는 세상은 물론이고 모든 우주만물이 그 원리로 움직이고 있다. 음과 양은 생명체 구성의 가장 기초적 단계에서 필수 요소로서 음양의 운동에 의해 생명성이 존재하게 된다.

3) 삼三사상

우리춤은 '얼러서 맺고 풀어 가는' 세 단계의 근본 구조를 가지고 있다. 바로 하늘과 땅이 만나 생명이 태어나는 천·지·인의 구조로 이루어진다. 춤의 근본인 〈승무〉의 첫 동작이 땅과 하늘이 만나 이루어지는 천·지·인의 원리를 담고 있는 점도 그러한 상징적 표현이라 할 수 있다. 〈승무〉뿐 아니라 살풀이춤, 풍물춤, 탈춤, 굿춤 등 모든 춤이 바로 이러한 내면적 원리에 의해 비롯되고 파생된다.

삼三의 사상은 우리 민족 특유의 우주 인생관을 형성한 것으로, 단군신화에는 천신의 아들 환웅이 천부인天符印 3개, 곧 거울·방울·칼과 무리 삼천을 데리고 인간 세상에 내려와 천하를 교화했다고 한다. 천부인의 '삼'은 천·지·인 삼재를 뜻하고, 천·지·인은 모든 생명체의 삼위일체 조화와 같이 절대로 분리할 수 없는 자연의 법칙을 상징하는 수數의 개념이다. 천지인의 '삼'으로부터 하늘과 땅이 만나 사람이 난 까닭에, 그렇게 태어난 사람의 의식과 형상은 모두 '삼'의 구조로 되어 있으며, 그 동작 몸짓 역시 어르고 맺고 푸는 삼박자로 되어 있고, 그 본성은 시공을 초월해 과거·현재·미래의 '삼세三世'로 이어진다.

이처럼 우리 민족은 하늘과 땅을 똑같이 존중하고 자연을 있는 그대로 보존하고 가꾸며 천지신명을 똑같이 공경했다. 3의 원리로 통하는 이 사상은 바로 천신과 지신을 상징으로 하여 우주만물을 신으로 모시는 우리의 마음이며, 영가무도에는 이러한 삼三사상이 근원적으로 내재해 있다.

4) 태극사상

영가무도의 오음과 오방춤은 둥글고 곡선이다. 그 근원은 바로 우주 탄생의 이치인 태극이다. 태극의 형상은 곡선으로 되어 있으며 그 곡선이 이어져서 파장을 일으켜 태극으로 펼쳐지며 끝없는 곡선과 원을 만들어 낸다. 그 태극의 곡선은 둥근 선으로 이어지며 부드럽게 모든 것을 감싸 안는다. 우리의 생긴 모습도, 오장의 형태도, 숨 쉬는 형태도, 춤추는 몸짓도 모두 태극이 극대화되어 극이생 생이극克而生 生而克의 운동으로 이어진다. 그것은 헤어지면서 만나고 떨어졌다 다시 만나는, 결국은 하나가 될 수밖에 없는 천변만화千變萬化의 역易운동이다.

이와 같이 소리와 몸짓의 토대가 되는 음양오행의 구조로부터 생겨난 자유로운 기氣의 파장이 계속 이어져서 태극의 끝없는 동정動靜 변화가 일어난다. 따라서 그 토대 위에서 나오는 생각과 인식의 구조 역시 태극사상의 틀일 수밖에 없다.

5) 생명사상

사람은 우주의 시공時空 체계에 의한 음양의 태극운동과 '수·화·목·금·토' 오행의 기운을 골고루 받고 생겨난 존재로서, 사람의 모든 움직임은 몸 안 혈穴의 흐름과 기氣의 파동이 기본이 되어 나타난다. 혈의 흐름은 동맥에서 상승하고 정맥에서 하강하며, 상승·하강의 음양·태극운동으로 나타난다. 즉 음양의 태극운동이 조화·균형을 이뤄 기의 파동과 오행의 흐름이 생긴다.[18]

영가무도의 소리와 몸짓은 이러한 기운동을 상승시키고 단련케 하여 몸 안에 가지고 있던 신기神氣를 끌어낸다. 결국은 신의 경지로 몰아가며 신을 충만시켜 허虛의 상태로 돌아가는데, 이 상태야말로 공空과 무無의 세계로서, 기혈운동으로 인간의 본모습인 순수한 상태로 회복됨을 뜻한다.

이와 같이 영가무도는 음양과 오행의 생명 원리를 갖고 있다. 오르고 내리는 소리 하나에, 펼치고 접는 춤사위 하나에 우주 만유의 생명이 끝없이 이어진다. 바로 그것이 영가무도 생명의 영원성이다.

6) 평화사상

생명의 소리 다섯 음과 몸짓은 오방, 오색, 오장, 오관五官, 오정 등을 통해 우주적 확장운동을 하며 끝없이 이어진다.

여기에서 인류 공통의 다섯 소리와 몸짓이 나오는 근원인 태극으로 돌아가면 그 이치가 분명해진다. 『악기』에 보면 "악樂은 하늘로 말미암아 짓고, 예禮는 땅으로서 짓는 것이다. 제도에 지나치면 어지럽고, 저음이 지나치면 사나운 것이니, 세상이 밝아진 뒤에야 능히 예악이 일어날 것이다"[19]라고 했다.

또한 시대 상황과 소리의 관계를 〈모시서〉에서는 다음과 같이 정리하고 있다.

治世之音安以樂, 其政和; 亂世之昔怨以怒, 其政乖;

亡國之音哀以思, 其民困.

故正得失, 動天地, 感鬼神, 莫近於詩.

태평시대의 음악이 편안하고 즐거운 것은 나라의 정치가 안정되어 있기 때문이고, 난세의 음악이 원망 속에 노기를 띠는 것은 나라의 정치가 조화롭지 못하기 때문이며, 망하는 나라의 음악이 애절하고 근심에 가득 찬 것은 백성이 고달프기 때문이다. 고로 득실을 바로 하고 천지·귀신을 감동시키는 것으로는 시詩를 능가할 만한 것이 없다.

여기서 알 수 있듯이 음악과 춤은 시대를 반영하는 그 시대의 소리이며 몸짓이다. 그중에서도 영가무도는 전全 역사를 관통해 내려오는 본성적이고 본질적인 우주 자연의 소리로 이루어졌다고 볼 수 있다.

우주 운행의 자연 원리가 그대로 행해지는 영가무도는 화평함과 신명나는 기운이 충만해 무아無我의 경지에 다다르며 일체의 틀에서 자유로워진다. 그 자체가 평화의 마음, 평화의 사상인 것이다.

7) '한'사상

앞서 영가무도는 오행, 천·지·인, 음양 등의 사상 체계로 구성되었음을 논한 바 있다. 그들은 서로 상생과 윤회의 구조를 띠며 하나로 통합되어 '한(一, 韓)' 사상으로 흐르면서 함축적으로 형상화되어 왔다.

'한'의 의미는 매우 깊고도 광대무변하다. '한'사상과 함께 형상화된 우리의 '한춤'은 큰 춤, 깊은 춤, 넓은 춤, 밝은 춤, 흰 춤 등으로, 그야말로 광대무변한 '한맥'으로 흐르는 '한'사상의 춤을 뜻한다. 영가무도는 그 춤을 정리한 백미白眉다.

우리춤은 '한'사위가 모여 구성된 '한맥'의 춤이고, 줄여 말하면 '한춤'이 된다. 영가무도는 바로 그 '한춤'을 배태한 근본 원리이고 원류源流다.

7. 영가무도의 미학적 구조 – 하늘의 소리와 땅의 춤

지금까지 본 바로 영가무도에서 영가는 소리가 중심이 되고 무도는 춤이 중심이 되는 것을 알 수 있었다. 영가와 무도가 양과 음의 구조라고 볼 때 영가는 하늘의 소리이고 무도는 땅의 춤에 해당한다. 하늘과 땅, 음양이 만나고 조화해 새로운 경지를 만들어 낸다.

1) 맺힘과 풀림

영가무도의 구조 안에는 맺힘과 풀림이 있는데, 맺고 푸는 방법이 마치 우주 자연의 생성과 소멸의 이치와 같다. 영가무도는 '음양'과 '오행'이 서로 통일되어 이루어지는 세계다. 음양이 만물 생성의 기본 토대라고 한다면 오행은 그것이 나아가고 펼쳐지는 방법 체계인데, 음양오행의 움직이는 체계가 바로 맺힘과 풀림의 미학적 법도라 할 수 있다.

2) 반복·순환성

우리춤, 우리소리는 끊임없이 숨 쉬는 이치와 마찬가지로 쉼 없이 돌고 도는 순환의 과정이다. 모든 춤의 구조 원리가 춤 한 사위에서 비롯되어 반복적으로 변형되어 춤 한 마루를 만들어 내고, 그 한 마루는 한 형태의 고유한 춤 세계를 만들어 낸다. 만물은 이러한 반복 과정이 계속되면서 항상 변화하는데, 영가무도의 변화 과정이 바로 그러한 이치로 구성된다.

3) 삼태극三太極

무극無極의 세계에서 숨이 들고 나며 음양이 삼태극이 되어 생명이 탄생한다. 이것이 바로 음양사상이 배태된 천·지·인의 삼사상 구조다. 또한 영가무도의 구조는 악가무가 삼위일체로 통합된 삼태극 천·지·인의 미학적 구조다.

4) 신명성神明性

생명의 기운은 아주 느리게 천천히 길게 노니다가 숨이 차오르면서 노랫가락으로 넘어가고, 흥이 나니 저절로 춤가락으로 이어진다. 그것은 바로 앞의 되풀이循環·反復 구조가 만들어 내는 자연스러운 결과물이기도 하다. 그러고는 마침내 신명이 오르면서 뛰고 흥분의 도가니가 되며 무아지경 세계로 들어간다. 정신과 육체와 호흡의 혼연일치다.

김일부가 출생지인 논산 담곡淡谷마을에서 풀밭의 잔디가 사그라지도록 뛰며 노래했다[20]는 것이 전해지는데, 그가 얼마나 열심히 신명을 바쳐 영가무도를 했고 도취했던지 사람들은 그를 광인狂人으로 여겼지만 정작 본인은 자신을 "미치광이 일부一夫의 육십 평생은 자소自笑 인소人笑하니 항상 웃음이 많았도다. 웃음 속에 웃음이 있으니 어떤 웃음일런고? 그 웃음 능히 웃노니, 웃음이 곧 노래로구나"라고 표현했다고 한다.

이에서 김일부가 실천한 영가무도는 풍류에서 한 걸음 더 나아가 신명의 무아 상태에서 풍류 신선도라 할 수 있을 만큼의 경지에 있었음을 알 수 있다.

5) 윤회輪廻의 구조

영·가·무·도의 요동이 극에 달해 쓰러지면 무의 세계로 들어갔다가 천천히 숨을 다스리며 본모습으로 되돌아온다. 이렇게 보면 영가무도는 천지인의 근원으로 되돌아오는 생태적 미학의 논리 구조를 가지고 있다.

이것은 살아 있는 것들의 생명력이 돌고 도는 윤회의 원리를 뜻한다. 가장 근원적인 윤회의 실체적 원리다.

8. 맺는말

지금까지 영가무도의 생성 원리와 사상 체계, 그리고 실천을 통한 미학적 구조 등을 논했다. 영가무도에 내재된 생성 원리는 자연의 이치에서 비롯되어 오행과 음양의 사상 체계로 이어지고, 마침내 '한맥'으로, '한사상'으로 모아진다.

마지막 장에서 본 미학적 구조는 맺힘과 풀림, 되풀이성, 삼태극, 신명성, 윤회의 구조 등으로 정리되었다. 여기에서 영가무도의 내면적 질서인 사상 원리를 토대로 성립된 미학적 구조 역시 윤회의 구조로 이어져 있음을 알 수 있다. 사상 체계에서의 '자연→오행→음양'의 원리나 미학적 구조에서 '맺힘과 풀림→되풀이성→삼태극→신명성→윤회의 구조' 등은 결국 같은 체계의 돌고 도는 원리인 것을 알 수 있다.

사상 원리와 미학적 구조에 나타난 자연이나 음양, 하늘과 땅 등은 모두 무극에서 비롯되어 갈라지고 돌아서 합쳐지고 또 다른 하나를 생성하고 있다. 즉 무극에서 일태극, 일태극에서 삼태극으로, 그리고 오행으로 갈라지며 다시 모아진다. 그 구조가 반복되며 신명의 극대치極大値로 올라갔다가 다시 무아의 세계로 가며 제자리로 돌아온다. 이것은 생성 소멸의 반복, 되돌아옴의 이치다. 이것은 바로 세상판의 돌고 도는 이치이고, 우주 자연의 순환 이치다. 결국은 자연의 윤회인 셈인데, 그 자연은 하나다.

이와 같이 천·지·인 한맥의 원리를 가장 미학적인 논리와 미학적 과학의 틀로 움켜잡고 있는 영가무도는 우주 자연의 광대무변한 틀에서 앞으로 오는 새로운 세계를 바르게 풀어 주고 바르게 바꿔 주는 정역正易의 중심에 있는 가장 핵심적인 자연의 실체다.

영가무도는 크게 영가와 무도로 나눌 수 있고, 다시 태극운동으로 합쳐져 가무의 절정까지 오르며 무아지경이 되어 모든 것을 비우게 된다. 바로 고지무지이진신鼓之舞之以盡神, 고무진신鼓舞盡神[21]의 경지라 하겠다.

대산大山 김석진金碩鎭은 "고지鼓之는 주역의 변통하는 것을 보고 자연히 나온 것이고, 무지舞之는 자기도 모르게 신명이 나서 춤을 추는 것입니다"[22]라고 설명했는데, 이는 곧 두드리고 춤추며 신명의 경지가 되는 것이라 할 수 있다. 다시 말하면 무극이태극의 소리춤으로, 세상의 소리를 보고 들으면서 자연의 소리를 내어 춤추는 소리춤판이라 할 수 있다.

영가무도는 긴 숨으로 시작해 소리하고 춤추며 자신을 다스리는 심신수행법의 관점으로 볼 수 있다. 그 틀은 천·지·인의 기를 통하는 가장 근원적이고 단순한 상징적 구조로서 자연의 끝없는 순환운동과 같으며, 가장 순수한 자연의 조건에서 생명이 시작해 광대무변한 세계와 합일하는 우주 생태 소리춤이라 할 수 있다.

만왕만래로 변화하는 영가무도의 만사위와 만소리는 천지만물의 상생·상극의 이치를 따르며 '생이극'과 '극이생'의 자연합일을 이룬다. 영가무도는 선천에서 후천으로 넘어가는 시종始終의 과정을 춤과 소리로 드러내며 선후천의 기운이 서로 조화하면서 동성상응同聲相應하고 동기상구同氣相求한다. 하늘의 밝은 조화가 땅에 와서 펼쳐지고 땅의 부드러운 기운이 하늘로 올라가며 하나의 덩어리가 되어 상응상구相應相求하며 천지만물을 감싸고 어루만진다.

이와 같이 음양오행의 영가무도는 순백색의 밝은 빛으로 영혼을 깨우고 정신세계를 열어젖히며 혼돈의 시대를 풀어 주는 '한밝'의 생명·평화 소리춤이라 할 수 있다.

이러한 관점에서 영가무도는 현존하는 우리의 춤 중에서 가장 자연스럽게 몸과 마음을 닦을 수 있는 정심수신正心修身의 참 수련법이다. 이러한 영가무도는 누구나 함께할 수 있는 집단적 공동 수행법으로, 이를테면 '소리춤 길닦음修道'이다. 오늘날과 같이 혼란스럽고 잘못 돌아가는 이 시점에 더더욱 영가무도의 자연성과 공동체성의 수행적 측면을 정신건강과 치유의 관점에서 세계화할 필요가 있다.

참고문헌

『단기고사(檀奇古史)』.
『모시서(毛詩序)』.
『삼국지(三國志)』「위지(魏志)」〈동이전(東夷傳)〉.
『소학(小學)』.
『악기(樂記)』.
『주역(周易)』〈계사상전(繫辭上傳)〉.
『천부경(天符經)』.

김석진, 『대산 주역강의 1 · 2 · 3』, 한길사, 1999.
박상화, 『한국의 영가』, 공화출판사, 1976.
윤종빈, 『정역(正易)과 주역(周易)』, 상생출판, 2009.
이애주, 「영가무도의 사상체계와 실제법도」, 『한국정신과학학회 제14회 춘계학술대회 논문집』, 2001.
———, 「영가무도의 사상체계와 미학적 구조」, 제4회 한사상대회, 사우스베일로대학, LA., 2001.
———, 「우리 몸짓과 소리를 통하여 본 민족의 정체성」, 『한국정신과학학회지』 제8권 제2호, 2004.
———, 「생명의 관점에서 본 영가무도의 실제」, 『한국정신과학학회 제27회 추계학술대회 및 제3회 국제정신과학학회 논문집』, 2007.
이응문, 『주역과 천도변화: 홍역학(洪易學) 연구교재』, 동방문화진흥회.
한동석, 『우주변화의 원리』, 대원출판, 2006.

3장

고대 제천의례祭天儀禮에 나타난 우리춤의 특성*

1. 들어가는 말

한국의 고대 문화에서 중요한 삶의 의식이었던 제천의례에 대한 연구는 거의 없다고 해도 과언이 아니다. 이와 관련해 일찍이 최남선은 조선 문화의 연구 부진과 학문적 침체에 대해 자책과 함께 불함문화론[1]을 펼치며 조선 문화에 대한 자부심과 긍지를 당당하고 투명하게 밝히면서 역사적·지리적 관점에서 그 중심성을 언급했다.

이와 같이 최남선이 주장한 '불함문화'란 "세계 문화 발전의 관점에서 보더라도 동양의 '동방문화'가 처음 열린 계명처啓明處가 '고조선'으로서, 바로 그 중심에서 연구가 시작되어야만 끊어진 고대사의 실마리를 이어 주고 학문적 성취를 할 것이며, 본질적으로 세계적 대가치를 알릴 것"이라고 강조했다. 이러한 문제의식은 현시대에도 그대로 적용된다고 볼 수 있다.[2]

이 글은 한국의 고대 제천의례를 통해 한국 고대 문화를 이해하는 데 목적이 있다. 이 글에서는 고대 제천의례를 『주역周易』으로 풀어 봄으로

---

* 이 글은 2013년 서울대학교 규장각한국학연구원에서 개최된 제2회 한국홍역학회 학술대회 '한국학과 주역'에서 「주역으로 풀어보는 고대 제천의례」라는 제목으로 발표된 글을 재정리한 것이다.

써 우리 고대 문화를 제대로 복원하고, 우리 문화를 올바르게 이해하고자 한다.

한국 고대 문화 중에서 제천의례는 매우 중요한 분야다. 제천의례는 근원적인 신앙과 삶의 몸짓이다. 한 시대의 예술 문화를 이해하기 위해서는 반드시 올바른 인식이 필요하다. 그러나 아쉽게도 우리 문화 역사 기록에 제천의례에 대해 자세한 기록이 전해 오지 않아, 지금까지 한국 고대 문화에 대한 구체적인 연구가 진행되지 못했다. 다만, 우리 기록에 단편적 흔적과 중국의 역사 기록에 우리 선조들이 춤과 노래를 아주 잘하는 민족으로 수준 높은 문화를 가지고 있었다는 내용이 있어, 그나마 그 당시 제천의례로서 고대 문화의 일부를 알 수 있을 정도다.

이 글에서는 고대 제천의례를 중심으로 문화에 나타나는 양상들을 『주역』으로 풀어 보고자 한다.

2. 고대 의례에 나타난 제천祭天의 의미

고대 의례 중 가장 큰 것은 하늘에 대한 제천의례였다. 한국의 경우 고대로부터 개천開天해 천신에게 제사 지내 온[3] 제천의례는 역사 초기에 행해진 것으로, 상고 시대 의례를 대표하는 삶의 의례였다. 이와 같이 하늘을 숭상하고 받드는 제천의례는 국가적 의례뿐만 아니라 민간에서도 마을마다 혹은 개인 단위로 올리는 하늘에 대한 인간의 의례였다.

고대 사회에서 중요한 삶의 원천이었던 제천의례는 그 당시 사람들의 생활에서 가장 큰 비중을 차지했던바, 하늘과 신에 대한 기원으로 춤추고 노래하던 것이 거듭되면서 점차 놀이와 축제의 성격을 띠며 종합적 악樂·가歌·무舞로 자리 잡았다.

『삼국지三國志』「위지魏志」〈동이전東夷傳〉의 동맹東盟·무천舞天·영고迎鼓·천군天君·소도蘇塗 등에서 보듯 제천의례는 하늘에 제사하고 하늘을 맞이

하는 '하늘맞이굿'으로, 집단가무集團歌舞를 하며 춤을 추었다.[4] 그 의례의 성격은 고대 초창기 예술에서 나타나듯이 원시 종합예술 형태의 집단제의·집단굿으로 볼 수 있다.

1) 제祭의 의미

(1) 제의 구조

제祭의 의미를 알기 위해 우선, '祭'라는 글자가 고대에 어떤 과정을 거쳐 형상이 이루어졌는지 살펴보기로 하겠다. 그 이유는 고대로 올라갈수록 사물의 형상을 본떠 만들어졌기 때문이다.

'祭'를 파자해 보면 '夕⺀'는 고기를 손으로 받든다肉+手는 의미다. '夕'는 '月'로서 肉을 뜻하고, '又'는 手를 뜻하며, 정성스럽게 고기를 손으로 받든 형상이다.

또한 '示'는 하늘의 일월성日月星이 위에서 비춰 보이게 됨을 뜻한다. 여기에서 '示'는 눈에 보이는 밝음뿐만 아니라 성명性命의 밝음으로 신명을 대표한다고 했다.

또한 글자의 초기 형태인 갑골문甲骨文에서는 '제祭'의 글자를 설명하면서 '최고의 신'을 '제帝' 혹은 '상제上帝'라 일컫고 제祭는 형상이 없는 존재이므로, '제祭'라는 글자는 '상제上帝'에 제사 드리는 제단의 형상을 본떠 글자를 만든 것[5]이라고 했다.

정리해 보면 상제란 "나를 존재케 해주고 먹고살도록 해주는 나의 근원적 뿌리"이므로 "성인은 밥을 삶아 상제께 제사 올림으로써 은혜에 보답"하는 것, 즉 '성인팽이향상제聖人烹以享上帝'라 할 수 있다.[6]

그렇다면 제祭는 실제로 어떻게 하는 것인지 알아보도록 하겠다. 글자의 형상 내용으로 보면 제는 '고기를 손으로 받들어 하늘에 올림으로써 하늘이 감응해 생명의 밝음 즉 생명성·신명성을 부여받게 됨'을 뜻한다.

예컨대, 현재 전해지는 〈경기도당굿〉[7]의 군웅거리에서 무녀가 청배를 한 다음 사방으로 망수를 밟으며 굿상을 돌면서 추는 춤이 있는데, 그 춤을 '올림채'라고 한다. 이 올림채춤은 군웅굿의 마지막 순서에서 무당이 홍철릭을 입고 홍갓을 쓴 상태에서 추는 춤으로, 올림채 장단에서 시작해 겹마치기·덩덕궁이 장단으로 연결해 춤을 춘다.[8] 춤 이름에서 나타나는 바와 같이 '올림채'춤은 올리고 모신다는 뜻을 가지고 있어, 제祭의 글자 내용과 같음을 확인할 수 있다.

또한 올림채 장단의 구성을 보면 '덩따따 덩따 덩따 덩따다'인데, 이 장단을 계속 반복적으로 치다 보면 빨라지면서 저절로 흥이 나며 거기에 맞춰 추는 올림채춤 또한 신을 즐겁게 하고 신명 나게 하면서 모두를 흥기시켜 신명의 세계로 이끄는 역할을 한다.

바로 이러한 춤을 뒷받침하는 근거로는 『주역』 하경 쉰한 번째 괘인 '중뢰진重雷震'을 살펴보면 분명해진다. 내과 초효初爻인 초구初九에서 "震來虩虩(진래혁혁)이라야 後에 笑言啞啞(소언아아)이리니 吉하니라"라는 구절이 있다. 여기에서 '소언아아'는 웃는 소리를 표현한 것으로, 우레가 진동하면 반드시 기운을 흥기시켜 모두 신명 난다는 뜻이다. 춤과 악에서는 그러한 내용이 악무樂舞 형식으로 정리되어 구체화되는 바, 위에서 설명한 올림채 춤과 장단이 그 예다.

(2) 제를 지내는 의미

제를 올리는 의식은 앞서 본 바와 같이 하늘을 우러르고 자신을 낮춰 공경하는 예禮의 정신을 갖고 있다.

『주역』 '중뢰진'을 보면 "象왈 洊雷震(천뢰진)이니 君子以하야 恐懼修省(공구수성)하니라" 했는데, 그 뜻을 새기면 "군자가 천지가 진동하는 상을 보고 본받아 두려워하면서 반성하고 마음을 닦아 새사람이 되어야 한다"[9]는 것이다. 즉 공구수성으로서, 우뢰가 거듭돼 들썩들썩하는 것을 보고 두려워하며 겸허히 스스로 돌아보고 반성해 자신을 닦아 나가는 내면의 뜻을 지니고 있다.

다음에 제례祭禮에서 '예禮'의 본질적인 뜻을 살펴보면, 『고려사』에 "무릇 인간이 하늘과 땅 음양의 기를 타서 희로애락의 정이 있는 까닭으로, 성인聖人이 예를 제정해 기강을 세운 것은 교만과 음란함을 절제하고 난폭을 방지해 백성들이 착한 심성을 가지고 죄를 멀리하며 아름다운 풍속을 이루고자 함"에 있다.[10]

예란 관례冠禮에서 시작해 혼례婚禮에 근본하며, 상례喪禮와 제례祭禮에서는 장중하게 하고, 조례弔禮와 빙례聘禮에서는 존엄하게 하며, 향음주례鄕飮酒禮에서는 화목하게 하는 것이니, 이것이 예의 큰 원칙[11]이며 제의 실제적인 면이라 했다. 예의 핵심은 질서를 세워, 그 사회가 일정한 규율 속에서 움직일 수 있도록 한 것이다.[12]

성인이 예를 제정한 이유는 교만과 음란·난폭을 방지하고 개과천선해 미풍양속美風良俗을 이루려는 데 목적이 있다고 했다. 그리고 미풍양속을 이루는 데 가장 큰 몫을 하는 것은 제사祭祀라고 보았다. 하늘과 땅, 종묘 등에 제사를 올리는 주목적도 인간의 심성을 바로잡기 위해서였다. 장중한 제사의식과 엄중한 악무를 통해 '천선원죄遷善遠罪'와 '성미속成美俗'을 이루고자 하는 것이 예의 주된 영역이었다.[13]

『증보문헌비고增補文獻備考』「예고禮考」[14]에서는 예와 국가의 관계를 다음과 같이 설명하고 있다.

> 禮는 국가의 중대사다. 우리 동방은 기자가 八敎를 시행한 후 禮儀로써 천하에 알려졌다. 그러나 三韓代의 문적이 전하지 않고 신라·고려 이래로 議制가 드러나지 않았다.

여기서 예는 국가의 가장 중대한 일이라 규정하고, 우리 동방은 기자箕子가 팔교八敎를 시행한 이후부터 중국에 예의지국으로 알려졌다고 주장하고, 신라·고려는 예가 완비되지 못했음을 밝힌 후, 조선조에 들어와서 명실상부하게 예가 완성되었다고 천명했다.[15]

지금까지 언급한 모든 의미는 제례나 제사를 지낼 때 갖는 마음과 정신의 자세로서, 인간이 가져야 할 덕목 중 보이지 않는 내면의 성품에 대한 것이라고 하겠다. 그리고 제례의 모든 과정과 절차 등 제례에 내면으로 깔려 있는 바탕은 '불망본不忘本'으로, 제례의 모든 행위 그 자체는 '근본을 잃지 않는 것'임을 다시 한번 인식할 수 있다.

2) 천天의 의미

먼저 천天이 뜻하는 바를 알기 위해 뜻글자인 '天'의 구조를 파악해 보겠다. 김석진은『대산 주역강의 1』에서 '天'의 글자를 다음과 같이 해석하고 있다.

> 天은 '一'에 '大'를 합쳐서 하나로 제일 큰 것이 하늘이라는 뜻이다. "위의 일一은 하늘이고 아래의 일一은 땅이며, 가운데의 인人은 사람(만물)을 뜻하므로, 하늘이 땅과 사람을 포용하고 대표한다는 의미다. 하늘과 땅이 오르내리며 소통해 그 가운데 인간이 중심을 이룬다. 천天이 사람 눈에 보이는 푸른 하늘의 형이하적 형상을 가리킨다면, 건乾은 하늘의 형이상의 내적 이치 즉 성정性情을 내포한다."[16]

이 글에서는 천天의 형상을 천·지·인의 구조로 보면서 눈에 보이는 형이하적 형상과 눈에 안 보이는 형이상의 내적 본성을 설명하고 있다.

최남선은 '불함문화론'을 펼치며 천은 전顚, 정頂, 등登, 단壇과 통해 고高의 뜻에서 인도된 꼴刑과 뜻義인데, 티엔Tien 또는 탄Tan이란 그 소리音는 흉노어匈奴語의 탱려(撑黎, 텡그리의 음사音寫), 몽골어 및 터키어 탕그리Tangri, 텡게리Tengeri와도 관련 있을 것[17]으로 보았다. 곧 천의 글자 의미 자체에서 그 근원이 몽골어·터키어와 함께하고 있음을 논거하고 있다.

또한 그는 '천天과 탕그리의 원류 관계를 가장 구체적으로 표상해 주는 것으로서 복희伏羲 신화를 들 수 있다'면서 복희는 천상신天上神인 삼황三皇

다음으로 인계신人界神의 시조가 되어 일체 인문人文의 창시자가 된 두출(頭出, 맨 앞에 나옴)의 '제帝'—천자天子, 천天의 대표자—로서 단군檀君이나 게실Gaesil Bogdo 같은 지위의 존재[18]로 보았다.

그런가 하면 금장태는『귀신과 제사』에서 유교사상의 기반을 설명하면서 '천天'의 의미를 다음과 같이 설명하고 있다.

> '천'과 '상제'의 두 명칭은 여러 가지로 특징적 차이점을 설명해 볼 수 있지만 결국 유교 사상에서는 하나의 존재를 가리키는 다른 명칭이라 할 수 있다. 마찬가지로 '신'과 '귀신'이라는 명칭도 다양한 설명의 차이에도 불구하고 근원적으로 동일한 존재의 다른 양상들을 가리키는 명칭일 뿐이다. 이런 의미에서 '천'과 '상제'는 구별하지 않고 '천'으로 통용해 쓰며, '신'과 '귀신'은 구별하지 않고 '신'으로 통용해 쓸 수 있을 것이다. '천' 곧 하늘은 공간과 시간의 제약을 넘어선 보편적 원리로서, 우주의 운행법칙이면서 동시에 인간 심성의 도덕적 근거로 인정되기도 한다.[19]

결론적으로 천·지·인 삼재는 우리 민족의 정신적 뿌리이며 사상이라고 할 수 있다.

3) 제천의 의미와 목적

앞 글에서 제와 천의 의미를 살펴보았다. 제천이란 하늘에 제를 올리는 것으로, 땅에 있는 사람이 하늘에 제를 올리는 것을 말한다. 고대로부터 국가적 규모로나 민간 규모로 항상 있어 온 제천의례야말로 인간 본성의 마음으로 올리는 자연 의례라 할 수 있다.

제천이라는 언행의 속내를 새겨 보면, 땅의 사람이 하늘에 예를 드림으로써 생명의 밝음인 생명성·신명성을 부여받아 밝은 사람으로서 도리를 다하며 살게 됨을 뜻하는 본질적 의미를 지닌다. 이 속내에서 알 수 있듯이 제천의례는 그대로 경배敬拜의 정신으로 이어지는 고대 문화의 원류이자 뿌리라 할 수 있으며, 그 정신은 현재와 미래로 면면히 이어지는 영원불멸성을 지녀 현재의 삶에 바탕을 이루며 여러 형태로 자리 잡고 있다.

또한 제천은 제왕의 권력 정통성과 직접적으로 관계되는 민중 생활 측면에서 바라볼 수 있는데, 이것이 다름 아닌 제천의 목적이다. 『주역』 하경 쉰아홉 번째 괘인 '풍수환風水渙' 〈대상전大象傳〉에 보면 "象曰 風行水上이 渙이니 先王이 以하야 享于帝하며 立廟하니라"라고 했다. 옛날에 선왕이 '바람이 물 위에 행할 때' 제사를 올린다고 했는데, 그 의미는 바람이 물 위에 행해 물결이 되어 물이 흩어지는 것을 민심이 흩어진 모습으로 보고 그것을 본받아 천제를 지낸다고享于帝 했다. 즉 흩어진 민심을 취합하려면 하느님 천제께 제사를 지내야 한다고 생각하고 행동했다.[20]

한편 제천의 근본 목적 중 하나가 기곡祈穀에 있었다는 것은 제천이 경제적인 문맥과 긴밀하게 관련되어 있음을 뜻한다. 제왕이 나라를 통치함에 있어 절대로 필요한 것은 권력의 정통성 확보와 경제적 안정이다. 제천은 이 두 가지 사안과 맞물려 있다. 따라서 제천은 오늘날 우리가 생각하는 전근대적 제사가 아니라 권력의 정통성을 민중에게 확인시키는 절차이고, 나아가 민중 생활의 향상을 천명하는 중요한 정치·경제적 행사였다. 제왕이 일 년에 한두 번 제천을 하는 이유는 권력의 정통성을 내외에 천명하기 위함이었던 것 같다. 제천을 통해 풍년이 들기를 기원하는 것은 민중에게 안락한 생활이 가능하다는 꿈을 심어 주는 역할을 했다.[21]

그러나 지금 시점에서 본다면 제천은 '민족의 전통적 명절'을 기리는 제례 형식이다. 예를 들면, 10월 3일 개천절에는 강화도 마니산 참성단에서, 태백 천제단에서, 서울 사직단 등에서 가장 숭엄한 나라 열림의 제천의례를 드리고 있다.

3. 의례 집전執典의 제사장祭司長

고대에 의례를 집전하던 무당은 천신을 섬기는 주재자主宰者로서 하늘과 인간세계를 오르내리며 소통하는 신이 내린 신의 사람이었다. 그 대표적인 예로는 환인-환웅-단군의 맥을 들 수 있다.

다음에 제주祭主로서 환인·환웅·단군을 설명하도록 하겠다.

1) 환인桓因

우리 배달겨레의 역사는 선사先史 시대인 한나라 한배임 천황 즉 환국환인桓國桓因[22]으로부터 시작된다. 환인은 곧 상제(천제)로서 하늘 세계를 지배하는 천신이었으며, 홍익으로 인간세계를 다스린다는 천신의 근원적 상징체다.

『삼국유사』의 저자 일연一然은 환인에 대해 주석하기를 '제석帝釋'[23]이라고 하였고, 『제왕운기帝王韻紀』 본문에서는 환인(단군의 할아버지로 표현했음)을 석제釋帝라고[24] 했는데, 제석이나 석제는 불교에서 최고신을 지칭하는 말이다. 그러므로 단군신화를 믿고 살았던 사람들은 최고신인 하느님을 환인이라고 불렀음을 알 수 있다. 그리고 환인과 환웅 시대는 단군왕검이 태어나기 전이므로, 하느님을 최고신으로 받드는 종교사상은 고조선이 건국되기 전부터 있었음을 알 수 있다.[25]

2) 환웅桓雄

『삼국유사』 고조선 조條에는 환인과 환웅에 대해 다음과 같이 기록되어 있다.

> 『古記』에 이르기를 옛날 환인桓因의 아들 환웅桓雄이란 이가 있어 천하에 뜻을 두고 자주 인간 세계를 욕심내어 가고자 했다. 그의 아버지가 아들의

뜻을 알고 아래로 삼위三危 태백太伯의 땅을 살펴보니 사람들에게 널리 이익을 줌 직한지라, 이에 천부인天符印 3개를 주어 보내어 그곳을 합리적인 사회로 진화시키도록 했다. 환웅은 무리 삼천 명을 이끌고 태백산 마루 신단수神檀樹 아래 내려와 그곳을 신시神市라 이르니 이분을 환웅천왕桓雄天王이라 부른다.[26]

환인의 아들 환웅이 "인간세계를 홍익인간으로 다스려 볼 만하다" 하며 일 년 366일(윤년)을 기준으로 360여 가지 일을 맡아서 인간세계를 다스리고 교화했다고 했다.

이렇게 볼 때 환웅이 백두산 신단수 아래에서 신시神市, the city of god를 열어 삼상三相 오부五部로 하여금 일 년 동안 360사事로서 소도蘇塗 교육을 실시함으로써 홍익인간 이화세계를 이루게 하여 짐승과 공생하는 교화를 폈다고 할 수 있다.[27]

'일신一神이 마음속 깊은 곳에 내려와서 성품이 밝게 통하며 이치로 교화되는 세상에 있어야 인간을 널리 이롭게 한다'고 했다.

> 태백산에서 한울에게 제사를 지내고 그 태백산을 불함이라 했다. (…) 환웅천왕이 이곳에서 사냥하며 제사 지낼 때 풍백은 천부를 거울에 새겨 들고 나가고, 우사는 북을 치고 돌아가며 춤을 추고, 운사는 백검으로 천왕을 호위하였다.
>
> —「삼한관경본기三韓管境本紀」 제4[28]

위 기록에서 환웅이 불함이라 부르는 태백산에서 사냥을 하며 하늘에 제사를 지낸 것을 알 수 있다. 바로 사냥하기 전에 하늘에 알리는 예禮를 드린 것인데, 그 의례는 「삼한관경본기」 제4에 보면 환웅천왕이 사냥하며 제사 지냈다고 하는바, 거기에서 가장 근본적이면서도 원초적인 제천의례가 행해졌을 것이다. 이로 미뤄 천제가 산에 임하실 때 악가무를 갖춘 엄

숙한 의식이 행해졌음을 알 수 있다.

「마한세가」 상권에 보면 다음과 같은 기록이 나온다.

> 봉황이 백아강에 날아 모여 둥지를 틀고, 선인은 법수교에 내왕하니, 법수는 선인의 이름이다. 인물과 문물이 일찍이 발달하고 오곡은 풍성하게 익으니 이때를 맞춰 자부선생이 칠회제신의 역曆을 만들다. 삼황내문을 궁전 섬돌에서 천왕에게 올리니 천왕이 이를 칭찬하고, 삼청궁을 지어 그곳에 거하도록 하다. 공공, 헌원, 창힐, 대요의 무리들이 모두 와서 학문을 배우다.
>
> —「마한세가馬韓世家」 상上[29]

> 산상과 웅상이 모두 산꼭대기에 있다. 사방에서 모인 백성들이 둥그렇게 마을을 이루고 네 집이 한 우물을 사용하다. 20분의 1 세금제 시행하다. 시절은 화평하고 해마다 풍년이라 곡식이 산을 이루며 만백성이 기뻐하고 건강하여 태백환무의 노래를 지어 전하다.
>
> —「마한세가」 상[30]

3) 단군檀君

단군은 하늘의 아들, 즉 환인·환웅의 아들로서 제정일치 시대의 군왕이며 제사장을 대표하는 상징적 인물이었다.

단군 역사에는 역사적歷史的 사실 면과 탄생誕生의 신화 면이 있다. 역사적 사실 면을 밝힌 이 『위서魏書』의 글을 과거는 물론이거니와, 현재 북한의 학자인 리지린까지도 승인했다. 우리의 나라 이름인 "조선朝鮮은 국조단군 한배검께서 비로소 주신 것"[31]이다. 배달나라인 한나라를 이름하여 조선이라 한 분이 곧 배달의 겨레와 나라의 아버지요 스승이요 또 임금이신 배달임금 한배검檀君王儉이다.[32]

단군은 한민족에게 민족적 정체성의 출발점에 있는 존재다. 민족사의 시작을 단군의 건국으로부터 적어 온 전통은 현전하는 기록만 가지고 보더라도 700년 이상의 오랜 역사를 가지고 있는바, 한민족은 단군의 자손이라는 정체성 인식 아래 동질적 공속의식共屬意識을 강화하면서 '근대적 민족'으로 발전했다.[33]

단군신화에 따르면 환웅이 하늘로부터 내려온 지점인 태백산 꼭대기에는 신단神壇과 신단수神檀樹가 있는 신시神市라는 곳이 있었다. 그곳은 바로 고조선 종교의 최고 성지로, 고조선 사람들의 마음의 고향이었다. 그곳에는 종교의식에 종사하는 사람들이 있었을 터이고, 이러한 종교 직분의 사람들이 소속된 기구가 있었을 것이다. 단군은 이러한 종교 기구의 우두머리를 겸하고 있었던 것이다.

중국의 첫 국가인 상商나라에는 종교의식을 담당하던 정인기구貞人機構가 있었는데, 그 우두머리가 왕이었다. 신의 뜻을 파악하기 위한 점복占卜 행사는 정인기구에 속한 정인들이 했지만, 최종적인 점괘의 해석은 왕이 내린 것에서, 왕이 바로 종교의 최고 지도자이기도 했음을 알 수 있다.[34]

단군 영정, 천도교소장본

현정회의 단군 영정

지금 시대 관점에서 보편적으로 표현한다면, 단군은 단골로서 무당巫堂이며 상고대 부족 국가의 백성을 지배하고 통치하는 정신적이며 실질적인 주재자主宰者로서 제사장祭司長이라고 할 수 있다.

이에 자신子神 단군은 환웅의 마을사회를 치화治化로써 부족 연맹 국가로 탄생시켜 홍익인간의 이화세계를 더욱 발전시킨 것이다.[35]

다음에 단군왕검이 제사를 지낸 기록을 살펴보자.

> 단군왕검이 천하를 평정하고 삼한으로 나누어 영토를 관장하니, 곧 웅백다(마한의 시조)를 봉하여 마한馬韓이라 하다. 달지국에 도읍하여 백아강이라 이름하다. 마한산에 올라가 한얼에 제사를 지내다.
>
> —「마한세가」 상[36]

> 단군왕검 51년에 천왕이 운사 배달신에게 명하여 삼랑성을 혈구에 쌓고, 제천단을 마리산에 만들다. 신유 3월에 천왕이 몸소 마리산으로 행차하여 하늘에 제사를 지내다.
>
> —「마한세가」 상[37]

> 檀君의 祭天하던 장소는 세상에 전하기를 강화부의 마니산 꼭대기의 참성단으로 되어 있다.
>
> —『증보문헌비고增補文獻備考』[38]

제사 시설을 흔히 단묘壇廟라고 한다. 단은 노천의 제단으로, 조선 시대에 토지와 곡물의 신을 제사하던 사직단社稷壇이나 산천山川 · 풍운뇌우風雲雷雨 · 성황聖皇을 함께 모시던 남단南壇 등이 그것이다. 그리고 묘는 사祠라고도 하는데, 제사용 건물로서 신위神位는 그 안에서 제사되며, 종묘宗廟 같은 곳이 그것이다. 그리고 일반적으로 단에서 모시는 신은 자연신이 많으며, 묘에서 제사하는 신은 인간 기원 신이 많다.

그렇다고 할 때 참성단塹星壇이란 이름은 노천의 제단인 데서 유래한다. 그리고 참성단이 제단 형태를 취한 것은 자연신의 일종인 천신을 제사하는 곳이기 때문이다.[39]

위의 내용을 정리해 보자.

첫째, 단군왕검은 천하를 평정해 삼한으로 나누어 그 하나를 마한이라 했고, 달지국에 도읍해 백아강이라 했다. 그리고 마한산에서 제사를 지냈다.

둘째, 단군왕검은 삼랑성을 혈구에 쌓고 마니산 제천단에서 하늘에 제사를 지냈다. 제천하던 장소는 강화도 마니산 참성단이다.

따라서 전체적으로 보면 단군은 마한산과 마니산 참성단에서 하늘에 제사 지낸 것을 알 수 있다.

이처럼 고대 제례가 단군이 중심이 되어 거행된바, "최고의 제사장이며 최고의 왕이었던 단군이 무엇을 기준으로 삼아 그 시대의 사회를 안정되게 했을까"라는 근거를 최남선이 주창한 '불함문화'에서 찾아볼 수 있다.

불함문화는 단군 조선의 개창자開創者인 단군이 하늘에서 내려온 천신天神의 아들 환웅천왕의 자손이라는 단군신화, 즉 천손강림天孫降臨 신화를 바탕에 깔고 있으며, 이 신화를 뿌리로 하는 불함문화가 퍼져 고대 중국과 일본의 문화를 형성했고, 나아가 유라시아 전역에 퍼졌다는 거대한 가설인즉, 이 같은 불함문화론[40]이 단군 시대의 근거를 뒷받침한다고 볼 수 있다.

4. 국가적 규모의 제례

한국의 고대 역사에서 행해진 고대 제의는 부여의 영고, 고구려의 동맹, 예의 무천, 마한의 탁무, 변진의 가무 등을 들 수 있다. 다음에 각각의 제의를 열거해 그 내용을 살펴보겠다.

1) 국가 규모 제례의 종류

(1) 부여의 영고迎鼓

> 은나라 정월달에 하늘에 제사 지내는데 나라 안에 많은 사람이 모여 며칠 동안 먹고 마시고 노래 부르고 춤추는데, 이를 영고라 부른다. 길을 갈 때는 밤이든 낮이든, 노인, 아이 할 것 없이 모두 노래를 부르기 때문에 하루 종일 노랫소리가 끊이지 않는다.[41]

부여는 단군 조선의 전통을 이어받은 나라로서 영고라는 제례 풍습이 있었다. 위 기록에 정월에 벌이는 제천의례 때 연일 먹고 노래하고 춤추는 것을 '영고'라 했는데, 왜 하필 영고라는 이름을 붙였을까? 그 이름은 바로 그 내용을 상징한 것으로서, 말 그대로 북을 두드리며 하늘을 맞이한다는 의미다.

박현은 영고를 우리말로 '맞두들이'(이 전통이 남아 있는 탓인지 일본에서는 아직도 제사를 '맞츠리'라고 한다)로 풀면서[42] '맞두들이'란 과거와 현재의 맞두들이이고, 여자와 남자의 맞두들이이며, 다른 모든 사람 및 사물과의 맞두들이인 동시에 하늘과 사람의 맞두들이라 했다. 서로 마주하며 두드림으로써 조화를 이룬다는 의미인데, 매우 형이상학적 해석이라 할 수 있다. 그것이 바로 단군 조선의 전통을 이어받은 부여의 제사의식이었다.

또한 박현은 거기에 덧붙여 "이러한 조화의 중요성은 단군 시대가 한편 여러 기마종족 두레들의 연합으로 이루어진 시대였음을 보여 주고 있다"고 하면서, 그 이유를 이 시대에는 '종족과 종족 사이에 조화가 이루어져야 연맹체를 이끌어 갈 수 있었기 때문'으로 풀이했다.

(2) 고구려의 동맹東盟

> 백성들은 노래와 춤추는 것을 좋아해, 나라 안 마을에서는 밤낮으로 남녀가 무리 지어 서로 따라 노래하고 춤춘다. 큰 창고는 없으나 집집마다 스스로 작은 창고를 가지고 있어, 이름하여 부경桴京이라 한다. 사람들은 맑고 청결한 것을 기뻐하며, 좋은 술을 저장하기 좋아한다. 꿇어 절할 때 다리 하나를 펴는 것은 부여와 다르고, 걸음걸이는 모두 달리는 듯하다. 시월에 하늘에 제사 지내는데 국중대회로서 이를 동맹이라고 한다.[43]

고구려는 추수가 끝난 10월에 하늘에 제사 지내며 나라 차원에서 국중대회國中大會를 열어 밤낮으로 남녀 무리가 노래하고 춤춘다고 했는데, 그것을 동맹이라 했다.

(3) 예의 무천舞天

> 매년 10월이면 하늘에 제를 올리며, 밤낮으로 술을 마시고 노래하고 춤추니, 이를 무천이라 부르고, 호랑이를 신으로 삼아 제사를 지낸다.[44]

무천은 추수가 끝난 10월에 하늘에 제사했는데 밤낮을 가리지 않고 술 마시며 노래하고 춤추며 노고를 풀었다. 무천이야말로 제천의식 이름에 '무舞'를 넣은 것으로 보아 춤을 중심으로 하늘에 올리는 '춤 의례'였음을 알 수 있다. 그야말로 음주가무하며 신명의 극치로 올라가 신들린 춤을 추었을 것으로 짐작할 수 있다.

(4) 마한의 탁무鐸舞

> 해마다 5월에 씨뿌리기를 마치면, 귀신에게 제사 지내고 무리 지어 노

래하고 춤춘다. 밤낮을 쉬지 않고 먹고 마시며, 그 춤은 수십 사람이 함께 일어나 따라가면서 땅을 밟는데, 손과 발이 서로 응하고 조화하는 것이 탁무와 비슷하다. 10월 농사가 끝났을 때도 이와 같이 한다.[45]

위 글에서 나타나듯이 마한에서도 5월과 10월에 크게 제를 지냈다. 귀신에게 제사를 지낸다고 했는데, 그렇다면 제천祭天의 '천天' 대신 귀신鬼神은 무엇인가 하는 의문이 생긴다.

『중용中庸』에서는 "장자가 말씀하시길 '귀신은 천지의 공용이고 조화의 자취다.' 장자가 말씀하시길 '귀신은 음양 두 기운이 잘 능한 것이다.' 내(주자)가 생각건대, 두 기운으로써 말하면 귀鬼라는 것은 음의 영이요 신神이라는 것은 양의 영이며, 한 기운으로써 말하면 이르러 펴는 것은 신이 되고 돌이켜 되돌아가는 것은 귀가 되니, 그 실제는 한 물건일 뿐이다. 위덕爲德은 성정性情·공효功效라는 말과 같다"라고 했다.[46]

이에 대해 금장태는 유교의 사상과 종교적 관점을 설명하면서, "'천天'에 '상제上帝'의 궁극 존재 및 신·귀신의 초월적 존재에 대한 종교적 신앙이 깔려 있으며, '태극太極'·'리理'·'도道'의 형이상학적 근원에 대한 인식이 내포된 사상 체계"[47]라고 했다. 여기서 '천'은 궁극 존재라 하여 '천'과 '귀신'의 구분을 명확히 하고 있다.

(5) 변진의 가무歌舞

마한과 함께 변한·진한을 삼한이라 했다. 이 세 국가는 각각의 지리적 환경에 따라 다소 다른 생활을 누렸지만, 천신 및 자연신 숭배 사상에서는 별로 다르지 않았다.

각 국읍國邑에 천군天君이라는 제사장이 있어 제천의식을 주관할 뿐만 아니라, 소도(솟대)라는 성역聖域을 관리하고 경영하는 군민들의 정신적 지도자 역할을 했다.

제사장인 천군은 솟대에 큰 나무를 세워 두고 방울을 울리면서 신을 섬겼다. 이러한 천군은 오늘날 우리가 볼 수 있는 무격巫覡의 시조라고 할 수 있으며, 동시에 신가神歌를 짓는 시인詩人으로서 작곡과 연주를 겸한 음악가이자 뛰어난 무용가라 할 수 있다.[48]

변진의 가무에 대해 다음과 같은 기록이 있다.

> 풍속에 노래하고 춤추며 술 마시기를 좋아한다. 거문고가 있는데, 축과 비슷하고, 연주에 쓰는 음곡이 역시 있다.[49]

2) 국가 규모 제례의 구조

고대 제의인 영고·동맹·무천·탁무 등에서 공통되는 몇 가지 틀거리를 확인해 보고자 한다. 제의의 성격은 어떠하고, 언제 제를 지내며, 그 존재 양상은 어떠한지 살펴보도록 하겠다.

(1) 제의의 성격

먼저, 제의의 성격과 무엇을 위한 제의인지 살펴보고자 한다. 앞서 열거한 『삼국지』「위지」〈동이전〉에 그 단서가 있다.

夫餘의 迎鼓	…	以殷正月祭天 國中大會
高句麗의 東盟	…	以十月祭天國中大會
濊의 舞天	…	常用十月節祭天
馬韓의 鐸舞	…	常以五月下種 祭鬼神

위 내용에 언급된 것을 보면 부여의 영고, 고구려의 동맹, 예의 무천에서는 제천祭天, 즉 하늘에 제의를 드린다고 했는데, 유독 마한의 탁무에서는 제귀신祭鬼神이라 하여 귀신에게 제를 드린다고 했다. 귀신이란 신의 범위 중 하나로, '인즉신 신즉인人卽神 神卽人'의 개념으로 미뤄 보면 역시 하

늘과 통하는 신의 개념으로 파악할 수 있다. 즉 하늘과 귀신, 즉 천신에 제를 드리는 행사인데, 제천의례가 귀신에 대한 제사와 서로 섞여 있었음을 알 수 있다.

그것을 뒷받침하는 것으로『천부경』내용에 '인중천지일人中天地一'이라는 구절이 있다. 이 개념은 인간의 주체성을 극도로 중요하게 여기는 사상임과 아울러 제사장의 권위를 극대화하는 측면이 있다. 왜냐하면 사람 속에서 하늘과 땅을 하나로 하는 실천적 행위는 주로 제사의례를 통해 이루어졌으므로, 그 의례를 주관하는 제사장의 권위가 저절로 절대적이기 때문이다.[50]

이런 관점을 보여 주는 또 하나의 문헌이 바로『삼일신고三一神誥』인데, 제사장적인 의식을 보다 구체적으로 드러낸다.

> 하느님은 그 위에 더없는 으뜸자리에 계시어, 큰 고이德와 큰 슬기慧와 큰 힘力으로 한울을 만드시고, 셀 수 없는 많은 누리를 다스리시고, 많고 많은 만물을 만드셨나니, 티끌만 한 것도 빠뜨리심이 없고 밝고도 신령하시어, 감히 이름 지어 헤아릴 길이 없느니라. 소리聲와 기운氣으로 바라고 빌면 반드시 스스로 나타내 보이시나니, 스스로의 참 성품 씨알을 찾아보라. 너희 머리골에 내려와 계시느니라.[51]

> 하늘은 하느님의 나라라. 하늘집이 있어 온갖 착함으로 섬돌을 삼고, 온갖 고이로써 문을 삼았느니라. 하느님이 계신 곳으로서 뭇 신령들과 모든 밝은이들이 모시고 있어 지극히 복되고 가장 빛나는 곳이니, 오직 참 성품을 통달하고 모든 공적을 닦은 이라야 하늘집에 나아가 길이 큰 즐거움을 얻을지니라.[52]

위 글을 요약하면 이렇다. 최고 자리에 계신 하느님은 밝고도 신령하시어 큰 덕과 지혜와 힘으로 하늘과 만물을 만드셨는데 '성기원도聲氣願禱',

즉 소리와 기운으로 기원하면 반드시 참 성품의 씨앗을 찾을 수 있으며 그 참 성품을 통달하고 모든 공적을 닦으면 하늘집에 나아가 영원히 큰 즐거움을 얻는다.

바로 제천의례와 연결해 보면 제의에서의 하늘과 천신과 사람의 속성 및 성격을 설명하고 있다.

『삼일신고』는 『천부경』의 사상을 구체화한 것으로, 단군이 직접 그것을 강론한 데서 드러나듯, 정교일치政教一致 시대의 제사장들과 제사의례에 의해 계승되었을 것이다. 그리고 이런 의례를 담당하던 그들은 단군 시대의 오랜 시기 동안 지식 독점자로서 자신의 권위를 배타적으로 지켜 냈을 것이다.[53]

위 내용을 큰 틀에서 종합해 보면, 고대 제의는 모든 나라에서 하늘에 제를 지내는 제천의례였음을 알 수 있다.

(2) 제의 시기

제의 시기도 조금씩 차이가 있는데, 영고는 1월이고, 탁무는 5월에, 동맹과 무천은 10월에 행해졌다.

이는 농경 생활과 관련된 것으로, 부여의 영고 제의는 정월에 농사를 준비하며 새해를 맞이하는 국중대회였는데, 하늘에 북을 울리며 천신을 맞이한 제의다. 마한에서 5월에 탁무를 추며 제를 지낸 것은 씨 뿌리기를 마치고 농사가 잘되기를 기원하는 천신제였음을 확인할 수 있다.

고구려의 동맹은 10월에 제를 올렸다고 하는데, 이는 추수한 곡식을 놓고 하늘에 고마움을 표시하는 감사제를 올린 것임을 알 수 있다.

이 모든 제의는 시기는 다르지만 새해맞이를 하며 혹은 농경 생활의 시작과 끝에 생존과 풍요를 기원하는 제천의식이었다.

(3) 제의의 양상樣相

고대 제의에 나타난 성격은 하늘에 제를 올리며 천신으로서 해를 맞이하는 제의임을 알 수 있다. 그러면 그 제의는 어떤 형식과 내용으로 행해졌는지 살펴보겠다.

『삼국지』「위지」〈동이전〉의 부여, 고구려, 예, 마한, 변진조에 나타난 내용은 다음과 같다.

夫餘의 迎鼓	…	'連日飮食歌舞'
高句麗의 東盟	…	'其民喜歌舞…善藏讓'
濊의 舞天	…	'晝夜飮酒歌舞'
馬韓의 鐸舞	…	'羣聚歌舞 飮酒晝夜無休'
弁辰의 歌舞	…	'俗喜歌舞飮酒'

위 내용에서 공통적으로 나타나는 것은 '가무'다. 즉 가와 무로, 소리와 춤이 주된 형식과 내용임이 확인된다.

그리고 가무와 연결되어 따라붙는 것이 음주다. 예와 마한·변진에서는 음주飮酒라 했고 부여에서는 음식飮食이라 했지만, 그 음식 안에 술이 포함된 것을 알 수 있다. 또한 고구려조에 좋은 술을 저장하기 좋아한다는 구절에서는 특히 가무와 함께 술 마시기를 중요하게 여겼음을 알 수 있다.

이와 같이 음주와 병행되는 가무로서 풍요성이 더해져 신명의 세계로 가고 있음을 알 수 있다

5. 제천의례에 나타난 굿춤의 특성

고대 제의는 하늘에 제를 올리는 의식으로 행해졌다. 부여의 영고, 고구

려의 동맹, 예의 무천, 마한의 탁무, 변진의 가무 등에서 소리와 춤이 주된 형식과 내용이었다. 그것을 가歌와 무舞, 즉 '가무歌舞'라고 한다.

제천의식에서 주를 이루는 가무 즉 굿춤은 어떻게, 어떠한 내용으로 행해졌을까 하는 것이 마지막 정리의 핵심이다.

1) 숙임과 공경의 예드림

마한의 '답지저앙踏地低昂'에서 '앙昂'의 의미는 우러러 모신다는 뜻인데, 그 모심은 낮춤이 없으면 성립될 수 없다. 여기에서 낮춤은 '답지'하며 땅을 밟으면서 무릎을 굽히고 자신을 숙인다는 의미다. 또한 윗몸 놀림도 두 손을 공손히 모아 무릎을 굽히게 된다. 겸양의 마음으로 웅크리고 숙인 모습은 우리춤의 처음과 끝이 된다. 그 숙임은 자기 자신의 낮춤이고 상대방에 대한 공경이며 모심이다.

『주역』 쉰일곱 번째 괘인 '중풍손重風巽'에서 소성괘로 볼 때 손괘(☴)는 아래가 끊어져 손하절巽下絶이라 하고, 모두가 양陽인 하늘 괘에 음陰이 하나씩 와 있어 '음이 와서 양 밑에 엎드리는' 모습이므로 공손한 것으로 보고 '공손할 손巽'이라고 한다. 손하절 바람괘는 안으로 들어가는 성질이 있으므로 손을 '입入'이라 하고 바람이 밖에서 안으로 파고드는 것이다. 괘상 또한 아래로 문이 열려 안으로 들어가 손을 엎드리는 괘이고, 음이 양 밑에 엎드리므로 공손하다.[54]

낮춤과 공경의 예는 모든 춤의 근본이 된다. 예가 아니면 밟지 않고 반드시 예에 따라 바르게 밟아 나가는 것을 '비례불리非禮弗履'라고 한다.[55] 공자孔子가 인仁을 묻는 제자 안연顔淵에게 극기복례克己復禮를 말씀하시며 "예가 아니면 보지 말고, 예가 아니면 듣지 말고, 예가 아니면 말하지 말고, 예가 아니면 움직이지 말라"고 한 사물四勿의 의미와 상통한다.[56] 제천에서의 춤이란 바로 예를 지켜 바르게 움직이는 것을 말한다.

예로써 그 뜻을 이끌었고, 악으로써 그 소리를 화化했고, 정치로써 그 행동을 하나로 만들었고, 형벌로써 그 간사함을 막았다. 이렇듯 예악형정禮樂刑政이 이르는 극점은 하나다. 즉 모두가 민심을 정제하여 치국평천하의 도를 이루도록 하는 것이다.[57]

예란 결국 도를 이루는 것으로, 춤사위가 생성되는 기본 바탕도 숙임의 형상으로부터 계속 움직여지는 과정이고, 맺는 과정도 그 형상이 주를 이룬다. 예를 들면, 고구려 벽화에 나타난 다양한 비천무飛天舞의 형상에서 상대방을 우러르며 공경하는 모심의 춤사위, 즉 예의 춤을 볼 수 있다.

2) 춤 중심의 가무일체歌舞一體

'동맹'이나 '무천', '영고'의 고대 제천의식에서 수많은 무리가 먹고 마시며 노래하고 춤추기를 쉬지 않았다고 했듯이 우리 민족은 예로부터 가무를 즐기고 누려 왔다.

예의 제천의식인 무천에서는 제의 명칭에 무舞를 쓸 만큼 춤이 제천의식의 핵심이었음을 알 수 있다.

고대 제의에서 춤이 빠지면 신을 맞이할 수도 없고 신을 낼 수도 없다. 따라서 한국의 굿에서 춤은 굿 전반을 이끌어 주고 맺어 주는, 없어서는 안 될 기본적 요소다.

굿에서 추는 춤은 보여 주기 위해서라기보다 흥에 겨워 자기만족을 위한 춤이고, 목표를 성취하기 위한 목적 의식적 춤이며, 행동이나 말을 나타내는 표현력[58]이 본질이다. 그래서 굿춤은 '놀린다', 또는 '논다'라고 하지 '춘다'라고 하지 않는다. 결국 이러한 형식의 굿춤은 보여 주는 것이 아니라 신에게 의례하기 위한 춤이고 신의 존재를 기쁘게 만들기 위한 의지를 갖는 표현의 춤이다. 그렇기 때문에 굿춤은 제의를 수행하는 데 필수적으로 수행되는 한 절차다.

우리가 무당굿이나 대동놀이판을 보며 객관적으로 느끼는 것은 그 모든 과정이 춤이라고 할 정도로 거의 율동으로 이루어졌다는 점이다. 『삼국지』「위지」〈동이전〉에서도 '수족상응手足相應', '구기상응俱起相應'이라는 표현과 함께 밤새워 춤추고 노래했다고 했듯이, 춤으로 시작해 춤으로 맺고 풀며 종결을 짓는다.

이와 같이 제천의식은 처음과 마지막의 구조가 춤으로 되어 있음은 물론 각 거리가 그런 구조로 되어 있으니, 굿의 처음부터 끝까지 전체 바탕을 춤이 이끌고 있음을 알 수 있다.

제천의식을 가늠해 볼 수 있는 현재 남아 있는 굿을 보더라도 위와 마찬가지 형태로 구성되어 있다. 예컨대 〈경기도당굿〉의 군웅軍雄굿이나 손굿을 보면 장단과 함께 춤이 시작되어 어느 정도 진행된 다음에 사설과 소리로 변한다. 그리고 한참 동안 무가巫歌가 진행되다가 장단이 빨라지고 분위기가 고조되면서 다시 춤으로 바뀌어 전체를 맺어 주며 한 거리가 끝난다.[60]

그렇다면 어떻게 춤과 소리가 분리되지 않고 하나로 조화할 수 있는지 생각해 보자. 영고와 무천에서 보이듯이 북을 울리며 춤추고 방울을 울리며 춤을 춘다. 그것은 서로 따로 놀지 않고 혼연일체가 되어 가무로 나타난다.[61] 몸짓과 소리가 어우러진 북춤이고 방울춤이다.

이와 같이 굿에서 춤은 없어서는 안 될 가장 기본이 되는 중심 요소일 뿐만 아니라, 굿을 시작해 주고 맺어 주고 또다시 그 판을 펼쳐서 벌여 준다. 즉 굿에서 춤은 그 굿을 시작해 주고 이끌고 맺어 주는 중심 틀의 특성을 지닌다. 굿의 거리 중 어느 거리, 어느 마당이든지 간에 대부분 이와 같은 구조로 되어 있다고 할 수 있다. 따라서 굿 의식은 춤과 사설과 무가가 되풀이되면서 항상 춤이 기조로 깔려 있고, 굿춤은 굿의 중앙에 위치해 우주의 중심에 놓인다.[62]

결론적으로 굿춤은 인간 삶의 출발에서부터 있어 온 춤과 소리의 뿌리이자 중심적 실체라 할 수 있다.

3) 음양오행의 춤 의례儀禮

마한 제천의례의 땅밟이춤인 '답지저앙'이라는 용어에서 이미 음양陰陽을 말하고 있다.

음양의 활동 없이는 이 세상에 아무것도 존재할 게 없다. 맨 처음 음과 양이 합쳐 하늘에 의한 명命이 생겨 생명이 존재하는 것이고, 또한 음과 양은 생명이 존립하기 위한 과정으로서도 생명 구성의 가장 기초적 단계이며 필수적 요소로서 음양운동에 의해 마침내 생명성이 존재하게 된다. 우리 춤소리뿐만 아니라 우주만물의 우주 운행 원리는 바로 이러한 음양의 원리에서 비롯된다.[63]

우주만물 중에는 음양 아닌 것이 없으며, 이러한 음양의 이치에 상대성 원리가 적용되는 것이다. 또한 음양은 서로가 변하니, 음이 변하면 양이 되고 양이 변하면 음이 된다. 즉 낮이 변하면 밤이 되고 밤이 변하면 낮이 되는 이치다. 음은 양을 밀어내고 양은 음을 밀어내며, 음이 오면 양이 물러나고 양이 오면 음이 물러난다. 그러니까 음의 전성기에는 양이 꿈틀거리고, 양의 전성기에는 음이 시작된다. 그래서 늘 음일 수 없고 늘 양일 수 없는 것이다.

또한 양은 음이 필요하고 음은 양이 필요하다. 음 홀로 되는 법이 없고 양 홀로 할 수 있는 것이 없다. 그렇기에 음양은 서로 대립하면서 상승작용을 하고 서로 화합하면서 보완 작용을 하는 것이다.[64] '저앙'의 뜻인 '낮추고 높이고'에서 낮음과 높음의 몸짓은 음양의 본질을 말한다. 예컨대 발걸음에서 낮추고 돋우고, 굽히고 펴고 하는 데도 음양의 몸짓이 나타나고 그 몸놀림은 어떤 춤사위에서든 본바탕이 된다. 이를테면 수족상응의 손놀림과 발놀림에서 손놀림은 하늘을 경배하며 논하고, 발놀림은 땅을 다독이며 땅을 모시고 있다. 바로 그와 같이 음과 양이 대비되며 조화를 이룬다.

고구려 무덤 벽화에 나타난 춤을 예로 들어 보자. 고구려 춤은 땅의 춤과 하늘의 춤이 자연스럽게 구별되며 거기에 음양 사상이 존재한다. 해신춤과 달신춤에서도 천지 음양의 원리가 명백히 나타난다.

고구려 무덤 벽면에 그려져 있는 현실의 춤에는 고구려 사람들의 삶이 그대로 재현되어 있는데, 특히 무덤 주인공의 살아생전 삶이 그대로 벽화의 춤으로 정형화되어 나타난다. 그 내용은 당시의 습속·풍속 및 삶의 몸짓, 형태 등이 구체적으로 춤사위로 상징화되어 땅의 춤이 '음의 춤'으로 나타난 것이라고 볼 수 있다.

그다음은 하늘의 춤으로 '양의 춤'에 해당한다. 고구려 하늘춤을 탄생시킨 고구려 예인들은 하늘에서 춤추는 모든 신을 인간화시켜 하늘춤을 추게 한다. 그것은 반대 관점에서 보면 땅의 사람들을 신격화시켜 사람의 몸짓을 신춤으로 만들어 버린 셈이기도 하다. 즉 신, 선녀, 신선 등이 추는 비천의 하늘춤은 반신반인의 모습으로 하늘에서 이루어지는데, 땅에서 움직이는 사람들의 땅춤과 어우러지면서 대비되며 조화·통일을 이루고 있다.

이러한 땅춤과 하늘춤의 조화·통일은 춤의 폭을 우주 공간까지 확장해 삶과 죽음의 틀을 해방시키고 있다. 이러한 점은 바로 현세와 내세를 이어 주며 영혼이 불변함을 뜻한다고 하겠는데, 이들의 몸짓과 춤은 한마

고구려 고분 벽화의 비천(飛天)춤[65]

디로 인간의 세계와 신의 세계를 우주적 춤판으로 재현하며 상징화한다.[66]

오행은 물水 · 불火 · 나무木 · 쇠金 · 흙土, 다섯 가지를 말한다. 순서로 보아 물이 먼저인 것은 만물이 맨 처음에 물이라는 액체에서부터 시작하기 때문이다. 그다음에 불이라는 기운이 흐르고, 다음에 나무라는 모형을 이루고, 다음 쇠라는 질이 생기고, 다음에 흙이라는 형체가 되기 때문이라 하겠다.

이렇게 하늘에서는 눈에 보이지 않는 다섯 가지 기운이 움직이고, 땅에서는 보이는 다섯 가지 물체가 움직이니 이것이 바로 오행五行이다. 그러니까 만물은 이 오행의 운동으로 인해 생성하고 변화·발전하는 것이라 하겠다.[67]

오행 작용은 이미 움직여지는 춤사위 자체에 나타나고 있다. 자기 자신을 중심으로 놓고 사방 공간을 가르며 움직이는 것이니 곧 동·서·남·북·중앙의 오방으로 변역變易하면서 오행의 작용이 이루어진다.

고구려 춤이 한판 열리는 춤판의 구조 체계를 보면 중앙의 무덤 주인공을 중심으로 사방의 벽에 연이어 나타나는 사방춤으로 이어지는데, 그 구조가 바로 오행 세계를 나타낸다. 이러한 오행 구조에서 금·목·수·화·토의 순환 사상과 상극·상생의 오행 원리를 파악할 수 있다. 음양이 만물 생성의 기본 토대라고 한다면, 오행은 그것이 나아가고 펼쳐지는 방법 체계인 것이다.[68]

오행에도 음양이 있으니 수水에도 음수·양수가 있고, 화火에도 음화·양화가 있으며, 목木에도 음목·양목이 있고, 금金에도 음금·양금, 토土에도 음토·양토가 있다.

오행에는 서로 생生하고 극克함이 있으니, 물은 나무를 낳고水生木, 나무는 불을 낳고木生火, 불은 흙을 낳고火生土, 흙은 금을 낳고土生金, 금은 물을 낳는다金生水.

또한 물은 불을 이기고水克火, 불은 금을 이기고火克金, 금은 나무를 이기고金克木, 나무는 흙을 이기고木克土, 흙은 물을 이긴다土克水.

음양이 서로 상승하면서 서로 보완하듯이 오행도 서로 극하면서 서로 생한다. 즉 계속 낳기만 해도 안 되고 서로 이기기만 해도 안 되는 이치인 것이다.[69]

그 구체적인 춤사위로는 수십 인이 따라가며 답지저앙과 수족상응하며 '음양의 원리'와 함께 오행 작용의 몸짓이 이루어진다. 음양과 오행은 우주만물이 생기면서부터 그러한 자연의 원리 안에서 존재하는 것이다. 따라서 고대 제의의 가무의 특성 또한 음양과 오행을 바탕으로 하는 천신맞이의 신춤 의례다.

4) 태극의 원무圓舞

다음으로 제천의식에서 드러나는 형상은 태극의 선으로 돌고 도는 원형의 구조다. 우주만물이 있기 전 공허한 것을 너무나 크다는 의미로서 '태극'이라 했는데, 태극은 사실 그 끝이 없다는 의미에서 '무극無極'이라 하기도 한다.

우주만물은 그 공허하고 끝이 없는 태극에서 나오니 태극은 우주만물의 근원이 된다. 태극에서 만물이 나오는 이유는 태극 속에 생명체라는 핵이 있기 때문이다. 고로 나무 열매가 땅에 떨어져 썩지 않고 살아나 싹이 터 나오는 것이며, 이것이 바로 태극의 핵을 보유하고 있는 까닭이다. 그러므로 태극의 핵은 영원한 것이고 모든 생물은 태극에서 나오는 것이라 하겠다.[70]

'탁무'의 예에서도 나타났듯이 수십 인이 함께 일어나 서로 따르면서 춤추었다고 했는데, 여기에서 '서로 따르면서'라는 대목은 바로 태극 곡선으로 움직였다가 원圓으로 돌아가는 형태를 뜻한다. 구체적으로는 서로 손을 잡고 원으로 도는 형태인데, 우리의 전통놀이와 소리춤에 그 원형이 잘 남아 있다. 진도 해남의 강강술래, 안동의 놋다리밟기, 영덕의 월워리 청청 등은 원으로 손을 잡고 태극과 원이 반복되며 돈다.

그러한 구조는 원형으로 돌아가며 태극선의 형태로 바뀐다. 또한 안으로 말아 들어가며 달팽이선을 만들기도 한다. 이 같은 곡선은 또 다른 형태로 변화하는데 양편으로 갈라져 서로 대무하기도 하고 사방으로 갈라지기도 한다. 이와 같이 원의 형태는 여러 가지 양상樣相으로 변화하며 무수한 선線의 형태를 만들어 낸다. 즉 무수한 양상의 모태가 되는 것이 바로 태극의 원형圓形 구조다.[71]

5) 신명의 북춤

부여의 제천의례를 '영고'라 한다. '영迎'과 '고鼓'로 붙여 이름 지었을 정도로 북을 두드리고 울리는 것을 중심으로 한다. 북을 두드리며 하늘신을 맞이했다는 것은 춤 의례로서 북춤을 추었음을 의미한다. 앞서 보았듯이 〈계사전繫辭傳〉에 무당을 뜻하는 무巫는 본래 하늘과 땅(二)의 이치를 통하고(丨) 유명(幽明: 从)의 연고를 깨우쳐 그 사이를 이어 주는 중개자로서, 옛적에는 신인합일의 경지에 도달한 성인을 의미했다고 한다.

그렇다면 그때의 북춤은 어떠한 형식이었을까 의문이 생긴다.

앞서 인용한 바와 같이, 영고를 우리말로 '맞두들이'로 푸는 견해가 있다.[72] '맞두들이'란 과거와 현재의 맞두들이이며, 여자와 남자의 맞두들이이고, 다른 모든 사람 및 사물과의 맞두들이인 동시에 하늘과 사람의 맞두들이라 했다.

그 뜻은 서로 마주하며 두드린다는 의미인데, 여기에서 그 당시에 서로 마주하며 두드리는 북울림과 함께 북춤을 추었을 것으로 미루어 짐작할 수 있다. 그리고 매우 웅장한 북울림과 함께 절도節度 있으면서도 신을 내는 북춤이었을 것이다.

『주역』〈계사전〉에 "북을 두드리고 춤추며 신명을 다한다鼓之無之以盡神"라고 했는데, 두드리고鼓之 춤을 추면서 신을 다하면盡神 마지막에 신명의 극치로 올라가게 된다는 의미다.

북춤은 현재 많이 행해지고 있는 풍물굿에 그대로 남아 있다. 지역에 따라 부르는 이름이 마을굿, 걸립굿, 두레 풍장굿 등으로 다양하다.

> 김매기가 끝나면 하루 날을 잡아 농군들이 음식을 푸짐하게 장만하여 나누어 먹으며 당에서 농악을 치고 노는데, 이 놀이를 '백중놀이', '술맥이', '호미걸이' 또는 '호미씻이'라고도 부른다.[73]

이 중 백중놀이를 보면 현재 중요무형문화재 제68호로 지정된 〈밀양 백중놀이〉가 있다. 이 놀이 가운데 북춤은 큰 비중을 차지하며 바탕으로 깔리는데, 북춤을 추는 사람이나 참여한 구경꾼 모두 흥을 북돋워 주며 신명의 세계를 자아낸다. 바로 소박하고 단순한 자연스러움이 토대가 되어 거대한 민중의 흥을 일으키며 신명의 춤판이 활짝 꽃핀다.

6) 음주가무의 나눔굿

제천의식의 가무에는 항상 음식을 나누며 술 마시기를 같이 했다. 술이란 것이 큰 의미의 음식飮食이고, 그 의미는 정성으로 농사 지은 햇곡식을 가지고 생명에 없어서는 안 될 물을 술로 변화시킨 최고로 정성 들인 음식이다.

여기에서 술이 되기까지의 과정을 살펴보면 정성스럽게 씨 뿌리고 농사지어 추수한 햇곡식으로 술을 빚어 익을 때까지 기다려 완성된 술이 나오기까지 전 과정은 그야말로 기다림인데, 그 기다림은 여유 있게 기다리지 않으면 안 되고 그렇게 할 수밖에 없는 것이니 '음식 수需'를 '기다릴 수需'라고도 한다. 따라서 음식은 기다리고 기다려야 하는 것이며, 기다림이 완성되는 순간 하늘에 예를 드려 바치고 그것을 나눠야 한다.

더구나 이 의미는 천신에 올렸던 제주祭酒를 나누어 마시는 음복飮福 형태를 취하고 있어 '음주가무飮酒歌舞'의 독특한 양상을 보인다. 음주가무는 더 큰 틀로 보면 음식가무로, 사람들에게 제일 중요한 음식을 나누는 것이다. 그 음식 안에 술도 포함된다고 볼 수 있다.

제를 모시며 하늘에 술을 올린다는 것은 술을 올리는 그 자신이 주인이 되어 중심을 이루는 것이다. 다시 말하면 제례에 참여한 모든 이가 각자 술을 올리며 주인이 되는 의식이다. 이렇게 사람이 모여 하늘에 의례를 드리다 보면 당연히 음복을 하게 되고 하늘의 기운이 실린 제주를 마시다 보면 적절히 좋아지며 저절로 흥이 올라 춤추고 소리하는 것이 상례다.

그런데 고대 제의에서는 이미 보아 온 바와 같이 음주가무라 하여 '가무' 앞에 '음주'를 특별히 넣어 지칭한 것이 다르다. 즉 제례를 드리며 하늘에 바쳤던 신선한 술인 하늘술을 조금씩 나누어 먹으며 나눔의례, 나눔굿을 치렀던 것으로 볼 수 있다.

7) 대동의 집단신명

'대동'은 『주역』에서 열세 번째 괘인 '천화동인天火同人'과 열네 번째 괘인 '화천대유火天大有'로 설명할 수 있다. 먼저 '천화동인'은 "사람이 뜻을 같이하고 힘을 합해 막힌 것을 통하게 하고 어지러운 세상을 다스려 바른 정치를 하고 태평한 세상을 이룬다物不可以終否故受之以同人"는 의미를 지닌다.[74]

〈상전象傳〉에 "象曰 天與火ㅣ同人이니 君子ㅣ以하야 類族으로 辨物하나니라(하늘과 불이 동인이니, 군자가 이로써 류와 족으로 물건을 분별하나니라)"라고 했다. '천화동인'의 상象은 하늘과 불이 같이하는 것으로, 저 위에서 하늘과 불이 같이하는 것을 보고 군자는 하늘 아래 모든 것이 동인하고 있다는 것을 깨달았다고 한다. 동인이라고 해서 무턱대고 같이하는 것이 아니라 금수류는 금수류대로 조수류는 조수류대로 유유상종類類相從으로 동인하고, 나라는 나라끼리 겨레는 겨레끼리 동인한다. 이렇게 같이하는 중에도 이 물건은 이 물건대로 저 물건은 저 물건대로 잘 분별할 줄 알아야 바른 동인을 하고 또 바른 정치도 가능해진다[75]고 했다.

열네 번째 괘인 '화천대유'는 이미 해가 떠서 하늘 가운데 걸려 있어 온 천하를 비추니 대유다. 괘상卦象은 하나의 음이 큰 양을 다섯이나 둔 것이고, 사람 한 명이 천자가 되어 천하를 다스린다는 것이 대유다. 상전에 이르길 "象曰 火在天上이 大有니 君子ㅣ以하여 遏惡揚善하야 順天休命 하나니라(불이 하늘 위에 있는 것이 대유니, 군자가 이로써 악한 것을 막고 선한 것을 알려서 하늘의 아름다운 명을 따르느니라)"라고 했다.

이와 같이 동인과 대유는 모두 불과 하늘 괘로 이루어져 있는데, 김석진은 동인과 대유를 비교해 다음과 같이 풀이하고 있다.

> 동인 괘는 해가 아래에서 떠 하늘과 같이하니 동인인 데 반해, 대유는 이미 해가 떠 있고 하늘 가운데 걸려 온 천하를 비추니 대유다. 동인은 불이 아래에 있고 또 음이 아래에서 중을 얻은 신하로서 동인하는 것이고, 대유는 불이 위에 있고 또 음이 위에서 중을 얻어 인군으로서 천하를 대유해(크게 두어서) 천하사람과 동인하면서 다스리는 것이다.[76]

부여와 고구려에서의 영고와 동맹 등 제천의식은 국중대회라 일컬었듯이 나라의 큰 제의로서 대동의 공동체적 성격을 갖는다. 제천의례는 여럿이 모여서 하는 대동의 성격을 뒷받침하는 것으로, 우선 동맹의 국중대회에서 '대회大會'는 많은 사람이 모여서 하는 큰 규모의 의례를 뜻한다.

무천 제의에서도 남녀가 무리 지어 밤낮없이 노래하며 춤추었고, 마한의 가무에서도 수십 인이 일어나 서로 따르며數十人俱起相隨 춤추었다는 대목에서 구체적으로 대동의 집단가무였음을 확인할 수 있다.

위에서 언급한 부여·고구려·마한 등의 제천의례에서 보듯이 고조선에는 공동체의 유제가 짙게 남아 있었던 듯하다. 인류 역사는 고대 사회의 소농민이 부락공동체 농민의 후신이었으며, 공동체의 유제는 장구한 기간 존속되었다는 것을 보여 준다.[77]

오랫동안 유지되어 온 공동체의 집단가무는 대동으로 춤추고 노래하며 극도의 황홀감에 젖어 신명神明의 세계, 신神의 세계로 들어간다. 이렇게 집단으로 도취된 신의 세계에서는 저절로 세속적 질서가 무너지며 신명의 난장판이 된다. 그때 이러한 대동의 신명 난 춤판은 마을의 공동체적 관심이 일상적인 생활에서 해이해져 있던 연대의식을 새롭게 할 뿐만 아니라 삶의 고달픔을 풀고 활력을 얻어 에너지를 재생산함으로써 인간해방 현상[78]으로 이어진다.

8) 천인합일天人合一의 신춤

고대 제의에서 제천의식은 천신에게 올리는 의식이며, 그 제천의식에서 신에게 올리는 집단춤은 신춤일 수밖에 없다.

제천의식에서 가무는 신과 인간이 하나 되는 '신인합일神人合一', '천인합일'을 의미한다.[79] 즉 '신즉인 인즉신神卽人 人卽神', '인내천' 사상 등으로 풀어지며 신과 인간, 하늘과 인간이 하나 되어 올리는 신춤이 된다.

따라서 고대 제의에서 행해지던 무속의 춤 즉 굿춤은 흔히 '신명의 춤' 또는 '신바람춤'이라고 하는바, 신이 몸에 실재實在해 춤춘다는 뜻이 되므로 이는 접신 현상에서 일어난 것이라고 할 수 있다.[80]

인간이 신과 접해 해낼 수 있는 신기神氣의 상태란, 온몸을 자연스럽게 몰입해 추다 보면 신바람이 나고 자기 몸도 자기 것이 아닌 경지가 되며, 그저 공간과 자연에 내맡겨 움직여지는 대로 놀리는 것을 뜻한다. 곧, 몰입의 경지, 무아지경無我之境에 이르는 것이다.[81] 바로 고지무지이진신鼓之舞之以盡神의 경지다.

6. 맺는말

한국 고대 제천의례는 환인·환웅·단군의 맥을 이어 홍익인간을 실현하려는 정신을 가지고 지금까지 그 맥이 이어져 오고 있다. 홍익인간의 '홍익'이란 「마한세가馬韓世家」 상上 〈소도편〉에도 "일신강충一神降衷하야 성통광명性通光明하며 재세리화在世理化라야 홍익인간弘益人間"이라 했듯이, 성품이 밝게 통하며 이치로 교화되어야 세상을 널리 이롭게 한다는 뜻이다. 그리고 홍익인간으로서 홍익을 실행한다 함은 고정된 틀을 뛰어넘어 우주적 상생 정신을 말한다.

실질적으로 초기 고대 한국 역사를 끌어온 단군 시대는 후대에까지 문화 민족으로서뿐만 아니라 사상 철학적으로 정신 체계의 바탕을 이루어 냈다. 단군 시대는 범아시아계 종족 연맹이 보다 안정된 정치체제를 갖추고 아울러 문명에서 또 한 번 도약을 이뤄 낸 시기라고 할 수 있다.[82] 이념적으로 '하늘사상'을 보다 체계화했으며, 문화의 상징인 문자 체계를 확정했고, 농업 생산의 기준인 역법曆法을 정리했으며, 사회적 규범을 체계화한 것도 모두 이 시기다.

『천부경』으로부터 파악되는 이 원리들은 문명의 태동과 성장 과정에서 중심적인 원칙이 되었고, 기마종족의 철학적 사유와 문명적 특성을 보여 주는 대표적인 상징이 되었다. 실제로 그러한 정신 체계는 현시대 삶에서도 계속 이어져 중심을 이루고 있다.

고대 제천의례는 하늘을 최고 존재로 모시며 천·지·인 삼재 사상을 바탕으로 삼았다. 필자는 제천의례를 통해 한국 고대 문화의 특성을 다음과 같이 도출했다. 첫째는 '숙임과 공경의 예드림', 둘째는 '춤 중심의 가무일체', 셋째는 '음양오행의 춤 의례', 넷째는 '태극의 원무', 다섯째는 '신명의 북춤', 여섯째는 '음주가무의 나눔굿', 일곱째는 '대동의 집단신명', 여덟째는 '천인합일의 신춤'이다.

지금까지 논의한 긴 역사 과정에서 행해진 고대 제천의례는 오늘의 문화를 바로 세우는 가장 중요한 위상의 표본이 된다. 한국적 문화이론의 정리 작업이 늦기는 했지만, 우리 전통문화가 본래대로 원형과 그 본질성을 회복해 현시점에 창조적으로 자리 잡아야 할 것이다.

특히 고대 제천의례 연구는 우리 문화의 바탕과 틀 위에서 출발해 미래 문화를 예견하는 구체적 실체로서, 앞으로도 지속적인 연구와 실천적 작업으로 그 중차대한 과업을 이룰 것으로 생각한다.

참고문헌

『고려사(高麗史)』.
『예기(禮記)』.
『증보문헌비고(增補文獻備考)』.
『삼국지(三國志)』「위지(魏志)」.
『한국민속대관(韓國民俗大觀)』 5.

경기도당굿 보존회, 『경기도당굿 전수교재』 기초편, 도서출판 보고사, 2008.
금장태, 『귀신과 제사』, 제이앤씨, 2009.
김석진, 『대산 주역강의 1·2』, 한길사, 1999.
———, 『대산 중용강의』, 한길사, 2004.
『무형문화재조사보고서(8). 巫舞』, 문화재관리국 문화재연구소, 1987.
박용수, 『우리말갈래사전』, 서울대학교출판부, 2002.
박현, 『한국고대지성사산책』, 백산서당, 1995.
白川靜 저, 김옥석 역, 『갑골문(甲骨文)의 세계』, 연희, 1981.
서영대, 「참성단(塹星壇)의 역사와 의의」, 『단군학연구』 제19호, 2008.
성경린, 『한국의 무용』, 세종대왕기념사업회, 1976.
안호상, 『배달·동이는 동아문화의 발상지』, 한뿌리, 1992.
유효군 저, 임채우 역, 『술수와 수학 사이의 중국문화』, 동과서, 2001.
윤경수, 『단군예절교훈 366事와 홍익인간사상』(상), 민속원, 2006.
윤내현 주석, 『삼국유사(三國遺事)』 권1(紀異) 〈고조선조〉.
———, 「고조선의 종교와 사회 성격」, 『남북 학자들이 함께 쓴 단군과 고조선 연구』, 단군학회 엮음, 지식산업사, 2005.
이민홍, 『한국민속악무와 예악사상』, 집문당, 1997.
이애주, 「고대제천의식에 나타난 춤의 구조」, 『국제아세아민속학』 제2집, 국제아세아민속학회, 1998.
———, 『고구려춤의 상징체계』, 서울대학교 박사 학위 논문, 1999.
———, 「한국의 굿에 나타난 굿춤 – 경기도당굿을 중심으로」, 『샤머니즘연구』 제4집, 한국샤머니즘학회, 2002.
———, 「우리 몸짓과 소리를 통하여 본 민족의 정체성」, 『한국정신과학학회지』 제8권 제2호, 2004.
———, 「한국춤의 근원적 접근」, 『동북아시아춤국제학술대회 논문집』, 서울대학교 규장각한국학연구원, 2009.
임승국 역, 『한단고기』, 정신세계사, 1986.
정영훈, 「남과 북의 단군인식과 단군숭앙」, 『남북 학자들이 함께 쓴 단군과 고조선 연구』, 단군학회 엮음, 지식산업사, 2005.
최남선 저, 정재승·이현주 역, 『불함문화론』, 우리역사재단, 2008.
허종호, 「고조선 사회의 성격」, 『단군과 고조선 연구』, 지식산업사, 2005.

4장

배달의 '한밝춤'과 대동大同4무 巫·武·舞·無*

1. 들어가는 말

우리는 원래부터 배달민족으로서 한민족이라고 하는데, '한겨레'라는 것이 '배달겨레'라는 얘기이고, 우리나라를 '배달나라'라고 했다. 그래서 한문으로는 '韓國'이라고 했다. 배달나라로서 삼신산인 '한밝산'을 숭상하면서 그 정기精氣를 맞고 우리민족이 지금까지 내려왔다.

'한밝산'은 태백산, 장백산, 불함산, 백두산, 백산을 얘기한다. 지금의 우리가 말하는 5대 산이 다 들어가는 것으로, 그 산을 마음으로 신산神山이면서 굉장히 성스러운 성산聖山이며 또 영광이 깃든 영산靈山이라고 생각해, 모시고 그 정기를 받고 있다. 그 '한밝산' 제천의례에서 추는 우리 한민족 배달겨레 대동의 몸짓을 '한밝춤'이라고 한다.

그러면 대동大同이란 무엇일까? 『주역』의 열세 번째 괘인 천화동인天火同人과 열네 번째 괘인 화천대유火天大有에서 화천대유의 '대大' 자와 천화동

* 이 글은 2011년 6월 20일 동방시민문화마당에서 배달의 '한밝춤'을 앞세워 '大同4무 巫·武·舞·無'로 이름 붙여 강연한 내용 중에서 고대 제천의례에 관한 부분을 빼고 주제를 집약하여 재정리한 것이다.

인의 '동同' 자를 따 대동이라고 했다.

다소 생소한 개념일 수 있으므로 원문에다 뜻을 덧붙이면 다음과 같다.

> 象曰 天與火 同人이니 君子 以하야 類族으로 辨物하나니라.
> 상전에 이르기를 하늘과 불이 동인이니,
> 군자가 이로써 류와 족으로 물건을 분별하느니라.

> 象曰 火在天上이 大有니 君子以遏惡揚善하야 順天休命하나니라.
> 상전에 이르기를 불이 하늘 위에 있는 것이 대유니,
> 군자가 이로써 악한 것을 막고 선한 것을 알려 하늘의 아름다운 명을 따르니라.

같은 생각, 좋은 생각을 가진 사람들끼리 모여 민족이 되고 덩어리를 이루면서, 모든 것을 선과 악으로 분별하며 하나의 큰 뜻을 가지고 모인 것을 '대동'이라고 할 수 있다.

단군檀君 이전에 환인桓因님이 계시고 환웅桓雄님이 계셔 삼환三桓님이라고 하는데. 우리가 이렇게 모여 공부하는 것은 큰 의미로 문화이고 학문이다. 그러면 지금의 문화와 학문이 있는 뿌리, 그 상고 시대 문화의 뿌리, 고대 문화의 원류로서 제천祭天을 한다는 의미가 무엇인지 간략하게 생각해 보겠다.

2. 굿과 샤머니즘

제천의례祭天儀禮는 하늘에 제로서 예를 드리는 의례다. 우리 민족 생성 초창기에 행해졌던 상고 시대의 의례라고 할 수 있다. 단군님이 이 땅에 도

래하며 하늘에 예를 갖춘 것을 지금의 말로 제천의례, 제천의식祭天儀式이라고 한다.

초창기의 의의를 생각해 보면 상고 시대의 제천의례는 국가적 의례뿐 아니라, 민간에서도 중요하게 여겼다. 따라서 국가적 규모로 크게 행해지기도 하고 민간 규모로 작게 행해지기도 했다. 이 땅에 사는 모든 한겨레민족, 배달겨레들이 하늘에 제를 지내고 그것을 숭상하는 마음을 가졌던 것이다.

제천의례의 원형을 이야기하기 위해서는 '굿'과 샤머니즘을 빼놓을 수 없다. 우리 문화가 어디서 나왔는가? 중요무형문화재 제27호인 〈승무〉와 제98호 〈경기도당굿〉이 모두 초창기 상고 시대 굿에서 나왔다. 굿은 종교도 아니고 미신도 아니며, 우리가 존재하는 뿌리 원형이라고 보면 된다.

상고 시대 초창기 제사장은 모든 정치적 능력을 겸비했을 뿐 아니라 주술적 초능력까지 보여 주는 통합적 능력을 가진 제사장이자 무당의 시원이다. 최초의 제사장이던 무당이 관장하던 의례가 바로 굿의 초창기 형태다.

굿의 본래 의미는 모여서 의논하고 회의하고 행동하는 자체를 일컫는데, 모여서 놀 때도 '굿한다'고 했고 싸우러 갈 때도 '의병굿한다'고 했다. 풍물굿에도 12거리에 싸움거리가 있다. 삶의 모든 행위를 할 때 '굿한다'라고 표현했다. 예를 들어, 마을에서 볏짚세우기를 하거나 명절 때 줄다리기를 할 때도 마을굿·놀이굿 한다고 했다. 굿이란 이와 같이 인간의 본질적 삶의 총체 행위를 지칭했다.

3. 제천의례의 종류와 형식

1) 국가 규모의 제례

제천의례의 종류를 보면, 넓은 의미로 하늘과 우주 자연에 대한 기원祈願

이라고 할 수 있다. 그것을 다시 풀면, 국가의 태평과 민족의 무궁함을 기원하는 의미를 지닌다. 예를 들면, 강화도 마니산의 참성단에서 지내는 제천의례, 강원도 태백산 천제단의 제천의례가 있다. 요즘도 음력 10월 3일, 양력 10월 3일이면 그 두 곳에서 큰 제祭를 올린다.

2000년 들어서면서 밀레니엄이라고 전 세계가 떠들썩했다. 새천년을 맞는 시기에 이 땅에서 일생 춤을 추어 온 사람으로 무엇을 해야 할까? 몸짓으로 새천년을 어떻게 맞이해야 할까 생각했는데, 우리 춤에 '터벌림'이라는 춤이 있다. 도당굿에 들어 있는 춤인데, 10박이다. 그 춤을 추면서 제목을 '우리땅 터벌림'이라고 했다. 우리 영토를 확장하자는 의미가 아니라, 우리 의식세계를 확장하며 우주 끝까지 사방팔방으로 확산시켜 보자는 의미에서였다.

그러고는 동서남북 사방치기를 시도해 보았다. 동쪽은 독도에 가서 추고, 서쪽은 심청이 빠져 죽은 백령도 인당수에서 추고, 남쪽은 한라산 백록담에서 추고, 북쪽은 백두산 천지에 가서 추었다. 이것을 12년에 걸쳐

우리땅 터벌림–독도, 백령도, 백두산, 한라산(왼쪽 위부터 시계방향)

진행했다.

터벌림 장단도 올림채 장단처럼 10박 장단이다. 하나, 둘, 셋, 넷, 다섯, 여섯, 일곱, 여덟, 아홉, 열. 굽히고 펴고, 좁히고 확산하고……. 1부터 5까지는 굽혀서 응축시키고, 6부터는 다 펴가지고 비워 버리고. 바로 그것을 춤과 악樂으로 한 것이 바로 우리 터벌림춤과 장단이다.

행신문行神文에도 "天一 地二 天三 地四 天五 地六 天七 地八 天九 地十이요, 天數五 地數五 五位相得하며 而各有合하니, 天數 二十有五 地數 三十이라. 모두 합하면 55가 된다"라고 되어 있는데, 바로 이 핵심적 원리가 춤과 악의 의미로서 나타난다.

몇 년 전부터 우리춤 특강을 하면서, 춤 이야기를 깊이 하다 보니 1만 년 전의 춤이 그대로 역易에 들어 있는 것을 알게 되었다. 역이 무엇인가? 위에는 날 일日이, 밑에는 달 월月이 있어 해와 달이 변하는 것! 해와 달의 변화 없이는 우리가 존재할 수 없듯이, 우리가 아침에 일어나서 잠자리에 들기 위해 누울 때까지, 그 존재의 원리가 '행신문'이나 『천부경』에 다 들어 있고 모든 것이 딱딱 들어맞는다. 너무나 재미있다.

2) 민간에서의 제례

국가적 규모만이 아니라 민간에서도 해와 달, 별을 보고 기원했다. 해신께 기원하고, 달을 보고 기원하고, 밤중에 강강술래도 하고, 칠성님께도 빌었다.

고구려 벽화에 보면 해신춤·달신춤이 있다. 아주 예술적인데, 한 남자가 해를 이고 가고, 저쪽에선 여자가 달을 이고 가서, 한 걸음 족도足蹈하며 서로 만나는 고구려 벽화가 있다. 우리는 우주만물을 신神으로 보고, 우리 자신도 신으로 본다. 신 대 신으로 말이다. 민간 차원에서는 의례를 이런 식으로 지냈다.

사약상증祠礿嘗烝이라는 사자성어가 있다. 철 따라 조상에게 제를 지내는 것을 말한다. 사祠는 봄 제사이고, 약礿은 여름에 간략하게 지내는 제사이고, 상嘗은 가을에 거둔 햇곡식과 과일로 지내는 제사이며, 증烝은 곡식이 풍부한 겨울에 지내는 제사다.

계절마다 사·약·상·증을 지냈다는 말인데, 집에서는 집대로, 국가에서는 국가대로 제사와 제천이 1년 4계절 내내 예禮의 몸짓으로 생활화되어 있었다.

3) 제祭의 구체적 형식

(1) 분향焚香

그러면 제에서 나타난 구체적인 형식은 무엇인가? 우선, 향香을 피운다. 여기에는 고천告天의 의미가 있는데, 불기운이 하늘로 울라감으로써 하늘이 감흥한다는 뜻이다.

요즘은 향기 요법이라고 하여 향을 많이 피운다. 나도 춤출 때 그렇게 한 적이 있다. 향을 피워 장내를 다 돌고 그릇에 꽂고 나서 춤을 춰보았다. 구름 위로 올라가는 명상의 기운으로, 바로 화취조火就燥한다는 말이 그 뜻이었다.

(2) 제주祭酒 올림

그다음에 제주(술) 올림을 한다. 술 올림은 햇곡식으로 빚은 술을 땅에 부음으로써 땅의 감흥이 일어나 신명이 발동하게 하는 것이다. 반드시 땅에 붓는 것만이 아니라 잔에 부어 올리는 것, 음복하는 것도 큰 의미의 술 올림이다. 우리 몸 안도 땅이라고 보는 것이다. 물이 아래로 흐르는 수류습水流濕을 자연스럽게 행하는 것이다.

(3) 배례拜禮

그다음에 절拜을 드린다. 자연만물에 하늘의 뜻이 깃들어 있어 몸을 숙임으로써 자기를 낮춰 감사하니, 마음이 비워져 무無의 상태가 된다. 다 비운다는 뜻이다.

예컨대 우리춤은 하늘을 공경하는 예의 드림이면서 상대를 높이고 나를 낮추는 수행의 몸가짐이다. 항상 나를 낮추고, 낮추니 비우게 되는데, 『주역』 64괘 중 열다섯 번째 괘가 여기에 속한다.

> 象曰(상왈) 地中有山(지중유산)이 謙(겸)이니
> 君子(군자) 以하야 裒多益寡(부다익과)하야
> 稱物平施(칭물평시)하나니라.
> 땅 가운데 산이 있음은 겸손함이니
> 많은 쪽이 덜어서 적은 쪽에 베푸는 것이
> 만물을 공평하게 하는 것이니라.

그리고 다음 글귀가 연결된다. 초6初六을 보자

> 謙謙君子(겸겸군자)이니 用涉大川(용섭대천) 길吉하도다.
> 겸손하고 또 겸손한 군자이기 때문에
> 큰 강을 건너더라도 좋은 일이 오더라.

중요무형문화재 제98호로 지정된 〈경기도당굿〉의 기본 절드림춤에 염불바라춤이 연결되는데, 춤을 모르는 사람도 남녀노소 누구나 할 수 있다. 왜냐하면 일상생활에서 우리가 항상 접하기 때문이다. 장단도 단순하고 동작도 느리고 단순해서 쉽게 따라 할 수 있다.

4. 무巫

이제 본격적으로 대동大同4무로 들어가 보자.

무당 무巫 자는 글자 자체에 나타나 있듯이 천·지·인天地人을 표현한 것이다. 위의 일一 자와 아래의 일一 자 사이에 하늘과 땅을 관통하는 사람人이 두 명 있어 음양으로 딱 대치하고 있다. 이는 양팔을 벌려 춤을 추는 형상을 상징화한 것이라고 볼 수 있으며, 이것은 곧 삼三의 원리, 천·지·인의 원리다.

3의 원리가 춤으로 대표되는 것이 삼진삼퇴三進三退인데, 삼진三進을 통해 하늘이 열리고, 삼퇴三退를 통해 땅이 열린다. 다른 말로 하면 삼진을 통해 열리고 삼퇴를 통해 닫힌다. 그 가운데 사람과 만물이 상생 조화한다. 우리의 경전인『삼일신고三一神誥』의 제목에도 그런 것이 나타나 있다.

〈승무〉의 염불도 삼진삼퇴의 원리로 되어 있다. 〈승무〉를 보면 처음에 땅에 엎드려 천·지·인의 동작으로, 생명이 일어나면서 하늘에 예를 드리게 된다. 그리고 태극으로 몸을 틀어 올라오면서, 태극이 입체적으로 되어 한 바퀴를 돌고 나서 자기 갈 길을, 인생의 길을 정한다. 그런 다음 첫 발을 떼는데, 세 걸음 걷는다. 삼진해서 앞으로 나가고 삼퇴하면서 뒤로 돌아와 자기가 태어났던, 출발했던 곳으로 다시 온다. 이것이 〈승무〉의 처음이다.

그럼 항상 이렇게 세 발만 떼야 할까? 예술적으로는 그렇지 않다. 장단을 치면, 왼발 오른발 해서 음양의 발이 하나씩 나가고, 그다음에는 형태가 변해 창조적으로 잦은 발이 나가는데, 요즘으로 이야기하면 '도움닫기'를 한다. 따라서 음양이 만나 하나의 새로운 창조가 생기는 것이 삼진이다. 서양춤에서는 뒤로 갈 때 허리를 굽히지 않는다. 앞을 안 보면 큰일 나는 줄 안다. 그러나 우리 민족은 자연스럽게 하늘 생긴 대로, 땅 생긴 대로 간다. 이렇게 뒤로 가는 것이 삼퇴다. 이렇게 가니 몸이 비틀거리지 않고 자연스럽게 태극으로 돌려졌다가 다시 들어오고 다시 태극으로 돌려진다. 모든 것을 태극으로 소통해 열리게 만든다.

그래서 서양 사람들의 움직임과 달리 우리 한겨레 배달겨레는 이처럼 자연스럽게 둥글둥글 항상 태극으로 움직이는 것이다.

5. 무武

두 번째 호반 무武에서 중요한 것은 역동성이다. 무예武藝. 마음도 튼튼하게 닦고, 몸도 튼튼히 하는 심신수련이다. 그래서 호반 무武는 춤출 무舞와 같다고 할 수 있다. 그럼 〈승무〉는 무예춤이 아닌가? 땅에서 태극의 동작을 하다가 줏대를 딱 세우고 일어나기 때문에 일종의 무예춤이다. 싹 돌아 가지고 굽히고 펴는 굴신屈伸의 동작을 하는 것이다.

우리 도당굿을 춤으로 한 것이 제90호 중요무형문화재 〈태평무〉다. 필자가 이 춤 추는 것을 보고 무예의 고수들이 "무예가 고수로 가면 바로 〈태평무〉가 되는 것 아니냐"고 말한 적이 있다. 요즘 춤은 앞을 보면서 움직이는 '무대춤'이다. 나쁜 의미로 교태 부리는 '기생妓生춤'으로 변했다.

고구려 고분 벽화의 역사(力士)춤

한국춤의 무예적 역동성을 회복해 되살려야 한다. 본성과 본질이 살아 있는 춤이 되려면 고구려의 역동성을 되찾아야 할 것이다.

위 그림은 고구려 벽화에 나타난 역사力士의 춤인데, 굴신을 굉장히 깊게 해서 힘을 하단전에 모아 하늘을 받쳐 땅이 꺼지지 않게 하는 동작이다. 그림 속 주인공인 왕을 호위하고 있는 자세다. 여러 가지 형태로 창도 들고, 칼도 들고, 사방으로 기운을 내뿜으면서 무예춤을 추고 있다. 무武와 무舞가 같음을 알 수 있다.

6. 무舞

비로소 춤출 무舞 자에 이르렀다. 舞 자는 없을 무無에 어긋날 천舛 자로 이루어져 있다. 어긋난 것을 없게 한다는 의미로, 『삼국지』「위지」〈동이전〉에 나온다. 어긋남이 있되 흐트러짐이 없게 한다는 의미와, 어긋나서 균형을 못 잡는 것을 춤을 추어 균형 잡게 한다는 의미가 있다.

중요무형문화재 오광대놀이에는 문둥이춤이 들어 있다. 문둥이가 사지가 문드러져 덜덜 떨면서 앉아 한탄하다가 온 힘을 다해 소고를 집어 들고 신나서 자진모리장단에 춤을 춘다. 말하자면 인간의 생명성을 회복하는 것이다. 그래서 문둥이춤은 '생명성을 잃은 나를 극복해 본성대로 회복하는' 춤이다.

생명의 본성을 회복하는 것, 이것이 하나의 춤으로 나타난 것이 바로 살풀이춤이다. 살을 풀어서 본래 건강한 모습으로 거듭나는 것이 살풀이다. 그런데 요즘 살풀이춤은 기생춤처럼 하얗게 입고 교태를 부리는 식으로 변했다. 이런 건 살풀이가 아니다. 모든 살아 있는 생명체들이 어떻게 고통받고 어떻게 죽어 갔는지, 죽은 형상도 표현하고 마지막에 '길닦음'해서 새 길을 터주는 것이 '참살풀이'다.

그러한 춤의 근본 원리를 우리의 고대 경전들에 바탕하여 한번 살펴보자.

1) 춤과 기氣

움직인다는 것은 무엇을 움직이는 것인가? 기운을 움직이는 것이다. 바람은 만물을 움직이게 만든다. 바람이 불어 '너울춤'이 되고 〈승무〉가 되고, '문둥이춤'이 되고, 모든 춤이 된다.

우리가 이동하는 것도 바람이다. 꽃이 피고 지고, 새가 우는 것도 모두 바람의 작용이다. 그래서 바람괘卦에 뭐가 있나 봤더니, 풍천소축風天小畜이 있다.

> 象曰 風行天上이 小畜이니
> 君子 以하야 懿文德하느니라.
> 천상에 바람이 부는 것을 소축이라고 하니,
> 군자가 문덕을 아름답게 하느니라.

만물의 움직임은 천상의 기운 즉 바람에 의한 것이고, 바람이 하늘 위에서 행하는 것이다. 그래서 자연스럽게 내맡긴다. 나뭇가지가 흔들리는 것이나 물이 흐르는 것이 모두 이와 같은 이치다.

『주역』 스무 번째 괘인 풍지관風地觀은 땅 밑에 바람이 있어 관觀한다는 뜻이다. 춤을 한 글자로 정의하라고 하면 볼 관觀 자로 이야기할 수 있다. 춤출 무舞의 외형적인 동작이 합쳐진 것을 외관外觀이라고 한다면, 외관을 타고 정신으로 합일되는 것은 내관內觀이라고 할 수 있다.

2) 심心 · 기氣 · 신身

『삼일신고』에서 맹자는 '심즉기心卽氣 기즉심氣卽心'이라고 했다. '마음이 바로 기운이고 기운이 바로 마음'이라는 뜻이다. 마음이 움직이고 작용하는 것이 기의 움직임으로 나타난다.

이 말은 춤도 마음으로 춘다는 의미다. 마음이 움직이지 않으면 춤이 나올 수 없다. 기운이 모아져 만물의 형상으로 나타난 것이 바로 '몸'이다. 몸에서 하는 호흡 작용도 기의 작용이라고 할 수 있다.

성명性命을 보면 "진성 무선악 상철통, 진명 무청탁 중철지眞性 無善惡 上哲通, 眞命 無清濁 中哲知"이다. 정말 참된 성性이라는 것은 선악善惡이 없다는 이야기인데, 진짜 참 명命이라는 것의 안에는 맑고 탁한 것이 없다. 청탁清濁이 없는 그것이 가장 밝게 깨달은 참된 모습이다.

그렇기 때문에 '참된 정精에는 후하고 박한 것이 없고眞精 無厚薄, 중생은 미혹한 세상에 맴돌고 세 가지 망할 것이 붙어 있다惟衆迷地 三妄着根.' 우리는 참 진眞으로 되돌려 일신一神, 하나의 신으로 가야 한다.

정리하면, 성性이 인간에 나타난 것이 심心이고, 명命이 인간에 나타난 것이 기氣이며, 정精이 인간에 나타난 것이 신身이다.

마지막에는 "하나의 뜻으로 화해하고 실천하고 잘 살면서, 그동안 잊고 있던 것을 진眞으로 되돌리자. 그리하여 큰 신神의 기운을 일으켜 가지고 본성에 통해 공功을 이루어 내자一意化行 返妄卽眞 發大神氣 性通功完 是"라고 되어 있다.

이것이 바로 우리가 공부하는 목적이고, 춤을 추는 목적이다.

3) 몸·춤·숨

생명生命은 명이 생긴 것인데, 몸과 춤의 관점에서 보면, 그 '명'의 기운이 확산된 것이 '춤'이다. 한성준 옹은 "사람이 나면서부터 춤은 잇섯다"고 말씀하셨다. 그러니까 '누구나 춤춘다'는 철학이 이 안에 담겨 있다. 무용과 나오고 춤쟁이만 춤을 추는 것이 아니라, 우리 모두 팔다리 사지四肢를 움직이면서 춤을 춘다.

사지를 움직이는 것이 음양이고, 거기에 오행 작용이 들어 있다. 하늘의 명을 받은 것을 '성性'이라 하고, 그 성을 뒤쫓는 것을 '도道'라 하고, 그 도를 닦는 것을 '교敎'라고 한다. 이것은 『삼일신고』에 나오는 말이다.

요즘 나타나는 현대춤이 무언가 하면 바로 오체투지五體投地다!

당면한 사회적 과제를 관철하기 위해 나선 분들이 정말 사지를 쫙 뻗는데, 각 종단이 모여 사회와 정치와 여러 가지 삶에 대한 반성을 하면서 길에서, 거리에서 오체투지를 한다.

오체투지! 여기에 춤의 정신이 들어 있다. 온몸을 던져, 비우고 성찰하고 참회하는 그러한 자세는 우주와 내가 하나 되게 한다. 우리는 범세계적으로 하나다. 이런 의미를 가지고 몸을 던지는 것, 이것이 춤이 아니고 뭔가?

그리고 제일 중요한 '숨 쉬기', '숨 쉼'. 춤은 어디에서 출발하는가. 마음을 움직여 춤이 되지만, 마음이 움직이기 위해서는 '숨'이 살아 있어야 한다. 하나의 '숨' 안에 시방세계의 춤사위가 다 들어 있다. 그것이 일미진중함시방一微塵中含十方이다. 티끌 하나에 세상이 다 들어 있다는 의미다. '숨' 안에 춤이 있다. '숨'에서 춤이 시작된다. 춤은 곧 '숨'이다.

7. 무無

드디어 대동4무의 네 번째 무無다.

『천부경』에 나왔듯이 일시무시일一始武始一 석삼극 무진본析三極 無盡本 하면서 일종무종일一終無終一로 끝난다. 무시무종無始無終의 세계. 시작도 끝도 없이 계속 돌고 돈다. 숨에 시작이 있고 끝이 있는가? 죽을 때도 숨이 끝났다고 보는 것은 아니다. 영혼도 숨 쉬고 있고, 태어나기 전 어머니 배 속에서 태아도 숨 쉬고 있고, 그 전에 정자 난자도 숨 쉬고 있고, 정자 난자가 생기기 전에도 숨을 쉬고 있기 때문에 정자 난자가 생긴 것이고, 그래서 하나의 우리 생각, 염원은 무량無量으로 통한다. 그것이 제천祭天의 의미다.

이것이 〈승무〉로 보면 일념즉시무량겁一念卽是無量劫이다. 바라춤은 격물치지格物致知라고 한다. 그다음은 '길닦음'이다. 천명지위성 솔성지위도 수도지위교天命之謂性 率性之謂道 修道之謂敎를 따라가는 것이 '길닦음'이다. 세상의 온갖 고뇌를 씻어 내고 모든 생명을 살리기 위한 우리의 한 걸음 한 걸음이 '길닦음'의 한 걸음 한 걸음이고, 손 하나 올리는 것도 '길닦음'이다. 베를 가르고 광목을 갈라야 '길닦음'이 아니고, 이렇게 '길닦음'이 돌고 돌아 원형으로 돌아서 자기를 치고 다시 밖으로 내뱉고, 계속 굽이굽이 돌면서 그러한 역할을 하는 것이다.

8. '한밝춤'을 통한 몸 깨우기

마지막으로, 고대 제의에 나타난 춤 의례로서 가무의 특징은 악樂·가歌·무舞의 중심인 춤舞의 움직임, 움직이고 소리도 내고 하는 것이다. 굿에서 추는 진짜 제례춤은 흥에 겨워 나오는 자기만족 춤이 아니고 목표를 이루기 위한 의식적인 몸짓이다.

춤에는 행동이나 말과 같은 표현력을 나타내는 '몸'으로서의 본질이 있다. 신에게 의례를 드리는 춤이면서 신의 존재를 기쁘게 만들기 위한 의지를 갖는 표현의 춤이다. 하늘에 계신 신, 하늘님한테만 추는 것이 아니라 저 자신한테도 추는 것이다. 하늘에 예를 드려도 그것이 결국 돌아서 나한테 꽂히는 것이고, 나 자신이 신이라고 하면 나 자신한테 하는 것이다. 일방통행이 아니다.

옛날 나이 많은 무당들이 서지도 못하는데 신명 나서 춤을 추는 것도 몸속에 신이 들어와 있기 때문 아닌가'?

덧붙이자면, 우리 춤의 특성을 깨달으려면 무엇보다 스승을 찾아 가르침을 받는 것이 중요하다. 저의 춤스승은 타계하셨지만, 끊임없이 스승을 찾아 돌고돌며 공부한다.

지금까지 이야기한 내용을 일컬어 '한국의 몸짓 한밝춤을 통한 몸깨우기'라고 규정할 수 있는데, 그 핵심을 요약하면 다음과 같다.

① '한밝춤'의 '한'은 하나一를 뜻한다. 따라서 '한밝춤'이란 말 그대로 한맥으로 통하는 하나의 춤, '한춤'이다. '한'은 많은 뜻을 가지고 있다. 우선 처음 시작을 뜻하고, 첫 번째이고, 같음을 말한다. 즉 한민족이란 하나의 민족이고, 같은 민족이고, 첫 번째 민족이다. 역사는 한맥으로 흐르니 역사의 맥은 삼세三世, 즉 과거·현재·미래로 이어진다. 과거는 전통을 뜻하면서 동시에 현재와 미래를 아우르니, 전통과 현대는 하나이고 동시에 미래성을 갖고 있다. 그것은 바로 찰나刹那와 영겁永劫이고, 시작도 끝도 없는 영원함을 뜻한다.

② '한'은 또 다른 한자로 '韓'이라고 볼 수 있는데, 이는 높고 크고 깊고 거대함을 뜻한다. 이때의 '한'은 끝 간 데 없이 무한하고 광대무변廣大無邊하다. 그런가 하면 '한'에는 인간의 한평생인 희로애락과 생로병사가 들어 있으니, 담담하고 고결한 정신이 담겨 있다.

③ '한'은 하얗고 흰 것을 형용하니, 희고 밝고 눈부시면서 또한 검을 현玄을 뜻한다. 밝음과 어두움을 동시에 가지고 있고, 담백한 동시에 찬란하다. 그리고 맑고 순수하고 순결하다. 바로 큰 광명의 춤, '한밝춤'이다. '한밝춤'은 이처럼 모든 것을 아우르는 총체적 개념으로, 이 모두가 조화되어 어우러진 공동체성의 본질을 갖고 있다. 즉 '한밝춤'은 한맥으로 통하는 하나의 춤이면서 우리 모두 함께하는 광대무변한 공동체 춤으로서 한국을 상징한다.

춤은 자연으로부터 태어난 생명체, 곧 살아 숨 쉬는 모든 것의 움직거림이다. 사람으로 치면 더불어 살기 위한 일의 몸짓, 살기 위한 몸놀림 또는 몸부림으로, 크게는 역사를 살아온 사람들의 응축된 삶의 몸짓이 형상화된 것이다.

춤은 말이 없다. 또한 춤을 추면 곧잘 잡념이 사라진다. 그래서 그러한가? 춤은 상형문자 '舞'로, 없다는 뜻의 '無'와 자원字源이 같다. 또한 인간의 삶과 관련된 가장 숭고한 의식으로서의 '巫', 즉 한울님에게 드리는 경배에도 반드시 춤이 따른다. 1만 년의 역사를 이어 온 우리 춤이 바로 그것이다.

우리춤은 어떤 행위를 표현하기 위한 단순한 몸짓이 아니라, 우주만물의 원리를 몸소 깨닫게 하는 몸사위다. 예컨대 고구려 춤무덤舞踊塚 춤그림에 나타난 몸의 각 부위에서 분출되고 있는 기氣의 표시에서 알 수 있듯이, 몸 안과 몸 밖의 기의 흐름이 서로 상응하면서 자연스럽게 우아일체宇我一体를 몸으로 느끼게 하는, 다른 어디에도 없는 '기의 춤', '깨달음의 춤'이다.

특히 우리춤은 삶의 온갖 몸짓이 함축되어 과거와 현재뿐 아니라 미래까지 담겨 있어 삼세三世를 하나로 꿰뚫는 영원불변성을 지닌다. 즉 '일념즉시무량겁一念卽時無量劫'으로서, 영겁永劫이 한맥으로 통해 하나의 큰 빛을 밝히는 '한밝'의 춤, '한밝춤'이라고 할 수 있다.

춤은 전통과 현대를 꿰뚫는 우리 문화의 핵심이다.

젊은이들에게는 1만 년 역사 속에서 진화해 온 한민족 문화 유전자를 꿈틀 깨어나게 하여 앞날을 밝히는 자신감自信感과 영감靈感을 주고, 나이 든 사람들에게는 몸 건강과 함께 삶의 환희를 맛보는 '깨달음의 길'로 인도할 것이다.

5장

야산也山·대산大山의 맥으로 이어지는 '고지무지이진신鼓之舞之以盡神'*

1. 들어가는 말

갑오년 2014년은 홍역학회에 매우 뜻깊은 한 해였다. 『주역』을 위시한 제가경전에 달통하고 홍역학을 정립·제창한 야산也山 이달(李達, 1889~1958)의 삶과 사상을 집중적으로 조명했기 때문이다. 국회 의원회관과 서울대학교 규장각한국학연구원에서 두 차례나 학술대회를 열어 많은 관심과 공감을 이끌어 낸 바 있다. 그동안 『주역』과 『홍역학』을 연구하는 학계에서만 알고 있던 야산이란 인물과 그 업적을 학계·문화계에 두루 알린 계기가 되었다.

필자는 그 학술대회에서 「야산 이달 선생의 삶을 통해 본 신명의 춤－고지무지를 중심으로」를 발표하며 신神과 신명神明, 고지무지鼓之舞之의 문제 등을 논의한 바 있다. 그러나 구체적으로 그 움직임이 어떤 식으로 되어 있는지, 장단은 어떠했는지 등 실제 형상적인 면을 다루지 못한 것에 대한 아쉬움이 남아 있었다.

* 이 글은 2015년 10월 출간된 대산 김석진 선생 미수기념집 『易과 人』(여름언덕)에 실린 것이다.

대산大山 김석진(金碩鎭, 1928~2023) 선생의 미수米壽 기념문집 글 준비를 하며 무엇을 써야 하나 궁리하다가 어차피 『주역』, 홍역학의 맥이 야산·대산으로 이어지기 때문에 이전에 다루지 못한 '고지무지이진신鼓之舞之以盡神'의 구체적인 내용을 살피기로 했다.

사실 이 논제를 정한 이유도 야산의 사상과 학통을 이어받은 대산 김석진 선생님께서 계시기 때문이요, 또한 대산의 『주역』 강의와 동양학 경전 특강은 간이하고도 재미있어 신명의 장場으로 함께하는 데 정평이 나 있기 때문이다.

예를 들어 '행신문'에서 "天一 地二 天三 地四……" 하며 발걸음을 옮길 때는 몸으로 모든 것을 보여 주는 천상 춤꾼 같기도 했다. 2015년 신명행사 때도 대산 선생의 특강이 거의 끝나갈 무렵 야산 경주經周 중 '태을원부여제성역경太乙元符與諸星歷庚'에서, 무릎을 굽혀 '경庚'하면서 발을 '쾅' 구를 때는 눈 깜짝할 사이에 온몸으로 '혁革'이 일어나는 순간이었다. 나만 흥분되어 신명 났던 것은 아니고, 그곳에 모인 학인들 모두 그러했던 것 같다. 그 대목에서 야산 선사 당시 어떠했으리라는 정황이 느껴지기도 했다.

대산 선생님은 어릴 적부터 가학家學으로 유교의 경전을 수학하고 그 후 스승 야산 선사께 입문해 『주역』을 심신心身으로 탐구하면서 그 신명을 이어받았던 것이다. 이러한 모든 상황을 종합해 볼 때, 나는 선생님으로부터 '고지무지'의 편린이나마 찾아낼 수 있지 않을까 용기를 다시 내었다. 『주역』〈계사상전繫辭上傳〉 제12장에 나오는 '고지무지이진신'의 의미는 익히 알고 있는바, '두드리고 춤으로써 신명을 다한다'는 뜻이다. 그러나 앞서 언급했듯이 '고지무지이진신', 특히 '고지무지'의 구체적인 움직임은 어떤 것인지 제대로 밝혀지지 않았다.

따라서 그 내용을 조금이나마 풀어내기 위해 근접하게 맞닿을 수 있는 방법을 모색할 수밖에 없었는데, 바로 야산 선사를 끝까지 모셨던 대산 선생을 통하지 않고는 불가능하다고 생각했다. 먼저 대산 선생님께서 저술한 『스승의 길 주역의 길』[1]과 『대산 주역강의 1·2·3』[2]을 찾아보았다. 스승 야산에게 수학한 학습 과정과 삶을 기록한 『스승의 길 주역의 길』은 중요한 원전 자료가 되고, 다음으로 『주역』을 총체적으로 정리한 『대산 주역강의 1·2·3』은 중요한 참고 자료가 되기 때문이었다.

그러나 무엇보다 야산의 맥을 그대로 계승한 대산 선생님을 마주할 수 있었던 점이 모든 것을 풀어내는 열쇠가 되었다.

이제 선생님과의 대담과 구술 작업을 통해 이 논제를 풀어가 보고자 한다.

2. 야산也山의 역학易學

대산을 알기 위해서는 먼저 야산 선생님을 알 필요가 있다. '야산의 삶과 시대 상황', '야산의 역학' 등을 중심으로 간략하게 알아보자.

1) 야산의 삶과 시대 상황

누구나 삶을 살아간다는 것이 그 시대와 무관할 수 없듯이, 야산이 살아온 삶의 역사 역시 시대와 함께한다. 야산은 어려서부터 사서삼경 등 동양 경전에 달통하면서 10대 후반에 문자만으로 도道를 통할 수 없음을 느끼고 김천 인근의 삼도봉三道峰에 들어가 공부했다. 삼도봉은 경상·전라·충청의 삼도三道가 연접한 까닭에 지어진 이름이기도 하지만, 야산의 평생 자취를 보면 유불선 삼도와 관련된다.

야산은 유학자로서 행세했지만, 유불선 삼도를 경계 없이 넘나들었고, 제자들에게도 삼도를 가르쳤다. 장차 선천의 비색한 시대가 지나가고 후천의 태평한 시대가 도래하는데, 후천에 이르기 위해서는 삼교가 합일해야 한다는 것이다.[3] 야산은 "나는 삼성三聖을 모시고 있다. 머리를 깎았으니 불교의 중을 의미하고, 유건儒巾을 썼으니 공자를 뜻하고, 몸이 산에 있으니仙 노자를 뜻한다"고 했다.[4] 특히 유가의 마지막 관문인 『주역』 연구에 심취해 주위로부터 '이주역李周易'이라 불릴 만큼 『주역』과 그의 삶은 하나가 되었다.[5]

야산은 1889년에 태어나 1958년에 생을 마감했다. 그 시기는 우리 역사에서 근대에서 현대로 넘어온 과도기로, 역사의 소용돌이 속에서 큰 격랑을 겪었던 때다. 크게는 갑오농민전쟁을 겪었고, 종묘사직을 잃어버리며 일본에 식민지화되었다. 뒤이어 6·25 전쟁이 일어났고 민족이 남북으로 갈렸다. 그러한 역사적 아픔 속에서 야산이 어떠한 삶을 살았고 또 어떠한 학문으로 열매 맺게 되었는지, 이 고난의 근현대사를 통해 연구의 실마리를 찾을 수 있다.

해방을 전후한 열악한 환경에서도 어느 한 곳 평범한 데가 없었으며 자유롭고 진취적인 삶을 살았던 야산의 모습은 당시 주변의 많은 사람에게 깊은 감화와 영향을 주었다. 그는 공동으로 경작하며 살아가는 정전제丁田制에 기초한 공동체적 삶을 시험하는 등 항상 낮은 자세로 의미 있는 사회활동을 펼치기도 했다.

그러한 삶을 토대로 하여 『주역』과 「홍범洪範」에 근거한 홍역학洪易學을 제창하면서 선생만의 독립적이면서도 체계적인 학문의 세계를 펼쳤다.[6]

2) 야산 역학

야산은 평생 동안 학문과 수도에 정진하면서 사서삼경을 비롯한 유불선 삼교의 경전을 두루 섭렵했다. 야산의 역학 사상은 삼교합일三敎合一을 기반으로 한다. 이런 유불선 삼교의 바탕 위에서 당대 불교계의 거목이었던 신소천(1897~1978) 거사와의[7] 유불儒佛 선문답을 통해 『주역』과 『금강경』을 비교하면서, 『주역』의 요점이 건괘乾卦 구오九五 사상 속에 있음을 지적했고, 『주역』의 극치는 점店의 감통感通 속에서 구현됨을 염화시중拈花示衆의 법으로 밝혔다.[8]

또한『주역』의 괘효사卦爻史를 당시 한국의 현실이나 단군 사상, 우리 전래의 비결 등과 연결해 우리 식으로 설명하는 등 이전과 판연히 구별되는 독창적인 역학을 수립했다.

야산 사상의 의의에 대해 연구 논문을 발표한 임채우는 "한·중韓·中 역학사易學史 어디에서도 찾아볼 수 없는, 이렇게 대담하고도 간결한 야산의 주역관은『주역』을 공부한 것이라기보다『주역』을 통달해 자유자재로 가지고 논 경지였다"[9]고 했는데, 이 한마디는 야산의『주역』을 가감없이 언급했다고 할 수 있다.

야산 선사의 역학적 핵심은『주역』을 집대성하신 공자의 가르침을 본래 그대로 밝힌 선후천 교역交易 사상이라 할 수 있으며, 그 대표적인 학설과 저작으로는 건구오도설乾九五圖說, 선후천고정설先後天考定說, 황역기시략초皇易紀時略草, 경원력庚元歷, 대학착간고정大學錯簡攷正 등을 들 수 있다.[10]

한마디로, 그는 일제 강점기에서 민족상잔의 비극이란 격동기를 겪으면서 새로운 시대의 도래를 후천이란 개념을 동원해 역학적으로 설명하면서, 조선 시대 역학자들과는 판이하게 중국이 아닌 우리의 현실을 중심으로『주역』을 이해하고 응용하려 한 선구적 역학자라고 할 수 있다.

3. 야산의 맥을 잇는 대산大山 역학

1) 진정한 스승 야산

대산 김석진은 '『주역』을 통해 활연관통豁然貫通하신 야산 이달의 학통을 계승해 평생을『주역』연구에 바쳐 역도易道를 체득한 분'이라고 평가받는다. 그는『스승의 길 주역의 길』머리말에서 다음과 같이 회고하고 있다.

> 한 해가 가고 또 한 해가 가는 것이 세월이라면 세월은 흘러흘러 과거

가 되고 옛날이 된다. 이와 같이 흐르는 세월 따라 사는 것이 인생이다. 그렇게 살다 보면 사람은 누구나 자신의 자취를 남기고 경력經歷을 갖는다. 여기 이 사람도 70년 세월을 살았으니 자랑스럽든 부끄럽든 70 평생 쌓이고 쌓인 경력이 있는 것이다.

다만 주역을 강의하는 한 사람으로서 한 가지 기억하고 싶은 것이 있다면 13년이라는 세월 동안 책상자를 등에 지고 주역의 대가이신 야산也山 선생님을 따라다니며 공부했던 일이다.

때는 태극기를 흔들며 광복을 맞은 기쁨도 잠시, 국토는 쪼개지고 민족은 찢어져 신탁 아니면 반탁, 좌익 아니면 우익, 빨갱이 아니면 흰갱이가 서로 대립하고, 이웃이 적이 되는 참으로 혼란한 시기였다.

마침 대둔산 석천암이라는 곳에 주역의 도사道士가 계시다는 소문을 듣고 찾아가 문하에서 주역을 펴놓고 가르침을 받게 되었다.[11]

위의 회고록에서 『주역』의 도사라는 분은 바로 야산 이달이다. 이 대목과 연결되는 것은 공자가 『주역』을 마무리할 적에 "글로는 내가 하고 싶은 말을 다 못하며 말로는 내 뜻을 또 모두 표현하지 못한다書不盡言 言不盡意. 그렇다면 글로 못 쓰고 말로 다 못하는 성인의 그 깊은 뜻을 가히 읽어볼 수는 있지 않겠느냐然則 聖人之意 其不可見乎라고 할 정도로 심각하게 말씀하신 대목이다. 또한 신神으로써 미래사를 알고서 내가 『주역』 속에 모두 감추고 가니 누가 이 감추고 간 모든 것을 알아낼꼬神以知來 知以歲往 其孰能與於此?"[12]라고 했다. 이 언급에서 눈여겨볼 점은 글과 말로는 내 뜻을 모두 표현하지 못한다고 했으니 글과 말을 뛰어넘는 무언가가 있는 것인데, 바로 이와 같은 맥락에서 야산 이달이 '도사'라는 호칭을 받게 되었다고 생각한다.

대산은 스승의 가르침을 받으며 나무를 해다 불 피우고, 쌀 있으면 밥 지어 소금 찍어 먹고, 쌀 떨어지면 솔잎을 썰어 물에 타 먹으며 공부하다가 선생님이 "곧 난리가 나게 되어 이 절이 불에 탈 것이다. 이곳을 떠나

계룡산에 가 좀 머물러 있다가 안면도에 가서 피난하고 부여로 옮겨 가서 살다가 그곳에서 내 여생을 마칠 것이니, 날 따라오고 싶으면 따라오거라" 하셨다. 그 후 책상자를 짊어지고 스승을 따라 대둔산, 계룡산, 안면도, 부여 등지를 전전하며 선생님 발을 씻어 드리는 제자洗足之弟로 도학의 향취를 맡으며, 선생님 타계하시기 전까지 13년을 보고 듣고 배우고 익혔다.[13] 그 당시 과정의 술회를 보면, 이렇게 대산은 야산의 가르침을 그대로 삶과 함께 체득한 것을 알 수 있다.

2) 대산의 핵심 저서

(1)『스승의 길 주역의 길』[14]

대산 김석진이 지은『스승의 길 주역의 길』은 제목에서부터 그 성격과 내용을 짐작할 수 있다. 책을 준비하며 야산 이달의 넷째 자제 문강文岡 이이화李離和와 나눈 대화에서도 그 의도를 알 수 있다.

> 혹시 할 말, 못 할 말 마구 잘못 쓰다 큰 허물을 짓지나 않을까 하여 선생님의 넷째 자제인 역사학자 이이화李離和 형을 찾아가 문의했더니, 역시 곧고 바른 역사학자답게 조금도 숨기거나 과장하지 말고 있는 그대로 쓰라는 것이다. 여기에 힘입어 감히 스승의 모든 일을 대강이라도 기록함으로써『주역』을 수강하는 회원들에게 옛날 철인哲人의 생활상을 알리고『주역』과 기타 학문을 사수師受한 체험담이 공부에 도움이 되기를 바랐다. 그저 비열한 자가 아무리 가까이서 모셨다고 하지만 선생님의 높으신 경륜과 식견 그리고 지나는 곳마다 헤아릴 수 없는 과화존신過火存神의 묘妙는 표현할 수 없어 역력히 기재하지 못할 뿐이다. 결국 이 글을 책으로 출간하게 되고 보니 평생 이름을 숨기고 사신 스승님께 누가 되지 않을까 하는 송구한 마음 간절하다.
>
> 다만 학문하는 분들이 옛날 어려웠을 때 스승과 제자가 고락을 같이하

며 학문을 수수授受한 이야기에 다소라도 어떤 느낌이 있다면 다행이라고 생각한다.[15]

스승을 옆에서 모시며 공부한 13년 세월이 사실 그대로 고스란히 투영되고, 얼마나 진지하게 스승을 모시며 공부했는지가 생생하게 담겨 있다. 스승을 모시는 제자의 끝없이 겸손한 도리가 이 시대에 더욱 감동적으로 다가온다. 지금 시대 후학들에게 큰 귀감이 될 지침서라고 할 수 있다.

(2) 『대산 주역강의 1 · 2 · 3』[16]

『대산 주역강의 1 · 2 · 3』은 한국홍역학회 학술부 주관으로 대산 『주역』 원전 강의를 녹취해 종합 · 정리한 책이다.

1985년 서울 홍제동 함장사에서 비롯된 대산 선생의 『주역』 강의는 이후 흥사단 대강당에서 1986년 8월 8일 제1기(흥사단 고전주역강좌)가 개강되었다. 그리고 1987년 10월 27일 홍역학회가 창립되어 학회 주최로 『주역』 강좌를 진행한 이래 각계 수천여 명의 수강 회원을 배출했는데, 시간적 · 지역적 사정에 의해 이 강의를 듣지 못하는 전공자 및 일반인들을 위해 대산 선생이 10여 년간 강의하신 내용을 정리해 편집했다.[17]

이 책은 『주역』 원전을 세 권으로 나누어 제1권은 〈입문편〉 및 〈상경〉(30괘), 제2권은 〈하경〉(34괘), 제3권은 〈계사상하전〉 · 〈설괘전〉 · 〈서괘상하전〉 · 〈잡괘전〉 및 〈부록편〉을 수록했다. 〈입문편〉에서는 『주역』의 기초 이론과 기본 용어에 대한 해설 등을 실어 일반 독자들이 쉽게 이해할 수 있도록 했고, 〈부록편〉에서는 『주역』 연구에 필요한 도본과 연구 자료 등을 실어 『주역』을 전공하는 분들에게 편의를 제공하고자 했다.[18]

책 내용의 특징은 스승 야산의 역학적 핵심이라고 할 수 있는 희문주공羲文周孔과 선현들의 역학 연구의 진면목을 정리하면서 특히 '주역을 집대성하신 공자의 가르침을 본래 그대로 밝힌 선先 · 후천後天적 교역交易사상'을 중심으로 했다. 야산의 대표적 학설인 건구오도설乾九五圖說, 선후천

고정설先後天考定說, 황역기시략초皇易紀時略草, 경원력庚元歷, 대학착간고정大學錯簡攷正 등을 기초로 실제 삶과 연결해서 알기 쉽게 설명해, 전문 연구자들은 물론 일반인도 꾸준히 읽으며 큰 감동을 얻고 있다.

4. '고지무지이진신'이란

1) 고지무지의 단계

> (子曰) 聖人이 立象하야 以盡意하며 設卦하야 以盡情僞하며
> (공자가 이르길) 성인이 상象을 세움으로써 뜻을 다하며, 괘卦를 베풂으로써 참과 거짓을 다하며
>
> 繫辭焉하야 以盡其言하며 變而通之하야 以盡利하며
> 말을 맺음으로써 그 말을 다 하며, 변하고 통함으로써 이로움을 다하며
>
> 鼓之舞之하야 以盡神하니라.
> 두드리고 춤으로써 신을 다하느니라.

대산은 『대산 주역강의 3』에서 〈계사상전〉 제12장에 나오는 위 내용을 인용하며 입상, 설괘, 계사, 변통, 고무의 단계에 대해 논했는데, 점차적으로 변하면서 연결되는 각 단계는 결과적으로 '고지무지'를 향한 과정으로 볼 수 있으며, 간추리면 다음과 같다.[19]

① 입상立像

성인이 상像을 세운 것이다. 일건천一乾天, 이태택二兌澤, 삼리화三離火, 사진뢰四震雷, 오손풍五巽風, 육감수六坎水, 칠간산七艮山, 팔곤지八坤地로 하늘의

상, 못의 상, 불의 상, 우레의 상, 바람의 상, 물의 상, 산의 상, 땅의 상으로 입상을 했다.

② 설괘設卦

상에 의해 그 상을 보고 괘卦를 만들었다. 하늘의 상을 보고 건괘乾卦를, 못의 상을 보고 태괘兌卦를, 불의 상을 보고 이괘離卦를, 우레의 상을 보고 진괘震卦를, 바람의 상을 보고 손괘巽卦를, 물의 상을 보고 감괘坎卦를, 산의 상을 보고 간괘艮卦를, 땅의 상을 보고 곤괘坤卦를 베풀었는데, 이 8괘를 다 펼치면 64괘가 베풀어진다고 했다.

③ 계사繫辭

괘마다 말을 맺어 놓은 것으로, 예를 들어 '중천건괘' 초구에 "잠룡潛龍이니 물용勿用이니라"라고 각 괘와 괘의 각 효爻에 말을 맺어 놓은 것이라 했다.

④ 변통變通

변하면 어디로든 통하게 되는데, 낮이 변해 밤으로 통하고 밤이 변해 낮으로 통하듯이, 양이 변하면 음으로 통하고 음이 변하면 양으로 통하게 됨을 뜻한다.

예를 들어, 건괘의 초구가 변하면 '천풍구괘'가 되는데 본괘本卦인 건괘가 체體가 되고, 지괘之卦인 구괘姤卦가 용用이 되는 것을 말한다. 즉 '체'에서 변해 '용'으로 통하는 것을 뜻한다.

또한 고지무지를 변통과 연결해 다음과 같이 말했다.

> 변하지 않으면 통할 수 없죠. 낮이 변해 밤으로 통하고, 음이 변하면 양으로 통하는 것인데, 이것이 변통하는 것입니다. 또한 '고지'는 변하는 것이고, '무지'는 통하는 것으로, 변하면 통해 달라지는 것입니다.

⑤ 고지무지鼓之舞之

고지鼓之는 '주역의 변통하는 것을 보고 자연 신명이 나는 것'이고, 무지舞之는 '신명이 나서 자기도 모르게 춤을 추는 것'이다.

『주역』을 공부하면 통하게 되어 신비스러워서 자기도 모르게 춤이 나온다고 했다.

2) 진신盡神의 단계

앞서 말한 입상, 설괘, 계사, 변통, 고무의 단계에 이어 '진신'에 대해 『대산주역강의 3』에서 다음과 같이 언급했다.

> 주역을 공부해 통하게 되면 신비스러워서 자기도 모르게 춤이 나오니까 미친다는 말도 나오는 것[20]인데, 이는 곧 입상·설괘·계사·변통·고무의 과정을 거쳐 신명이 일어나는 단계라고 볼 수 있다.

> 고지무지하면서 북소리가 나면 어깨춤이 절로 납니다. 춤을 추는 것은 신바람이 나는 것이에요. 사람에게는 신神이 있는데 신이 발동되어 인신합발人神合發이 돼서 주역을 완전히 통하는 게 아닙니까.[21]

즉 고지무지를 『주역』의 이치대로 정당하게 했을 때 진정한 신을 다하는 것鼓之舞之以盡神이라고 했다.

신을 떠올릴 때 먼저 공자께서 『주역』 〈계사전〉 9장에 본격적으로 신을 풀이한 행신문行神文을 언급하지 않을 수 없다.

> 天一 地二 天三 地四 天五 地六 天七 地八 天九 地十이라.
> 하늘 하나, 땅 둘, 하늘 셋, 땅 넷, 하늘 다섯, 땅 여섯, 하늘 일곱, 땅 여덟, 하늘 아홉, 땅 열이라.

天數ㅣ五ㅣ오 地數ㅣ五ㅣ니 五位相得하며 而各有合하니

하늘 수가 다섯이요 땅의 수가 다섯이니, 다섯 자리가 서로 얻으며 각각 합함이 있으니

天數ㅣ二十有五ㅣ니 地數ㅣ三十이라

천수는 이십오요 지수는 삼십이라.

凡天地之數ㅣ五十有五ㅣ니 此ㅣ所以成變化하며 而行鬼神也ㅣ라

무릇 천지의 수가 오십오이니, 이것으로써 변화를 이루며 귀신을 행하느니라.

대산 김석진은 "행신문에는 음양의 기운이 통합니다. 이 기운은 참 중요하죠. 모든 것이 만들어지는 것은 태극이라는 공허空虛에서 나오는 양과 음의 기운에 의한 것입니다. 이 음양이 사상四象과 팔괘八卦로, 일생이법一生二法의 분열의 법칙에 의해 계속 진화해 나아갑니다. 음양의 기운을 간단히 볼 문제가 아니죠. 그 음양의 기운이 우리에게도 통하는 것이죠. 그러니까 행신문을 읽으면서 기운이 통하는 것입니다"[22]라고 하며 그 어떤 것도 이 음양 행신문을 넘을 수 없다고 했다.

또 다른 관점에서 그는 "정신을 하나로 모으면 이루지 못할 일이 없다고 한 옛말도 있듯이, 정신집중은 신神·기氣·정精 3원(元神·元氣·元精)을 하나로 집약해 그 속에서 강한 기氣를 체험하는 것이다. 사람의 몸은 하나의 작은 우주宇宙다. 정신이 호흡을 따라 가볍고 맑은 기운으로 바뀌면서呼吸育淸 '나'라는 관념에서 벗어나 내 몸이 있는지 없는지 모르는 상태不獲其身로 들어가게 되면 대우주와 하나됨을 체험하게 된다艮其背"[23]라고 했다.

이 언급은 바로 정신과 육체가 하나 되는 '고지무지이진신'의 형이상학적인 동시에 형이하학적인 해석이라 할 수 있다.

또한 『주역』 〈설괘전說卦傳〉 6장에 앞의 행신문과 배합하는 '묘신문妙

神文'이 있다.

神也者는 妙萬物而爲言者也ㅣ니
신이라는 것은 만물을 묘하게 함을 말한 것이니.

動萬物者ㅣ莫疾乎雷하고 撓萬物者ㅣ莫疾乎風하며
만물을 움직이는 것이 우레보다 빠른 것이 없고,
만물을 흔드는 것이 바람보다 빠른 것이 없으며,

燥萬物者ㅣ莫熯乎火하고 說萬物者ㅣ莫說乎澤하며
만물을 말리는 것이 불만큼 말리는 것이 없고,
만물을 기쁘게 하는 것이 못만큼 기쁘게 하는 것이 없으며,

潤萬物者ㅣ莫潤乎水하고 終萬物始萬物者ㅣ莫盛乎艮하니
故로 水火ㅣ相逮하며
만물을 적시는 것이 물만큼 적시는 것이 없고,
만물을 종하며 시하는 것이 간보다 성한 것이 없으니,
그러므로 물과 불이 서로 다르며

雷風이 不相悖하며 山澤이 通氣然後에아 能變化하야 既成萬物也하니라
우레와 바람이 서로 거스르지 아니하며,
산과 못이 기운을 통한 후에야
능히 변화하여 만물을 다 이루느니라.

위 글에서 공자는 만물을 묘하게 만드는 주체가 신이라고 했다. 신의 작용은 묘하므로 '신묘神妙하다'고 하는데, 이 신묘의 작용으로 '기성만물既成萬物', 즉 모든 만물을 다 이룬다고 했다. 물과 불이 서로 따르고 우레와

바람이 서로 거스르지 아니하며 산과 못이 서로 기운이 통한다는 것은 음과 양이 서로 만나 배합하는 것인데, 그런 연후에야 능히 변화하게 되어 만물을 이룬다고 했다. 따라서 음과 양의 조화로 이루어지는 것이 바로 신의 묘한 본성이라 할 수 있다.

3) 고지무지와 『주역』의 이치

앞에서 "고지무지를 『주역』의 이치대로 정당하게 했을 때 진정한 신을 다하는 것이다"라고 했는데 그렇다면 『주역』의 이치대로 정당하게 한다는 것이 무엇인지 생각해 봐야 한다. 즉 '주역의 이치'라는 것은 무엇이고 그것을 '정당하게' 한다는 것은 무엇인지 의문이 생긴다.

보통 『주역』의 이치는 음양이고, 「홍범」은 오행의 이치라고 한다. 『주역』 〈설괘전〉 제3장을 보면 다음과 같은 내용이 있다.

> 天地ㅣ定位에 山澤이 通氣하며 雷風이 相薄하며
> 천지가 자리를 정함에, 산과 못이 기운을 통하며,
> 우레와 바람이 서로 부딪치며
>
> 水火ㅣ不相射하야 八卦相錯하니
> 물과 불이 서로 쏘지 아니하여, 팔괘가 서로 섞이니,
>
> 數往者는 順코 知來者는 逆하니 是故로 易은 逆數也ㅣ라.
> 가는 것을 수 놓음은 순하고 오는 것을 앎은 거스르는 것이니,
> 이런 까닭으로 역은 역수이니라.

위 내용에서 하늘과 땅이 먼저 자리를 정하고 그다음에 차례대로 산과 못이 사귀고, 뇌와 풍이 서로 부딪치고, 물과 불이 서로 쏘지 않아야 팔

괘가 서로 섞인다고 했다. 이런 식으로 상하좌우 방위가 세워지고 오행이 자연스럽게 이루어지며 사통팔달로 왔다 갔다 하니, 『주역』은 음양의 이치이지만 동시에 오행의 원리도 갖고 있는 것이다.

대산은 음양오행에 대해 언급하기를 "오행학설이라고 하는 「홍범」에 음양을 말한 곳이 없으나 음양 아님이 없고, 음양 학설인 『주역』에 오행을 말하지 않았으나 오행 아님이 없으니, 음양이 있는 곳에 오행이 있고 오행이 있는 곳에 음양이 있는 것이다. 즉 무극無極이 유극有極이요 유극이 무극이듯이, 없는 가운데 있고 있는 가운데 없는 것이다"[24]라고 분명하게 정의했다.

따라서 '주역의 이치대로 정당하게 한다'는 것은 '음양오행의 이치대로 자연스럽고도 바르게 움직이는 것'을 뜻함을 알 수 있다.

5. 고지무지의 실제

『스승의 길 주역의 길』에 고지무지에 대한 중요한 단서가 될 수 있는 대목이 있다. 갑오년(1954)에 부여에 있는 글 학당 '백제서실'[25]에서 고지무지가 실제로 일어난 것을 다음에서 알 수 있다. 그때 상황을 보자.

> 선생님 말씀을 듣다 보니, 밤은 이미 지나 새벽을 알리는 닭 우는 소리가 들려왔다. 이제부터 잠을 청한다 해도 한참 늦은 시간인데, 신기한 장면이 또 열렸다. 선생님이 일어나 뛰자고 하신 말씀도 없었고, 누구의 지시나 구령도, 누가 먼저랄 것도 없이 동시에 자발적으로 일어나 뛰는 것이다. 선생님도 뛰시고 나도 뛰고, 그곳 모두가 뛰는 무도장舞蹈場으로 돌변한 것이다.
>
> 내가 왜 이렇게 뛰고 있는지, 저 사람들이 왜 저렇게 뛰는 것인지 전혀 알지도 못하고 또 알려 하지도 않으면서 무심코 쿵탕쿵탕 뛰기만 했다. 〈계사전〉에 '鼓之舞之하여 以盡神하니라'(북을 치고 춤을 춤으로써 신명을 다 펴느

니라) 했으니 지금 고지무지하면서 발신發神하고 진신하여 생초生初에 타고 난 본유本有의 신명을 마음껏 발산하는 것일까? 동시에 정신세계와 더불어 활연히 신을 통하는 것일까? 도무지 알 수도 없고 깨닫지도 못하며 잠도 잊고 피로도 잊은 채 그저 열심히 뛰기만 하는 그 광경은 날이 밝는 줄도 모르고 이어졌다. (…)

하룻밤을 꼬박終夜 날이 밝도록明發 잠을 자지 않고不寢 뛰고鼓之 또 흔들던舞之 약동躍動의 신극神劇은 일출과 동시에 막을 내리게 되었다.[26]

위 문구에서 그 당시 고지무지가 행해진 상황이 생생하게 눈에 보이듯 그려지는데, 누구의 지시나 구령도 누가 먼저랄 것도 없이 동시에 자발적으로 일어나 뛰는 것, 선생님도 뛰시고 나도 뛰고 그곳 모두가 뛰는 무도장으로 돌변할 만큼 신명의 판이 펼쳐진 것, 무심코 쿵탕쿵탕 뛰기만 한 것 등에서 고지무지의 중요한 단서를 찾을 수 있다.

그러면 고지무지가 구체적으로 어떻게 움직였는지 살펴보도록 하겠다. 유독 위 인용문에서 '뛰었다'는 구절이 많이 나오는데, 정리하면 다음과 같다.

① 누가 먼저랄 것도 없이 동시에 자발적으로 일어나 뛰는 것
② 선생님도 뛰시고 나도 뛰고, 그곳 모두가 뛰는 무도장
③ 내가 왜 이렇게 뛰고 있는지, 저 사람들이 왜 저렇게 뛰는 것인지 전혀 알지도 못하고 또 알려 하지도 않으면서 무심코 쿵탕쿵탕 뛰기만 했다.
④ 도무지 알 수도 없고 깨닫지도 못하며 잠도 잊고 피로도 잊은 채 그저 열심히 뛰기만 하는 그 광경
⑤ 하룻밤을 꼬박 날이 밝도록 잠을 자지 않고 뛰고 또 흔들던 약동의 신극

이를 바탕 삼아 이제 구체적인 고지무지를 밝히기 위해 실제로 고지

무지가 행해졌던 현장 자료를 중심으로 먼저 '누가 고지무지를 했나', '왜 고지무지를 했나', 그다음 '어떻게 뛰었나', '팔놀림은 어떻게 했나', '전체 몸놀림은 어떠했나', '장단은 어떠했나' 등으로 나누어 정리해 보겠다.

1) 누가 고지무지를 했나?

①, ②를 종합해 보면 누가 먼저랄 것도 없이, "선생님도 뛰시고 나도 뛰고, 그곳 모두가 뛰는" 등에서 그곳에 모인 사람 모두가 함께 뛴 것을 알 수 있다. '누가'라는 관점에서 볼 때 '모인 사람 모두가 함께'라는 등식이 나오고, 또한 『주역』의 관점에서 '대동大同'이란 어휘가 자연스럽게 연결된다.

필자는 『주역』의 관점에서 고대 제천의례에서 행해진 '대동의 집단가무'를 다음과 같이 정리한 바 있다.[27]

> '대동'은 『주역』에서 열세 번째 괘인 '천화동인天火同人'과 열네 번째 괘인 '화천대유火天大有'로 설명할 수 있다. 먼저 천화동인은 "사람이 뜻을 같이하고 힘을 합하여 막힌 것을 통하게 하고 어지러운 세상을 다스려 바른 정치를 하고 태평한 세상을 이룬다物不可以終否故受之以同人고 하였다. (…) '화천대유'는 열네 번째 괘로 이미 해가 떠서 하늘 가운데 걸려 온 천하를 비추니 대유이다.

이와 같이 동인과 대유에서 '대동'이라는 어휘가 나왔는데, 김석진은 동인과 대유를 비교해 다음과 같이 풀이하고 있다.

> 동인괘는 해가 아래에서 떠 하늘과 같이 하니 동인인 데 반해, 대유는 이미 해가 떠 있고 하늘 가운데 걸려 온 천하를 비추니 대유라고 하였다.

고조선 시대 부여와 예, 고구려에서는 영고와 무천, 동맹 등 제천의식을 국중대회라 일컬었듯이, 나라의 큰 제의로서 대동의 공동체적 성격을 지녔다. 제천의례의 대동적 성격을 뒷받침하는 것으로, 우선 동맹의 국중대회에서 '대회'는 많은 사람이 모여서 하는 큰 규모의 의례를 뜻한다.

무천 제의에서도 남녀가 무리 지어 밤낮없이 노래하고 춤추었고, 마한의 가무에서도 수십 명이 일어나 서로 따르며數十人俱起相隨 춤추었다는 대목에서 구체적으로 대동의 집단가무였음을 확인할 수 있다.

위 내용에서 볼 수 있듯이 우리 민족은 이미 고조선 시대부터 '동인'하고 '대유'하면서 대동으로 집단가무를 했다는 것을 알 수 있으며, 그 풍습이 계속 내려와 야산·대산의 시대로 이어져 고지무지가 행해졌음을 확인할 수 있다.

2) 왜 고지무지를 했나?

앞에서 본 바와 같이 수십 명이 집단적으로 뛰고 춤추며 대동의 신명판을 만들어 냈는데, 왜 뛰었는지, 즉 왜 고지무지를 했는지 그 이유를 생각해 보도록 하겠다.

앞의 인용 문구에 "내가 왜 이렇게 뛰고 있는지, 저 사람들이 왜 저렇게 뛰는 것인지 전혀 알지도 못하고 또 알려 하지도 않으면서 무심코 쿵탕쿵탕 뛰기만 했다"고 했는데, 이 내용에서는 그냥 '무심코 뛰기만 함'과 '쿵탕쿵탕 뛰었다'란 대목을 살펴볼 필요가 있다. 이와 같이 무심코 뛰고 열심히 뛰고 정신없이 뛰며 팔을 흔들다 보면 난무로 이어지고, 그 격렬함에 저절로 신이 나서 신명으로 갈 수밖에 없기 마련이다.

우리나라는 앞서 언급했듯이 고조선 시대부터 집단가무의 공동체 제의를 지내 왔다. 고대 제의에서 하늘에 올리는 제천의식은 천신에 올리는 집단적 신춤일 수밖에 없다. 그리고 제천의식에서 가무를 함은 신과 인간이 하나로 '신인합일神人合一', '천인합일天人合一'함을 의미한다. 즉 '신즉인 인즉신神卽人 人卽神', 인내천 사상 등으로 풀어지며, 신과 인간, 하늘과 인간이 하나 되어 올리는 신춤이 된다.

이렇게 고대 제의에 행해지던 춤을 구체적으로 무속의 춤, 즉 '굿춤'이라 할 수 있으며 흔히 신명의 춤 또는 신바람춤이라고 한다. 인간이 신과 접해 해낼 수 있는 신기神氣의 상태란 온몸을 자연스럽게 몰입해 추다 보면 신바람이 나고 자기 몸도 자기 것이 아닌 경지가 되며 그저 공간과 자연에 내맡겨 움직이는 대로 놀리는 것을 뜻한다. 곧, 몰입의 경지, 무아지경無我之境에 이르는 것이다.[28] 바로 이 현상이 고지무지하며 이진신以盡神으로 가는 과정이며 그 실체라 할 수 있다.

오랫동안 유지되어 온 공동체의 집단가무는 대동으로 춤추고 노래하며 극도의 황홀감에 젖어 신명의 세계, 신의 세계로 들어가게 된다. 이렇게 집단으로 도취된 신의 세계에서는 저절로 세속적 질서가 깨지며, 신을 다하는 이진신의 신명 판이 된다.[29] 이러한 대동의 신명 난 춤판은 마을의 공동체적인 관심이 느슨하게 풀어지거나 해이해져 있을 때 새로운 연대의식으로 끈끈하게 이어 줄 뿐만 아니라 삶의 고달픔을 풀고 활력을 얻어 새로운 삶의 판으로 거듭나도록 한다. 문자 그대로 고무鼓舞한다.

3) 어떻게 뛰었나?

어떻게 뛰었는지 밝히는 것은 고지무지의 핵심을 찾아내는 일과 같다.

③의 "쿵탕쿵탕 뛰기만" 했다든지 ⑤의 "뛰고 또 흔들던 약동의 신극"이라고 한 대목에서 '약동적으로 쿵탕쿵탕 뛰고 흔들고' 했음을 알 수 있다. 그러나 위 내용만으로는 고지무지의 실제 움직임을 밝히기에 부족하고 더 구체적 사실이 필요해, 당시에 같이 '고지무지'를 행했던 대산 김석진의 구술을 받았다.[30]

그는 그 당시 상황을 설명하며 "한두 명이 뛰니까 모두 뛰었고 어떤 팔십 노인네는 대를 잡고 펄쩍펄쩍 뛰어올라 한복바지가 흘러내릴 정도였다"고 회상했다. 그리고 곧바로 일어나서 몸짓으로 시연했는데, 그 움직임은 먼저 '한 발 한 발 좌우로 짚어 간 다음 까치발처럼 뛰다가 점차 빨라지며 껑충껑충 두 발로 함께 모둠발 뛰기'를 했다.

이 시연 장면에서 한 가지 짚고 가야 할 점은 앞서 인용 문구에서 표현이 나왔듯이, 뛰기 위해 시연에서 보여 준 발걸음처럼 처음에 발을 옮기는 '걷기'부터 시작했다는 것이다. 전통적으로 내려오는 지신밟기, 다리밟기, 마당밟이 등을 보더라도 걷는 발걸음이 '밟이춤'의 기본이 된다. 요즈음 우리나라는 물론 전 세계적으로 열풍을 일으키는 건강운동법인 '걷기'도 이와 같은 맥락에서 생각해 볼 수 있다. 처음에는 굿춤의 '밟이춤'으로 시작해 점점 빨라지며 뛰기 시작해 빠른 '도무蹈舞'로 이어져 끝맺음하게 된다.

또 다른 예로 중부 지역에서 북쪽으로 이어지는 서울굿·황해도굿·평안도굿 등 중부 이북 지역을 보면, 굿의 각거리에서 처음에는 한 발 한 발 디디며 사방으로 밟는 형식이다가 점점 빨라지며 마지막 신명을 낼 때 두 발을 함께 모두어 모둠발로 뛰기 시작하는데, 막판에는 껑충껑충 뛰어오른다. 이와 같이 처음부터 뛰게 되는 것은 아니고 한 발 한 발 사방을 정성스럽게 밟아 가며 '사방밟이춤'을 하다가 점점 흥이 나면 뛰게 되고, 마침내 '모둠뛰기'인 '도무'를 하게 되는 것이다.

앞선 시연에서 본 발의 움직임이 바로 그 발놀림이었다. 고대 제천의식에서 행해진 굿춤은 예로부터 우리 민족이 해오던 우리 몸짓 원형의 발놀림이며 다리놀림이라 할 수 있다. 앞선 시연에서 매우 사실적이며 구체적인 확신을 얻을 수 있다. 즉 방금 목격한 바로 그 '고지무지'의 발놀림, 다리놀림이 한국 전통춤의 발놀림, 우리춤의 원형과 같은 맥임을 알 수 있다.

4) 팔놀림은 어떻게 했나?

이제 고지무지의 팔놀림은 어떠했는지 논의해 보도록 하겠다. 앞서 인용한『스승의 길 주역의 길』 문구[31]에는 나와 있지 않지만 대산과의 대담 중 실연하는 움직임에서 팔놀림의 단서를 찾을 수 있었다. 그는 한 발 한 발 짚으며 점차적으로 뛰기 시작하면서 팔을 좌우로 움직였다. 예를 들어, 한 발 한 발 짚을 때마다 손을 젖혔다 엎었다 하며 좌우로 움직였다. 가령 왼발을 짚을 때는 왼손을 왼쪽으로 젖히고 그다음 오른발을 짚을 때는 오른손을 오른쪽으로 젖히며 왼손은 엎어졌다. 종합해 보면 팔을 좌우로 흔들흔들 엎었다 젖혔다 하면서 발걸음을 좌우로 옮기며 조금씩 뛰고 점차 크게 뛰었다.

이것과 연결되는 그가 언급한 기록을 보면, "동식물 간에 춤추지 않는 것이 없으니 나뭇가지도 한달한달(1月1月) 2月춤을 추고 나뭇잎도 사푼사푼(4分4分) 8分춤을 춘다"[32]고 했다. 2014년 필자의 공연 〈이애주춤 '천명'〉 자료집을 내며 '한달한달 2월춤'에 대해 질문하니 두 팔을 가지처럼 뻗쳐 가지고 '한들한들' 위아래로 흔들거리는 것이라고 하며 날갯짓하듯 양팔을 위아래로 또는 좌우로 너울거리며 몸짓 시연과 함께 설명했다. 여기에서 '한달한달'이란 바람이 분명 한들한들 불어 흔들흔들 좌우로 움직이는 것이고, 2월춤이란 일생이법一生二法으로 무극·태극에서 음양의 양의兩儀를 뜻하니 팔이 좌우로 너울거리는 것을 말한다. 또한 나뭇잎도 사푼사푼 8분춤을 춘다고 했는데, '4分4分'은 양의에서 사상四象이 나오는 것을 의미하고, '8分춤'은 사상에서 팔괘八卦가 나옴을 뜻한다.

이와 같이 나뭇가지, 나뭇잎이 춤추는 것처럼 "옛날 어른들은 아이를 세워 놓고 '불무불무' 하며 좌우로 흔들었으니, 이처럼 젖먹이 아이도 팔다리를 흔들며 춤을 추고 이 세상 만물이 모두 춤을 추고 있는 것이다"라고 했다.

우리춤에서 팔이 좌우로 너울거리는 '너울사위'는 팔놀림을 할 때 주축을 이루는 팔 기본 사위다. 너울사위는 상체 가슴 앞에서 주로 좌우로 움직이지만, 팔을 위로 올려 얼굴 앞에서 너울거리기도 하고 팔을 내려 허리 부분에서 할 때도 있다. 그 허리 부분에서 좌우로 너울거리는 몸짓은 좌우로 허리감기 동작처럼 보이기도 한다. 그러한 너울사위는 변형이 이루어지며 양팔을 위아래로 동시에 올렸다 내리고 내렸다 올리기도 한다.

또 다른 방법으로는 '엎고 제치기'로 변형되는데, 나뭇가지가 한달한달 2월춤을 추고 나뭇잎도 사푼사푼 8분춤을 추는 것에 대해 "이렇게 자연 발생적으로 춤을 추는 것은 바람이 그러하게 한다"고 덧붙였듯이, 바람이 불어 한 팔은 엎어지고 한 팔은 제쳐지는 것으로, 좌우 팔을 움직이다 보면 자연스럽게 그렇게 되어 음양으로 엎고 제치게 된다. 말하자면 너울사위는 제대로 움직이면 모두 '엎고 제치기'가 된다.

이와 같이 고지무지의 팔놀림도 우리춤의 기본 사위와 같음을 알 수 있다. 너울거리기, 엎고 제치기 등 팔 동작에서 나오는 형태는 곡선, 즉 태극의 선이다.

고지무지이진신의 팔놀림이야말로 이러한 기본 팔놀림을 토대로 하여 각자 신명 나는 대로 자유자재로 움직였음을 짐작할 수 있다.

5) 전체 몸놀림은 어떠했나?

다리놀림과 팔놀림이 하나로 어우러지면서 '수족상응手足相應'이 일어난다. 그가 언급한 대로 "『주역』 바람괘에 춤추는 이야기가 나오는데, 양으로 나아가고 음으로 물러나며, 음으로 굽히고 양으로 펼치며, 발陰을 구르고 손陽을 흔드는 수무족도手舞足蹈"라 했듯이, 다리놀림과 팔놀림이 합쳐져 수무족도가 일어나는 것이 바로 손과 발이 서로 응하면서 나오는 수족상응이라 할 수 있다.

이와 같이 온몸을 움직여 고지무지가 일어나는 것에 대해, 공자께서는 위 모든 것을 종합해 『주역』 〈설괘전〉 9장에서 이렇게 설명했다.

> 乾爲首ㅣ오 坤爲腹이오 震爲足이오 巽爲股ㅣ오 坎爲耳ㅣ오
> 離爲目이오 艮爲手ㅣ오 兌爲口ㅣ라.

건은 머리가 되고, 곤은 배가 되고, 진은 발이 되고,
손은 넓적다리가 되고, 감은 귀가 되고,
이는 눈이 되고, 간은 손이 되고, 태는 입이 되니라.

위 글에서 신체 각 부위를 움직임과 연결해 보면 '건위수乾爲首'에서 머리가 흔들하고, '곤위복坤爲腹'에서 배가 들썩하고, '진위족震爲足'에서 발이 움직이고, '손위고巽爲股'에서 넓적다리가 움찔거리고, '감위이坎爲耳'에서 귀가 쫑긋 움직이고, '이위목離爲目'에서 눈이 움직이고, '간위수艮爲手'에서 손이 움직이고, '태위구兌爲口'에서 입이 벌어지며 바람이 들고 난다고 할 수 있다.

다시 한번 동작을 연결해 몸짓을 살펴보면, 건·곤괘에서 머리가 움직이며 배가 들썩이고, 진·손에서 발이 움직이면서 넓적다리가 자연적으로 따라 움직이고, 감·리에서 귀가 움직이면서 눈도 따라 움직이고, 간·태에서 손이 움직이지만 간상련艮上連으로 어깨에 그쳐 있고, 입은 숨을 쉬며 움직이게 된다. 이 설명은 사람의 움직임이 일어나는 절차로서 인체 부위를 팔괘와 연결시켜 자세히 풀어 놓았지만, 그 몸짓은 순간적이고 무의식적이다.

이로써 전신이 움직여 감흥이 일어나고 마침내 온몸이 들썩들썩하니 신명이 날 수밖에 없는 것이다. 앞서 본 바와 같이 무릎을 굽히고 펴는 발놀림과 엎고 제치는 팔놀림이 자연스럽게 수족상응의 몸놀림이 되며 발을 구르고 손을 흔드는 수무족도가 이루어진다.

그렇다면 몸놀림 전체 형상은 어떤 형태로 나타날까 다시 논의해야만 한다. 그 몸짓의 구체적 형상은 앞서 발놀림·팔놀림에서 살폈듯이 다리의 움직임도 굽신굽신하며 오금을 죽였다 폈다 하고, 팔놀림도 굽히고 펴고 엎어지고 제치면서 곡선운동이 생기며, 입체적인 태극의 형상으로 곡선에서 태극으로 휘어지고 다시 곡선으로 펴지면서 태극의 운동 법칙을 그대로 드러내 보인다. 다리놀림, 팔놀림이 곡선으로 상응하면서 전체 몸

놀림의 형태도 굽혔다 폈다 하며 수없는 태극의 형상을 이뤄 낸다. 본래 태극은 글자 그대로 하늘과 땅, 만물을 여는 극진極盡한 존재다. '처음 태太, 끝 극極'으로 풀이하면 아득한 태초太初로부터 궁극窮極에 이르기까지의 시간 세계를 펼치는 주재자라는 뜻이고, '클 태太, 덩어리 극極'으로 풀이하면 삼라만상을 두루 담는 공간 세계를 펼치는 주인공이라는 뜻[33]이다.

이와 같이 곡선의 태극운동은 '일생이법一生二法', 즉 하나에서 둘이 나오는 분별의 법칙에 의해 공허한 태극 속에서 음양이 나와 만물이 시작되므로, 태극은 우주만물의 근원이다. 그러면서도 『천부경』에서 '석삼극 무진본析三極 舞盡本'이라고 한 것처럼 태극의 근본은 끝이 없어 무극이라 한다. 바로 무극이태극無極而太極이다. 다시 말해, 우주의 근본인 무극에서 음과 양이 갈라지고 태음과 태양으로 커지면서 태극으로 휘돌아 감으며 무한한 변화를 이뤄 가는 것처럼 우리 춤의 몸짓 또한 그렇게 생겨나는 것이다.

모든 춤에서 나타나는 '무극이태극'의 원리는 오름과 내림, 맺음과 풂, 채움과 비움 등 천변만화로 움직이고 있다. 모든 춤사위는 이와 같이 태극으로 열리고 닫히며 다시 소통하고 이어진다. 이 몸짓이 바로 자연스럽게 '무극이태극'의 형상으로 움직이는 우리 민족의 몸짓이고, 생명 가진 존재의 움직임이다.[34]

6) 장단은 어떠했나?

야산·대산의 맥으로 이어지는 '고지무지이진신'에서 장단은 어떠했을까? 물론 장단에 맞춰 고지무지를 한 것은 아니지만, 가령 그 당시 고지무지를 장단으로 표현한다면 어떤 장단일까 궁금해진다.

장단의 실마리를 풀기 위해서는 앞서 인용한 '고지무지'의 설명 문구를 다시 짚어 봐야겠다. 가령 "누가 먼저랄 것도 없이 동시에 자발적으로 일어나 뛰는 것"이라든지 "왜 뛰는 것인지 전혀 알지도 못하고 또 알려 하지도 않으면서 무심코 쿵탕쿵탕 뛰기만 했다"라는 대목에서 볼 때 완전히 무의식적으로 순식간에 판이 형성되면서 즉흥적으로 뛰었다는 것을 짐작할 수 있다. 즉 장단을 미리 설정해 놓고 '고지무지'를 한 것이 아니라 '무심코 쿵탕쿵탕' 자기 방식대로 뛰기 시작한 것이다.

여기에서 '쿵탕쿵탕'이라는 어휘는 장단의 구음, 즉 우리 전통 타악기 중 장구를 칠 때 나는 소리를 그대로 발음한 의성어와 비슷하다. 앞뒤 문맥을 보았을 때 빠른 장단인 자진모리장단이라 할 수 있다. 물론 '쿵탕쿵탕'은 장구 장단으로 소리낼 때 '쿵땅쿵땅', '쿵떵쿵떵' 등으로 구음할 수 있는데, 느린 장단에서부터 보통 속도의 장단으로, 그리고 빠르게 몰아가는 장단까지, 장단의 폭이 매우 넓었음을 알 수 있다. 즉 고지무지를 하는 속도의 폭이 이와 같았음을 생각해 볼 수 있다.

또 다른 관점에서 생각해 보자. 우리는 갑자기 놀라거나 흥분하거나 충격을 받았을 때 가슴이 '콩당콩당' 뛴다고 한다. 이것은 무의식적으로 일어나는 현상으로, 몸이 알아서 자연적으로 자기 장단을 갖는 것이다. 사람은 자기 장단을 갖고 태어난다고 한다. 심장의 박동이나 맥박이 뛰는 것 등이 그것이다. '고지무지'의 장단 역시 본래 갖고 있던 몸의 박拍이 뛰고 춤추면서 무의식적으로 변화해 자기 장단이 생겨나는 즉흥적 몸장단이라 할 수 있다.

바로 고지무지의 장단은 스스로 내는 자연적 몸장단이다.

6. 맺는말

지금까지 대산 선생님과의 대담·실연, 『스승의 길 주역의 길』, 『대산 주역강의 1·2·3』을 중심으로 야산이 언급한 '고지무지이진신'의 실체가 무엇인지 논의했다. 이 글의 앞부분에서 언급했듯이 야산이 "주역을 통달해 주역을 자유자재로 가지고 논 경지"라면, 대산은 '스승의 맥을 그대로 이어받아 삶 자체를 그냥 주역의 삶으로 살아온 분'이었다고 할 수 있다.

야산 당시 함께했던 '고지무지'와 '이진신'의 기록은 『스승의 길 주역의 길』에 자세히 나와 있지만, 그것을 몸짓으로 실연할 때는 마치 그 현장에 필자도 함께 있는 듯했다. 한 발 한 발 짚어 뛰기 시작하며 팔도 너울거리고 손도 엎었다 젖혔다 하면서 도무하는 그 몸짓 한 사위 한 사위에서 '고지무지이진신'의 실체를 파악할 수 있었다. 즉 실제 몸짓으로 움직인 고지무지이진신은 그가 언급한 '음양오행의 『주역』 이치대로 중정中正의 도道'를 몸짓으로 풀어낸 것이라고 할 수 있었다. 다시 정리하면, 너울거리고 뛰뛰며 움직인 수많은 몸짓은 발놀림·손놀림이 수족상응으로 조화하며 태극 형상인 수무족도의 춤사위를 이뤄 낸 것을 알 수 있다.

이처럼 자연스럽게 즉흥적으로 이루어지는 고지무지의 신명판은 일상적인 기존의 틀에서 벗어나 대우주의 천지 기운을 호흡하고 스스로 기운상생으로 이어져 자기도 모르게 무의식적으로 신명 난 고지무지 한판이 된 것이다. 고조선 이래 전승된 영고·무천·동맹 등의 제천의식에서 나타났듯이 고대 민족제례 원류인 집단가무의 맥이 비전祕傳으로 야산·대산에 이어져 '고지무지이진신'으로 발현된 것 아닌가 한다.

이와 같은 대동의 '고지무지' 신명판은 자연스럽게 그 집단의 공동체적 관심사와 느슨해진 연대의식을 끈끈하게 하나로 이어 주어 삶의 고달픔을 극복하고 활력을 얻게 해서 새로운 판, 새로운 삶으로 거듭나게 하는 역할을 한다. 따라서 지금 시대에 그 맥이 그대로 이어져 메마르고 고달픈 현대의 삶이 신명 나는 고지무지의 삶으로 거듭나야 한다고 생각한다.

대산은 오늘날에 이르기까지 환인, 환웅, 단군의 뿌리로 이어진 복희, 문왕, 주공, 공자와 선현들, 그 뒤를 이은 야산의 맥을 고스란히 이어받아 실천적·학문적으로 우리 시대에 생생히 살아 숨 쉬게 하고 있다.

필자는 그저 감격할 따름이다. 또한 집중해서 감동 천하의 맥을 이어가겠다고 다시 한번 다짐해 본다.

참고문헌

김석진, 『대산 주역강의 1·2·3』, 한길사, 1999.

______, 『스승의 길 주역의 길』, 한길사, 2001.

______, 이애주춤 '천명' 자료집, 2014.

이애주, 「춤이란, 삶이란, 배움이란」, 『교학의 세월』, 지식과교양, 2013.

______, 「주역으로 풀어보는 고대제천의례」, 한국홍역학회 학술대회, 서울대학교 규장각한국학연구원, 2013.

______, 「야산(也山), 이달(李達) 선생의 삶을 통해 본 신명의 춤」, 한국홍역학회 학술대회, 서울대학교 규장각한국학연구원, 2014.

이응국, 『주역의 정신과 문화』, 홍역사상사, 2010.

이응문, 『태극사상과 한국문화』, 동방문화, 2015.

임채우, 「근현대의 과도기에서 也山 李達 사상의 역학사적 의의」, 한국홍역학회 학술대회, 서울대학교 규장각한국학연구원, 2014.

제4부

삶

지금 여기의 삶 속에서 몸, 마음, 숨으로부터 일어난 춤의 동시대적 사명과 역할을 다양한 관점으로 논한다.

1장

춤이란 무엇인가?*

1. 들어가는 말

오늘날 춤에 대한 인식과 의미는 어떠한가? 곧 춤의 현실은 어떤 상황에 처해 있는가? 유감스럽게도 그 상황은 관념적, 형이상학적, 형식미학적이며 서구 지향적인 입장에 지나치게 함몰되어 있음을 부인할 수 없다. 이러한 현상은 너무 겉모양에만 치중하는 표피적이며 형식적인 것으로, 춤의 본래 모습과 다르게 그 본질을 왜곡·망각하고 있다.

본질과 현상의 관계를 보면 현상은 여러 가지 방법과 형태로 본질을 표현하고, 본질은 현상을 떠나 달리 존재 가치가 없음이 자명한 이치다. 따라서 지금의 잘못된 춤의 현상을 바로잡아 춤의 본질적 모습을 회복하는 것은 대단히 시급하고 중차대한 일이다.

그렇다면 춤의 본질은 무엇인가? 곧 춤이란 어떤 것인가? 한편 우리의 삶과 춤은 어떤 관계이며 어떤 의미로 해석해야 할 것인가? 이러한 근원적 물음에 답하기 위해서는 확고부동한 원칙과 정확한 기본 관점을 가지고, 춤의 본질적 내용을 연구·검토해야 할 것이다.

---

* 이 글은 1989년『서울대학교 사대논총』제39권에 실린 것이다.

필자는 앞에 지적했던 문제점들을 깊이 비판·반성하면서 장차 우리 모두가 수행해야 할 춤 연구의 기본 관점을 제시하고자 한다.

그것은 다름 아닌 '춤이 삶의 총체적 모습으로 이해되어야 한다는 것'이다. 즉 춤은 객체화·대상화된 삶의 부분이 아니라 주체적이고 사회·역사적이며 일상적인 삶 그 자체라는 것이다. 이러한 관점이 명확히 섰을 때 그간의 춤에 대한 오류·허구들이 타파되고, 본래적 의미의 춤성性을 회복할 것임을 확신한다.

춤은 사람의 정신 활동과 육체 활동, 즉 사상의식과 실천이 합해 이루어진다. 이 글에서는 그 본질적 물음의 첫 번째 문제 제기로 춤의 정신적인 면, 곧 사람의 정신 활동을 통해 나타나는 춤의 사상의식적인 면을 다루고자 한다. 왜냐하면 요즘 현상을 보면, 눈에 보이는 움직임만 지나치게 고집함으로써 그 내면적 정신 활동 즉 사상의식적인 면을 소홀히 하여 춤의 본래적 의미를 상실하고 있기 때문이다.

따라서 이 글에서는 그간 소홀히 방기되어 온 사상의식적인 면에 주안점을 두면서 그 내용을 춤과 사람, 춤과 노동, 춤과 사회, 춤과 진보 등으로 세분해 춤의 본래적 의미를 정립·정리하고자 한다.

2. 춤과 사람

1) 사람의 본성

사람이 산다는 것은 무엇인가?

그것은 끊임없이 자기를 실현하는 과정, 곧 자기를 표현한다는 것에 다름 아니다. 다시 말하면 자신의 삶에서 하는 행동 하나하나는 자신이 가지고 있는 의식의 한 반영이며, 그 반영은 능동적·실천적이며 사회·역사적이다.

사람을 다른 생물과 구별해 주는 인간 고유의 본질은 자연과 합일된 사람사람이 사회적 관계 속에서 창조적 잠재력을 자유롭게 전개해 주체가 되도록 하는 것이며, 사람의 위대성은 "사람은 물질세계의 일부임에도 불구하고 자신의 신체 구조를 포함한 모든 물질 세계의 법칙을 인식하고 그것을 자신의 목적에 맞게 이용할 수 있는 존재"[1]라는 데 있다.

요약하면, 사람은 자기가 주체가 되어 자신이 살고 있는 사회와 자연을 포함한 모든 세계를 사람의 이익에 맞게 창조적으로 변화·발전시키며, 개개인의 모든 창조력을 자유롭게 전개해 사람 자신이 세상의 주체가 되도록 해야 한다.

2) 몸을 통한 춤

자기를 실현하며 표현한다는 것은 어떤 의미일까? 그것은 자기 사상과 의식을 표현하는 것인데, 사람이 하는 표현 방법에는 여러 가지가 있다. 듣고, 쓰고, 말하고, 노래하는 등 여러 가지 표현 양태 중에서 춤은 몸으로 하고 있다. 즉 춤은 몸을 통해 자기를 표현하며 실현하는 것이다.

그러면 왜 글, 그림, 노래가 아니라 몸을 통한 춤인가?

사람의 본성은 자기를 표현하면서 자기를 실현하는 것인바, 자기를 표현하기 위해서는 어떤 형태로든 움직여야 한다. 이러한 움직임 즉 몸짓·몸놀림이 있고 난 후에 소리도 내고 말도 하고 글도 쓰게 된다. 즉 온몸을 놀려 몸으로 말하며 자기를 표현하는 총체적인 방법이 춤이다.

춤은 또한 그림이나 글, 노래 등 부분적으로 하는 표현의 한계와 마지막 말의 한계를 뛰어넘는, 사람의 표현 양식으로는 가장 적극적이고 능동적이며 총체적인 방법이다. 사람의 본질적인 면에서 보더라도 온몸을 움직이는 춤은 직접적으로 자기 전체를 내보일 수 있는 가장 이상적인 행동 양식이며 구체적인 자기 실현 방법이다.

따라서 춤이 곧 행동이며 살아가는 자체이고, 그 행동이 곧 춤이다. 다시 말하면 행동이 사회적·역사적 실천이듯 춤은 예술적 실천인 셈이다.

이렇듯 사람은 자기 표현 양식의 최고·최대 차원을 춤으로 하고 있는 것이다.

3) 춤의 자연 발생

춤은 인간의 삶에서 결정적으로 필요한가, 필요하지 않은가? 필요하다면 왜 필요한가? 앞에서도 지적했듯이 사람이 산다는 것은 자기실현 과정이라는 본질적인 면에서, 사람은 자기를 실현하기 위해 지난한 몸놀림을 하게 되고, 여러 형태의 몸놀림은 바로 춤으로 발현된다. 그것은 사람의 생명 본성으로서 춤을 뜻하고 그 춤은 자신의 모두를 그대로 드러내는 행위다. 한마디로 얘기하면 사람의 본질은 춤추는 것에 있고, 춤추는 것이 곧 사람이다.

사람은 동물과 달리 정신적 활동을 통해 문화적 재부財富를 창조하고 그것을 누리고자 하는 본성을 갖고 있다. 정신적 욕구, 문화적 욕구는 사람들이 자연과 사회의 구속에서 벗어나면 벗어날수록 그리고 의식주에 대한 걱정을 모르고 살면 살수록 더욱 커지고 다양해진다. 이러한 것을 충족시키기 위해 자연스럽게 축적된 역사적 산물이 문화다. 이러한 관점에서 춤은 인간의 문화적 요구를 대변할 가장 핵심적이며 귀중한 부분이다.

'춤이 필요한가, 필요하지 않은가?'라는 질문은 춤을 보는 의식 자체가 형식미학적 차원에서 출발했다고 본다. 이러한 관점은 사람이 살아가는 과정에서 춤이 자연스럽게 나오고 자연스럽게 발전·변화했다고 보지 않는 오류에서 비롯된 것이다. 즉 춤이 의도적으로 형상화되었다고 보는 논리인데, 그것이 극단적으로 나간다면 '문화주의'로 빠질 우려가 있다. '문화주의'란 춤이 자연스럽게 창조·형성된 것이 아니라 인위적으로 만들어진 것이라는 관점이며, 춤과 삶의 관계를 서구미학적·형식미학적으로 보는 대단히 위험한 견해다.

그러나 춤은 사람의 삶에서 자연스럽게 나온 것이며, 살아가는 과정에서 목적과 의식이 자연스럽게 통일되어 목적의식적으로 생겨난 것이다. 즉 필요에 의해 필연적으로 목적성과 의식성이 결합된 삶 그 자체인 것이다.

예컨대 먼 길을 간다고 할 때 일정한 걸음걸이로만 걷는다면 그 어려움과 팍팍함이 쉽게 짐작 갈 것이다. 편안하고 생명력 있게 걸을 수 있는 방법은 몸의 장단을 타는 것이다. 즉 자연적으로 만들어지는 몸 장단을 타며 걷는 것이다. 사뿐사뿐 걷는다거나 느리게 걷는다거나 뛰면서 혹은 쉬는 등 몸의 장단에 맞춰 끊임없이 변화의 과정을 거치며 걷는 것이다. 이렇게 하면 리듬 없이, 변화 없이 걸음으로써 느끼는 지루함, 피곤함 등을 잊고 목표 지점에 쉽게 도달할 수 있을 것이다. 이런 점에서 춤은 삶의 자연적 소산인 동시에 삶의 자연적 연장이며 발전인 것이다.

춤의 존재 가치에 대해, 춤이 있어도 되고 없어도 된다는 식으로 춤 가치의 유무를 따지는 것은 위험한 문제를 내포하고 있다. 관념적·분석적이며 머리로만 해결하려는 형이상학적 사고로는 춤을 말할 수 없다. 춤은 온몸으로 행동·실천하는 것이다. 온몸으로 실천한다는 것은 마음속의 고뇌, 육체의 압박, 가슴속의 고통, 심장의 고동이 서로 연관해 움직임의 호흡·박자로 되는 것이다. 몸짓의 기본이 거기서 나온다. 그 기본을 틀거리로 해서 모든 몸짓이 자연 발생적으로 나오는 것이다.

따라서 춤은 사람의 삶에서 자연스럽게 목적의식적으로 나온 소산이며, 삶 속에서 자연스럽게 발생한 것이다. 진짜 춤은 삶의 자연적 연장이며 발전으로, 사람의 본질인 표현 욕구와 함께 삶 자체의 예술적 형상화다.

4) 삶의 실현으로서 춤

자기 삶의 실현으로서 춤은 무엇인가?

사람의 본질이 생명성·생명력에 있다면 춤의 본질도 생명성·생명력에 있다. 인간은 생명 본성의 표현으로서 춤을 추는 것이다. 예를 들어, 놀이판에서 볼 수 있는 아낙네, 할머니, 할아버지 들의 춤은 대중 일반이 갖고 있는 민중적 생명성이 있는 그대로 드러나는 좋은 예다. 바꿔 말하면 춤은 따로 배워서 추는 것이 아니라 살아가는 몸짓 자체가 사람의 속성인 표현 욕구와 함께 자연스럽게 예술적으로 연장·발전된 것이다.

그러나 춤이 자기실현 측면에서만 출발한다면, 이는 추상적 관념에 매몰될 위험이 있다. 수잔 랭거가 「춤의 철학적 고찰」에서 언급한 "춤은 뭔가 움직이는 것, 살아 생동하는 것"이라는 관점은 추상적·관념적 사고에 지나지 않는다. 다시 말하면, 구체적으로 무엇이 어떻게 움직이고, 어떻게 생동하느냐로 풀어져야 할 문제다. 덮어 놓고 '춤을 추지 않으면 죽는다. 춤은 생명이다'라는 식으로 이해한다면, 춤 생명 자체가 관념적이고 추상적인 생명력에 빠지고 만다.

그렇다면 자기 삶의 실현으로서 춤은 무엇인가?

단순히 '춤은 자기 삶의 실현이다'라고 하면 자칫 삶의 실현 그 자체가 추상성에 빠질 수 있다. 왜냐하면 삶 모두가 춤은 아니기 때문이다. 따라서 구체적인 삶의 실현 방법은 구체적으로 무엇을 어떻게 실현하는가이다.

사람은 물론 동물들까지도 자신의 생명을 유지·발전시켜 나가기 위해 적극적으로 움직인다. 특히 사람의 움직임은 큰 의미에서 역사를 움직이고 살아 생동하게 하는 역할을 하는데, 그것은 사람의 정신 활동, 즉 자기의 사상의식에 의한 삶의 실천 활동이다. 역사를 움직이고 살아 생동하게 하는 그러한 힘은 바로 사람의 본성인 생명력에서 나오는 것인바, 사람은 자기 자신의 육체뿐만 아니라 물질세계인 우주 삼라만상의 법칙을 인식하고 자신의 목적에 맞게 이용할 수 있는 유일한 존재이기 때문이다. 그러한 목적의식적인 노력과 실천이 바로 사람이 사람답게 살고자 하는 사람 본성으로서의 삶 실천 활동이다.

그러나 세상을 살아가는 것이 반드시 사람이 원하는 바대로 되는 것은 아니며, 그 반대 요소가 언제나 존재하기 마련이다. 즉 사람이 사람답게 제 뜻대로 살고자 원하지만, 그것을 방해하고 가로막는 여러 가지 힘이 끼어들어 반생명적·비인간적으로 몰고 가는 경우가 많다.

추상적 삶의 실현이 아닌 구체적 삶의 실현으로서 춤이란 자기 삶을 방해하고 억압하며 죽음을 강요하는 모든 것에 대한 대응의 몸짓이며, 그 속에서 자기를 실현하는 몸짓임과 동시에 그 싸움이 지향하는 염원의 세계를 표현하고자 하는 몸짓이라야만 삶의 실현으로서의 춤이라 할 수 있다.

한 가지 예를 들면 〈양주별산대〉에서 나오는 불림 중 하나로 "녹수청산 지화자", "녹수청산 깊은 골에 청룡황룡이 꿈틀어지고" 등이 있는데, 이러한 불림은 단지 관념적으로 순수하게 추상적으로 아름답게만 자연을 구가했을 뿐 자기의 현실적 삶의 구체적인 대응 몸짓으로, 표현 방법으로는 일고의 가치도 부여할 수 없다. 일제 식민지 시절 일본 순사들, 관리들, 친일 민족 반역 앞잡이들을 눈가림하기 위해 불렀던 것이 그대로 굳은 대표적인 예다.

위의 불림이 한편으로는 그 어려웠던 식민지 시절에도 불구하고, "소나무 장작은 왜장작" 하며 일본의 침략에 대한 구체적인 대응의 몸짓싸움으로 불리기도 했다. 이러한 불림, 이러한 몸짓이야말로 삶의 실현으로서 춤의 역할을 하는 것이다. 즉 잘못되고 파괴된 본질을 바로 회복시키고 동시에 우리가 바라는 염원의 세계로 이어지는 몸짓, 춤의 본성인 살풀이성性으로서의 진짜 몸짓인 것이다.

3. 춤과 노동

1) 춤의 기원

춤의 기원을 원초적으로 따져 올라가면, 춤은 노동으로부터 출발한다.

지구상에 인류가 출현함과 동시에 노동은 시작되었다. 동물계로부터 인간이 갈라져 나온 결정적 역할인 노동은 동물들의 본능적 움직임을 뛰어넘는 인간의 요구와 목적에 맞추려는 목적의식적 행위다.

사람은 자연의 재해와 예속에서 벗어나지 않으면 살 수 없었던 원시공동체 사회 초기 단계부터 스스로 자주적 몸놀림을 하여 자연을 정복하며 생명을 이어 가는 노동 생활을 벌여 왔다. 그들 주위에는 항상 수많은 맹수의 공격과 자연의 재앙, 굶주림 등 위험이 도사리고 있었다. 이러한 자연과 투쟁해 살아남기 위해서는 스스로 자기 주체를 세워 능동적·적극적으로 몸놀림해야 했는데, 그러한 몸놀림이 바로 목적의식적 활동으로서 노동이었다. 이러한 노동은 인간 몸짓의 기본이자 생명력의 표현이었다.

"하루를 일하지 않으면 하루를 먹지 아니한다"(『백장어록』)고 노동의 절대성을 설파했거니와, 한 인간이 노동을 하는 것은 자신에 대한 자기확인이고 구체적인 생존 의지이기도 했다. 이러한 자주적 몸놀림인 육체노동은 인류의 발생 기원에서 가장 원초적이고 기본적인 것으로, 생활의 기저를 이룬 삶의 표현이었다.

이와 같이 살고자 하는 표현은 자기 자신의 주체적 몸짓·몸놀림으로 나타났고, 그것은 다름 아닌 춤이었다. 춤은 이러한 노동 과정에서 사람들의 사회적 관계와 사회적 실천의 요구로부터 자연스럽게 발생했다. 노동의 시작과 더불어 춤이 시작된 것이다.

2) 생산적 노동으로서 춤

앞서 본 바와 같이 춤은 노동 과정에서 사람의 사회적 관계 및 사회적 실천 요구와 긴밀하게 관련되어 있다. 사람의 사회적 실천 중에서 가장 기본이 되는 것은 생산적 노동이었다. 바꿔 말하면 가장 기본적으로 사회를 유지·발전시키며 살아가는 인간의 행위는 '생산적 활동으로서 노동'이라 하겠다.

사람이 살아가는 데는 먹고, 입고, 자는 문제가 제일 우선인데, 이같이 필요한 물질적인 모든 것을 생산하는 일은 사람이 모여 사는 사회에서 가장 밑바탕이 된다. 그래서 역사의 발전도 이러한 물질적 생산과 함께 비롯된다. 물질적 재화의 생산이 사회의 모든 생활과 역사 발전에 기초가 되기 때문에 사람의 생산적 노동은 가장 기본이 되는 사회적 실천 행위다.

이러한 실천 과정에서 '노동으로서의 춤'은 초창기 원시 종합예술 형태일 때부터 인간의 생산 활동과 휴식 및 내일의 생산적 노동에 대한 준비라는 측면을 보다 많이 지녔고, 나아가 하나의 필수적 삶의 의식儀式으로 자리 잡았다.

예를 들면, 원시 시대의 수렵 단계에서 사람은 수렵 모방적인 몸짓으로 사냥하며 승리하는 행위를 표현함으로써 주술 효과를 기대했고 더 많은 동물을 잡을 수 있다고 믿었다.

이렇게 사람들은 원시 종합예술로서 주술적 몸짓, 즉 춤이란 행위를 통해 집단의 단합을 도모하고, 모방적 차원을 넘어 하나의 믿음으로 발전하면서 생산력을 가다듬고 축적했다.

3) 노동의 구조와 춤의 관계

노동의 연장으로서 춤을 본다면 생산과 연결된 몸놀림으로부터 춤이 시작되며, 춤의 기본 구조는 노동으로부터 출발한다. 즉 노동의 흐름, 노동

과정에서 춤의 구조를 파악한다면 노동 현장과 노동 현실이 큰 의미에서 춤의 구조가 된다.

노동의 몸짓·몸놀림이 인간 몸짓의 기본인 것은 분명하지만, 그 자체가 예술이 될 수는 없다. 노동의 몸짓, 일의 몸짓을 기본으로 해서 노동의 가치를 예술적으로 형상화했을 때 노동의 지루함·어려움 등이 타파된다. 그리고 그것을 춤이라 정의할 수 있다.

모든 몸놀림이 춤이 아니듯, 움직임 자체에서 생산이란 의미가 살아날 수 있을 때 진정한 의미의 몸놀림이라 할 수 있다. 이렇게 건강한 몸놀림인 노동의 몸짓을 기본으로 해서 춤이 형성된다. 예를 들어, 끊임없이 망치질을 해야 물건이 생산되는데, 망치질하는 몸짓 그 자체가 춤은 아니다. 그 몸짓을 기본으로 해서 일의 능률을 올리며 생산력을 높이는 발전적 몸짓이 자연스럽게 형상화됐을 때, 다시 말해 노동의 가치를 예술적으로 형상화했을 때 춤이라고 하는 것이다.

하나 더 예를 들어 보자. 〈밀양백중놀이〉 중 계속 모를 심으면서 안으로 모여들었다가 흩어지는 동작은 모를 심는 노동의 몸짓이 상징적으로 형상화된 것이다. 모 심는 일을 계속하다 허리도 아프고 지루하고 힘들 때, 허리를 펴고 팔을 위로 흔들면서 제자리에서 솟구치며 뜀으로써 온몸을 편안하게 한 뒤 다음 일을 시작한다. 이러한 예를 보더라도 일하면서 어렵고 힘들 때 그러한 동작들을 모의함으로써 일을 쉽고 즐겁게 풀어나가면서 더욱 가치 있게 만든다.

생산과 관계된 노동을 더욱 가치 있는 노동으로, 그리고 노동 생산을 더욱 높이기 위한 몸놀림을 춤이라고 정의할 때, 노동의 구조와 춤의 구조는 불가분의 깊은 관계에 있음을 알 수 있다.

4) 노동의 사회적 실현으로서 춤

지금까지 살폈듯이 일을 함으로써 생산하게 되고 거기에서 나타나는 여러 가지 움직임, 그 활동이 춤이었다. 그러나 그것만으로는 춤이 될 수 없고, 한 걸음 더 나아가 노동의 예술적 연장 및 발전적 과정이어야 하며, 노동의 결과를 전 사회적으로 실현할 때 그 몸짓을 비로소 춤이라 할 수 있다. 즉 노동이 제대로 이루어질 때 사람의 노동 활동인 동시에 생산 활동이고 창조 활동이며, 그것이 바로 춤이다.

그러나 그 노동 활동이 제대로 이루어지지 않고 그 결과를 제대로 즐길 수 없을 때, 또는 생산 활동의 결과 노동의 가치가 제대로 이루어지지 않을 때는 문제가 생긴다. 이러한 문제는 사회 형태가 변천해 복잡한 양상으로 변화됨에 따라, 비인간적·반생명적인 여러 형태의 힘이 작용해 생산 활동을 깨뜨리며 하나의 지배로 몰고 가는 현상을 일으킨다. 이럴 때 사람은 누구나 그 힘과의 싸움 속에서 자기 삶을 유지시키기 위해 발전된 상황을 쟁취해야만 한다. 그것은 제대로 사람답게 살기 위한 몸부림이며, 마침내 자기를 바로 세워 실천함으로써 전 사회적 실현을 하게 된다.

따라서 춤은 노동의 예술적 연장임과 동시에 노동의 결과를 보편적으로 관철하려는 일련의 상황 쟁취의 미학이며 그 실천의 예술적 형상화다.

4. 춤과 사회

1) 사회적 존재로서 사람과 춤

사람은 혼자 살 수 없으며 살아야 할 의미도 없다. 유기적으로 결합된 사회적 관계 속에 살면서 사회적 집단을 이루고, 그 집단은 더욱 크게 다져서 목적의식적으로 공동체를 만들어 사회·정치 생활을 기본으로 하며 살아가는 사회적 존재다. 따라서 사회적 존재로서 사람은 사회 구성원의 일원이면서, 사회 그 자체이기도 하다.

보통 춤과 사람의 관계를 말하면 춤과 사회의 관계로 규정지어진다.

왜냐하면 사람은 혼자 사는 것이 아니라 사회적 관계 속에서 살아가고, 당연히 사람과 사회는 동떨어진 개체로서가 아니라 연관된 동일체이기 때문이다. 사람의 출현과 더불어 춤은 필연적으로 발생했고, 사람은 사회 속에서 살아가므로 춤과 사회는 둘이 아닌 바로 한 몸임을 알 수 있다.

『기신론』에서 "한 생각을 일으키고 한 행위를 하는 것은 전 삶을 관통한다"고 했다. 사람의 필연적 요구에 의해 시작된 춤은 삶의 부분적 성취로서나 단편적 목적 수행이 아니라, 전 삶 속에서 궁극적 자기실현 의지의 표현이다. 그것은 또한 전 역사적, 전 사회적이라는 것을 명확히 인식해야 한다.

한편 사회적 존재가 사회적 의식을 규정하듯 사회적 의식은 춤을 규정하며, 반대로 춤은 사회적 의식을 규정한다. 춤과 사회 간 상호 규정의 심화·확대는 곧바로 자기 삶의 실현을 극대화하고, 나아가 사회적 회향回向을 극대화한다.

2) 사회적 운동과 춤

> 개개의 물질적 존재는 그 본질적 성격을 나타내는 각각의 특유한 운동을 하고 있다. 인간 사회가 다른 물질적 존재와 구별되는 것은 사회적 운동을 하고 있기 때문이다. 이러한 사회적 운동 형태는 인간사회 이외 어떤 것에서도 없다.[2]

사람은 출현 이후 끊임없이 합목적적·목적의식적인 사회적 운동을 전개해 왔다. 이런 사회적 운동의 결과로 개인과 사회는 발전 및 실현을 거듭해 왔다.

그런데 그 사회적 운동 형태가 역학적·생물학적 몸짓의 표현이면서 또한 생산적인 노동의 몸짓과 함께 인간 관계적 몸짓하고도 연결된다.

예를 들면, 기쁠 때 손뼉 치며 발을 구르는 표현이라든가, 슬플 때 가슴 두드리고 땅을 치며 운다든가, 억울함을 당할 때 분노와 함께 그 판을 치고 나가는 것 등 인간 본질의 사회적 몸짓이 생산적 노동의 몸짓과 합해져 사회적이고 민중적이며 창조적인 몸짓으로 통일되어 나온다.

이러한 몸짓도 사회적 존재로서 사람이 인간적인 것을 계속 발전시키기 위해 일하는 생산적인 몸부림이며, 인간적인 것을 재생산·획득하기 위해 싸우는 사회적 운동의 생산적 몸짓이라 볼 수 있다.

몸짓이 사람이 사람답게 살기 위한 실천 행위가 될 때 그것은 사회적 운동으로서 춤이 된다.

3) 사회의 발전과 춤의 변화

인류가 형성된 이래 사회는 단계적으로 변화·발전했다. 노동의 심화·확대는 원시 사회의 공동체적 노동 생산과 분배 형태를 무너뜨리고 개별 노동과 사적 소유 형태가 자리 잡는 노예제 사회로 바뀌었다.

이후 봉건제, 자본주의, 사회주의 사회 등으로 이행하는데, 사회의 발전적 과정이라는 명제에도 불구하고 엄청난 질곡과 모순을 수반한다. 즉 사적 소유 개념이 사회 전반에 뿌리내리면서 가진 자와 못 가진 자, 억압하는 자와 억압받는 자, 수탈하는 자와 수탈을 강요받는 자 등의 계급적 분열이 일어난 것이다. 『화엄경』에서 "일체 중생은 다 불성佛性이 있다"고 했듯이, 모든 삶은 삶 자체로서 절대 평등하며 절대 자유로워야 함에도 불구하고, 사회 구조적 모순으로 인해 사람과 사람이 차별받는 지경에 이른 것이다.

따라서 대립과 투쟁이 심화·격화되고, 생산 활동을 통한 노동의 가치가 제대로 이루어지지 않으며, 비인간적이고 반생명적인 상황이 도처에 나타난다. 여기서부터 춤이 변화 과정을 겪게 된다. 즉 노동의 가치와 자기실현의 극대화를 위해 노동과 삶 그 자체였던 춤이 균열하기 시작한 것이다.

다시 말해, 민중 일반이 모두 잘사는 바른 사회로 발전해야 모든 춤, 곧 모든 삶이 바로 서며, 모든 춤, 곧 모든 삶이 바로 서야 사회가 발전하는 것이다.

따라서 진정한 사회 발전과 춤의 발전은 동시적이면서 하나인 것이다.

5. 춤과 진보

1) 역사의 창조와 춤

역사의 창조자는 물론 사람이다. 어려운 자연조건을 사람의 요구와 이해에 맞게 극복하면서, 사회생활의 모든 분야 즉 경제와 정치·문화 등의 발전을 거듭하면서 힘차게 역사를 일궈 왔다. 개개인이든 집단적이든 역사를 창조해 온 사람의 힘은 자못 위대하고 숭고하다.

그러나 사람은 역사의 창조, 사회 발전에서 진보적이며 긍정적인 역할도 하지만 반동적이며 부정적인 역할도 한다는 사실을 간과해서는 안된다. 자신과 자신의 계급적 이익에 빠져 반사회적·비인간적 행위를 서슴지 않는 사람, 즉 반민중적 삶을 사는 사람도 있다. 그런 사람은 역사를 창조하고 발전시키는 것이 아니라 오히려 역사를 뒤로 돌리는 역행적 삶을 사는 것이다.

그러나 역사적 의식으로 각성된 대부분의 민중은 사회적 회향에 바탕을 둔 삶, 즉 역사를 힘차게 창조하며 살아간다. 그들의 삶은 순수하고 생명력이 있으며, 인간적이고 사회적이다. 이들의 역사 창조적 열의에 찬 몸짓, 결코 역사를 후퇴시키지 않는 몸짓, 역사 창조의 거대한 수레바퀴를 기쁨으로 끌어안은 이 몸짓이야말로 진정한 '역사 창조로서의 춤'이다.

2) 사회 역사의 진보와 춤

사회 역사는 반인간적·반사회적·반생명적인 것과 끊임없이 투쟁하면서 필연적으로 진보한다. 사회 진보는 사람의 '자기실현의 극대화' 과정이기 때문이다.

사회적 존재로서 인간은 끊임없이 인간적인 것을 획득·발전시키기 위해 일하는데, 그것은 다시 말해 인간답게 살기 위한 실천 행위이며 비인간적인 모든 구조와의 맞싸움이다. 또한 살煞을 강요하는 적대적인 것과의 몸짓이기도 하다.

그러나 그 몸짓을 모든 사람이 하는 것은 아니다. 비인간적인 것으로부터 피해를 받고 있는 대중 일반 즉 민중이 주체가 되어 비인간적인 억압·착취 구조와 싸우는 것이다. 다시 말하면 사람 대접 못 받는 사람들이, 억압받는 사람들이, 죽임을 당하는 사람들이 "인간의 보편적 해방과 역사의 진보"를 위한 입장에서 일하고, 살고, 투쟁하는 것이다. 즉 당하는 자가 주인으로 나서 염원의 세계를 일구어 나가는 것이다.

이럴 때야 그것을 진보라 하고, 그 진보가 이뤄 나가는 거대한 물줄기를 역사라고 한다면, 춤이란 단순한 예술의 연장 내지 발전이 아니라 역사의 진보를 위해 살아가는 사람의 몸짓이지 않으면 안 된다.

춤은 역사의 진보를 빚어낼 때만 자기 실체를 획득할 수 있다.

3) 진보적 삶과 춤

앞서 지적했듯이 사람은 자기실현의 극대화를 위해 필연적으로 진보적 삶을 계속하게 된다. 절대적 평등과 궁극적 자유를 전 사회적으로 구현하기 위해 사람은 진보적 삶을 요구받게 되는 것이다.

그러면 어떻게 진보적 삶을 살 것이며, 어떻게 춤을 출 것인가?

사람이 산다는 것은 사람의 역할을 제대로 해낸다는 의미로, 사회의 전진 운동 즉 진보를 위해 필요한 것이 무엇인지 이해하고 먼저 알아서 그 목적을 달성하기 위한 방도를 제시하며 살아갈 때 제대로 산다고 할 수 있다. 그러한 삶을 전력투구할 때 사는 의미와 가치가 있다.

다른 말로 하면 춤이란 완벽한 역사의 반영인데, 역사 안에 맺힌 살을 풀고 그 살을 젖히는 역사적 몸짓이어야 한다. 민중 일반의 역사를 올바르게 반영하고, 나아가 그 역사의 매듭을 풀어 승리의 역사를 올바르고 참되게 형상화해야 한다.

『법성게』에서는 "하나의 미세한 티끌 속에도 시방세계가 있다"고 했다. 올바른 삶, 올바른 춤이란 사회 역사 구석구석에서, 부서지고 흩어진 파편에서, 차이고 버려진 그늘에서, 전 역사 전 삶을 통감해야 한다. 춤의 한 동작은 그것으로 의미가 따로 떨어져 개체로서 존재하는 것이 아니다. 삶의 총체적 모습으로 체화되기 위해서는 전 사회 역사적으로 관통했을 때를 전제로 숭고한 의미를 부여하게 된다.

진정한 삶 즉 진정한 춤은 모든 삶, 특히 왜곡되고 굴절된 삶을 끌어안고 하나가 되어 역사적 진보를 추동하는 몸짓이어야 한다.

인간의 보편적 해방과 역사의 진보를 위해 사회 역사적으로 자기를 실현하는 것이 제대로 사는 길이며, 그 실현을 구체적인 예술적 형상화로 빚어낼 때 제대로 춤추는 것이다.

6. 맺는말

이 글에서는 춤의 의미를 뜻하는 본질적 물음으로서 춤의 정신적인 면, 즉 춤의 사상의식적인 면을 다뤄 보았다. 그리고 사람에게 춤은 사람이 사람으로 있게 하는 생명 그 자체라는 점을 살펴보았다. 사람의 생명 본성으로서 춤이란, 삶에서 자연스럽게 목적의식적으로 나온 자기실현의 몸짓이면서 아울러 살풀이성으로서 염원의 세계를 표현하고자 하는 몸짓임을 알았다.

다음으로, 본래는 춤과 노동이 하나였는데 사회 변천 과정에서 춤과 노동이 분리되며 춤의 본질이 변하기 시작했음을 살펴보았다. 즉 원시 공동체 사회에서는 노동과 춤이 분리되지 않은 상태로서 노동이 춤이고 춤이 곧 노동 그 자체였다. 그러나 노동 도구의 발달과 생산력의 증대로 인해 공동체 노동·분배가 소규모 집단의 개별 노동과 사적 소유를 발생시키면서 가진 자와 못 가진 자의 사회적 차별이 심화되기 시작했고, 노동과 춤 사이에 틈이 생기게 되었다.

춤의 본질은 사회적 노동 속에 있고 그 생산성에 따르는 몸짓의 예술적 연장·발전이며, 끊임없이 인간적인 것을 획득·발전시키는 몸짓이다. 그 몸짓은 역사의 진보라는 거대한 물줄기를 이끌어 간다. 즉 춤이란 사회적 존재로서 개개인이 노동의 생산을 높이고 그 결과를 전 사회적으로 실현하면서 역사의 진보를 빚어 나가는 예술적 몸놀림이다. 궁극적으로는 공동체 안에서 개개인의 최고의 삶을 사회 역사적으로 실현하기 위한 사상미학적 표현이자 수단이다.

그러나 오늘의 현실이 비인간적이고 반생명적인 억압이 생산 활동과 노동의 가치를 하나의 지배로 몰고 가면서 삶 전반의 본성이 일그러지고 파괴된 상태임은 주지의 사실이다. 따라서 반생명적인 것을 생명적인 것으로, 비인간적인 것을 인간적인 것으로, 반역사적인 것을 역사적인 것으로 되돌리는, 즉 사람이 사람으로 돌아가도록 하는 작업이 바로 춤이다.

이와 같이 본래 본성에서 벗어나고 파괴된 춤을 본래 의미의 춤으로 회복시키면서, 삶의 총체적 표현이자 삶 그 자체인 춤을 발전적으로 끌고 나가는 창조적 작업이 앞으로 춤꾼들이 수행해야 할 절대적 과제이자 사명이다.

참고문헌

『기신론(起信論)』.
『백장어록(百丈語錄)』.
『법성게(法性偈)』.
『화엄경(華嚴經)』.

민해철, 『노동자의 철학 I』, 거름, 1986.

2장

우리춤에 있어 민중성 회복 문제*

-한판춤 〈바람맞이〉를 중심으로-

1. 민중성의 회복이란 무엇인가?

민중이란 억압과 착취 구조가 가져오는 사회적 모순의 소산으로, 그 모순에 대항하는 역사적 실체다. 민중성이란 이와 같이 억압과 착취에 대항하는 민중이 그 억압과 착취 구조가 격화·발전하는 첨예한 여러 모순관계 속에서도 끊임없이 민중으로서 자기실현 방법을 찾고 자기를 확대재생산하고자 하는 명제가 된다. 따라서 민중성이란 그 표현의 애매성, 포괄성에도 불구하고, 본원적으로 계급적 구조의 표현이다.

민중성이 이처럼 그 본원적 의미에서 계급적 구조의 표현이라면, 오늘날 무엇 때문에 민중성 회복이란 문제가 제기되는 것일까? 이는 오늘날 우리가 안고 있는 계급 관계의 여러 모순이 사회적인 여러 모순을 첨예하게 격화시키면서, 한편으로는 이러한 계급 관계의 모순이 격화·발전하는 여러 계기와 내용을 교묘히 형식화하고, 역사 주체로서 민중을 파괴해 분

* 이 글은 1987년 11월 16일과 23일 2회에 걸쳐 서울대학교 『교수신문』에 실렸던 글을 정리한 것이다.

단 지배 구조에 강제 통합해 감으로써 민중의 민중성이 위기에 빠지는 반역사적 시대를 살고 있기 때문이다.

오늘 우리가 살고 있는 분단 지배 구조는 민족의 자율성을 파괴한 동서 냉전 구조의 일환이다. 따라서 분단 지배 구조의 경제적 심화는 냉전 구조로서 경제적 예속성을 가속화했으며, 그것은 절대다수 민중의 희생을 전제로 한 민중의 위기를 극단적으로 강요해 왔다. 일반적으로 자본제적 생산의 최고 형태인 제국주의적 자본 축적으로 인한 경제의 외연적 확대로서 초과 이윤이 민중을 지배 구조에 병합해 가는 역할을 해왔다.

그러나 오늘 우리가 겪고 있는 분단 지배 구조에서는 외세에 의한 정치군사적인 면에서 압도적인 분단의 강요와 그것의 구체적 표현인 경제 예속화로 말미암아 민중에 대한 희생만 강요하고 민중 내지 민중성 문제에서는 세계적 보편성만으로는 설명할 수 없을 만큼 분단 상황적 특수성을 보여 주고 있다.

이와 같은 상황에서 볼 때 현실로서 민중의 문제는 오늘날 민중이 일반적인 분단 지배 구조로의 병합 대상이 되고 있다는 면과 동시에 민중의 일방적인 희생을 전제함으로써, 오늘날 민중의 문제는 단순한 계급적 성격만이 아니라 외세와의 민족적 모순의 문제이며, 더 나아가 그 민족적 모순의 문제는 곧 계급적 성격을 지니는 것으로 분석된다.

바로 이런 점에서 이제 민중의 문제, 민중성 회복의 문제는 우선 일차적으로 민중 문제의 기본 과제이면서 동시에 민족적 과제가 되고 있음을 인식하게 된다.

침략적 외래 문화인 상업주의 문화는 이 점에 대해 날카로운 자각을 불러일으키고 있다. 우선, 외래 독점 자본의 외피인 상업주의 문화는 그네들의 자본 증식 운동을 협력과 상호부조라는 미명 아래 우리의 민족적인 것들을 매몰시키는 데 거대한 침투력을 행사하고 있다.

따라서 이 침략적 상업주의 문화는 '민족적인 것의 내용인 민중적인 것', 이를테면 민중이라는 역사 주체에서 민중성을 파괴·해체하기 위해 한편으로는 압도적인 힘의 물리력과 문화의 양면에서 공략해 오고, 또 한편으로는 '민중성의 통속화' 즉 상업주의 문화의 대중화로서 민중성을 변질시키고 있다. 그 때문에 오늘날 민중성의 회복이란 민족적인 것의 회복이라는 명제와 결코 별개가 아니면서도 본질적으로는 '침략적 상업주의 문화에 대항할 민중성의 철저화'라는 원칙에 확고히 서지 않으면 결코 자기 자리를 찾지 못하게 되어 있다.

이때 민중성 회복이라는 명제는, 침략적 외세·외래적인 것들의 집중적 표현인 상업주의 문화를 통해 역사 주체로서 민중성을 형해화形骸化하여 분단 지배 구조에 강제 통합하려는 일련의 형식미학에 대항하기 위해 크게 세 가지로 요약할 수 있다. 첫째는 역사 주체로서 민중적 자기를 찾는 과제이고, 둘째는 억압과 착취의 모든 사회경제적 장치와 가치관을 뚫고 자기를 찾아 세우는 민중적 전투성의 회복이며, 셋째는 민중적인 것에 적대되는 조건을 청산·극복하고 끝내는 적대적인 모든 사회경제적 모순을 민중에 의한 역사의 주체적 맥락에 일치시키는 진정한 통합력의 회복이다.

2. 우리춤과 민중성 문제

이러한 민중성 회복 문제에 대한 기본 인식을 우리춤의 민중성 회복 문제에 적용한다면 어떤 문제를 제기할 수 있을까? 이 점에 대해 답하려고 하면 우리춤의 세계적 보편성과 민족적 특수성의 규제를 받지 않을 수 없다.

우선, '사람의 모든 움직임은 기본적으로 노동의 연장이다'라는 인식적 출발이 가장 중요하다. 고로 춤이란 기본적으로 노동의 예술적 전개·승화의 세계라고 할 수 있다. 그러나 춤이 단순히 노동의 예술적 반영일 때 춤은 억압·착취 등 비인간적 움직임까지 인간적인 것으로 포괄하는 추상적 보편성에 빠져 관념적 표현예술이 될 위험이 있다. 여기에 민중적인 춤과 비민중적인 춤의 갈림길이 있다. 그렇다면 진정한 우리춤, 민중성이 있는 춤은 무엇인가?

진정한 춤은 기본적으로 노동의 예술적 전개·승화의 세계이면서 동시에 노동의 결과 그리고 노동의 사회적 가치를 그 가치 창조의 주체인 민중이 자기화(민중적 권력화)하려는 일련의 움직임을 담아내야 한다. 나아가 그러한 주체적 싸움의 목표 그 염원의 세계를 단순한 몸짓이 아니라 한판 몸부림으로 빚어(형상화)내는 것이 아니면 춤이 아니라고 믿는다.

그러한 춤은 어디에 있을까? 이 점을 가장 충실히 담고 있는 것이 바로 우리춤이라고 자부한다. 그러한 민중적 우리춤을 큰 틀거리로 나누면 (하나) 쓰러져도 자기를 회복해 스스로 일으켜 세우는 '멍석말이춤'과, (둘) 자기 속에 박혀 있는 적대적인 것의 사슬을 제치며 끊임없이 자기를 획득해 가는 '살풀이춤'과, (셋) 끝내 자신을 극복해 민중적인 자기 세계, 염원의 세계를 빚어내는 '병신춤' 등으로 요약할 수 있을 것이다. 이러한 큰 틀거리를 관철하기 위해 우리춤은 독특한 춤사위(동작)와 춤새(형식)·춤거리(내용)·춤틀(구조)·춤 가지(유형)로 구조화되어 있는데, 이것들을 하나로 묶은 판놀음을 '춤판'이라고 한다.

그렇다면 우리춤에서 민중성 회복의 문제점은 대체 어디에 있을까?

그것은 앞서 지적한바, 우리춤의 큰 틀거리 중에서 이미 민중적인 것이 상당히 일그러진 채 전해 오는데 그것을 마치 우리춤의 전형처럼 묵수墨守적으로 또는 수동적으로 이어받고 있는 문제, 그리고 이미 형해만 남은 우리춤을 오늘에 회복·발전시키지 못하고 있는 문제로 집약된다. 우선 살풀이만 하더라도 맺힌 것은 풀고 감긴 것은 제치는 '역동성' 내지 '전투성'이 상당히 퇴화했으며, 멍석말이춤은 사실상 껍데기만 전해 오고 있다. 특히 우리춤을 통한 판놀음은 춤의 주체인 민중 자신이 반민중적 현실로서 기존의 판을 깨고 자기 판을 여는 것으로 관철된다.

그러나 오늘의 우리춤은 이미 춤의 주체가 민중 자신으로부터 떨어져 나가 민중이 객이 되고, 따라서 보여 주는 춤으로 되어 민중의 삶과 염원의 세계가 관철되는 것이 아니라는 점 등 숱한 비민중적 부분을 지적할 수 있다.

그러면 이렇게 되어 온 과정을 알아보자. 멀리는 조선 왕조 중엽까지 거슬러 올라간다. 예컨대 탈놀음은 외국 사신에게 보여 주는 등 관광성觀光性을 띠는 경우가 점차 늘어났고, 살풀이는 대궐집 마루나 기방으로 들어가는 경우가 늘어났고, 〈승무〉 형식으로 된 우리춤은 벌써 조선 왕조 이전부터 종교의식과 연결되는 등 사대부들의 도락성道樂性과 관념성의 침투·도전을 끊임없이 받아 오며 춤의 민중성이 일그러졌다. 이것이 판놀음으로서 우리춤의 중대한 굴절 과정이다. 우선, 판놀음이 마당판에서 대궐집 마루와 기방 그리고 절집으로 바뀌면서 춤거리가 민중적 쟁점으로부터 사대부들의 도락거리 또는 종교의식으로 바뀌었다.

따라서 춤거리에서 민중적 쟁점의 배제는 춤사위와 춤새의 비민중화, 즉 우리춤의 역동성과 전투성이 파괴되는 과정을 밟게 했다고 지적할 수 있겠다.

이러한 역정 속에서 특히 스스로 일어나는 춤으로서 멍석말이와 민중적 염원을 가장 비장하게 빚어내는 병신춤 등은 사대부들에 의해 철저하게 그 마당판을 빼앗기고, 한편으로는 모든 민중적 춤의 춤사위·춤새 등을 사대부 취향으로 변질시켜 봉건 지배 문화에 병합해 갔다. 역사의 주체인 민중의 노동 결과를 사대부들의 물질적 기초로 편입시킴으로써, 민중의 주체성을 형해화하려는 지배 과정과 동궤를 이루는 지배 문화 그 형식미학으로 하여 우리춤을 파괴해 간 것이다.

따라서 오늘 우리가 전수받고 있는 일련의 우리춤을 마치 절대적 전형성으로 수용하려는 태도는 반민중적 지배 문화인 형식미학의 오류라고 지적할 수밖에 없다. 여기서 묵수적 복고주의를 배제해야 할 것은 당연하고 급한 일이지만, 묵수적 복고주의를 배제한다는 구실 아래 판놀음을 민중적으로 재현하려 하지 않고 다만 춤사위와 춤새만을 과장되게 표현하는 기능적 복고주의도 배제해야 한다.

왜냐하면 세계의 다른 춤에서는 보기 드물게 "한사위로 세상의 모든 모순 갈등을 갈라치면서 또한 한마당판으로 세상의 가장 본질적인 희망을 맴을 먹이듯, 삶의 뿌리, 승리의 깃발을 기둥 세우는" 우리춤, 그러면서도 "한 사위 한 사위를 가장 여리게 또는 가장 씩씩하게 감고 제치는" 우리춤, 그러나 그것들은 사실 우리춤이 갖는 탁월한 기능성에 그 미적 형식이 있는 것이 아니라, 오히려 춤거리를 당대의 가장 첨예한 민중적 쟁점으로 삼고 또한 그것을 마당이라는 현장, 삶이라는 민중적 싸움터에서 해내기(추어 내기) 때문에 그와 같은 씩씩한 춤사위와 춤새가 필연적으로 형상화되었음을 알아야 한다. 이를 무시하고 춤사위와 춤새의 기능적 측면만 문제 삼으려 하면 오히려 우리춤을 비민중적으로 추상화하는 과오를 저지를 수 있다.

그뿐만 아니라 우리춤을 창조적으로 되살린다는 미명으로 우리춤의 뿌리에 외래 무용 형식을 접목한다든가 외래 무용과 우리춤의 미학적 구조를 뒤섞는 일련의 작업들은 더더욱 경계해야 한다.

왜 그런가? 일반적으로 외래 무용은 외래 문화의 일환이므로 분단을 지배하는 외래 독점자본의 외피인 상업주의 문화와 불가분의 관계에 있는 것이 대부분이다. 또 설사 그렇지 않다고 하더라도 우리춤의 민중성 회복은 순전히 우리춤의 원리와 그 전개 과정에서 이루어져야 참다운 의미에서 발전할 것이기 때문이다.

더구나 우리춤은 본시 춤으로 독립되어 있는 것이 아니라 우리 장단 특히 풍물장단과 떨어질 수 없는 관계다. 바로 그 풍물장단이 춤의 눈이요, 춤의 맺힘이요, 춤의 바람이다. 그 눈, 그 맺힘, 그 바람은 오늘 바로 이 땅에서 삶의 질곡을 뚫고 일어나려는 민중의 눈이요, 맺힘이요, 바람이어서, 우리춤과 외래춤의 어설픈 접목은 우리 장단과 춤의 일치점을 파괴하고, 나아가 침략적 상업주의 문화로 우리춤, 우리 민중문화를 파괴할 수 있기 때문이다.

3. 〈바람맞이〉와 민중성 문제

한판춤 〈바람맞이〉는 이러한 인식 위에서 우리춤의 민중성 회복과 오늘의 발전이라는 가치를 실천해 보고자 한 첫걸음이었다.

〈바람맞이〉는 먼저 우리춤의 민중성을 되살림에 있어 이미 그 역동성이 상당히 일그러진 일련의 춤사위와 춤새의 문제를 기능적 방법으로 접근하려 하지 않고, 앞서 지적한 바와 같이 춤거리를 이 시대의 가장 첨예한 민중적 쟁점으로 삼음으로써 우리춤의 기능적 퇴화 부분까지 민중적으로 전화轉化시키려는 노력을 기울여 본 것이다.

이 시대의 가장 첨예한 쟁점인 고문과 죽음, 그리고 이를 뚫고 일어남을 춤거리로 삼은 까닭이 여기에 있었다.

〈바람맞이〉는 그 마당이 '씨춤', '물춤', '불춤', '꽃춤'으로 나누어 전개된다.

이때 '씨춤'은 판을 여는 춤, 즉 불림에 해당하거니와 그것은 평화의 마당이다. 그러나 노동과 희망을 추상적으로 머금은 평화의 마당이 아니라, 노동의 결과와 삶의 희망을 가장 구체적으로 실현하려는 민중의 노력과 좌절이 끝내는 민중적으로 관철되는, 굽이치는 평화의 마당이다.

그 굽이침이 '물춤' 마당에 이르면 노동 생산성과 가장 밀접한 관계가 있는 물이 역류하면서 놀랍게도 고문의 도구로 변신한다. 즉 우리 시대 삶의 가장 역동적 모습인 박종철 열사의 수난으로 엮어진다.

그리하여 다시 필사적인 몸부림으로, 아니 목숨을 걸고 그 역류하는 물길을 잡으면 다시 쳐오는 불바람 전류가 폭력에 합류해 오는바, 그 최루탄 불바람에 맞서는 한열이의 몸부림으로 춤사위가 이어지는데, 이것이 '불춤'이다.

그러나 죽은 자는 그 누구도 패배하지 않았으며, 차디찬 흙 속에서도 뜨거운 해방의 불씨를 잉태하나니, 그리하여 다시 일어나 자기 염원만이 아니라 민중의 염원 세계를 총체적으로 빚어내는 것이 '꽃춤'이다.

바람맞이-씨춤, 꽃춤, 물춤, 불춤(왼쪽 위부터 시계방향)

한판춤 〈바람맞이〉가 춤거리를 이와 같이 이 시대의 가장 첨예한 민중적 쟁점으로 삼아 우리춤 생명력의 회복을 가장 적극적으로 시도해 본 것은 사실이다.

그러나 진정한 우리춤의 민중성 회복은 그 춤거리를 민중적 쟁점으로 삼았다는 것만으로 이루어지는 것이 결코 아니다. 그것은 오히려 춤이라는 표현 예술 속에서 민중적 쟁점을 추상화시키는 위험도 있을 뿐만 아니라, 반대로 춤을 단순히 표현 예술 범주에 묶어 예술성의 총체적 모습, 즉

'예술적 실천과 사회적 실천의 통일의 경지'를 저해하는 형식미학적 오류를 범할 가능성마저 있다.

그러면 어떻게 해야 하는가?

민중적 쟁점이란 우리의 보편적 삶의 집약적 표현에 다름 아니다. 그래서 그 쟁점은 삶의 현장에서 그 맺힘을 풀어야 한다. 따라서 춤도 그 현장에 있어야 한다.

〈바람맞이〉는 이러한 인식에 따라 춤거리를 민중적 쟁점으로 삼고 또 그것을 민중의 삶의 현장에서 풀어냈으니, 이것은 우리춤의 민중성 회복 문제에 있어 가장 중요한 춤의 '현장성', '마당성' 회복에 해당한다. 잘 알려진 바와 같이, 〈바람맞이〉는 애초에 연우무대라는 소극장에서 몸을 풀었으나(6월 9일), 그 후 무대를 떠나 말 그대로 마당판으로 나섰다.

"세상에 다그치는 반역의 바람에 당당하게 맞서 자기 속에 극복·통일할 때 사람은 비로소 균형을 찾아 바람 속을 갈라 나아간다"는 옛말대로 한판춤 〈바람맞이〉가 삶의 마당으로 나섰으니, 필자는 세 단계로 민중성을 찾아 춤판으로 자기를 세워 보았다.

첫 번째는 6월 26일 민주 쟁취를 위한 서울대학교 평화 대행진 출정식 때 해낸 〈바람맞이〉다. 이것은 한판굿이 끝나면 그 굿거리를 해소적으로 즐기는 것이 아니라 사회적 실천으로 나서는 우리 굿거리의 썽풀이 대목처럼, 온몸이 온 시대 상황의 창조를 앞서 가는 '이물'(전위)이 되어 본 것이다.

두 번째, 7월 9일 이한열 열사 장례식날 길거리에서의 〈바람맞이〉는 마침내 한열이의 원한怨恨이 되어 매우 중요한 경험을 남겼다. 그날 한열이의 원한은 무덤으로 바로 가는 것이 아니라 200만 문상객의 비통한 우울 그 침전의 바다를 갈라 이 땅의 한복판 서울 광화문으로 나서 쳐오는 최루탄, 펑펑 터지는 그 억압의 소리를 장단 삼아 다시 일어났다.

필자는 이 한판춤을 통해 독재의 판을 깨고 민중의 판이 열리며 일어나는 그 벅찬 판의 교감을 경험했다. 우리춤의 춤사위마다 남아 있는, 사대부들이 할퀸 자락과 같은 도락성, 그리고 우리춤의 춤사위와 춤새에 상처처럼 서려 있는 푸닥거리성을 깨는 경험을 했다. 그리하여 마침내 예술에 있어 신명성 또는 신바람이라는 것이 한 개인의 정서를 내연內燃시키는 것이 아니라, 역사 변혁의 최고 경지와 통일될 때 다시 솟는 해방의 미학이라는 것을 경험했다.

그리고 세 번째, 〈바람맞이〉는 '옥포의 일어남蜂起', 노동 현장으로 달려간다. 8월 30일 이석규 열사의 장삿날이 되겠다. 이날 〈바람맞이〉는 한판춤 〈바람맞이〉가 추구하는 민중성 회복이란 무엇이며 그 한계는 무엇인가 저울질하는 계기였다.

그 당시 '옥포'는 한 지명이 아니다. 6, 7월부터 전국적으로 이어 불기 시작한 1천만 노동 현장의 함성이 이석규 열사의 죽음으로 이어지면서 민중의 판과 반민중적 판이 지각변동처럼 갈리는 뜨거운 현장이었다. 〈바람맞이〉는 그 뜨거운 현장의 바람을 맞으려고 나선 판이었다. 그때 한판춤 〈바람맞이〉는 서울대학교 출정식 때와도 달랐고 이한열 열사의 장삿날과도 달랐다. 앞의 두 판에서는 어떻게 보면 현란할 정도로 비장했던 춤사위가 옥포에서는 갑자기 쏜살같은 유격병의 몸짓처럼 단순화되는 느낌을 받았고, 춤거리의 온 과정이 실제적인 민중적 쟁점으로 살아오는 것을 느꼈기 때문이다. 아! 나는 춤꾼이 민중적 삶으로 돌아가고자 했을 때만이 춤사위에서 민중성의 흔적이나마 배어 나온다는 것을 깨달았다.

또한 "새로운 판은 춤판의 불림이 여는 것이 아니라 삶의 현장이 여는 것이며, 이때 그것을 반영하는 것이 춤일 뿐"이라는 사실, 나아가 "춤에 있어 민중성이란 삶의 현장으로서의 판이 교착됐을 때 바로 그 판을 깨는 사회적 실천일 때에야 비로소 예술적 실체를 획득할 수 있다"는 것을 실감했다고 토로하지 않을 수 없다.

4. 〈바람맞이〉의 교훈과 민중성 회복 문제

한판춤 〈바람맞이〉를 빚어내는 데는 기능적 측면에서 몇 가지 어려운 점과 사실적 측면에서 어려움이 있었다. 기능적 측면에서 어려움은 우리 춤사위의 역동성이 어디까지 일그러져 있었느냐 하는 분석적 방법 및 자료의 축적이 없는 상태에서 더듬어 보는 문제였다. 예컨대 옛날의 매질이나 곤장 정도가 아니라 오늘날 고도의 기술적 고문을 당하는 이의 몸부림을 담아내고자 했을 때, 필자가 지금까지 전수받은 살풀이 춤사위로는 도저히 감내할 수 없었다. 그 전통적 춤사위 뒤에 배어 있던 그 무엇이 폭발하는 것 같은 느낌을 받았다. 가령 두 무릎은 풀리고 두 손을 뒤로 묶인 상황에서 입에 물이 쏟아져 들어올 때 온 허리로 뿌리치던 그 순간의 경험! 사물장단에는 없고 몸장단에만 있는 '갈라치는 장단'이 바로 그것이었음을 확인하며 필자는 매우 놀랐다.

또한 〈바람맞이〉를 빚어냄에 있어 기능적으로 어려웠던 점은 그 춤거리가 갖는 처절함이었다. 이 처절함이 우리의 현실로 있는데도 오늘의 전달 매체들이 반영하는 현실은 조화造花로 뒤덮은 현실의 유체遺體일 뿐이다.

이런 환경 조작으로 인해 사람들이, 고문과 같은 끔찍한 현실에서 시달리는 사람까지도 그 고문의 현실을 뼈저리게 못 느끼고, 설사 무엇인가 맺혀 오는 것이 있다고 하더라도 그 처절함에 압도되어 비극적으로 침전된 상태에 있는 상황을 어떻게 우리의 현실로 육박해 오게 하며 그 비극을 넘어설 비참성으로 재조직할 수 있을까 하는 것이 문제였다. 아무리 공감대가 있는 사람의 비극이라고 하더라도 이에 대해 끔찍하게만 느끼고 자기 것으로 만들지 못하면 그 비극성의 예술적 조직은 사건 그 자체로만 끝난다. 사람이 사람이고자 한다면 그 비극을 비장한 의지로 격파擊破·전화轉化시켜야지, 그렇지 못하면 그 예술은 비극을 강요하는 지배자적 폭력의 장식물이 된다.

'형식미학'은 이와 같이 비극을 당하는 자가 그것을 지각하지 못하게 하는 지배 폭력의 표현이다. 그러한 폭력의 미학이 우리의 뇌리에 깊숙이 박혀 있는데 어떻게 그 고문 폭력 문제를 우리의 정서로 관철시킬 것인가 고민했으나 그것은 기우杞憂였다. 고문과 죽음의 춤거리를 고문 폭력과 싸우는 바로 그 현장에서 풀었더니 춤의 기능적 한계가 여지없이 돌파되었던 것이다.

그러나 그것은 필자의 기능적 잠재력에 의해서가 아니라 우리 민중이 해낸 것이다. 그래서 우리춤은 원래가 민중의 것을 민중에게 되돌리고 따라서 되돌려 받는 판, '맴을 멕이고 그 맴을 푸는 판'이라 했던가? 지금도 그때를 더듬어 본다.

그리고 〈바람맞이〉를 해내는 데 있어 사실적으로 어려웠던 것은 필자의 성분적 한계였다. 필자는 한 춤꾼으로 자부하지만, 상아탑에서 우리춤을 객관적으로 탐구하는 학도이기도 하다. 이러한 필자의 성분적 한계로 인해 〈바람맞이〉라는 춤판이 부담스러웠던 게 사실이다. 따라서 그 한계는 그 〈바람맞이〉를 아직도 민중에게 뒤돌려 주지 못하고 내 몸 어느 사위에 걸려 오늘도 하염없이 바래고 찢기고 있을지 모른다.

그러나 이러한 생각도 사실은 내가 갖는 한계를 내 판놀음에서 스스로 즐기는 자기의 변辨이다. 중요한 것은 우리춤의 민중성 회복과 오늘의 발전이라는 과제가 바람맞이로 하여 그 방향타가 제시되었다는 점이다. 제대로 해내지 못한 〈바람맞이〉 때문에 아쉬운 점이 있기도 하지만, 바로 여기서 〈바람맞이〉가 제기한 교훈이 더욱 중요하리라 생각한다.

그것은 다름 아니라 우리춤에서 민중성 회복 문제는 한 춤판으로 열린다기보다 '민중적 삶의 현장'이 열고 있다는 것, 또한 우리춤의 민중성으로의 깨어남은 '춤꾼 자신의 민중성으로서 깨어남'을 통해서만 가능하다는 것, 따라서 우리 시대의 춤꾼은 '오늘 이 땅의 분단 억압과 딱 맞서는 것을 통해서만이 춤의 민중성을 회복할 수 있다'는 교훈이다.

3장

전통과 현대를 아우르는 우리춤*

-나라의 몸짓은 있는가-

1. 들어가는 말

이 글의 주제로 잡은 '나라의 몸짓은 있는가?'라는 물음은 두두물물頭頭物物의 의미를 내포한 것으로, 그 경우마다 사안이 다를 수 있다.

큰 의미의 춤은 만물이 조화된 자연 속에서 살아 움직이는 생명체로서의 사람이 살기 위한 몸짓을 바탕으로 한다. 넓게는 자연 속의 한 움직임이며, 나아가 자연의 운행 원리가 표출되는 것이다.

따라서 춤은 살아 있는 모든 것의 움직임이지만 사람의 눈에 움직이지 않는 것으로 보이는 무정물까지 포함해 대승적 세계를 아우르는 생명체의 움직임이다.

그러한 생명의 본질을 아우르고 드러내는 춤이 시대를 거쳐 오면서 정신과 혼이 빠진 생기 없는 감각적 몸동작으로 변해 버린 것은 아닌가? 우리는 왜 감각적, 반생명적인 그것을 춤舞踊이라 하며 그 속에서 헤어나

* 이 글은 2007년 11월 29일 한국문화예술위원회 주최로 열린 전통예술토론회 '한국음악과 춤의 근원, 그 기억과 현상'에서 발표한 것이다.

지 못하는 것인가? 삶 속에서 춤은 도대체 무엇이란 말인가? 현재의 우리 몸짓은 어떤 것이며 과연 나라의 몸짓은 살아 있는가? 이와 같은 근원적이며 실제적인 문제들을 되짚어 보지 않을 수 없다.

또한 춤에서 전통은 무엇이고 현대는 우리에게 어떤 의미를 갖는가, 전통과 현대를 아우르는 이 시대의 춤은 어떠해야 하는가 등 본질적 물음에 대한 성찰과 끝없는 의심으로 화두를 꺼낸다.

2. 현 상황의 문제점

현재는 전통춤이 시대 변화와 맞물리며 삶의 현장에서 거의 사라지고 의도적으로 보이기 위한 공연 형태로만 존재하는 듯하다. 춤을 추는 일 자체도 삶 그 자체의 필요에 의한 것이 아니라, 인위적으로 보여 주기 위한 발표를 목적으로 하는 것이 주류를 이루고 있다.

다른 말로 바꾸어 보면 일반 대중이 춤을 즐기기 위해서는 공연이라는 유통 질서를 통해야만 한다. 따라서 오랫동안 생활 현장의 몸짓이었던 전통춤이 극장 무대로 들어가면서 보는 사람과 추는 사람이 나눠지고 춤의 양상이 달라졌다.[1]

무용 작업 구조를 무대 공연으로 집착하고 무용인들 자체도 형식주의적 시각에서 전통춤을 대하고 있다. 원래 춤이란 것이 앞의 서술과 같이 전통적으로 삶 그 자체에서 출발한 것과 달리 요즈음 현대춤은 삶의 현장에서 분리되면서 보여 주는 춤으로 변했다. 즉 전통춤이 총체적 삶의 상징적 표현이라 한다면, 현대춤은 부분적이고 개체화된 부분 개체적 춤이라 할 수 있다.

따라서 전통춤과 현대 무대춤은 서로 속성도 다르고 미적 표현 양상도 다르다. 그 한 예로 일제 강점기 조선문화 말살정책 시기에 일본인 이시이 바쿠에게 춤을 배운 최승희를 비롯한 많은 조선 무용가는 일본식 현대무용을 조선의 민속춤과 접목시키는 과정에서 서구식 무대 형식과 현란한 치장으로 이국적 정서를 자아내며, 당시 조선 사람들의 문화적 가치관에 큰 영향과 혼란을 주었다.

현대 생활에서 춤은 거의 서구식 사각 무대에 담아내야 하는, 이미 정해져 있는 공간 문화 구조를 가지고 있다. 그러나 조금만 눈을 돌려 보면, 역사적으로 우리 민족은 작게는 마루나 마당, 크게는 자연 그대로를 놀이판으로 삼았던 열린 구조로서 열린 판이 춤의 무대였다. 이러한 열린 공간에 대한 개념을 놓쳐서는 안 될 것이다. 그래야만 한국 전통춤의 속성인 생명성과 즉흥성을 그대로 살려내는 기본 조건이 마련되는 것이다.

여기에서 문제가 되는 것은 닫힌 공간의 춤이 일반 대중에게는 물론 학교 교육에도 파고들어 서구식 무용 교육으로 일관되고 있는 점이다. 어릴 때부터 우리춤을 익히게 하여 우리 몸짓으로 중심 잡을 때, 자연 친화적인 올바른 사고를 통해 중심 잡힌 정신을 기를 수 있다.

현재 우리의 삶과 문화양태, 문화의식 등 모든 것이 서양의 것에 물들어 우리 문화 전통에 대한 본질을 인식하지 못하고 있다. 이 문제점의 해결책은 어릴 때부터 우리 문화 즉 전통문화를 접하게 하여 우리 것을 체화하고 바른 인식을 갖도록 하는 것이다. 더 나아가 우리 문화의 고급성, 즉 우리 문화에 대한 고급 가치 인식이 수반되어야 한다.

지금까지 살펴본 바로는 시대가 변하고 현대화될수록 전통춤은 더욱 쇠락의 길을 걷고, 다른 한편으로 서구의 인위적 창작춤 형식으로 일관되게 변해 버렸다. 아시아의 경우 급속한 경제성장을 이루어 자본주의의 상업적 문화로 탈바꿈한 지역일수록 그런 경향이 더욱 심하게 나타난다. 즉 현시점의 문화 상황은 전통적인 문화 양태와 전혀 다르게 변모해 주主와 객客이 뒤바뀔 정도로 왜곡되어 버렸다.

그러나 전통춤은 민족마다 민족문화의 지표로서, 나아가 민족문화 특성 보존을 위해 앞으로도 계속 추어야 할 것이고, 시대가 각박해지고 빠른 추세로 변하는 것에 맞춰 오히려 그 수요를 더욱 증대시켜야 할 것이다.

지금까지의 문제점은 춤을 추는 사람, 창작자, 춤 연구자 등 춤을 행하는 사람들이 우리춤의 내면을 꿰뚫지 못하고 겉보기만의 동작 일변도인 일차원적 접근에 머무른 데 기인한다. 구체적으로 말하면 전통춤의 본질을 제대로 이해하지 못하고 박제화된 기교·구성 등의 모방과 각색만으로 현대화와 전통 계승이라고 성급하게 다가가는 데 있다. 그렇게 된 근본 원인은 일제 강점, 광복, 더욱이 전쟁이라는 시대적 단절과 그로 인한 인맥의 단절에서 찾을 수 있다. 그러나 현재는 그러한 시대적 단절이 극복되었음에도 불구하고 우리춤에 대한 본질 인식과 고급 문화로서 전통춤의 가치가 인식 범위에 들어가 있지 못하다. 또한 전통춤의 객관적 분석 및 평가가 예술 현장에서나 학술적으로 매우 미진하다.

3. '우리춤'이란

1) 춤의 의미

춤이란 생명체가 지구상에 출현하면서부터 생겨났다. 춤은 자연에서 출발해 자연과 조화된 자연합일自然合一의 움직임이다. 사람에게서는 춤이 살기 위한 몸놀림, 더불어 살기 위한 일의 몸짓으로, 그 자체가 자연 속에서 생명을 이어 가는 사람 삶의 행위였다. 따라서 인간은 사는 것이 춤이었다. 이처럼 역사를 이어 온 사람들 삶의 몸짓이 응축되고 형상화되어 문화를 잉태하는 것이다.

춤은 바로 태초의 말이며 몸짓이다. 이 세상에 태어나기도 전 인간의 모태에서부터 춤은 시작되었다. 그것이야말로 춤의 근원적 출발이라 할 수 있다. 그러한 의미에서 춤은 생명의 원초적 매체이면서 자기 자신을 다스려 가는 모성적 주체에 해당한다. 그리고 그 춤을 추는 인간은 누구든지 자신이 이 지구상에 중심을 이루어 주인으로서 살아가는 것이다.

춤은 자아를 찾는 수행 과정이다. 즉 자기가 시작한 곳을 찾아 들어가는 일이며, 그것은 바로 원시반본原始返本이고 회귀回歸다. 춤이란 그냥 몸놀림이 아닌 마음과 함께 빚어 나가는 자유를 향한 구도求道의 도구다.

춤은 불립문자不立文字다. 춤은 말이 없다. 또한 온몸으로 춤을 추다 보면 잡념이 사라진다. 바로 언어도단言語道斷의 세계다. 춤은 상형문자로는 무舞로, 온몸을 놀리다 보면 없다는 뜻의 무無가 된다. 그러나 춤은 존재의 본질을 담아내고 형상화한다.

2) 우리춤으로서의 '한밝춤'

우리춤은 현재 고전무용, 전통무용, 전통춤, 한국무용, 한국춤 등 다양한 표현으로 불린다. 필자는 이러한 여러 개념의 뜻을 통합하면서 우리춤의 본질을 확실히 나타내는 말로써 '한밝춤'이라는 용어를 제안한다.

(1) '한'의 의미

'한'은 너무 많은 뜻을 가지고 있다. 우선, '한밝춤'의 '한'은 하나를 뜻한다. 따라서 한밝춤이란 말 그대로 한맥으로 통하는 '하나의 춤', '한춤'이다.

하나는 시작을 뜻하고 첫 번째이고 같음을 말한다. 즉 한민족 하면 하나의 민족이고 같은 민족이고 첫 번째 민족이다. 또한 전통을 뜻하고 동시에 현대와 미래를 아우르니 전통과 현대는 하나이고 동시에 미래성을 갖고 있다. 그것은 바로 찰나刹那와 영겁永劫이고 영원함을 뜻한다. 우리춤은 삶의 온갖 몸짓이 함축되어 과거와 현재뿐 아니라 미래까지 담겨 있는, 삼세三世를 하나로 꿰뚫는 영원불멸성을 갖고 있다.

'한'은 높고, 크고, 깊고, 거대함을 뜻한다. 한은 끝 간 데 없이 무한하고 광대무변하다.

'한'은 희고 밝고 눈부시면서 또한 검은 것玄을 뜻한다. 그 안에는 밝음과 어두움을 동시에 가지고 있고 담백하면서 찬란하다. 그리고 맑고 순수하다. '한'은 인간의 희로애락과 생로병사 같은 담담하고 고결한 정신을 담고 있다.

'한춤'은 이러한 모두를 아우르는 총체적 개념을 갖고 있어 공동체적이다. 즉 한춤은 한맥으로 통하는 하나의 춤이면서 우리 모두 함께하는 광대무변한 공동체 춤을 의미한다.

(2) '밝'의 의미

'밝'이란 빛이 이를 데 없이 환한 모습을 표현하는 우리말로, 입술로 이웃해 소리 나는 '맑'과 통한다. 즉 눈에 보이는 빛의 밝음만이 아닌, 마음에서도 밝고 맑음을 뜻하고, 더 나아가 인간의 감각으로 다다를 수 없는 영靈의 세계까지 투영하는 것을 일컫는다. 눈부시게 밝은 '한'과 통하되 결(파동)로 이루어지는 빛과 소리의 더할 데 없는 순수함을 상징한다.

(3) 한밝춤

이와 같이 우리춤은 '일념즉시무량겁一念卽時無量劫'으로서 영겁이 한맥으로 통해 하나의 큰 빛을 밝히는 '한밝'의 춤, '한밝춤'이라 할 수 있다.

원래 우리춤이 '악가무樂歌舞 일체'로 이루어졌듯이, 한밝춤은 춤과 소리의 관점에서 본다면 온몸을 맑게 울리는 소리와 함께 손으로 몸도 치고 발도 구르며 삶의 몸짓을 상징화한다.

한 예로 영가무도詠歌舞蹈를 들 수 있다. 영가무도는 '음·아·어·이·우'라는 다섯 소리를 내며 기氣로써 오장을 움직여 주는 오행의 기춤이다. 오장을 움직인다는 것은 몸 안에서 상생의 역동적 운행이 일어나는 질서로, 바로 오장에서 비롯되는 숨에 의한 조화로운 기의 운행 질서를 뜻한다. 이 오행춤은 가히 춤의 본本으로, 모든 춤을 파생시킨다.

이러한 '한밝춤'은 춤의 바탕 사위와 영혼이 담긴 다섯 소리五音를 통해 깨달음을 이루어 가는 몸풀이·맘풀이로 되어 삶 자체를 풀어 가는 삶풀이로서 길닦음修道의 춤, 즉 수행춤이다. 그 진정한 의미를 체득할 때 몸은 고루 따스해지고, 마음은 기쁨으로 가득 차 넘쳐흐르며, 삶의 바탕은 맑고 밝아질 것이다.

그러나 일제 강점기 때 들어온 용어로 요즈음 우리가 말하는 무용舞踊은 일방적으로 보여 주는 춤에 치중해 부분적이고 제한적이어서 총체성을 담아내지 못한다. 이러한 춤들이 세계에서 말하는 무용, 즉 '댄스dance'이며 한국의 춤인 한밝춤으로서 우리춤과 다른 점이다.

4. 전통춤의 계승 방법

1) 전통춤의 의미

우리춤은 엄밀하게 전통춤을 토대로 하여 이루어지고 있다. 전통춤은 우리춤의 구체적인 뿌리이자 맥으로, 민족의 혼이 살아 숨 쉬는 상징적 표현체다.

인간이란 존재가 지구상에 출현하면서부터 시작된 몸놀림은 역사가 쌓이고 시대가 변화함에 따라 그 구조도 같이 변화하고 있다.

이러한 우리춤의 몸짓은 자연에서 나와 자연을 표현하고 자연을 경배하고 있다. 사상 철학적 측면으로 볼 때 우리춤에서 상체에 속하는 손놀림은 하늘을 논하는 것이고 하체의 발놀림은 땅을 논하는 것으로, 천·지·인의 우주적 조화를 자연의 원리로 드러내 몸으로 실현하는 것이다. 이러한 자연 중심의 속성을 지닌 전통춤은 민족의 삶과 연결되어 춤 역사를 창조하고 춤 전통을 계승해 왔다. 이와 같이 춤은 역사의 구조 체계와 함께 사상철학이 배태되면서 전통의 맥을 형성하고 이어 나간다.

한국 전통춤에는 민족이 겪어 온 고난과 끈질긴 역경의 몸짓이 그대로 녹아들어 있다. 그러한 춤 역사 체계에서 나타나는 몸짓은 응축성과 역동성, 진보성과 신명함 등으로 우리의 민족성을 잘 담고 있으며, 춤의 본질을 함축하고 인류 공동체적 몸짓의 보편성을 담고 있어 범세계적이라 할 수 있다.

현대 입장에서 그 본질을 제대로 보지 못하고 전통춤을 오래된 것, 진부한 것 등으로 잘못 판단할 수 있지만, 전통춤은 1만 년 역사가 축적되어 나온 불변의 몸짓임을 놓쳐서는 안 될 것이다. 전통춤이 지금까지 살아남은 것은 그 춤 자체가 전통성과 함께 영원한 생명력을 지닌 현대성을 지니고 있기 때문이다.

2) 전통춤을 대하는 법

(1) 춤정신을 몸으로 느끼기

앞서 보았듯이 어떤 전통춤이든 우리가 살아온 역사만큼이나 길고 많은 창조적 과정을 거쳐 왔다. 그래서 춤을 대하며 과거를 보고 현재를 알고 미래를 감지하게 되며, 춤에서 역사의 실체를 알 수 있다.

예를 들어, 필자가 〈승무〉를 추며 그 수련 과정에서 체득한 것은 그 춤이 1만 년 역사의 거대한 몸체로 다가온다는 점이다. 이 세상 태초의 시작과 함께 우리가 어떻게 살아왔으며, 어떤 굴곡의 역사 속에서 현재에 자리하고 있는가, 그리고 미래 방향까지 구체적인 모습으로 가리킴을 본다. 춤 한 마루가 시작되어 맺어질 때 마지막 맺음의 춤사위 형상은 그다음 마루에서 전개될 춤사위를 나타낸다. 즉 춤을 맺으면서 동시에 미래를 예고한다.

전통춤을 대하며 바로 이러한 내면의 구조를 읽어 내야 한다. 그 읽어냄이 정확하게 자기 몸과 정신에 즉각적으로 와닿으며 하나가 될 때 그 몸짓이 자신의 것으로 체화되는 것이다. 예컨대 필자는 〈승무〉 수련 과정에서 "선뜩한 놀라움과 계속 번지는 벅찬 감동에 휩싸여 오르다가 춤의 영원무변성과 함께 무한대의 역사를 걷고 있는 나를 본다"[2]고 언급한 적이 있다. 이 대목의 춤사위는 〈승무〉의 염불 과정 중 마지막 봉솟음 사위다.

두 팔을 활짝 펼쳐 하늘로 뛰어올라 모든 것을 풀어 젖혀 떨쳐 버리고 온몸을 땅에 놓아 버리며, 무의 세계에서 다시 숨이 살아나고, 한 빛을 향해 비스듬히 일어나 발걸음을 옮기는데, 그 서너 걸음에서 영원한 무한대의 역사를 밟아 나감을 실감하게 된다.

이와 같이 전통춤의 틀과 춤사위에서 그 안에 들어 있는 춤정신과 시대정신 등이 자연스럽게 몸으로 다가오고 느껴질 때 전통춤은 제대로 살아나 오늘에 존재하게 된다.

(2) 춤의 정통성 인식

전통은 역사와 함께 자연스럽게 쌓이는 것이지 단번에 인위적으로 되는 것이 아니다. 즉 역사와 함께 쌓인 전통 속에는 불변하는 전통의 정통성이 자리 잡게 된다.

춤을 바르게 인식하는 능력은 춤의 이치를 깨닫게 하며 춤 안에 내재해 있는 춤의 정통성을 인식할 수 있게 한다.

(3) 온몸으로 깨달아 가기

전통춤은 기존에 서구식으로 해왔듯이 머리를 써서 지식을 얻는 서양 학문 방법이 아니라, 처음부터 몸을 놀려 몸으로 해내고, 그것을 지혜로 체득하는 것이다. 춤은 바로 한 인간이 깨달음을 얻어 가는 몸놀림 과정인데, 마음이 일어나 수족이 상응하고 발로 뛰며 온몸으로 부닥쳐 마침내 정신과 합일되는 것이다.

심즉기心卽氣이고 기즉심氣卽心이니 기운을 키운다 함은 마음을 키워야 하는 것이다. 그러나 마음을 직접 키우는 방법은 없고 자아의 본질에 대한 인식, 즉 깨달음을 자라게 해야 한다. 기를 키운다 함은 자아의 본질에 대한 인식을 확대하는 것이지만, 그 본질을 직접 알기는 힘들다. 예컨대 고구려 춤무덤(무용총)의 춤그림에서 몸의 각 부위가 분출하는 기의 표시로 알 수 있듯이, 우리춤은 몸 안의 기와 몸 밖의 기의 흐름이 서로 상응하면서 자연스럽게 우아일체를 느끼게 하는, 다른 어디에도 없는 기의 춤, 깨달음의 춤이다.

우리춤은 어떤 행위를 표현하기 위한 단순한 몸짓이 아니라, 우주만물의 원리를 몸소 깨닫게 하는 몸사위다. 그래서 선인들은 격물치지格物致知[3]로 본질을 파악하고자 했다. 즉 '물'에 '격'하여 '지'에 이른다는 것은 물과의 관계를 통해 인식을 얻는다는 것이다. 그 뜻을 다시 새기면 사물의 이치를 궁구窮究해 바로 알고 지식을 확충함으로써 활연관통한다는 것으로, 춤으로 보면 몸놀림의 실천을 통해 지에 이르게 된다는 뜻이다. 필자에게 춤사위는 '격물'의 '물'이었다. 즉 무無와 다름이 아닌 무舞의 사위를 통해 자연과 삶의 본질을 인식하고 깨닫고자 했다.

3) 전통춤을 추는 법

(1) 자기 성찰과 함께 겸허한 마음으로

춤은 마음에서 비롯된다. 또한 전통춤을 추는 마음은 자기 자신의 성찰에서 시작한다. 춤에서 자기 성찰의 의미는 춤을 출 수 있는 근원적 본성의 토대를 마련하는 것이다. 자신이 무엇인지 인식하고 자각하며 항상 겸허하고 냉철한 마음에서 춤이 비롯되고 시작된다.

전통춤을 춘다는 것은 역사의 축적된 몸짓을 되찾아 가는 것이고 지나온 과거의 역사를 몸으로 받아 내는 의미를 갖고 있다. 역사 안에는 빈틈없고 과학적인 춤의 논리가 존재하기 때문에 정통성 있는 전통춤을 춘다는 행위는 참으로 어려운 일이고, 함부로 달려든다고 해서 되는 일이 아니다.

(2) 춤의 정확한 인식을 몸으로

기초를 튼튼히 다져 춤 자체를 통으로 체득하고 뿌리를 내려야 한다.

전통춤을 추려면 우선 춤의 구조를 꿰뚫어 볼 수 있어야 한다. 춤의 본질적 속성에 의해 춤의 형성 구조가 일정한 체계를 지닌다.

한국 전통춤에서는 예컨대 춤이 시작되어 한 번 얼러 맺어서 푸는 데까지 한 단락을 '마루'라고 하는데, 그러한 단락이 여러 개 모여 춤의 한판을 이룬다. 〈살풀이〉나 〈승무〉에서도 어르면서 앞으로 가서 맺었다가 뒤로 뿌리면서 푸는 데까지의 단락을 한 마루라고 할 수 있다.

이런 식으로 춤의 구조는 한 마루, 한 단락의 맺고 풀림이 수없이 반복되며 변화해 나가는 고유한 기본 체계가 미적 틀거리를 이룬다. 이러한 춤 틀의 기본 체계를 정확히 인식해야 춤의 맺고 풂을 몸으로 해낼 수 있다.

(3) 끝없는 고행의 반복 수련으로

전통춤을 추는 일은 마치 『화엄경』에서 선재동자가 온갖 역경을 헤치면서 선지식을 찾아다니듯, 끝없는 반복 수련이라는 고행의 길을 걸으며 전통의 정통성을 몸으로 체득해 내는 것이다.

5. 춤 창작과 현대

사람은 창조적 본능을 가지고 태어나며, 그 창조성에서 모든 몸짓이 나온다. 한국의 옛 춤도 자연의 섭리대로 생활하는 가운데 생겨난 생활춤이어서 그 자체가 창조성을 가질 수밖에 없었다. 생활하는 삶 자체가 하나하나 일구며 빚어 가는 창조의 길이기 때문이다.

우리에게 창작이란 어떤 의미일까? 또한 춤에서 창작의 뿌리란 무엇일까? 우리는 모든 움직임에서 춤의 근원을 찾을 수 있으며, 그 움직임은 살아 생동하는 생명력에서 나온다. 따라서 춤은 생명력의 표현을 담아내야 한다. 춤이란 이러한 생명력의 외화外化 내지는 자기 수련 과정의 표출이므로, 춤은 인간의 생산 활동이자 노동 활동이며 창조 활동과 통한다. 곧 춤 창작도 삶이 태동하는 그 자체에서 자연히 나온 것이므로, 인위적이거나 작위적이지 않아야 한다.

다시 반문해 보면, 창작춤이란 축적된 전통이 토대가 되어 빚어진 그 시대의 춤이며, 몸짓이라 할 수 있다. 그렇다면 전통춤이건 창작춤이건 그저 '춤'이란 표현 하나로 충분하다. 춤 자체가 창조의 본성을 내포하고 있기 때문이다.

1970년 초로 거슬러 올라가면, 필자는 춤을 연구하는 학도로서 그 당시 춤 기본과 어법이 내 몸과 호흡에 맞아떨어지지 않아 큰 괴로움과 갈등을 겪었다. '왜 내 몸에서 그러한 동작을 거부하는 것일까? 춤의 실체는 무엇일까? 나아가 우리 몸에 맞는 우리춤은 어떤 것일까?' 하는 의문을 품으면서 나 자신과의 끝없는 몸싸움에 들어갔다.

춤에 대한 그러한 의문은 자연스럽게 우리의 문화 경험, 문화 질서로 연결되었다. 따라서 춤과 문화와 사회관계 속에서 그 당시 상업주의 문화와 현대 자본주의의 모순적인 구조화에 연결된 춤에 주목했다. 그러한 사회구조 속에서 박탈당하는 자아의식, 교란되고 피폐화된 인간성을 회복하지 못하며 비뚤어지고 왜곡되는 우리 몸짓……. 이러한 총체적 구조는 춤에 인간 정열의 향락적 소모, 인간 분노의 추상적 해소 등의 몸짓이 강요되도록 결정적으로 작용했고, 현대 사회에 내재하는 정의와 부정, 가치와 몰가치의 모순 대립을 허무주의적으로 둔화·해체시키는 구경거리로 만드는 데 이바지했다.

결과적으로 현재 지배적인 창작춤의 경향은 서양식 안무choreography나 구성composition이어서 다분히 작위적이며 '부분으로의 개체화 개념'으로 제한적일 수밖에 없다. 거기에 비해 진정한 의미의 창작이란 우리춤의 본성과 역사성 안에서 이끌어 낼 수 있다. 원래 창작이란 우리춤에서 나타나듯이 창조의 개념으로 문화의 본질인 자연의 법칙과 함께하는 것으로, 개체와 전체가 둘일 수 없는 일체로서의 진보성을 담보한 총체적인 것으로 '전체의 개념'을 다시 살려내야 한다.

이와 같은 진정한 의미의 창작은 우리의 힘인 '자연의 섭리에 바탕을 둔 창조성'이, 민족의 특수성과 세계적 보편성을 함께 갖고 있어 해체된 세계의 부분 논리를 채워 주고 어루만지며 이끌어 가야 할, 모두에게 귀중한 세계적 사명이기도 하다. 이렇게 엄청난 전통 유산의 생명력이 곧 모두를 아우르는 창작의 뿌리이며, 그대로 몸으로 받아 내야 하는 끈질긴 우리 자신의 신성한 몸체다.

6. 맺는말

그러면 지금까지 지적된 문제들의 해결책은 무엇일까? 춤을 온몸을 움직여야 하는 동물적 속성을 가진 사람 삶의 몸짓임에 비춰 보면, 자연의 섭리를 바탕으로 하는 전통춤이야말로 온몸으로 그 자연의 섭리를 터득하고 체득하는 길 외에는 다른 방도가 없다고 본다. 그렇게 하여 전통춤의 춤가락이 몸에 자유롭게 묻어 돌아갈 때 그 바탕 섭리에 통으로 다가설 수 있고, 그 춤에 들어 있는 정신적 정통성을 이어받을 수 있다.

이와 같이 몸으로 인식되는 전통춤은 현대를 살아가는 사람들에게 자신의 정체성을 뿌리내려 중심 잡을 수 있게 할 뿐만 아니라, 올바른 방향을 제시해 내일의 발전을 이룰 수 있게 할 것이다. 그것의 올바른 습득과 바탕인 자연의 섭리 터득이, 바로 전통 재창조의 길이며 전통춤을 오늘날 살아 있게 하는 구체적 방안이다.

춤은 해도 되고 하지 않아도 되는 교양적이고 겉보기의 단순한 몸짓이 아니라, 전통과 현대를 꿰뚫는 우리 전통문화의 핵심이다. 젊은이들에게는 1만 년 역사 속에서 진화되어 온 한국인 문화 유전자를 꿈틀 깨어나게 하여 자신自信과 앞날을 밝히는 영감을 주고, 나이 든 이들에게는 몸 건강과 함께 삶의 환희를 맛보며 깨달음의 길로 인도할 것이다. 따라서 '전통춤과 창작춤', 바로 전통과 현대와 미래는 한맥으로 연결된 하나임을 다시 한번 인식하면서 글을 맺는다.

참고문헌

『대학(大學)』.
『시용향악무보(時用鄕藥舞譜)』.
『예기(禮記)』.

박상화, 『한국의 영가』, 공화출판사, 1976.
이애주, 「움직이는 도」, 『전통문화』, 1985.
______, 「우리 시대를 지피는 학문과 예술 '창작의 뿌리'」, 『교수신문』, 1993.
______, 「전통춤 공연에 관한 제문제」, 『CIOFF 세계민속축제회의 자료집』, 1997.

〈영상물〉
한국의 중요무형문화재 〈승무〉, 비디오 영상물, 국립문화재연구소, 1998.
한국의 중요무형문화재 〈영산재〉, 비디오 영상물, 국립문화재연구소, 1998.

4장

춤이란, 삶이란, 배움이란*

나는 지금 여기 어떻게 오게 되었나? 춤으로 60년, 그리고 그것을 가르쳐 온 지 40여 년. 이 모든 행위는 무엇을 뜻하는지 지나온 여정을 되돌아보며 다시 근본적인 물음을 갖게 된다. 춤이 무엇이기에 이토록 생 전체를 함께하고 있나, 도대체 나라는 존재는 무엇인가 등 내가 하고 있는 행위에 대해 궁구하게 된다. 그것은 곧 춤의 근원, 삶의 근원을 찾아가는 일이기도 했다. 그러다 보니 역사를 거슬러 올라가며 춤의 뿌리를 찾는 일에 천착했다. 그것은 다름 아닌 춤을 추는 나의 실상을 찾는 행위이기도 했다.

1. 배움과 가르침

1) 학이각學而覺

내가 춤춰 오며 거의 반세기를 몸담고 있는 교육의 큰 장인 '대학교'는 무엇을 뜻하는지, 먼저 그 말의 구성인 대·학·교의 의미를 생각해 본다.

* 이 글은 서울대학교 사범대학 정년 퇴임 기념 공동 논문집으로 2013년 3월 출간된 『교학의 세월』(지식과교양)에 실린 것이다.

우선, 대학의 의미는 큰 대大, 배울 학學으로서 '큰 배움'을 뜻한다. 큰 대大를 파자해 보면 한 일一과 사람 인人으로, '한'은 크다는 뜻을 지니고 있어 '큰 사람'이 된다. 배울 학學은 위의 획만 보더라도 절구 구臼와 사귈 효爻로, 서로 사귀고 절구질해 곡물 껍질을 벗겨 내듯이 확 깨치는 것을 뜻한다. 절구는 확이라고 하는데, 절굿공이를 위아래로 치며 한 꺼풀 벗으며 확 깨우친다는 의미다. 이와 같이 배울 학學은 깨달을 각覺으로 연결되어 '학이각學而覺'이라고 하는데, 배우다 보면 마음과 성품이 열려 깨달음으로 가게 되는 것이다.

가르친다는 것은 무엇을 의미하나? 『중용中庸』 첫머리에 보면 가르칠 교敎의 본질적 의미를 구체적으로 말하고 있다.

> 天命之謂性
> 率性之謂道
> 修道之謂敎

'천명지위성天命之謂性'이란 하늘의 명 곧 하늘로부터 받은 명(命, 역할)을 성性이라 하는데, 춤으로 보면 성性은 춤의 바탕으로서 본성이 된다. '솔성지위도率性之謂道'는 성을 따르는 것을 도道라 하는데, 그 모든 과정이 자연이라 할 때, 자연을 그대로 따르는 것을 도道라 하고 또한 춤길이라 할 수 있다. 그다음 '수도지위교修道之謂敎'는 그 길을 닦아 나가는 것, 곧 하늘에서 받은 명과 성의 길을 닦는 것이 교敎라고 한다.

이렇듯 '가르칠 교敎'는 하늘로부터 받은 명의 길을 수도하듯이 닦아 나아가는 것을 말한다. 우리가 흔히 생각하는 교육은 좀 더 들어가 보면 명과 성, 즉 생명 본성의 문제에 관하는 것으로, 교육하는 행위는 생사를 좌우할 만큼 간단치 않은 중요한 문제라 할 수 있다.

가르침과 배움이란 자연 그대로의 길인 도를 닦아 깨우치는 것을 말한다. 춤으로 본다면 춤은 자연性을 따르는 것이고, 춤을 익힌다는 것은 자연스럽게 몸을 통한 수행修行이 되어 자연에 대한 깨달음에 이르는 것을 말한다. 내 경우를 보면 가르치면서 많은 것을 배우고 미처 생각하지 못하던 것을 불현듯 깨우칠 때도 있다. 따라서 끊임없이 가르치고 배우는 전습 과정에서 서로 성장하는 교학상장敎學相長이 일어나고 깨달음으로 가는 것이다. 그러므로 '큰 배움'인 '대학'의 본뜻은 '대인지학大人之學'으로서 대인의 경지로 나아가는 공부를 말하고, 결국 제대로 배우고 가르치며 큰 깨달음에 이름을 의미한다.

이와 같이 『중용』의 첫 구절은 천부지성의 밝은 덕을 받아 사람을 친히 하여 새롭게 하고 본래대로 본성을 회복하며 닦아 나아가는 것을 말하는데, 바로 교육에서 무엇을 해야 하고 어떻게 나아가야 하는지에 대한 본질을 말하고 있다.

2) 왜 옛 전통을?

여기에서 어떤 큰 배움을 구체적으로 알기 위해서는 전대부터 내려오며 이어진 전통과 떼어 놓고 생각할 수가 없다. 지나온 전통의 토대에서 연결되어 지금의 모든 것이 존재하기 때문이다. 우리가 지금 추고 있는 춤 속에는 당연히 태곳적 몸짓의 흔적이 남아 있을 것이다. 지금의 한국춤, 더 나아가 전 세계로 번진 한류 춤(요즈음의 비보이춤, 케이팝춤, 싸이의 말춤 등) 속에는 기나긴 역사의 흔적이 묻어 있다.

내가 일생 해온 춤의 몸짓도 전통적으로 내려온 우리의 몸짓인데, 정통의 맥을 알기 위해 춤의 뿌리를 찾아 올라가다가 고구려 벽화에 있는 고구려춤을 만나게 되었다. 벽화에 담긴 고구려의 몸짓은 매우 다양다색해 그 시대의 삶과 생활 양태 등 많은 점을 시사했다. 한마디로 고구려 무덤 벽화에 있는 고구려 춤은 민족 역사와 그 당시 삶의 맥을 고스란히 잇는 몸짓의 보고였으며 미래의 몸짓까지도 구체적으로 예시하면서 살아 있는 듯했다.

그 이전으로 더 올라가 상고 시대에 이미 자연 속에서 소리하고 춤추며 몸과 마음이 하나 되는 '소리관觀춤'이 있는 것을 알게 되었다. 그것은 일명 영가무도詠歌舞蹈라는 것으로, 자연을 관하며 읊조리듯이 소리詠歌하고 춤舞蹈추던 자연스러운 삶 자체가 그대로 악가무樂歌舞 일체로 드러난 형식이다. 바로 그 시대에 자연을 관조하고 소리하며 춤추던 삶의 융합적 형태가 그대로 우리춤의 근원이 되는 것을 알 수 있다. 그러고 보니 요즈음 세계적으로 널리 퍼져 있는 선·명상 등은 영가무도의 부분적 개념일 수밖에 없다.

이와 같이 우리 춤, 우리 몸짓의 뿌리를 찾아 올라가다 보니 놀랍게도 상고 시대에 이미 악·가·무와 영혼이 하나 되는 삶을 살고 있었음을 접하게 되었고, 그것으로부터 몸짓과 정신이 융합된 고대 문화의 큰 틀이 이어져 내려옴을 알 수 있었다. 『주역』 64괘 중 스물여섯 번째 괘인 '산천대축山天大畜'에서는 물건이 산과 같이 흔들림 없이 견고하게 높이 쌓인 상

소광리 소나무숲의 500년 금강송과 함께하는 소리관춤 영가무도

으로 보고 있다. 다시 말하면, 흙이 크게 쌓여 큰 언덕을 이루듯이 학문과 경험을 많이 쌓아서 큰일을 행하는 것이 대축의 의미다. '산천대축'을 공자가 해설을 붙인 〈대상전大象傳〉에 '다식전언왕행 이축기덕多識前言往行 以畜其德'이라는 글귀가 있는데, 바로 전대前代의 말씀과 지나간 행실을 잘 알아서 그 덕을 쌓는다고 풀고 있다. 곧 전대에서 내려와 이어지는 성현의 아름다운 말씀들과 그 시대 생활상의 오고 감을 인식해 학식과 덕행을 쌓아 나가야만 역사 문화의 흐름을 좇아 그 맥을 관통할 수 있다는 것이다. 공부의 방향을 어떻게 잡고 어떤 식으로 해야 하는가에 대한 공부법과 그것에 의한 앎이 어떠하다는 것을 잘 말해 준다.

3) 실제로 무엇을 어떻게?

내가 해온 행실들을 후학들에게 제대로 가르쳐 왔는지 다시 되돌아보게 된다. 요즈음 고전에 대한 관심이 대단하다. 일례로 동양사상과 동양학에 관해 공자니 맹자니 노자니 하며 국내뿐만 아니라 세계적으로 사서삼경 공부 열기가 대단하다. 오히려 눈을 밖으로 돌려 서양의 경우를 보면 우리보다 더 동양 학문에 관심이 많았던 것을 알 수 있다. 예를 들어, 세계적 학자인 리하르트 빌헬름이나 카를 융, 지그문트 프로이트 등의 학문적 업적을 보면 몇 세기 전에 사서삼경 중 하나인『주역』을 연구하며 서로 문답을 주고받으면서『주역』서를 완성했고 많은 연구물을 내놓았다.

우리가 익히 아는 사서삼경 중 삼경에는『시경』,『서경』,『주역』이 있고 사서에는『대학』,『중용』,『논어』,『맹자』가 있다. 대학에 있다 보니 그중에서 자연히『대학』이라는 고전서에 관심을 가지게 되었다. 그 내용은 대부분 내가 하고 있는 일들과 직접 관련 있다.『대학』의 내용을 보면 사람이 갖춰야 할 기본적 덕목과 어떻게 자기를 다스려야 하고 우주를 바라봐야 하는가에 대해 역사를 오가며 구체적으로 말한다. 따라서『대학』은 정신 수양과 인간의 덕을 기르는 데 으뜸 되는 책으로 평가받고 있다. 여기에서 언뜻 대학 밖에서도 공부 열기가 오른 이러한 고전을 우리 교육의 장인 대학에서는 제대로 공부하고 있는지, 아니면 놓치고 지나가는 것은 아닌지 반문하게 된다.

언젠가부터 『대학』을 읽으며 나 자신의 수신修身은 물론 평천하平天下의 의미를 다시 생각하게 되었고, 그것이 내가 궁구하던 춤과 삶의 실상과 같이 가는 맥락임을 깨달았다. 『대학』의 첫 구절에 이 책의 핵심적 내용이 함축되어 있다.

大學之道	대학의 도는
在明明德	명덕을 밝히는 데 있으며
在親民	백성을 친애함에(새롭게 함에) 있으며
在止於至善	지극히 선한데 그침에 있느니라.

즉 '대학지도 재명명덕大學之道 在明明德'이라는 구절은 큰 배움의 길이란 대인의 학문을 닦는 길을 뜻하며 '재명명덕'은 사람이 갓 태어날 때처럼 본래의 상태인 밝은 덕으로 다시 회복해 깨끗이 밝히라는 의미다. 그다음 '재친민在親民'에서는 '친親'이 '신新'과 통해 내가 본래대로 새사람이 되었으니 남도 새롭게 해줘야 한다는 것이다. 마지막으로 '재지어지선在止於至善'은 이 세상을 사는 데 있어 그칠 데에 가서 그쳐야 하는데 그곳은 다름 아닌 지극히 착한 곳이므로, 마땅히 지극히 선한 곳에 가서 그쳐야 한다는 것이다.

나는 이 짧은 글귀가 사람이 어떤 덕목을 갖추고 어떻게 살아가야 사람다운가에 대한 '대인지학大人之學'의 경지를 담고 있다고 본다. 여기서 미뤄 보면, 공부의 전당인 요즈음 대학에서 무엇을 어떻게 가르치고 연구할 것인가에 대한 답이 들어 있다고 생각한다. 내 경우에는 어떻게 춤을 추고 연구하고 무엇을 가르쳐야 하는가에 대한 궁극적 해답이 그 안에 있다. 예컨대 공부하는 데는 여러 방법이 있겠지만 학문의 전당인 대학에서 『대학』 전문을, 아니 몇 줄이라도 이해하고 외운다면 공부의 폭이 매우 달라질 것이다. 실제로 나는 춤 과목 시간에 『대학』의 내용을 기본으로 다루며 학생들과 함께 소리 내어 외우기도 했다. 그 이유는 춤의 정신과 본성을 이미 『대학』에서 구체적으로 말하고 있기 때문이다. 또한 그렇게 소리 내어 외우다 보면 선골·하단전에서부터 기운이 움직여 온몸을 통해 머리골이 열린다.

예로부터 우리나라에서는 어린 학동들이 처음 『천자문』을 배울 때 몸을 흔들흔들하며 소리 내어 외웠고, 성인이 되어서도 그대로 이어지는 전통적인 공부법을 가지고 있다. 그야말로 운율과 몸짓이 하나 되는 악가무일체의 살아 있는 공부법이다. 그런데 왜 지금 시대에는 그러한 훌륭한 방법들을 놓치고 있는지 안타까운 생각마저 든다. 지금이라도 대학에서 교양필수 과목으로 하여 이 내용을 공부하면 어떨까 제안한다.

2. 춤이란

1) 생명의 몸짓과 춤의 바탕

삶의 몸짓으로 춤을 추는 것은 생명 가진 존재가 삶을 살아가는 생명의 움직임이다. 조선조 말에 전통춤과 전통악을 정립한 전통예술의 대부라 할 수 있는 한성준(1874~1941)은 "사람이 나면서부터 춤은 잇섯다"라고 했다. 태어날 때부터 춤이 있었다는 것은 사람이 움직거리는 생명 활동 자체를 춤으로 본 것이고, 춤은 바로 생명이라는 것이다. 생명生命의 의미는 명(命, 일·역할)이 생겨나는生 것으로, 곧 춤의 움직임은 살아가는 생명력의 몸짓이 된다. 생명력이란 명의 기운이 펴지는 것이므로 춤이야말로 생명력의 드러남이다.

따라서 춤은 생명의 몸짓인데, 춤의 바탕이 되는 그 몸짓은 어디서 오는 것일까? 앞서 보았듯이 『중용』의 첫 구절인 '천명지위성'에서는 천도天

道를, '솔성지위도'에서는 지도地道를, '수도지위교'는 인도人道의 뜻을 함축하고 있다. 그것은 곧 천과 지와 인의 천·지·인 삼재天地人三才로서 춤 또한 천·지·인 삼재에 바탕을 두고 있다.

2) 춤은 삶의 몸짓이며 생존의 문제

나는 무엇을 해왔는가 반추해 볼 때, 간단히 말하기는 어렵지만 나는 춤을 춰 왔고 그것을 가르쳐 왔다. 그리고 그 모두가 삶의 화두였다.

'춤은 도대체 무엇인가?'라고 할 때 나 자신은 춤이 무엇인지 알고 해온 것일까 반문할 수밖에 없다. 그냥 쉽게 말하면 우리가 관觀하고 있는 모든 것이 춤이라고 할 수 있듯이 소리도 춤이고, 냇물 흐르는 것도 바람에 나뭇가지가 흔들리는 것도 춤이며, 사람의 움직임은 물론 유정물 무정물의 숨 쉼까지 춤이니, 살아 있고 움직이는 모든 것이 큰 틀에서 춤이 된

〈우리땅 터벌림〉 중에서 제주 용눈이오름의 바람춤

다. 또한 '두두물물頭頭物物 불연기연不然期然'이란 말처럼 모든 것이 춤이기도 하고 아니기도 하다.

구체적으로 춤은 무엇을 말하는 것일까? 사람이 살아가면서 움직인 몸짓이 춤이라고 한다면 우리가 어떻게 움직이며 살아왔고 앞으로 어떻게 살아가느냐 하는 삶 자체가 바로 춤이 될 것이다. 그렇다면 어떤 삶의 몸짓일까? 춤에 대한 관점에 따라 생각이 다를 수 있지만, 그동안 대다수 사람의 가치관은 그렇게 긍정적이지 못했다. 그냥 '살기도 바쁜데 무슨 춤이야' 하는 식으로 여겨 좀 여유 있는 사람들이 하는 것쯤으로 인식했고, 자신의 삶과 무관하다는 생각을 갖고 있었다. 그러나 춤은 생명의 관점에서 볼 때 해도 되고 안 해도 되는 그런 몸짓이 아니라 살기 위한 몸짓, 생명을 부지하기 위해 움직일 수밖에 없는 몸놀림이라고 할 수 있다. 이와 같이 춤은 생존의 문제와 직결되어 있다. 옛날 원시 시대로 올라가면 살기 위해 맹수와 싸워야 했고, 추운 겨울을 이겨 내려면 사냥한 짐승의 털가죽을 벗겨서 몸을 감싸야 했다. 그렇게 살아남기 위한 모든 일거수일투족이 춤의 근원인 동시에 토대가 된다. 따지고 보면 춤은 살아남아야 한다는 의지에 의해 몸을 놀릴 수밖에 없었던 몸부림으로서의 몸짓이다.

3) 춤은 몸정신精神이며 몸사유思惟

춤은 또 다른 관점에서 볼 때 말과 글로 할 수 없는, 몸을 통한 몸놀림이다. 그냥 몸으로 빚고 형상화하는 무언의 몸짓이다. 공자가 "글로는 내가 하고 싶은 말을 다 못하며 말로는 내 뜻을 모두 표현하지 못한다書不盡言 言不盡意"라고 말씀하셨듯이 어떤 면에서 몸짓은 글과 말로 다 못하는 내면의 세계인 정신세계와 통한다는 점에서 그 모두 형이상학·형이하학적인 것을 뛰어넘는 불립문자이며 언어도단의 세계라고 할 수 있다.

이것을 '달 가리키는 손가락'에 비유하면 눈에 보이는 손가락을 보는 것이 아니라 손가락이 가리킨 달 속에 담긴 진리를 보는 것이다. 또는 '피

안으로 노 저어 가는 뗏목'으로 비유할 수 있는데, 그 뗏목은 그저 뗏목일 뿐이고 피안의 세계가 담고 있는 정신의 참뜻을 보는 것이다.

자칫하면 겉으로 드러난 형식만 보고 사물을 평가하게 되는데, 그보다 더 중요한 것은 보이지 않는 내면의 정신세계다. 바로 춤은 눈에 보이는 형상에 집착하는 것이 아닌, 그것을 뛰어넘는 내면의 정신이 드러난 몸짓으로서 몸정신이고 몸사유라고 할 수 있다.

3. 춤의 정신과 철학

1) 예禮의 정신

춤의 정신은 생명의 원초적 형태에서 그 답을 구할 수 있다. 모든 생명의 첫 형상은 자벌레가 움츠러들 듯이 안으로 말린 양태다. 고개를 숙이고 몸도 안으로 굽힌 모습이다. 그와 같이 춤의 몸짓은 자기를 낮추면서 상대방을 모시듯 공경하는 숙임의 몸짓으로 나타나는데, 바로 절하며 예를 드리는 '예禮의 춤'을 들 수 있다. 예의 춤은 깊은 숨으로 매우 느리게 시작해 절을 하게 되는데, 오체투지의 절드림이 반복되면서 자기 자신을 끊임없이 바라보게 된다. 내면의 감흥이 서서히 일어나고 춤사위가 빨라지면서 신명의 절정으로 올라가고 더욱 깊어진 자기 모습으로 되돌아오는 춤이다.

절드림은 사람이기에 할 수 있는, 가장 정신적이기도 한 근본적 몸짓이다. 춤에서 자기를 숙여 상대방을 높이는 예의 몸짓, 그 예의 정신이 바로 춤의 정신이기도 하다. 몇 년 전 수경 스님 등 모든 종교인이 생명평화의 길을 걸으며 삼보일배하면서 오체투지한 그 행동 실천이 바로 정신과 하나 되어 나타난 삶의 몸짓이다. 비움과 참회와 성찰로서 우주와 내가 하나이고 모든 만물이 평등하다는 것을 보여 준 예로, 춤에서 '예의 춤'이 바로 그런 것이다.

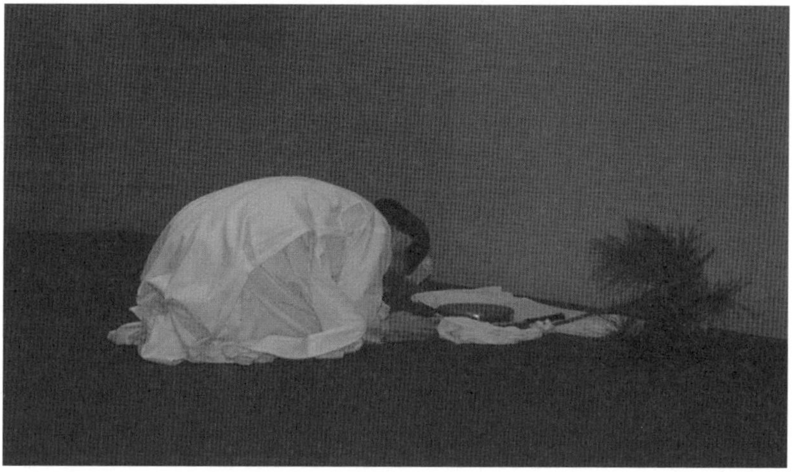

예(禮)의 춤

모든 춤의 처음과 마지막 몸짓은 이와 같이 절드림에서 시작해 절드림으로 끝난다. 진정으로 절을 하다 보면 자기를 낮춤으로써 자연적으로 비우게 되는데, 그 비움은 그냥 비우기만 하는 것이 아니라 비우는 순간 겸양의 정신으로 채워진다. 이와 같이 우리춤은 자신을 비우고 내려놓음으로써 결과적으로는 상대방을 모시고 공경하게 되는 '예'의 정신이 기본적으로 깃들어 있다.

2) 음양오행의 움직임－역易

춤은 자연에서 나온 생명의 운동이고 자연 그 자체이므로, 자연은 모든 존재의 근원이기도 하다. 모든 생명은 우주 자연 속에서 해와 달의 운행 주기와 맞물려 있다. 양과 음의 표상인 해日와 달月을 붙여 놓으면 움직일 역易자가 된다. 만물이 변화하며 움직이는 것이 음양의 상징어인 '역'이라고 한다면, 춤 역시 음양의 몸짓인 '역'으로 말할 수 있다. 자연 만물을 대표하는 표상인 천·지·인이 그것이다. 또한 생명 있는 모든 존재는 목·

화·토·금·수의 오행 작용으로 이루어진 것이다. 동쪽의 목木은 나무로, 남쪽의 불火은 태양으로, 중앙의 토土는 땅으로, 서쪽의 금金은 열매로, 북쪽의 수水는 물로 내보여진 것이다.

'수'의 바탕에서 비롯된 태아의 움직거림에서 나는 춤의 근원적 형상을 보았는데, 바로 '수'는 생명이 시작되는 토대가 된다. 어머니 배 속의 태아도 양수인 물에서 잉태되어 자라고 인간의 몸도 거의 물로 구성되어 있다. 그러한 모든 현상은 인위적으로 꾸며서 되는 것이 아니고 자연스러운 생명 활동을 펼치면서 스스로 그렇게 되는 것이다.

춤은 들이쉬고 내쉬는 숨놀음에서 시작한다. 찰나 지간에 죽고 살 수 있는 이 숨은 어디서 나오는 것일까? 춤을 추는 사람이나 소리를 하는 사람이나 깊은숨은 하단전을 통해 나온다. 구체적으로는 꼬리뼈·선골·회음 등을 통해 숨을 쉬고 그 기운이 나오며 바로 숨쉬기의 중심 근원이 된다. 그리고 그 기운이 위쪽으로 올라오며 오장을 통하게 된다. 소리를 예로 들면 오장 즉 비장, 폐장, 간장, 심장, 신장 등을 통해 '음·아·어·이·우'라는 소리로 나온다. 그 기운이 돌아 몸 전체로 퍼져 움직이면서 몸짓이 나오는 것이다.

이 모든 생명 활동이 음양오행의 움직임인 '역'으로 정리되는데, 이것을 체계적으로 정리한 역서가 바로 『주역』이고 『홍역』이고 『정역』이다. 카를 융이나 지그문트 프로이트가 왜 수 세기 전에 『주역』을 연구했겠는가? 해와 달의 운행과 함께 우주가 돌아가면서 그 안에서 '수·화·목·금·토' 오행의 기운으로 움직이는 것이 우리 존재이기 때문이고, 모든 인문·과학·예술 등 학문 연구의 토대가 된다고 생각했기 때문일 것이다.

3) 무극이태극無極而太極

'무극이태극'은 무극이 곧 태극이라는 만물의 근본을 뜻한다. 무극無極은 아득해 극이 없다는 뜻이고, 태극太極은 이와 반대로 극이 아주 원대해 끝

간 데 없다는 것으로, 아무리 크게 변화해도 결국은 본질로 돌아오게 된다는 의미를 담고 있다.

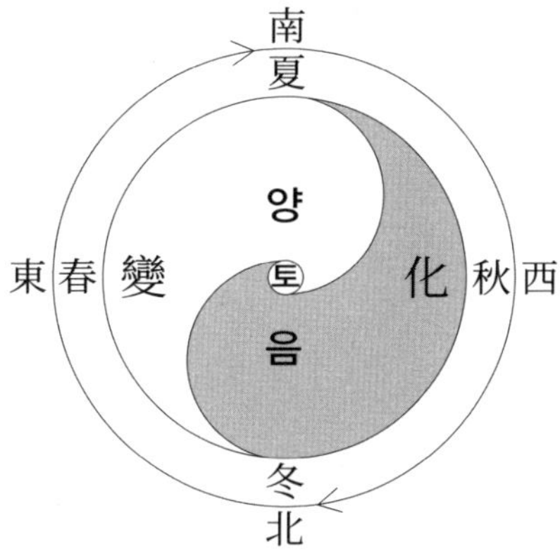

태극 음양오행도

우주의 근본이 그렇듯이 자연계의 모든 생명체 또한 무극에서 생겨나 태극이 되며 돌고 도는 것이다. 우주의 근원적 활동으로 볼 때 무극의 끝인 태음太陰이 점점 자라나 태양太陽의 정점인 태극이 되며 우주 공간이 생기는 것이다. 아무것도 없는 혼돈의 세계, 카오스의 세계에서 어느 순간 물기운과 불기운이 나타나면서 은근하게 휘감고 돌아 태극 구조의 곡선이 생긴다. 다시 말해 우주의 근본인 무극에서 음과 양이 갈라지고 태음과 태양으로 커지면서 태극으로 휘돌아 감으며 무한한 변화를 이루어 간 것이 우주 자연이고, 우리춤의 몸짓 또한 그렇게 생겨난 것이다. 모든 춤에서 나타나는 '무극이태극'의 원리는 오름과 내림, 맺음과 풂, 채움과 비움 등 천변만화로 움직이고 있다.

춤사위로 '삼진삼퇴三進三退'가 있는데, 삼진을 통해 열리고, 삼퇴를 통해 닫히는 열림과 닫힘의 원리라고 할 수 있다. 중요무형문화재 제27호 〈승무〉의 염불 과정을 보면 처음에 땅에 엎드려 천·지·인의 동작으로 하늘에 예를 드리고 몸을 좌우로 틀면서 태극으로 움직이다가 급기야 일어나서 나아갈 방향을 정한다. 삼진으로 앞으로 나아가고 삼퇴하면서 뒤로 들어와 처음에 있었던 곳으로 돌아간다. 이것이 〈승무〉의 처음 부분이다. 삼진의 발걸음은 왼발, 오른발, 다음 세 번째에서는 잦은발로 쭈르르 나가며 형태가 변한다. 이렇게 음양이 만나서 세 번 만에 새로운 창조가 생기는 것이 삼진이고, 삼퇴의 발걸음도 같은 이치다. 또한 몸이 자연스럽게 태극으로 돌려졌다가 다시 들어오고, 또다시 태극으로 돌려지면서 무수히 반복한다. 모든 춤사위는 이와 같이 태극으로 열리고 닫히며 다시 소통하

국가무형문화재 제27호 〈승무〉의 몸짓

고 이어진다. 우리 민족의 몸짓은 자연스럽게 '무극이태극'의 형상으로 움직인다.

4) 무시무종無始無終의 철학

우리 민족 최초의 글이라 할 수 있는 『천부경天符經』을 보면 처음에 '일시무시일一始無始一'로 시작해 마지막에 '일종무종일一終無終一'로 끝나는데, 그 안에는 바로 '무시무종'의 철학이 들어 있다. 우리춤 구성을 보면 닫힘과 열림, 엎고 제침 등 맺고 풂의 무한한 반복과 순환으로 이어지며 『천부경』의 사상이 그대로 담겨 있다. 『천부경』은 1에서 10까지 수를 가지고 우주 구성 체계를 풀이하는 81자로 된 짧은 경문이다. 원문은 다음과 같다.

一始無始一	일시무시일
析三極 無盡本	석삼극 무진본

天一一 地一二 人一三	천일일 지일이 인일삼
一積十鉅 無匱化三	일적십거 무궤화삼
天二三 地二三 人二三	천이삼 지이삼 인이삼
大三合六 生七八九	대삼합육 생칠팔구
運三四 成環五七	운삼사 성환오칠
一妙衍 萬往萬來	일묘연 만왕만래
用變不動本 本心本	용변무동본 본심본
太陽昻明 人中天地一	태양앙명 인중천지일
一終無終一	일종무종일

첫 구절에 하나로 시작했는데 시작한 하나가 없고 마지막 구절에도 하나로 끝났는데 끝난 하나가 없다는 것은, 시작도 없고 끝도 없는 무시무종의 철학을 그대로 말하는 것이다. 첫 번째 하늘 하나, 두 번째 땅 둘, 세 번째 사람 셋인 천·지·인 삼재의 철학으로, 땅·하늘·사람을 기본으로 하여 대삼大三의 합이 여섯이고 거기서 칠팔구가 생긴다. 그다음 운삼사運三四라는 구절에서 '삼사'는 예를 들면 우리춤 기본 가락인 굿거리장단에서 셋씩 이루어진 한 박이 네 번 모여 12박의 굿거리 한 장단이 되는 셈이다. 큰 구조로 보면 4박으로, 계절로는 춘하추동 사계, 일생으로는 생장수장生長收藏, 생명의 본성으로는 원형이정元亨利貞 등으로 생각할 수 있다. 큰 틀로는 4박이지만 셋씩 이루어져 있어 잘게 쪼개면 작은 12박이 된다. 4박이 '하나둘셋, 둘둘셋, 셋둘셋, 넷둘셋'으로 구성되며 구음으로는 '덩기덕, 덩더르르르, 쿵기덕, 쿵 덕'이 된다.

바로 굿거리 한 장단의 구성 체계는 계절로는 춘하추동이고, 일 년으로는 열두 달이고, 오행으로 다섯 번 돌아가면 육십갑자가 되는 것이다. 결국은 굿거리 한 장단이 시작도 없고 끝도 없이 무한하게 이어진다. 끝없이 움직이는 삶의 몸짓인 춤은 바로 '무시무종'의 철학을 담고 있다.

4. 우리의 정체성은 살아 있는가?

1) 문화 정체성이란

근현대를 지나오며 한국 문화는 세계 각종 문화의 무분별한 도입과 영향으로 외래 문화의 성향에 젖어 고유의 정체성을 상실하고 있다. 겉모습은 한국 사람인데 생각하고 행동하는 것은 너무 많이 변해 본래 모습이 어떠했는지 모를 지경이다. 요즈음은 한류라 하여 한국의 대중문화가 전 세계에 많이 알려졌다. 『주역』의 대가 김석진은 싸이의 말춤에 대해 윷놀이와 함께 다음과 같이 풀고 있다.

> 말馬은 지지地支로 오午에 해당하니 때가 오후로 넘어가는 중간의 변화를 말하네, 말은 또 상고上古로부터 윷놀이의 그 말판이네. 박달나무를 쪼개니 음양, 윷가락이 4개니 사상四象, 앞뒤가 있으니 팔괘, 도개걸윷모는 오행을 의미하니까 『주역』과 『천부경』의 우주 원리를 다 담고 있어. 그게 정초, 즉 때가 바뀔 때의 놀이 아닌가. 아랫마을 윗마을이 말판에 모여 춤을 추며 윷놀이를 즐겼지. 말춤은 싸이가 만들었지만 어쩌면 새 시대를 맞는 상징적인 춤인 게야. 평화를 사랑해 온 우리 민족은 문화로 일어나게 돼 있어. 두고 보라고. 싸이가 말춤으로 지구를 한 바퀴 돌면 세상이 슬슬 바뀔 걸세. 우리나라가 『주역』에서 종만물 시만물終萬物 始萬物의 땅 간방艮方·東北方 아닌가. 그동안의 긴 역사가 한반도서 매듭짓고, 한반도서 새롭게 시작하는 때가 온 거네. 결국 우리 민족이 세계의 문화와 정신문명을 이끌게 될 걸세.
>
> ―『경향신문』, 2013.1.10.

다름 아닌 세계 문화에서 정신문명을 이끌어 갈 우리 민족의 역할에 대해 피력했다. 그러나 이러한 긍정적인 기류가 형성될 때 다시 한번 근본에 대한 성찰을 하지 않을 수 없으며, 진정한 한류란 무엇인지 문화의 본질적 관점에서 살펴봐야만 할 것이다. 한류 현상이 아무리 대중문화 차원이라 할지라도, 정통으로 이어져 오고 있는 구체적인 전통문화의 뿌리가 무엇인지 인식해 그것을 근원으로 삼아야 할 것이다.

2) 바른 말에 바른 몸짓이

우리가 쓰는 말과 몸짓은 어떤 상관관계가 있을까? 말과 글의 사용은 그 대상을 있는 그대로 드러낸다는 점에서 매우 중요하다. 문자화된 글이 말을 그대로 옮겨 놓은 것이라면, 그 말은 그 민족의 얼과 혼이 그대로 담긴 것이다. 이에 대해 우리말학자 이오덕은 우리말을 바로 쓰면 죽어 가는 생명도 살릴 수 있고, 말 자체가 우리 목숨과 같이 소중한 것임을 강조하면서 잘못된 우리말·우리글에 대해 다음과 같이 한탄하고 있다.

> 제 목숨 덩이를 스스로 내버리고 짓밟는 이 엄청난 짓을 저지르고 있으면서도 우리는 거의 모두 그 사실을 깨닫지 못하는 괴상한 겨레가 되어 가고 있으니 참으로 어이가 없다.
>
> 이렇게 해서 오랜 세월이 흐르는 동안에 우리말과 우리글은 조금씩 조금씩 외국글과 외국말에 그 자리를 빼앗겨 시들고 죽고 어지럽게 되었습니다. 그렇게 병들고 죽어 간 우리말과 함께 우리 겨레의 얼도 병들어 죽게 되었습니다. 이것이 바로 우리가 걸어온 빗나간 길입니다. 비뚤어진 역사입니다.
>
> —『우리말 우리얼』 제1호(우리말 살리는 겨레모임, 1998)

20세기 초부터 근 반세기 동안 한국의 역사적 상황은 나라의 주권은 물론 나라말·나라글까지, 더구나 조상에게 물려받은 성씨까지 모두 빼앗겨 버린 비참하고도 처절한 시기였다. 1세기 전인 일제 강점기 때 일본을 통해 우리나라에 들어온 예술 용어, 학문 용어 등이 지금도 그대로 쓰이고 있다. 바로 그 어휘가 학문 용어일 때 학문의 규정적 속성 때문에 고정관념으로 굳어지는 문제가 있다.

나는 1970년 초에 주로 올림픽이 거행되는 지역을 중심으로 여러 나라를 돌며 몇 개월씩 국립민속예술단(국립무용단 전신)으로서 나라 대표로 참가한 적이 있다. 그때 반년 이상씩 공연 준비를 했는데 기본 춤을 훈련하며 그전에 없던 이상한 경험을 했다. 진땀이 나고 몸이 틀어져 도저히 더 이상 움직일 수가 없었다. 그때 집중 훈련용으로 춘 기본은 그 당시 원로 무용가들이 가르쳤던, 일본의 영향을 받은 소위 '신식 한국춤'이었다. 지금 생각해 보니, 그 기본이라는 것이 내가 어려서부터 하던 우리춤과 달리 뭔가 왜곡된 기본 몸짓을 한 결과 몸에서 받아 내지 못하고 거부 반응을 일으켰던 것 같다. 유명 원로 무용가들이 지도한 기본 동작들이 잘못 변형된 우리춤의 실상을 그대로 드러냈던 것이다. 지금도 어느 면에서는 그대로 이어지고 있다. 따지고 보니 일제 강점기 신학문 용어로 들어온 '무용'이라는 어휘를 쓸 때부터 우리 몸짓이 왜곡되기 시작했음을 알 수 있다. 바로 '춤'에서 '무용'이라는 용어로 바뀌던 그 시기가 우리춤이 중심을 잃고 빗나간 분기점이라 할 수 있다. 그럴진대 왜곡된 역사의 흔적인 '무용'이라는 용어를 굳이 사용할 이유가 없다. 따라서 이제라도 본래의 말을 되살려 써야 한다.

그동안 어느 누구도 '무용'이란 용어 사용을 굳이 바꾸자고 주장하며 나서지 않아 그렇게 한번 규정된 말이 무의식적으로 이어져 왔다. '무용' 뿐만 아니라, 우리가 지금 쓰고 있는 전문 용어, 학술 용어 등 많은 부분이 그렇다. 이런 말들이 탈역사성을 가지고 무감각하게 받아들여져 잘못될 경우 더욱더 심각한 문제를 불러일으킨다.

이러한 현상은 말과 글로 이루어지는 학문의 세계에서는 치명적인 일이고, 더구나 우리의 학문은 살아날 길이 없다. 그렇기 때문에 우리 몸짓의 정통성과 그 말의 표현을 제대로 회복하기 위해 찾은 용어가 바로 '춤'이다. 그러한 확신을 갖고 1974년 첫 개인 발표를 할 때 '이애주 춤판'이라는 제목을 달았다. 그 당시 경향은 일반적으로 '○○○ 무용 발표회'라는 식이었다. 지금 생각해도 혁명적인 표현이었다.

그 당시 주변에서 "공부한 사람이 상스럽게 춤은 뭐고 더군다나 판은 뭐야"라는 식의 공격을 당했다. 마침 북한에서 출간된 『고구려 고분벽화』라는 큰 도판 책이 일본에서 영인본으로 재출간되어 보게 되었는데, 겉장을 넘기자 목차가 보이면서 뭉클한 감동이 밀려 왔다. 바로 '춤'이라는 말이 눈에 확 띄었다. 그뿐만 아니라 우리는 '무용총'이라고 배웠는데 그 책에는 '춤무덤'이라고 되어 있었다. 내가 공격받았던 '춤'이라는 용어를 북쪽에서는 그대로 쓰고 있는 것이 아닌가. 바로 왜곡되기 전 본래의 우리말이다. 또한 우리가 배운 '삼실총'을 '세칸무덤'으로, '각저총'을 '씨름무덤'으로 쓰고 있었다. 몇 년 전 세계문화유산에 등재된 우리나라 판소리의 '판'이 그것이다. 1970년 초부터 원래 쓰던 우리말로 복원하고자 한 내 생각이 옳았구나 생각하며 춤과 말이 같이 간다는 것을 새삼 인식할 수 있었다.

3) 바른 역사 인식은

나의 존재가 무엇이고 어디에 있는지 알기 위해서는 역사가 어떻게 흘러와 여기까지 오게 되었는지 바로 알아야만 할 것이다. 어떤 경우에서든 자신이 처한 역사를 모르면 자신의 근본을 알 수 없다. 누구든, 무엇을 하든 나라 역사를 바로 알지 못하면 생각과 표현을 제대로 할 수 없다. 이러한 역사 인식은 저절로 생기는 것이 아니라 제대로 살면서 부단히 자기 혁신을 이루어 나갈 때 자연스럽게 생긴다. 그런데 춤에서는 우리 몸짓을 제대로 하고 있는지, 아니면 남의 나라 것을 왜곡되게 따라 하면서 우리춤이라고 하지는 않는지 그 실상에 대한 인식 개념조차 없다. 춤 연구야말로 그 기초가 되는 역사관이 바로 서야 가능하다.

우리 교육에서 역사를 배우긴 했는데 대부분 일제 강점기 시절, 일본 학자들에 의한 반도 사관 중심의 식민 사관 역사를 배웠다. 해방되고 나서도 미군정이 들어서며 또 다른 신식민 서구 사관의 틀에 잡혀 아주 혼란스러운 역사 인식을 갖게 되었다. 우리 민족이 광활한 만주 벌판을 누비던 때와 같이 큰 호흡으로 대륙 사관의 역사 인식을 갖고 본래 역사를 되살려야 한다. 그러기 위해서는 발로 뛰고 온몸으로 하는 살아 있는 연구 자세가 필요하다. 예컨대 나는 춤의 뿌리를 찾느라 고구려 고분벽화가 있는 집안을 10여 차례 다니면서 춤무덤과 씨름무덤 안으로 직접 들어가 고구려 춤의 내용을 확인했다.

중국에서 내세운 동북공정이라는 것도 자기네 관점에서 우리 역사 자체를 왜곡시킨 것이고, 요즈음 또다시 만리장성을 들고 나온 것도 같은 맥락의 역사 파괴다. 그런데도 우리는 중국 눈치나 보면서 지금도 저자세로 일관하고 있다. 우리 자신부터 역사를 왜곡하고 역사문화를 말살하고 있는 것 아닌가 자문하게 된다. 또한 우리 스스로 혼도 내던지고 얼도 버리고 홀대하는 등 역사를 농단한 것 아닌가 깊이 자책하게 된다. 나라의 역사를 제대로 가르치지 않고 역사 교육에 인색한 것도 문제다.

일본의 정신대 위안부* 문제와 독도 문제도 마찬가지다. 나서서 몸으로 싸우고 주권을 지키려는 이들은 공식적으로 아무 힘없는 정신대 할머니와 일반 국민들밖에 없다. 예컨대 정신대 할머니들이 일본 국회 앞에 가서 항의하고 투쟁해도 정부는 방관자적 입장이다. 바로 한국을 둘러싼 동북아시아와 미국·러시아의 1900년대 구도가 지금까지 내려오는 것이다.

---

* 최근에는 역사적 사실에 입각하여 '일본군 위안부'로 통칭하고 있으나, 1980년대까지는 정신대라는 호칭과 혼용되어 사용되고 있었던바, 부득이 원문 그대로 제시한다.

5. 춤은 시대정신과 함께

지금 존재하는 어떤 춤이든 알고 보면 우리가 살아온 역사만큼이나 길고 많은 창조 과정을 거쳐 왔다. 춤을 통해 역사의 시대정신을 알 수 있고 미래에 도래할 세상을 감지하게 된다. 춤에서 한판춤은 시대의 가장 첨예한 민중의 삶의 쟁점, 즉 역사적 쟁점을 결정한다고도 할 수 있다. 역사 속에 존재하는 춤의 가치들을 가려 낼 줄 아는 것이 춤에서 올바른 역사 인식이라면, 그것을 당대의 춤으로 정립하고 확산하는 작업 또한 참된 춤을 지향하는 춤 연구의 길이라 생각한다. 춤은 역사에 나타난 시대정신의 발현이다.

이제 내가 1970년대부터 해온 춤 작업을 반추해 보려 한다.

1) 〈땅끝〉

1974년에 '이애주 춤판'으로 공식적인 첫 개인 발표회를 가졌다. '춤판'의 의미는 열린 공간의 개념으로 춤꾼과 관객과 발표장이 삼위일체로서 하나 된 춤마당을 뜻한다.

땅끝 팸플릿

춤판 1부에서는 어려서부터 닦아 온 전통춤을 총정리하고, 2부에서는 〈땅끝〉이라는 창작춤을 발표했다. 남해 외딴섬에서 수탈을 일삼는 섬주에 맞서 소작쟁의를 벌이는 소작인들의 투쟁과 사랑을 담은 내용이었다. 공연 당시 참여 열기가 대단했다. 이종구(한양대 교수, 작곡), 김영동(서울예술대학 교수, 작곡) 등이 음악을 만들고 전국 각 대학에 만들어진 탈패들 중에서 엄선한 50여 명이 함께 신명을 낸 대규모 공연이었다. 채희완(부산대 교수, 춤학)이 섬주 역, 나는 섬주에게 괴롭힘당하고 항거하는 마을 처녀

역이었다. 김민기(연출가, 민중가수)는 소작 청년의 끓어오르는 열정과 투쟁을 노래했다.

〈땅끝〉 공연을 하면서 다음과 같이 언급한 자료가 있다.

땅끝 (창작무용)

꽃이 피려 한다.
먹구름이 하늘을 가리고 음산한 바람 속
물결치는 어느 섬 「땅끝」의 한때.
꽃은 피려고 몸부림한다.
몸부림,
무엇이 이 몸부림을 억누르고 있는가.
무엇이 꽃을 죽게 하는가.
죽은 꽃에서 흐르는 피가 굳어 굳어
차디찬 돌이 되게 하는 것이 누구냐,
광풍과 암흑으로 꽃을 질식시키고
메마른 자들로 하여금 살찐 자를
예배케 하는 것은 한낱 잡귀 망령이었다.
온갖 허위의 의식으로
메마른 자들을 들씌운 쇠갈퀴 멍에였다.
잡귀 망령이라면 쫓아낼 수 있다.
우리의 몸속에 흐르는 붉은 피로
쫓아낼 수 있다.
죽은 꽃 살아 피어오르게 하는
우리의 몸짓 속의 뜨거운 율동으로
밝은 날은 올 수 있다.
우리의 몸짓에 내재하고 있는

본연의 생명적 율동성을
최대한의 기저로 하여
오늘의 시대 체험적인 예술의지를
미적 가치의 세계로 구상화하여 보았다.

2) 〈나눔굿〉

1984년에 펼친 〈나눔굿〉은 불교의례인 '식당작법'을 바탕에 깔고, 뺏고 뺏기는 먹이사슬의 사회구조를 풍자하며 밥은 나누어 먹어야 한다는 주제를 가진 나눔의식의 춤이다.

나눔굿은 판열음, 첫째 마당 작법作法, 둘째 마당 아수라 밥판, 셋째 마당 밥그릇 살풀이, 대중공양 순으로 구성되었다.

그때 공연 자료에 다음과 같이 내용을 적었다.

나눔굿 포스터, 1984

> 불교의례의 하나인 '식당작법食堂作法'을 바탕으로 오늘날 우리에게 요망되는 참다운 불교정신과 사회의 실상을 담아 보고자 한 창작 춤판 〈나눔굿〉은 양식상의 실험정신이나 주제상의 문제의식도 그러하려니와, 무용계를 비롯하여 연극계, 음악계에서 남다른 창조적 개성을 국내외에서 과시한 젊은 주역들이 10년 만에 다시 모여 판을 함께 꾸미고 있다는 점에서도 큰 뜻이 있습니다.

각설이 역을 맡은 두 광대 배우가 마당을 휩쓸고 다니면서 관객과 함께 불러제꼈던 '먹세타령'이 판을 난장으로 이끌었다.

먹세 먹세 나누어 먹세
나누어 먹으면 하나되리
둘도 아닌 하나됨이
그 얼마나 즐거운가
나누어 먹세 나누어 먹세
밤하늘 별을 함께 바라보듯
총칼이 길게 누워
나라 백성 평안하네
먹세 먹세 나누어 먹세
나누어 먹으면 하나되리
온 세상 뭇 중생이
한 핏줄 한 형제다
나누어 먹세 나누어 먹세
밤하늘 별을 함께 바라보듯…

3) 〈도라지꽃〉

도라지꽃 포스터, 1985

1985년에 벌인 〈도라지꽃〉 춤판은 조선 여성 수난사의 관점에서 일제에 밟힌 '정신대의 한恨'을 중심으로 빚은 야외 대형 춤판이었다. 석촌호수 옆에 있는 서울놀이마당에서 횃불을 켜 들고 진행했다. '도라지꽃'은 정신대를 일컫는 말로 조선의 어린 꽃들이 정신대원으로 끌려갈 때 일본말로 '삐삐'라고 했는데, 우리말로는 '도라지꽃'이다.

역사상 가장 처절 잔혹한 여성 수난

사였던 정신대 이야기를 주조로 하여 과거와 현재를 재조명하면서 궁극적으로는 올바른 여성 해방, 참다운 인간 해방의 미래를 예감케 하려는 춤, 그림, 노래, 문학이 총체적으로 어울린 새로운 양식의 공연 춤판이었다. 그 춤판을 벌인 지 거의 30여 년이 흘렀지만 아직까지도 정신대 위안부 문제의 역사적 해결이 이루어지지 않고 있다. 민족미술협의회의 당대 최고 화가였던 고故 오윤 화백이 제작한 도라지꽃 판화는 지금도 우리나라 미술사에서 명작으로 거론되고 있다.

다음은 〈도라지꽃〉 「공연 자료집」에 실린 내용이다.

〈도라지꽃〉, 그 나래를 펴며

깊은 산, 높은 곳, 높파람이 골짝을 가르는 곳에 핀 도라지꽃이 더 싱싱한 것은 그 꽃이 고산식물이라서가 아니라 민중의 분노, 그 순결이 그 어떤 침략과 짓밟힘도 뿌리치고 누리에 맑은 빛으로 되살아난 까닭입니다. 그리하여 일제에 희생된 정신대를 도라지꽃이라 하였거니와 그네들의 천추에 맺힌 원한을 다시 쳐온 오늘의 왜놈에 의하여 짓밟히는 민중의 노여운 항거로 되살려 풀어 봅시다.

우리의 춤이 늘 주어진 판을 깨며 시작되는 몸짓이듯이 우선 작살판으로 판을 열고 평화마당, 침략과 저항 그리고 민중에 의한 민족해방 그 염원의 세계를 몸으로 빚어 가는 이 한판에 함께 뛰어들어 주시기를 고대합니다.

〈도라지꽃〉은 판열음으로 시작해서 첫째 마당: 새야새야 파랑새야, 둘째 마당: 식민지에서 우리들의 누이는, 셋째 마당: 세상, 그리고 맺음굿으로 끝을 맺었다. 〈도라지꽃〉의 내용은 일제에 밟힌 정신대의 억울한 영혼과, 해방과 동시에 미군정이 들어서며 미군들한테 짓밟히고, 1970년대로 넘어오며 수출공단이 들어서 일본인 사장들한테 다시 밟히고 마는 우리 어린 누이들이 당했던 조선 여성 수난사라고 할 수 있다. 일본 순사 군홧발에 짓밟힌 어린 소녀들이 그 아픔 속에서 다시 일어나 굴비 엮인 것처럼 몸을 굽혀 서로서로 앞사람 허리를 잡고 한 발씩 고통스럽게 떼며 〈새야 새야 파랑새야〉 노래를 하면서 허리 잡았던 손으로 슬근슬근 치마를 풀어 일순간 세차게 위로 뿌려서 '치마 항거춤'을 추고 다시 일어나는 합동 군무를 펼쳤던 기억이 지금도 눈에 선하다.

4) 춤과 미술의 만남

1986년 서울대학교 개교 40주년 기념으로 '춤과 미술의 만남' 행사(서울대 문화관 소강당)를 했다. 유홍준 교수가 미술사 강의를 하고 나와 '춤패 신'이 그림에 나오는 춤 시연을 했다. 그 당시 '춤과 미술의 만남'에 대한 의의와 내용을 자료집에 다음과 같이 설명했다.

춤과 미술의 만남 포스터, 1986

> 춤과 미술의 만남이라는 이 독특한 공연은 우리네 삶과 정서가 전통예술 속에 어떻게 나타나 있으며, 그 예술적 특성은 무엇인가를 알아보고자 하는 뜻에서 마련된 것입니다. 이 공연의 구성은 먼저 한국 미술사에 나오는 춤그림, 춤사위와 연관되는 도상, 춤의 분위기와 상통하는 작품들을 슬라이드 해설과 함께 감상하고, 이어서 춤을 재현하는 방식으로 꾸며졌습니다. 우리는 이러한 새로운 공연 방식을 통하여 춤과 전통미술의 미학적 탐구와 예술적 감동이 함께 어우러지는 한판의 굿을 짤 수 있을 것이며, 이를 바탕으로 우리 시대의 참된 민족예술의 실현을 모색하여 보고자 합니다.

그 당시 장소도 어렵게 대관하고 지원도 한 푼 못 받아 몇몇 분의 후원과 사비로 행사를 치렀다. 사실은 미술대학 학생들이 왔어야 하는데, 나중에 들으니 그날 미대에서는 학생들을 답사 보냈다고 했다. 그 사실이 못내 안타까웠지만 행사장을 꽉 메운 열기는 대단했다. 마치 오윤 판화의 포스터처럼 솟구치는 기운으로 신명의 한판이 되었다.

5) 〈바람맞이〉

〈바람맞이〉는 1987년 연우무대가 신촌에서 혜화동으로 이전하며 6월 초에 개관 공연으로 올린 것이다. 〈바람맞이〉 구성은 씨춤·물춤·불춤·꽃춤인데, 큰 틀에서는 생장수장의 생명의 이치를 담은 것이다. 바로 그 첨예했던 1980년대 중반의 시대정신이 창조적 상생의 몸짓으로 빚어진 작품이다.

다음은 〈바람맞이〉의 「공연 자료집」에 실린 춤 내용과 의도다.

바람맞이 팸플릿

“춤은 만들어지는 것이 아니고 추어지는 것이다.”

‘진실된 일’을 통해 사람의 몸도 마음도 질서지워진다. 그것은 가장 인간다운 삶의 한 방식이다. 아니, 인간다운 삶 자체이다. 춤은 ‘진실된 일함’을 통해 건강해질 수 있다. 일은 우리들을 둘러싸고 있는 상황들의 모순을 극복하고 인간의 올바른 삶을 확장시키고 심화시키려는 제반 몸짓이다. 그 몸짓이 자연스럽게 표현되는 것이 바로 춤이라고 한다면 춤은 ‘진실된 일’을 통해서만이 건강해질 수 있는 것이다.

우리춤과 외래적인 것을 ‘안무’나 ‘창작’이라는 이름 아래 마구잡이로 접목하고 있는 기현상들은 민중적 표현의 추상화와 민족적 형식의 허상화를 더욱 가중시켜 본디 우리 춤판이 갖고 있는 도도한 낙관적 결의를 잃어버리고 공허한 몸짓과 손발 놀림으로 공간을 구획하는 '형식적인 선'으로만 남아 떠돌고 있다. '진실된 일함'이 개입되지 않는 춤은 일과 놀이의 순환을 끊고 놀이만을 강요하여 우리 몸을 허수아비로 만들어 자기 덫에 빠질 수밖에 없다. 그러한 '억지춤'은 또다시 우리 생활을 가위눌리게 하고 마비시키는 문화로 결국 이용되고 만다. 그렇다. 춤은 '안무'에 의해 만들어지는 것이 아니라, 이 세상의 '진실된 일'들이 우리로 하여금 온몸을 움직여 춤을 추게 한다. 춤은 '놀이' 속에서만 떠돌고 있을 것이 아니라 우리 시대의 가장 첨예한 일과 함께 통일되어 '일의 춤'으로 끊임없이 생성되어야 한다.

오늘 여기에 준비하는 한판춤 〈바람맞이〉는 바로 이러한 깨달음에 따라 우리춤의 참모습을 오늘 속에 끌어내 보려는 시도의 첫걸음이 될 것이다. 즉 이번 춤판은 의도적인 '안무'가 아니라 그동안의 '춤학습'과 여러 '상황판', '즉흥판' 등에서 춰졌던 '일의 춤'들이 쌓여 한틀거리가 자연적으로 생겨나면서 자리를 잡게 되었다. 그 내용들 역시 일하는 이들의 목표와 염원의 실현 양식으로서 모색되었다.

우리춤의 춤사위와 춤의 구조를 압축시키면 〈살풀이〉가 된다. 〈바람맞이〉란 바로 이 〈살풀이〉를 가리킨다. 사람의 몸이 균형을 잃어 병이 들면 우리는 이것을 바람맞았다고 한다. 바깥바람을 견디지 못하여 쓰러진 민족의 분단이 그러하고 그 아픔이 개개인에게 각양각색으로 치명적으로 집중되는 사실이 그렇다. 그러나 우리 내부에서 끊임없이 부는 자기 복원의 바람이 대기의 바람과 일치하게 되면 우리는 반드시 삶의 균형을 찾아 스스로 일어선다. 이때 대기의 바람은 추상적인 바람이 아니라 세상의 바람, 역사의 바람이다. 그렇다. 그 바람은 온몸을 내던지려고 나서는 사람의 간절한 바람이기도 하다. 그렇기 때문에 한판춤 〈바람맞이〉는 이를 준비하는 몇 사람의 것이 아니다. 이것은 우리 모두의 필연적인 자기 몸부림임을 자부한다. 스스럼없이 있는 그대로 우리 속에서 일고 있는 자기 복원력으로 그야말로 자기 회복의 바람맞이를 나서는 것이니 다같이 함께 춰주기

서울대학교 아크로폴리스에서의 바람맞이

를 바란다.

6월 26일에 다시 서울대학교 아크로폴리스 광장에서 〈바람맞이〉 춤판을 벌였다. 학생들이 너무나 보고 싶어 하여 우여곡절 끝에 춤판을 열게 되었다. 8월에는 부산 문화기획 자갈치 초청으로 대연성당 마당에서 〈바람맞이〉를 추었는데 비가 주룩주룩 내렸다.

6. 인류 문명사 속에서 보는 한국춤

1) 인류 문명권의 이동

춤은 태곳적부터 그 시대의 몸짓이 함축되어 역사의 축적과 함께 빚어지

바이칼 샤만바위(『한겨레』 김종구 기자 촬영)

며 현재에 이르렀다. 한국춤도 우리나라의 초창기 역사와 함께 민족의 시원에서부터 출발했기 때문에 인류문명권과의 큰 틀에서 그 관계를 생각하지 않을 수 없다.

우리 민족의 시원에 대해 거론할 때 민족이 주로 살아온 활동무대였던 만주 지역의 요하문명권을 거론하지 않을 수 없다. 지금 중국에서 홍산문화라 하여 자국의 역사로 편입하고 중국 연대를 몇천 년 더 부풀린 요동·요서 지방의 역사 문화가 바로 요하문명권이다. 그리고 내몽고를 거쳐 그 위로 더 올라가면 바이칼에 닿는다. 바이칼의 알혼섬에 샤만 바위가 있는데, 그곳 또한 우리 문화의 근원으로서 무속을 상정해 볼 수 있다.

문명이 근대화되기 전인 아주 옛날에는 삶 자체가 춤이었다. 그러나 지난 18, 19세기 이후 근대화의 필연적인 역사적 과정에서 춤은 대중의 삶과 멀어지게 되었다. 최근에는 춤 자체에 대한 인식이 크게 달라져,

춤은 인간의 삶을 풍요롭게 하는 문화 영역의 핵심으로 자리 잡아 가고 있다.

근대 이후 인류 문명사의 대전변이 시작되는데, 바로 문명의 기득권이었던 유럽 중심의 문명권에서 동쪽으로 이동해 동아시아권으로 넘어오게 된다. 그중에서도 동북아시아권이 핵심으로 부각하는데 그 중심에 한반도가 있다. 그러한 면에서 우리나라는 문화의 본질과 정체성을 잘 살려 세계 문명권이라는 큰 틀에서 다시 조망해야 하고, 문명 이동의 재편성이라는 면에서 중심적 역할을 해야 할 것이다.

2) 문화 종주국으로서의 한국춤

1만 년 이상의 역사와 함께 구성된 문화 종주국으로서의 한국 문화, 그리고 그 문화의 근원에 뿌리내리고 있는 한국춤이 문화적으로 중심을 잡고 있는지, 또한 그 역할을 제대로 수행하고 있는지 자문하지 않을 수 없다.

1970년대 초부터 국립민속예술단(국립무용단 전신)으로 30여 개국을 다니며 각 나라의 국립무용학교, 국립무용단 등을 탐방하고 교류 공연을 하면서 인식한 바에 의하면, 온몸을 자유자재로 사용하며 자연스러운 몸짓을 하는 것이 우리춤이다. 다시 말해, 몸놀림에 의해 몸과 마음이 합일되고 정신으로 이어져 자유로운 영혼을 갖게 하는 것이 우리춤이라고 확신한다. 우리의 것이기 때문에 그렇게 말하는 것이 아니라, 한국춤에 객관적이고 보편적 진리의 관점에서 그렇게 인정할 수밖에 없는 타당성이 있기 때문이다.

한국춤은 동아시아를 중심으로 한 아시아권과 비단길(실크로드)을 통한 유럽 문명의 연계성, 미주 대륙과의 연계성 등 인류문명권의 큰 틀에서 조망해 볼 수 있다. 이와 같이 한국춤을 제대로 파악하고 실행하기 위해서는 구체적인 춤과 함께 문명권의 큰 틀에서 폭넓은 논의가 이루어져야 한다.

마니산 참성단의 한밝춤

7. 한국춤은 '한밝춤'

'한밝춤'은 무엇인가? 우리춤을 일컬을 때 고전무용, 전통무용, 한국춤, 우리춤 등 여러 이름으로 지칭한다. 성격 범위가 조금씩 다른 그 호칭들을 융합해 하나로 부른다면 무엇이라 할 수 있을까? 한식, 한복, 한국 등과 같이 '한춤'이라고 불러 보았으나 그 명칭에도 한계가 있었다. 어떤 사람들은 '한춤'을 애달픈 살풀이로 생각하며 한스러운 춤이냐고 질문해 왔다.

그러나 '한'에는 여러 복합적 의미가 있다. 하나의 모래알에도 우주의 무한법계가 들어 있는 하나, 즉 일미진중함시방一微塵中含十方의 의미가 있고 첫 번째라는 뜻이 있으며, 한민족·한겨레처럼 하나로 융합된 실체라는 의미가 있다. 동시에 하얗고 눈부시면서 검은 것玄을 뜻하기도 하고, '한'과 흥의 두 가지 측면을 모두 갖고 있다.

어쨌든 한춤에 대한 일반의 고정관념과 한계를 불식시킬 어떤 수식이 필요하다고 보고 밝은 빛이라는 의미의 '밝'을 생각했다. 모든 물체나 형상을 쪼개고 쪼개면 빛으로 남는데 '밝'은 근원적인 빛을 뜻하는 우리말이다. 그래서 '한'에 '밝'을 붙여 '한밝'이라 했다. 역사적으로도 한밝산, 한밝 사상 등으로 쓰였다. 이처럼 '한밝'은 이미 증명된 어휘여서, 그 모두를 감싸 안을 수 있는 '한밝춤'이라고 이름했다.

한밝춤은 '대동4무－巫·武·舞·無'로서 모두 함께하는 광대무변한 공동체의 춤으로, 한국을 상징하고 세상을 밝혀 주는 한빛의 한국춤이라 할 수 있다.

8. 맺는말

춤에서 춤사위를 격물格物의 물이라 한다면 격물치지格物致知란 사물의 이치를 바로 알아 본질을 파악하고 그 마음으로 바른 춤을 추는 것을 말한다. 그 춤사위를 통해 정신의 앎에 이르는 것이 춤이다.

모든 만물은 태어나서 성장하고 열매를 맺은 후 스러지고 다시 재탄생한다. 사람의 일생도 갓 태어나면 삼칠일 의례가 있고, 일년 지나 돌잔치가 있고, 자라면서 성년의식이 있고, 육십갑자가 되면서 환갑·회갑이 있고, 고희·미수 등 일생 의례가 이어진다. 살아가는 동안 끊임없이 이러한 통과의례를 거치고 나면 죽어서는 삼오제·사십구제 등 장례의례가 있으니 처음부터 끝까지 의례의 연속이라 할 수 있다.

그러한 면에서 춤도 하늘과 땅의 기운을 받아 중심을 잡은 사람으로서 드리는 하나의 의례라고 할 수 있다. 그 의례를 세상을 널리 이롭게 하는 실천의 몸짓과 그 마음을 의례의 몸짓으로 풀어낸 것이 태평춤이다. 태평太平이라 함은 크게 평평하고 안락하다는 뜻이니 태평춤은 어디에도 치우치지 않는 큰 평화의 춤이다. 우리의 행동과 몸짓이 바른 정신으로 이어져 태평춤을 함께 출 수 있는 세상을 바라고 또 바란다.

영혼을 부르는 소리와 몸짓이 춤이다.
춤은 선악이 주객이 생멸이 있고도 없다.
숙이고 다시 일어나고, 감고 풀고,
108배 오체투지처럼
수없이 나를 내리는 반복이 춤이다.
나라는 껍데기를 버리는 일을 평생 해왔지만
아직도 가야 할 길은 멀기만 하다.
기제既濟인가 하면
미제未濟이다.

미주

제1부 몸

1장 춤사위 어휘고(語彙考)

1 몸의 율동적인 움직임(몸의 움직이는 형상).
2 Suzan Langer, *Dinamic Image*, New York, 1964.
3 춤사위의 의미와 같음.
4 김천흥, 『한국무용의 기본무보』, 문화재관리국, 1969.
5 이주환, 『시용무보해제』, 한국민속학회, 1956, 189-194쪽을 참고해 풀이했다. 종묘제례악의 용어는 모두 상기 논문을 참고했다.
6 성경린, 『조선의 아악』, 박문출판사, 1947, 153쪽.
7 이혜구, 「목은선생의 구나행」, 『한국음악연구』, 국민음악연구회, 1957, 299쪽.
8 앞의 책, 148쪽.
9 김수악談, 1974.11.9.
10 김자진談, 1974.11.8.
11 김수악談, 1974.11.9.
12 이두현, 『한국가면극』, 삼화인쇄주식회사, 1969, 214쪽.
13 산대(山臺)춤에는 그드름춤과 깨끼춤 두 종류가 있다. 그드름춤은 염불곡(念佛曲)으로 추는 춤으로 '멋'을 마디 속에 집어넣은 춤이고, 깨끼춤은 타령조(打鈴調)에 맞춰 그것을 풀어내는 춤이다. 깨끼춤에는 네 종류의 춤이 있는데 '제자리 깨끼', '엇쌔기 깨끼', '곧은치기 깨끼', '쌍발치기 깨끼'이다. 김성태(金星泰) 구술 · 심우성 채록, 『양주별산대놀이 기초자료』, 한국민속극연구소, 1964.
14 심우성 채록, 위의 책, 26쪽.
15 위의 책, 26쪽.
16 김세중, 『한국민속극 춤사위 연구』, 동아민족예술원, 1972, 57쪽.
17 심우성 채록, 앞의 책, 26쪽.
18 김세중, 앞의 책, 53쪽.
19 심우성 채록, 앞의 책, 24쪽.
20 이두현, 앞의 책, 213쪽.
21 위의 책, 214쪽.
22 심우성 채록, 앞의 책, 26쪽.
23 이두현, 앞의 책, 214쪽.
24 위의 책, 212쪽.
25 심우성 채록, 앞의 책, 24쪽.
26 이두현, 앞의 책, 212-213쪽.
27 심우성 채록, 앞의 책, 23쪽.
28 이두현, 앞의 책, 213쪽.
29 위의 책, 213쪽.

30 위의 책, 214쪽.
31 심우성 채록, 앞의 책, 25쪽.
32 김세중, 앞의 책, 53쪽.
33 심우성 채록, 앞의 책, 23쪽.
34 이두현, 앞의 책, 212쪽.
35 심우성 채록, 앞의 책, 26쪽.
36 김세중, 앞의 책, 61쪽.
37 이두현, 앞의 책, 214쪽.
38 심우성 채록, 앞의 책, 26쪽.
39 이두현, 앞의 책, 213쪽.
40 심우성 채록, 앞의 책, 26쪽.
41 허호영談, 1973.7.30.
42 위의 글.
43 위의 글, 1973.8.5.
44 『무용용어심의안』, 한국문화예술진흥원, 1974, 11쪽.
45 허호영談, 1974.9.15.
46 위의 글, 1973.8.5.
47 위의 글, 1973.8.2
48 위의 글.
49 위의 글, 1974.9.15.
50 『무용용어심의안』, 6쪽.
51 같은 곳.
52 허호영談, 1974.9.15.
53 김선봉談, 1974.5.30.
54 위의 글, 1974.6.5.
55 위의 글, 1974.5.30.
56 양소운談, 1972.5.10.
57 김세중, 앞의 책, 67쪽.
58 강령탈춤 팸플릿, 1971.7.
59 임석재,『강령탈춤 대사』, 서낭당, 제2집, 한국민속극연구소, 1972, 125쪽.
60 문창섭談, 1974.10.30.
61 『통영오광대』, 통영오광대연수회, 1964.
62 문창섭談, 1974.10.30.
63 이두현, 김천흥,『오광대』, 문화재관리국, 1964, 61쪽.
64 조용배談, 1974.11.11.
65 위의 글.
66 위의 글, 1974.11.15.
67 위의 글, 1974.11.12.
68 위의 글.
69 이두현, 김천흥, 앞의 글, 18쪽.
70 조용배談, 1971.11.13.

71 천재동, 『동래야류 연희본』, 민학사, 1974, 41쪽.
72 이동안談, 1974.10.20.
73 천재동, 앞의 책, 8쪽.
74 위의 책, 33쪽.
75 「한국가면극의 연구」, 『창작과 비평』 24집, 1972. 6, 120쪽.
76 천재동, 『동래야류 연구』, 서낭당, 제4집, 한국민속극연구소, 1973, 298쪽.
77 이동안談, 1974.10.20.
78 천재동, 앞의 책, 297쪽.
79 위의 책, 298쪽.
80 같은 곳.
81 같은 곳.
82 위의 책, 297쪽.
83 이동안談, 1974.10.21
84 정대윤談, 1974.12.10.
85 이두현, 『수영야류』, 문화재관리국, 1970, 15쪽.
86 정대윤談, 1974.12.10.

2장 한국 민속춤의 역사

1 이애주, 「춤이란 무엇인가」, 『서울대학교사대논총』 39, 1989, 28쪽.
2 이형구, 『한국 고대 문화의 기원』, 도서출판 까치, 1991, 42쪽.
3 이애주, 앞의 글, 28쪽.
4 이형구, 앞의 책, 100쪽.
5 이애주, 「삼진삼퇴의 춤사위」, 『강의실 밖에서 배우는 민속학』, 태일문화사, 1995, 333-334쪽.
6 "하후씨 태강이 덕을 잃어서 한민족이 경계하기 시작했다. 그러던 것이 소강제 이후도 왕임에 감응하기 시작하여 그들(동이사람)을 왕의문(宮中)에 손님으로 모셔다가 그들의 춤과 음악을 보고 들었다."(夏後氏太康失德 夷人始畔 自少康已後世服王任 遂賓于氏門 戱其樂舞. 『後漢書』)
7 "時有天唱於空 未幾天樂從西來, 婢湧透屋樑而出. 西行至郊外, 捐骸變現眞身, 坐蓮臺, 放大光明, 緩緩而逝, 樂聲不徹空中."(『三國遺事』 권5, 郁面婢念佛西昇)
8 "雲外有天樂聲, 光明屬地."(『三國遺事』 권5, 廣德嚴莊)
9 성경린, 『한국의 무용』, 세종대왕기념사업회, 1976, 33쪽.
10 같은 곳.
11 위의 책, 44쪽.
12 이애주, 「처용무에 관한 연구」, 『한국체육학회지』 제20권 2호, 한국체육학회, 1982, 51쪽.
13 김세중, 「한국 민속극 춤사위 연구」, 동아민속예술원, 1972, 38-42쪽.
14 이병옥, 「고대 한국무용사 연구」, 경기대학교 박사 학위 논문, 1993, 172-173쪽.
15 李 穡, 〈驅儺行〉, "除邪惡古有禮 十又二神恒赫靈."
16 정병호, 『한국의 민속춤』, 삼성출판사, 1991, 66-67쪽.

17 장사훈, 『한국전통무용연구』, 일지사, 1977, 413-418쪽.
18 위의 책, 413쪽.
19 박인숙, 「80년대 문화주역」, 『일간 스포츠』, 1989.

3장 신명(神明) 발현(發現)으로서의 굿춤–경기도당굿을 중심으로

1 이애주, 「승무의 원류에 관한 연구」, 『체육사회학지』, 1996, 67쪽.
2 이애주, 「고구려 춤의 상징체계」, 서울대학교 박사 학위 논문, 1999, 69쪽.
3 이희승, 『국어대사전』, 민중서림, 1986.
4 이애주, 『브리태니커세계대백과사전 한국어판』 20권, 브리태니커 · 동아일보사, 1993, 661쪽.
5 『삼국지』 「위지」 〈동이전〉.
6 황루시 · 이보형, 『경기도 도당굿』, 열화당, 1983.
7 오수복(중요무형문화재 제98호 〈경기도당굿〉 예능 보유자) 대담, 2001.5.10.
8 '삼진삼퇴'는 지신밟기와도 의미가 상통한다. 3이라는 숫자는 성수로서 밟아 주며 사특한 역귀 · 잡귀를 누른다는 의미를 지닌다. 또한 보리밭 밟기의 의미로서 눌러 주며 성질을 북돋운다는 뜻도 있다. 우리춤의 기본 발걸음인 '삼진삼퇴'는 앞으로 세 번 나가면서 쌓아 가는 걸음과 세 번 뒤돌아 오며 지우는 걸음으로 되어 있다. 무릎을 지그시 누르며 정성스럽게 꼭꼭 밟아 나가는 것이 쌓는 걸음 '삼진'이라면 '삼퇴'는 턱턱 밟으며 지우면서 풀어 버리는 걸음이다. 즉 정성스럽게 쌓아 만들어진 것을 미련 없이 다 버리고 지워 버리는 '비운다'는 의미다. 이애주, 「승무의 구조와 춤사위 연구」, 『한국민속학』 27집, 민속학회, 1995, 295쪽.
9 한성준(韓成俊, 1874~1941)은 조선조 말에서 현대로 넘어오며 전통춤을 정립한 당대 최고 춤꾼이자 고수로 가히 전통예술의 대부라 할 수 있다. 한성준의 전통춤과 정신은 손녀 한영숙(1821~1989)에게 이어지고 그 맥은 다시 필자 이애주에게로 이어지고 있다.
10 한성준이 성립한 춤으로 1969년에 중요무형문화재 제27호로 지정되어 한영숙이 예능 보유자가 되었고, 그 뒤를 이어 1996년에 이애주가 예능 보유자로 지정되었다.
11 경기도박물관, 「세시풍속 · 놀이 · 예술편」, 『경기민속지』 Ⅲ, 경기도박물관, 2000, 656쪽.
12 한국문화상징사전 편찬위원회, 『한국문화상징사전』, 동아출판사, 1992.
13 이희승, 『국어대사전』, 민중서림, 1986.
14 박용수, 『우리말갈래사전』, 서울대학교출판부, 2002.
15 경기도박물관, 앞의 글, 663쪽.
16 이애주, 「움직이는 도」, 『전통문화』, 1985, 87쪽.
17 경기도박물관, 앞의 글, 663쪽.
18 양종승, 「무당의 신병과 신들림」, 『한국 무속학』 제2집, 한국무속학회, 2000, 114-115쪽.
19 경기도박물관, 앞의 글, 656쪽.

4장 평창 둔전평 농악의 춤사위

1 이 글은 제19회 강원 민속예술축제(2001년 9월 20-21일 화천종합운동장)에서 행한 '둔전평 농악' 놀이와 그 당시 팸플릿 자료, 영상 자료 등을 참고했다.

5장 불교의식 작법(作法)의 미적 특성-영산재 작법을 중심으로

1 영산재 거행 시 소개 책자에 나온 진행 절차를 중심으로 서술한다. 〈영산재〉 2003.6.4. 봉원사, 〈영산재〉 2003.9.28. 조계사, 〈영산재〉 2004.6.22. 봉원사, 〈영산재〉 2005.6.11. 봉원사.

2 한동희, 『영산 대작법』, 1995, 24쪽.

3 심상현, 『불교의식 각론 1』, 한국불교출판부, 2000, 125쪽.

4 국립문화재연구소, 『영산재(중요무형문화재 제50호)』, 예맥출판사, 2003, 70쪽.

5 삼각산 봉원사, 『삼각산 봉원사와 불교 문화예술』, 37쪽.

6 심상현, 앞의 책, 146쪽.

7 위의 책.

8 국립문화재연구소, 앞의 책, 35-36쪽.

9 삼각산 봉원사, 앞의 책, 38-39쪽.

10 국립문화재연구소, 앞의 책, 40쪽.

11 이애경, 「영산재 작법의 무용미학적 고찰」, 국민대학교 박사 학위 논문, 1999, 60쪽.

12 위의 글, 62쪽.

6장 처용 다시 보기-탈과 춤새의 변천에 따른 접근

1 김용구, 「처용연구」, 『충남대 졸업논문집』 제1편, 대전민제사, 1956, 11-10쪽.

2 이두현, 『한국가면극』, 문화재관리국, 1969, 73쪽.

3 김동욱, 『한국가요의 연구』, 을유문화사, 1966, 144쪽.

4 김영국, 「처용전승-처용설화의 종합적 고찰」, 『대동문화연구』 별집, 성균관대학교, 1972.

5 이두현, 앞의 책, 5쪽.

6 「호우총과 은령총」, 『국립박물관 고적답사 보고』 제1책, 을유문화사, 1948, 43쪽.

7 이애주, 「처용무에 관한 연구」, 『한국체육학회지』 제20권 2호, 1982, 51-54쪽.

8 이혜구, 『한국음악연구』, 국민음악연구회, 294-315쪽.

9 김학주, 「종규(鍾馗)의 연변(演變)과 처용」, 『아세아연구』 제8권 4호, 1965, 111-144쪽.

10 차주환, 「고려사 학지 당악(唐樂)고」, 『진단학보』 제123호, 1967, 105-107쪽.

제2부 마음

2장 한국춤에 대한 근원적 접근

1 이애주, 「우리 몸짓과 소리를 통하여 본 민족의 정체성」, 『한국정신과학학회논문집』 제8권 제2호, 2004, 11-24쪽.
2 『법성게(法性偈)』.
3 『중용(中庸)』.
4 이애주, 「민속춤의 역사」, 『한국민속사입문』, 지식산업사, 1996, 545-566쪽.

3장 우리춤의 미의식 체계

1 한국의 중요무형문화재 〈승무〉, 비디오 영상물, 국립문화재연구소, 1998.
2 『시용향악무보(時用鄕藥舞譜)』.
3 한국의 중요무형문화재 〈영산재〉, 비디오 영상물, 국립문화재연구소, 1998.

4장 춤에서 예(禮)의 정신은 어떻게 나타나는가-'예(禮)의 춤'을 중심으로

1 조선일보, 1939.11.8, 4면, 재인용.
2 이애주, 「춤이란 무엇인가」, 『서울대학교사대논총』 제39권, 서울대학교, 1989, 26쪽.
3 이애주, 「한성준론-한성준의 춤인식과 춤정립」, 『한국민속학』 제28집, 민속학회, 1996, 287쪽.
4 『논어(論語)』 학이(學而)편 제1장.
5 『논어』 학이편 제1장.
6 한국사상연구회, 『조선유학의 개념들』, 예문서원, 2002, 510쪽.
7 『논어』, 태백(泰伯).
8 『순자집해(荀子集解)』 권13, 예론편(禮論篇).
9 이상은, 『'예악의 논리' 자료집』, 2018, 2쪽.
10 위의 책, 2쪽.
11 한국사상연구회, 앞의 책, 513쪽.
12 위의 책, 517-518쪽.
13 이애주, 「한국의 굿에 나타난 굿춤-경기도당굿을 중심으로」, 『샤머니즘 연구』 제4집, 2002.
14 이애주, 「우리 몸짓과 소리를 통하여 본 민족의 정체성」, 『한국정신과학학회지』 제8권 제2호, 2004, 16쪽.
15 大樂必易 大禮必簡 樂至則無怨 禮至則不爭 揖讓而治天下者 禮樂之謂也.
16 국사편찬위원회, 「음악, 삶의 역사와 만나다」, 경인문화사, 2011, 53쪽.

1장 주역(周易)을 통해 본 춤, 그 '비움'에 대하여

1 한성준은 조선 시대 민간에서 추어지던 춤들을 집대성한 한국 전통춤의 원천이자 뿌리라고 할 수 있다. 그는 정치적으로 혼란했던 조선조 후기에 태어나 일제 강점기라는 역사적으로 불운한 시기에 활동했으나 조선 춤의 정립과 전통예술의 근대화라는 지대한 업적을 남겨 오늘날에도 춤의 정통성을 생생히 살아 있게 하는 인물이다.

2 『천부경』 본문과 해석.

一始無始一 析三極無盡本 天一一地一二人一三
一積十鉅 無匱化三 天二三地二三人二三
大三合六 生七八九 運三四 成環五七
一妙衍 萬往萬來 用變不動本 本心本 太陽昻明
人中天地一 一終無終一

하나로 시작하나 시작한 하나가 없구나. 삼극으로 쪼개도 다함 없는 근본이라 하늘은 하나 얻어 첫째가 되고, 땅도 하나 얻어 둘째가 되며, 사람도 하나 얻어 셋째가 되니라. 하나가 쌓여 열로 커졌으되 이지러짐 없이 삼으로 화하니 하늘은 음양으로 삼변하고, 땅은 강유로 삼변하고, 사람은 인의로 삼변하니라, 삼을 크게 하여 육으로 합하고 칠, 팔, 구를 생하니 삼사로 운행하고 오칠로 고리를 이루니 하나가 묘하게 넓어져 만으로 가고 만으로 오니라. 용은 변해도 움직이지 않는 것은 근본이라 본은 마음의 본이니, 태양의 앙명함이라, 사람은 천지 가운데 하나라 일로써 마치나 마친 하나가 없구나.

3 모든 생명 가진 존재는 천·지·인 삼의 원리를 갖는다. 사람의 존재 자체가 천지음양의 만남에서 태어났듯이 사람의 구조도 그 안에서 일어나는 행동거지도 운동이 일어나고 있음을 알 수 있다. 이와 같이 천·지·인의 삼은 하늘과 땅이 만나 사람이 나고, 그렇게 태어난 사람의 의식과 형상이 모두 삼의 구조로 되어 있으며, 그 하는 행동이 어르고 맺고 푸는 삼박자로 되어 있고, 시공을 초월해 과거, 현재, 미래의 삼세로 이어진다. 춤에서 이동하는 보법의 기본이 삼진삼퇴(三進三退)다.

4 김석진, 『대산 주역강의 1』, 한길사, 1999, 90쪽.

5 이응문, 『태극사상과 한국문화』, 동방문화, 2015, 27쪽.

6 김석진, 앞의 책, 65쪽.

7 이애주, 「전통춤에 나타난 음양오행적 원리」, 『2011년 서울대학교 규장각한국학연구원 학술회의 논문집』, 2011, 95쪽.

8 이응문, 앞의 책, 28쪽.

9 김석진, 앞의 책, 62쪽.

10 위의 책, 66-67쪽.

11 이애주, 「역으로 본 영가무도」, 『민족사상연구소 제23회 학술회의 2010 춘계 학술회의 자료집: 역학과 민족의 평화통일』, 2010, 52쪽.

12 김석진, 앞의 책, 1999, 70쪽.

13 위의 책, 77쪽.

14 위의 책, 76-77쪽.

15 국가무형문화재 제39호.

16 이애주, 「승무의 구조와 춤사위 연구」, 『한국민속학』 26집, 민속학회, 1994, 4쪽.

2장 영가무도(詠歌舞蹈)의 생성 원리와 미학적 구조

1 이애주, 「영가무도의 사상체계와 실제법도」, 『한국정신과학회 제14회 춘계학술대회논문집』, 2001, 94-95쪽.
2 박상화, 『한국의 영가』, 공화출판사, 1976, 67-68쪽.
3 이애주, 앞의 글, 2001, 96쪽.
4 이애주, 「영가무도의 사상체계와 미학적 구조」, 제4회 한사상대회, 사우스베일로대학, LA, 2001.
5 김석진, 『대산 주역강의 2』, 한길사, 1999, 348쪽.
6 이응문, 『주역과 천도 변화: 홍역학(洪易學) 연구교재』, 동방문화진흥회, 5쪽.
7 이애주, 앞의 글, 2004, 13쪽.
8 위의 글, 2004.
9 이응문, 앞의 책, 6쪽.
10 김석진, 앞의 책, 76-77쪽.
11 박상화, 앞의 책, 1976, 15쪽.
12 위의 책, 83쪽.
13 이애주, 「우리 몸짓과 소리를 통하여 본 민족의 정체성」, 『한국정신과학학회지』 제8권 제2호, 2004, 9-10쪽.
14 박상화, 앞의 책, 75-76쪽.
15 이응문, 앞의 책, 8쪽.
16 위의 책, 10쪽.
17 이애주, 앞의 글, 2001, 96쪽.
18 이애주, 「생명의 관점에서 본 영가무도의 실제」, 『한국정신과학학회 제27회 추계학술대회 및 제3회 국제정신과학학회 논문집』, 2007, 194쪽.
19 樂由天作, 禮以地制, 過制則亂, 過作則暴, 明於天地, 然後能興禮樂也.(『예기』)
20 박상화, 〈한국 영가무도의 밤〉 팸플릿, 공간사랑, 1980.2.22.
21 『주역』, 〈계사상전(繫辭上傳)〉 12장.
22 김석진, 『대산 주역강의 3』, 한길사, 1999, 163쪽.

3장 고대 제천의례(祭天儀禮)에 나타난 우리춤의 특성

1 최남선 저, 정재승·이현주 역, 『불함문화론』, 우리역사재단, 2008.

"불함문화의 불함이란 밝, 광명, 하늘, 하늘신(天神, 하느님)을 뜻하는 고어로, 육당이 조선민족의 기원을 백두산을 중심으로 한 단군의 나라에 두고, 그 상고 시대의 문화적 특징을 천신사상(天神思想)이라 할 수 있는 '불함문화'로 명명한 데서 비롯된 것이다."

2 위의 책, 12-14쪽.

"(…) 아직 드러나지 아니한 이 문화계통이 무엇이냐 하면, 나는 우선 그것은 〈불함(不咸) 계통〉이란 이름으로써 부르려 한다. 그것은 이 문화계통에 붙이는 민족의 주거지에는 반드시 〈불함〉으로서 어원을 삼는 일대 영장(靈場)이 있기 때문이다. (…) 그런데 이 인문 발전상의 일대 조류인 불함문화가 벌써 드러났어야 하건마는 아직까지도 숨어 있게 됨은 여러 까닭이 있다 하겠지만, 그 주요 원인이 그 문화권의 집중지인 조선이란 것이 충충하고 시커먼 물속에 일체의 비밀로 담아 가지고 있는 까닭으로 안다. (…) 조선을 중심으로 하는 학문적 설계만 가지면, 시방까지 성부(成否)가 현안 중에 있는 '동양사'란 것도 비교적 용이하게 학문적 성취를 고할 것이요, 이른바 세계 역사란 것도 그러한 기초 위에 비로소 완전한 결구(結構)를 기대할 것이다."

3 임승국 역, 『한단고기』, 정신세계사, 1986, 236쪽.

4 이애주, 「고대제천의식에 나타난 춤의 구조」, 『국제아세아민속학』 제2집, 국제아세아민속학회, 1998, 41쪽.

5 白川靜 저, 김옥석 역, 『갑골문(甲骨文)의 세계(世界)』, 연희, 1981, 56쪽.

6 김석진, 『대산 주역강의 2』 하경, 한길사, 1999, 364쪽.

"'형통할 형(亨)' 자를 건너 그으면(一) '제사 지낼 향(享)' 자입니다. 그리고 형(亨) 밑에 '불 화(火)'를 받침으로 넣어야 '삶을 팽(烹)' 자가 되지요. 그러나 '형통하다', '제사 지내다', '삶는다'는 것은 그 의미가 모두 통하는 것이기 때문에 '형통할 형(亨)' 자를 삶는다는 뜻으로 쓸 때는 '팽(烹)'으로 읽습니다(烹飪也)."

7 중요무형문화재 제98호 〈경기도당굿〉.

8 경기도당굿 보존회, 『경기도당굿 전수교재』 기초편, 도서출판 보고사, 2008, 69쪽.

9 김석진, 앞의 책, 380-381쪽.

10 『고려가(高麗史)』, 「志」 卷十三 禮一, "夫人天地陰陽之氣 有喜怒哀樂之情 於是 聖人制禮 以立人紀 節其驕淫 防其暴亂 所以使民遷善遠罪 而成美谷地."

11 『예기(禮記)』, 〈혼의(婚議)〉.
夫禮, 始於冠, 本於昏, 重於喪祭, 尊於朝聘, 和於鄉射, 此禮之大體地.

12 유효군 저, 임채우 역, 『술수와 수학사이의 중국문화』, 동과서, 2001, 102쪽.

13 이민홍, 『한국민속악무와 예악사상』, 집문당, 1997, 18쪽.

14 『증보문헌비고(增補文獻備考)』. 「禮考」 一, "禮之於爲國也大矣哉 我東自箕聖施八教 以禮儀聞於天下 然三韓之際 文籍無傳 羅麗以來 儀制未著."

15 이민홍, 앞의 책, 19쪽.

16 김석진, 앞의 책, 151쪽.

17 최남선 저, 정재승·이현주 역, 앞의 책, 154쪽.

18 위의 책, 157쪽.

19 금장태, 『귀신과 제사』, 제이앤씨, 2009, 17쪽.

20 김석진, 앞의 책, 526쪽.

"상전에 이르길 바람이 물 위에 행함이 渙이니, 선왕이 이로써 상제께 제사를 올리며 묘당(사당)을 세우느니라. 환괘는 바람이 물 위에 행해 물결에 파문이 생겨 흩어지는 상입니다(風行水上). 바람이 물 위에 불고 있으니까 물이 흩어져 渙이 되는 것이죠. 이 風行水上은 모든 민심이 흩어진 모습입니다. 옛날 선왕은 渙의 흩어지는 모습을 보고 본받아 천제를 지내고(享于帝) 조상을 받드는 사당을 세웠습니다.(立廟) 흩어진 환을 취합(聚合)하려면 하느님 천제께 제사를 지내야 하고, 그러고 나서 조상의 사당을 세우고 또 조상께 제사를 지내야 한다는 것이죠. 향우제(享于帝)는 우리 조상을 나오도록 한 상제, 즉 천제께 제사 지내는 것이고, 입묘(立廟)는 나라를 존재하게 해 준 조상의 혼령께 제사 지내기 위해 사당을 세우는 것입니다. 흩어진다는 의미도 나쁜 것만이 아니죠. 그릇된 욕심이나 잘못된 정신은 오히려 흩뜨려야만 바르고 참된 마음으로 취합되기 때문입니다."

21 이민홍, 앞의 책, 83-84쪽.

22 안호상, 『배달·동이는 동아문화의 발상지』, 한뿌리, 2006, 8쪽.

23 윤내현 주석, 『삼국유사(三國遺事)』 권1(紀異) 〈고조선조〉.

24 윤내현 주석, 『제왕운기(帝王韻紀)』 권하 〈전조선기(前朝鮮紀)〉.

25 윤내현, 「고조선의 종교와 사회 성격」, 『남북 학자들이 함께 쓴 단군과 고조선 연구』, 단군학회 엮음, 지식산업사, 2005, 39-40쪽.

26 윤내현 주석, 『삼국유사』, 같은 글.

27 윤경수, 『단군예절교훈 366事와 홍익인간사상』(상), 민속원, 2006, 22쪽.

28 임승국 역, 앞의 책, 〈삼한관경본기〉 제4.

29 鳳鳥는 聚棲於白牙岡하고 仙人이 來往於法首橋하니 法首는 仙人名也라. 人文이 早已發達하고 五穀豊熟하니 適以是時에 紫府先生이 造七回祭神之曆하고 進三皇內文於天陛하니 天王嘉之하야 使建三淸宮而居之할새 共工 軒轅 倉詰 大撓之徒가 皆來學焉하니라.

30 故로 以三神敎하야 乃作布念之標하니 其文에 曰 一神降衷하야 性通光明하며 在世理化라야 弘益人間이라. 自是蘇塗之立이 到處可見이 山像과 雄常이 山頂皆有하며 四來之民이 環聚墟落하야 四家同井하며 二十稅一 하니 時和年豊하야 露積邱山일새 萬姓이 觀康之하야 作太白環舞 之歌하야 以傳하다.

31 안호상, 앞의 책, 29-30쪽.

32 위의 책, 51쪽.

33 정영훈, 「남과 북의 단군인식과 단군숭앙」, 『남북 학자들이 함께 쓴 단군과 고조선 연구』, 단군학회 엮음, 지식산업사, 2005, 167쪽.

34 윤내현, 앞의 글, 51쪽.

35 윤경수, 앞의 책, 22쪽.

36 檀君王儉이 旣定天下하고 分三韓而管境하실새 乃封 熊白多하여 爲馬韓하고 都於達支國하여 亦名白牙地라. 登馬韓山祭天할새 天王이 下詔 曰 人視鏡則姸醜하니 自形하고 民視君則治亂見政하니 視鏡에 須先視形하고 視君에 須先視政이어라.(『환단고기』)

37 馬韓이 上箚曰 聖戱言乎여 聖主能從衆敬로 道大하고 暗君은 好用獨善故로 道小니 可無內省而不怠乎이라. 檀君王儉五十一年에 天王이 命蕓師倍達臣하야 築三朗城于 穴口하고 設祭天壇于摩璃山할새 發江南民丁八千人하야 以助役하다 辛酉三月에 天王이 親行摩璃山祭天하니라.(『환단고기』)

38 "檀君祭天處 世傳在江華府 摩尼山 頂塹城壇……."(『증보문헌비고』)

39 서영대, 「참성단(塹星壇)의 역사와 의의」, 『단군학연구』 제19호, 2008, 124쪽.

40 최남선 저, 정재승·이현주 역, 앞의 책, 11-12쪽.

41 以殷正月祭天 國中大會 連日飮食歌舞 名日戱行 行道晝夜無老幼皆歌 通日聲不絶.(『三國志 魏志』 東夷傳)

42 박현, 『한국고대지성사산책』, 백산서당, 1995, 64쪽.

43 東夷傳其民喜歌舞, 國中邑落, 暮夜男女羣聚, 相就歌戱. 無大倉庫, 家家自有小倉, 名之爲桴京, 其人絜淸自喜, 善藏釀. 跪拜申脚, 與〈夫餘〉異, 行步皆走. 以十月祭天, 國中大會, 名曰東盟.(『三國志 魏志』)

44 常用十月節祭天, 書夜舞, 名之爲舞天, 文祭院以為神.(『三國志 魏志』 東夷傳)

45 常以五月下種訖, 祭鬼神, 羣聚歌舞, 飮酒晝夜無休. 其舞, 數十人俱起相隨, 踏地低昂, 手足相應, 節奏有似鐸舞. 十月農功畢, 亦復如之.(『三國志 魏志』 東夷傳)

46 김석진, 앞의 책, 156쪽.

"程子曰 鬼神 天地之功用 而造化之迹也 張子曰 鬼神者 二氣之良能也 愚 謂以二氣 言則鬼者 陰之靈也 神者陽之靈也 以一氣 言則至而伸者爲神 反而歸者爲鬼 其實 一物而已 爲德 猶言性情功效."

47 금장태, 앞의 책, 11쪽.

48 성경린, 『한국의 무용』, 세종대왕기념사업회, 1976, 28-29쪽.

49 俗喜歌舞飮酒, 有瑟, 其形似筑, 彈之亦有音曲.(『三國志』 魏志 東夷傳)

50 박현, 앞의 책, 176쪽.

51 神在無上一位 有大德大慧大力 生天 主無數世界 造甡甡物 纖塵無漏 昭昭靈靈 不敢名量 聲氣願禱 絶親見 自性求子 降在爾腦.(『三一神誥』)

52 天神國 有天宮 階萬善 門萬德 一神攸居 群靈諸哲護侍 大吉祥 大光明處 唯性通功完者 朝 永得快樂.(『三一神誥』)

53 박현, 앞의 책, 142-143쪽.

54 김석진, 앞의 책, 481쪽 참조.

55 위의 책, 69쪽.

"象曰 雷在天上이 大壯이니 君子 以하야 非禮弗履하나니라.

상전에 이르길 우레가 하늘 위에 있는 것이 대장이니, 군자가 이로써 예가 아니면 밟지 않느니라. 우레괘(☳)가 하늘괘(☰) 위에 있으니 雷在天上입니다. 우레가 하늘 위에서 소리를 내며 움직이는 것이 바로 대장입니다. 군자는 강동하는 이 대장괘를 보고 그 힘을 남용하여 무례한 짓을 하지 않으니, 예가 아닌 땅은 절대 밟지 않고 반드시 예를 따라 행동에 옮겨서 이행합니다. 내괘 건삼련(☰)에 하늘에 공경하여 제사를 올리는 예의 뜻이 있으니 비례불리(非禮弗履)라 하였네요."

56 위의 책, 69쪽.

57 故禮以道基志, 樂以和基聲 政以一其行 刑以防其 禮樂刑政其極一也 所以同民心이出治道也.(『예기』 악기 제19)

58 박용수, 『우리말갈래사전』, 서울대학교출판부, 2002, 663쪽.

59 『무형문화재조사보고서(8). 巫舞』, 문화재관리국 문화재연구소, 1987, 9쪽.

60 이애주, 앞의 글, 1998, 42쪽.

61 같은 곳.

62 이애주, 「한국의 굿에 나타난 굿춤-경기도당굿을 중심으로」, 『샤머니즘연구』 제4집, 한국샤머니즘학회, 2002, 275-276쪽.

63 이애주, 「우리 몸짓과 소리를 통하여 본 민족의 정체성」, 『한국정신과학학회지』 제8권 제2호, 2004, 18쪽.

64 김석진, 앞의 책, 209쪽.

65 통구다섯무덤 4호묘, 해신춤, 달신춤, 비천주악춤.

66 이애주, 「고구려춤의 상징체계」, 서울대학교 박사 학위 논문, 1999, 106-107쪽.

67 김석진, 앞의 책, 210쪽.

68 이애주, 앞의 글, 1999, 107쪽.

69 김석진, 앞의 책, 210-211쪽.
70 위의 책, 208쪽.
71 이애주, 앞의 글, 1998, 45쪽.
72 박현, 앞의 책, 64쪽.
73 『한국민속대관(韓國民俗大觀)』 5, 1982, 86쪽.
74 김석진, 『대산 주역강의 1』 상경, 한길사, 1999, 409쪽 참조.
75 위의 책, 413쪽 참조.
76 위의 책, 423쪽 참조.
77 허종호, 「고조선 사회의 성격」, 『단군과 고조선 연구』, 지식산업사, 2005, 236쪽.
78 『무형문화재조사보고서(8). 巫舞』, 29쪽.
79 이애주, 「한국춤의 근원적 접근」, 『동북아시아춤국제학술대회 논문집』, 서울대학교 규장각한국학연구원, 2009, 18쪽.
80 『무형문화재조사보고서(8). 巫舞』, 29쪽.
81 이애주, 앞의 글, 2004, 23-24쪽.
82 박현, 앞의 책, 74쪽.

5장 야산(也山)·대산(大山)의 맥으로 이어지는 '고지무지이진신(鼓之舞之以盡神)'

1 김석진, 『스승의 길 주역의 길』, 한길사, 2001.
2 김석진, 『대산 주역강의 1·2·3』, 한길사, 1999.
3 임채우, 「근현대의 과도기에서 也山 李達 사상의 역학사적 의의」, 한국홍역학회 학술대회, 서울대학교 규장각한국학연구원, 2014, 39쪽.
4 이응국, 『주역의 정신과 문화』, 홍역사상사, 2010, 236쪽.
5 이애주, 「야산(也山), 이달(李達) 선생의 삶을 통해 본 신명의 춤」, 2014, 87쪽.
6 위의 글, 86쪽.
7 본명은 세순(世淳), 호는 소천(素天), 출가 후, 법명으로 소천(韶天)을 썼고 소소(簫韶), 또는 의탁(宜倬)이라고도 했다. 당대 불교계의 석학으로, 『심경, 금강경강의』가 유명하다.
8 김석진, 앞의 책, 2001, 178-180쪽 참조. 여기에서 『금강경』의 요점은 공(空)이요 극치는 파상(波相)에 있다고 했다.
9 임채우, 앞의 글, 40쪽.
10 김석진, 『대산 주역강의 1』, 15쪽.
11 김석진, 앞의 책, 2001, 5쪽.
12 김석진, 『대산 주역강의 1』, 44-45쪽.
13 김석진, 앞의 책, 2001, 5-6쪽.
14 훗날 우연히 『주역』을 강의하게 되어 수강생이 모이고 학회가 성립되다 보니 『동인지(同人誌)』라는 회지를 간행하게 되었다. 매월 한 번씩 발행하는 『동인지』에 투고하되 이왕이면 『주역』 공부한 이야기를 좀 써 달라고 여러 사람이 부탁하기에 선생님을 따라다니며 보고 들은 기억을 더듬어 '스승 따라 13년'과 '동인산고(同人散稿)'라는 제목으로 써오다가 이번에 이를 하나로 묶어 '스승의 길 주역의 길'이라는 새로운 제하의 책으로 내게 되었다.(『스승의 길 주역의 길』, 6쪽)

15 김석진, 앞의 책, 2001, 6쪽.
16 김석진, 『대산 주역강의 1·2·3』.
17 김석진, 『대산 주역강의 1』, 13쪽.
18 위의 책, 13-14쪽.
19 김석진, 『대산 주역강의 3』, 163쪽.
20 같은 곳.
21 위의 책, 164쪽.
22 위의 책, 102쪽.
23 김석진, 앞의 책, 2001, 256-257쪽.
24 위의 책, 265쪽.
25 충청남도 부여군 동남리에 위치한 야산 선생이 기거하시던 종가집 고택.
26 김석진, 앞의 책, 2001, 230-232쪽.
27 '동인'과 '대유'에 대한 자세한 내용은 이애주, 「주역으로 풀어보는 고대제천의례」(한국홍역학회 학술대회, 서울대학교 규장각한국학연구원, 2013, 140-141쪽) 참조.
28 위의 글, 142쪽.
29 위의 글, 141-142쪽.
30 대산 김석진과의 대담에서 그 당시 상황을 시연과 함께 설명해 주었다. 선생의 자택, 2015.8.14.
31 김석진, 앞의 책, 2001, 230-232쪽.
32 김석진, 「이애주춤 '천명' 자료집」, 2014.
33 이응문, 『태극사상과 한국문화』, 동방문화, 2015, 27쪽.
34 이애주, 「춤이란, 삶이란, 배움이란」, 『교학의 세월』, 지식과교양, 2013, 331-332쪽.

제4부 삶

1장 춤이란 무엇인가?

1 민해철, 『노동자의 철학 I』, 거름, 1986, 49쪽.
2 위의 책, 117쪽.

3장 전통과 현대를 아우르는 우리춤-나라의 몸짓은 있는가

1 이애주, 「전통춤 공연에 관한 제문제」, 『CIOFF 세계민속축제회의 자료집』, 1997.
2 이애주, 「우리 시대를 지피는 학문과 예술 '창작의 뿌리'」, 『교수신문』, 1993.4.15.
3 『대학(大學)』.

추천사

민족춤의 한 생성론을 향한 몸부림

채희완

부산대학교 예술문화영상학과 명예교수

춤에 대한 생성론적 물음들 – 무엇이 춤을 추게 하는가?

춤을 추게 하는 것은 무엇인가? '살아 있음'이다. 살아 있음을 가능케 하는 것은 생명이다.

그것은 '활동하는 무'(김지하)이고 '움직이는 도'(이애주)이며, '출렁이는 태극', '떨리는 허虛'이다.

"춤은 일상 동작의 율동적인 유형화이고, 한 단계 고양된 삶일 뿐이다"(쿠르트 작스), "춤추지 않고서야 어찌 삶을 알리요?"(그노스트교 잠언)

춤은 삶의 자기 정위, 삶의 근원 자리의 활동상活動相이고, '생명력의 자기 분출'일 뿐이다.

여기서 춤에 대한 생성론적 접근이 이루어진다.

생성은 존재의 어머니다. 존재가 생성을 낳는 것이 아니라 생성이 존재를 낳는다, 유기적 개체와 존재자와 세계를 낳는다. 삼라만상을 낳고 활동케 하는 잠재적 전일체로서 생명을 상정하는 것이다.

우주의 보편적 생성이란 잠재적 다양체인 생명의 현실화 운동이다. 잠재적 바탕, 그 보이지 않는 질서에서 나오는 발생적 에너지가 끊임없이 변화, 진화, 감화하는 생명의 활동상에서 춤의 접화군생接化群生적 의미를 도출해 볼 수 있다.

생명의 세계를 찾아 나선 이의 궁리진성窮理盡性, 고무진신鼓舞盡神의 태도와 활동상을 통해 춤의 생성론이 탄생한다. 우리는 이애주의 춤 생각에서 그 한 실마리를 찾아 나서려는 것이다.

육체적 사유인 춤이 그 가능성을 높인다. '몸－의식'의 활동인 춤에서 몸은 세계와 만나는 일차 통로이자 몸과 의식의 합일체다. 세계의 몸화incarnation로서의 몸, 춤은 그러한 주객일치로서 몸의 활동상이다. 생명의 활동상으로서 춤인 것이다.

'보이는 것과 보이지 않는 것을 동시에 가능케 하는 드러나지 않은 질서'에 대한 탐구가 생성론이라면, 근원 생명의 활동상인 보이는 춤을 통해 드러나지 않은 생명 질서를 궁리하면서 한국춤의 생성론으로서 이애주 춤과 그의 춤 생각에 따라 스스로 고무진신해 보는 것이다.

이애주 춤 속에 숨어 있는 생성론적 미학의 단초

이애주 춤을 갈래짓기 어려운 이유는 춤 학습 내용의 광활함에서 온다. 다섯 살 이후부터 예순다섯에 이르기(교수 정년 퇴임)까지 궁중춤을 비롯해 여러 갈래의 전통춤과 민속춤, 발레, 현대춤, 세계 민속춤 등을 익혀 왔다. 스무 살 전후 〈승무〉를 비롯해 〈태평무〉, 〈학춤〉, 〈살풀이〉에 전념하면서도 굿춤, 탈춤, 불교의식춤, 풍물굿춤, 무예춤을 찾아다녔다.

50대에 〈승무〉 예능 보유자가 된 후에도 여전히 전국 방방곡곡의 향토춤 현장에서 한국 전통춤의 마지막 빛과 그늘을 몸으로 받아 냈다.

이애주는 1974년 첫 창작 춤판 〈땅끝〉을 펼쳤고, 그 전후 시기에 연극 공연 안무가로서 또 춤 연기자로서 활동했으며, 1980대 초반 이후에는 대학 운동장, 크고 작은 작업장, 공장 마당, 길거리, 각종 시위 집회 현장, 민주인사 장례 마당, 생태 공간 파괴 현장, 그리고 문예 마당 등에서 이른바 '한판춤'으로 온몸을 던져 상황적 진실을 내보이고 현장적 운동성을 불러일으켰다.

이처럼 전통춤, 창작 한국춤, 현대춤, 무대춤, 현장춤 등 춤의 이데올로기와 양식, 그리고 연행 공간 등의 다양함, 한 가지 춤의 여러 효능성 등이 혼융·혼연된 춤들이고 다양한 활동상이기에, 오히려 이들에 내재해 있는 혼연지일기渾然之一氣로서 그 발생적 에너지의 생성 계기가 무엇인지 살펴보게 되는 것이다.

이애주 춤의 생성론적 미학의 단초를 이루는 개념들을 그의 언행과 글을 통해 요약해 보면, '춤은 만드는 것이 아니라 추어지는 것'이며, 상황의 모순을 극복하고 올바른 삶을 확장, 심화하는 '진실된 일'이 지속적으로 춤추도록 생성적 힘을 돋우고, 당대의 첨예한 사회적 쟁점을 '한판춤'으로 풀어낸다.

여기에 예술과 생활과 종교가 일치된 '일놀이굿', 교역交易·변역變易·불역不易으로서의 '맺고 풂', 예禮로서 춤을 시작하고 끝내는 '절드리기', 우주 자연 역사를 맞이하는 터잡기로서의 '사방치기'와 '터벌임', 엎어치고 제치는 곡옥曲玉의 몸짓인 '너울춤', 삼천 뼈마디춤으로 고무진신하고 저정거리며 어깨춤으로 내는 멋 등이 이애주가 찾아낸 우리춤의 핵심 개념이다.

그리고 거기에 만년 민중의 삶을 상징하는 〈승무〉를 비롯해 굿춤, 예의 춤, 영가무도, 〈한밝춤〉 등이 이애주 춤과 그의 춤 생각에 의해 각기 생명 기운을 생성해 낸다.

생명 활동의 춤, 민족춤의 생성론을 향해 몸부림쳐 온 행적

우리춤에 대한 이애주의 접근은 우리춤의 실상찾기에서 출발했다.

그의 첫 논문인 「처용무의 사적 고찰 및 그 전승문제에 관한 연구」(서울대학교 석사 학위 논문, 1971)와 서울대 국문과 졸업 논문인 「춤사위 어휘고」(1976), 그리고 한참 만에 쓴 「한국탈춤에 나타난 일상적 움직임의 영향」(1984)이 여기에 해당한다.

그러고선 1984년 〈나눔굿〉, 1985년 〈도라지꽃〉, 1987년 〈바람맞이〉, 〈썽풀이춤〉 공연과 더불어 교수 생활과 춤의 사회적 실천이 활동의 중심을 이루면서 실증적 고찰과 함께 춤의 사회학, 춤의 본질학으로 이전하기 시작했다. 「움직이는 도」(1985), 「춤이란 무엇인가」(1989) 등 짧은 글이 첫 예증이다.

1996년 전후 국가무형문화재 〈승무〉의 예능 보유자 활동을 하면서 다시 우리춤 뿌리 찾기의 근원을 이루는 '승무론'과 '한성준론'에 몰두해 「승무의 구조와 춤사위연구」(1995), 「삼진삼퇴의 춤사위」(1995), 「승무의 원류에 관한 고찰」(1996), 「민속춤의 역사」(1996), 「한성준론－한성준의 춤 인식과 춤정립」(1997), 「처용 다시 보기」(1999), 「백영 정병욱의 예술론 체계」(1997, 1998) 등을 연이어 발표했다. 「아리랑과 춤」(1998), 「고구려춤의 상징체계」(1999), 「한국 동물춤의 기초적 틀」(2000) 등은 그런 춤 활동 시기의 되돌아보기에 해당할 것이다.

움직이는 명상의 노래춤인 영가무도 전수 활동과 한국정신과학학회 활동(회장) 및 고대 아시아문화연구 관련 학회 활동은 또 하나의 심층 세계로 이전하는 한 계기가 되었을 것이다. 그 반성적 전망으로서 「20세기 한국춤 연구의 현황과 전망」(2000), 「신종교와 춤: 신종교 몸짓의 미학적 구사와 사상원리」(2000), 「한국의 굿에 나타난 굿춤」(2001), 「춤과 과학」(2001), 「외래문화 전래에 따른 한국민속춤의 변모 양상」(2002), 「우리 몸짓과 소리를 통하여 본 민족의 정체성」(2004), 「한국의 춤과 소리」(2007), 「생명으로 본 영가무도의 실제」(2007), 「생명의 재탄생」(2008), 「태평무, 경기도당굿, 서울굿춤, 동해안별신굿춤」(2009), 「고구려춤의 미학: 춤무덤의 춤추는 사람들(五人舞)을 중심으로」(2010), 「고대 문화의 원류로서의 제천의 의미」(2010), 「김영수의 신들림과 춤사위가 하나 되다」(2012), 그리고 춤교육 및 우리춤

교육 자료 검증의 기초 작업으로서 이애경과 공동 집필한 「한국전통무용 기록·보존에 관한 방법론 연구」(1992), 송민숙과 공동 집필한 「우리춤 교육프로그램 개발에 관한 연구」(2000) 등이 있다.

그의 글쓰기 작업은 춤의 사회적 실천과 교육 활동을 위한 동반 작업이 주를 이루었다. 그러나 교수 생활과 춤의 사회적 실천 작업이 마무리 단계로 넘어가서는 스승 대산을 비롯한 동양 사상 대가들과 학문적 교류를 맺으면서 더욱 춤의 본연적 세계를 묻는 춤 본질론에 심취했다. 무극대도의 전개상, 우주 운행의 원천 기운을 궁리하면서 삶이란 무엇인가, 삶이란 어떠해야 하는가라는 삶의 궁극과 실천 과제를 묻는 방식으로 춤을 생각해 낸 것이다.

현대 사회와 학문이 역사적으로 요청해 마지않는 창조론과 진화론이 화쟁하는 춤 생성론의 입지를 구축하기 위해, 춤으로 그리고 춤 생각으로 몸부림쳐 온 그의 자취를 이 책은 증거해 주고 있다.

'오늘 이 땅의 춤은 무엇인가?'

'이 땅의 춤, 오늘의 민족춤은 과연 어떠한 춤인가?'

그는 이러한 생각을 춤으로 실천하면서 우리 민족춤의 정통성을 바로 세우는 일과 더불어 노동 가치의 사회적 실현으로서 '진실한 춤'을 보여 주었다. "역사가 나를 춤추게 한다"라며 보이지 않는 말씀과 질서를 춤으로 드러내 보여 준 것이다.

이애주가 우리 곁을 떠난 지 2년 만에 『승무의 미학』, 『고구려 춤 연구』, 『이애주의 춤 생각』에 이어 이 책이 나온다. 이애주문화재단이 펼쳐내는 이런 일련의 학술 출판 작업은 한국춤 문화 연구의 소중한 초석이 될 터이다. 그러한 학문적 기여에 고마움을 어쩌지 못하면서, 그와 평생 춤 동지였던 한 사람으로서 그의 한살매가 오롯이 민족춤의 생성론과 생명미학 구축을 향한 처절한 몸부림이었음을 다시 한번 통감하게 된다.

추천사

시대와 동행하면서도 자기완성을 추구한 구도자, 이애주

김인걸

서울대학교 국사학과 명예교수
국사편찬위원회 위원장

고故 이애주 선배를 공식 석상에서 처음 만난 것은 서울대학교 민주화교수협의회(민교협) 신입회원 환영식에서다. 변형윤, 김진균, 백낙청, 장회익, 안병직, 그리고 이애주 등 여섯 분의 대선배 교수님이 반갑게 맞아 주셨다.

서울대 민교협에서 이애주 선배는 위의 대선배님들과 그 뒤 늘어난 선후배 동료 교수들을 이어 주는 중심 끈이었다. 그는 가까운 선후배들과는 높은 산과 바다, 넓은 들과 긴 강을 답사하는 여유를 가지면서도 대학의 강의실과 교정, 1980년대 거리의 한복판에서 한 개인과 시대의 아픔이 발원하는 근본 원인을 찾고 이를 타개하기 위한 몸짓을 멈추지 않았다.

그 과정에서 선배는 시대와 동행하면서도 자기완성을 추구하는 구도자로서 가장 치열하게 살면서 결코 중심을 잃지 않는 '모범생'이었다. 그리고 그 중심은 〈승무〉의 장삼 자락을 튼튼하게 받치는 하얀 버선코, 이애주 자신이었다.

돌이켜 보면 선배는 자신을 필요로 하는 곳이면 어디든 달려갔고, 자신이 필요하다고 생각하거나 옳다고 생각하면 어떠한 난관도 무릅쓰고 모든 힘을 쏟아부었다. 이 같은 선배의 몸짓이 가능했던 것은 춤꾼으로서 타고난 자질이 밑바탕된 것은 물론이지만, 한 인간으로서 시기마다 자신에게 주어진 역할을 충실히 수행하면서도 그 극한까지 밀어 올리는 각고의 노력이 있었기 때문이다.

선배는 한성준－한영숙으로 이어지는 자기 춤의 연원을 확고히 해 나가는 것에서 시작해 그 뿌리를 찾아 민족문화의 시원까지 소급하고자 했으며, 다시 돌아와 자신과 자신이 속한 이 산천, 우주와의 연결선에까지 접근하고자 했다.

시대와 동행하면서도 자기를 완성하려는 그 고집 때문에, 선배의 손길·마음길을 갈망하는 후배·제자들의 갈증을 충분히 해소해 주지 못한 아쉬움이 있을 터이다. 그렇지만 내리사랑이라는 말이 있듯이, 애주 선배의 본심은 결코 범범히 보아 넘길 것이 아니었다고 믿는다.

선배에 대한 아쉬움의 다른 한 가지는, 몸으로 만들어 가야 하는 춤이 갖는 속성으로 말미암아 그 춤의 체계를 생전에 문자로 마무리하지 못한 것이었는데, 이제 그 아쉬움을 조금이나마 풀게 되었으니 이 책의 의미가 각별하지 않을 수 없다. 고인이 흐뭇해 할 모습이 맘속에 그려진다.

이애주문화재단 상임이사 임진택 선배를 비롯하여 오늘의 결과가 있기까지 수고하신 여러분께 깊이 감사드린다. “아직 발표하지 않은 시 한 편만 있어도 가난하지 않다”라던, 평소 좋아하는 선배 시인의 말이 떠오른다.

이애주 선배 하나가 있어 우리는 아주 부자였는데, 선배가 가신 뒤 벌써 2년, 결코 풀릴 것 같지 않은 이 가난을 어떻게 견뎌야 할지 막막하기만 하다.

시대와 동행하면서도 자기완성을 추구한 구도자, 이애주!

이 책으로 선배의 그 마음을 가슴속 깊이 담아 두고자 한다.

이애주 약력

이애주(李愛珠, Lee AeJu) 1947년 10월 17일~ 2021년 5월 10일

서울대학교 명예교수
국가무형문화재 제27호 〈승무〉 예능 보유자
서울대학교 민주화교수협의회 회장
한영숙춤보존회 회장
한국전통춤회 예술감독
홍역학연구소(동방문화진흥회) 소장
한국정신과학학회 회장
경기도문화의전당(경기아트센터) 이사장

학력

1953.4~1959.3 서울 교동국민학교
1959.4~1965.1 창덕 여자 중·고등학교
1965.3~1969.2 서울대학교 사범대학 체육교육과(학사)
1969.3~1971.2 서울대학교 대학원 체육교육과(석사)
1971.3~1975.2 서울대학교 문리대 국어국문학과(학사)
1991.3~1999.2 서울대학교 대학원 체육교육과(박사)

전통춤 사사

1954~1963 김보남(金寶男) 선생 사사
1970~1989 한영숙(韓英淑) 선생 사사
1960년대~ 이근성(李根成) 선생으로부터 〈봉산탈춤〉 사사
1970년대~ 이용우(李龍雨), 조한춘(調漢春) 선생으로부터 〈경기도당굿〉 사사
1980년대~ 송암(松岩) 스님으로부터 〈작법〉 전수
1990년대~ 박상화(朴相和) 선생으로부터 〈영가무도(詠歌舞蹈)〉 전수

상훈

2003 만해대상 수상(예술부문)
2017 제7회 박헌봉 국악상
2019 제1회 대한민국 4대명무(한영숙상)
2021 보관문화훈장 수훈

학위 논문

1971 「처용무의 사적 고찰 및 그 전승문제에 관한 연구」, 서울대학교 석사 학위 논문

1999 「고구려 춤의 상징체계」, 서울대학교 박사 학위 논문

유고집

2022 『승무의 미학』, 개마서원

『고구려 춤 연구』, 개마서원

『춤꾼은 자기 장단을 타고난다』, 개마서원

2023 『이애주의 춤 생각』, 개마서원

이애주 다큐멘터리

[춤·꾼 이애주](2021)